国家社科基金后期资助项目

联绵字理论问题研究

Insight into Lianmian Words and Other Issues in Chinese Linguistics

沈怀兴　著

2013年·北京

图书在版编目(CIP)数据

联绵字理论问题研究/沈怀兴著.—北京:商务印书馆,2013
ISBN 978-7-100-09830-4

Ⅰ.①联… Ⅱ.①沈… Ⅲ.①汉语—联绵字—研究
Ⅳ.①H136.7

中国版本图书馆 CIP 数据核字(2013)第 035047 号

所有权利保留。
未经许可,不得以任何方式使用。

联绵字理论问题研究
沈怀兴 著

商 务 印 书 馆 出 版
(北京王府井大街36号 邮政编码 100710)
商 务 印 书 馆 发 行
北京瑞古冠中印刷厂印刷
ISBN 978-7-100-09830-4

2013年7月第1版   开本 787×1092 1/16
2013年7月北京第1次印刷   印张 19¾
定价:43.00元

国家社科基金后期资助项目
出版说明

后期资助项目是国家社科基金设立的一类重要项目,旨在鼓励广大社科研究者潜心治学,扶持基础研究的优秀成果。它是经过严格评审,从接近完成的科研成果中遴选立项的。为扩大后期资助项目的影响,更好地推动学术发展,促进成果转化,全国哲学社会科学规划办公室按照"统一标识、统一版式、符合主题、封面各异"的总体要求,组织出版国家社科基金后期资助项目成果。

全国哲学社会科学规划办公室

目 录

说明 ·· 1
概述 ·· 1

第一章 古人联绵字观念不支持现代联绵字观念 ················ 12
第一节 "联绵字"及相关术语的古今之别 ························ 12
第二节 古今联绵字观念截然不同的原因 ························ 20

第二章 謰语说与连语说问题考辨 ·· 28
第一节 方以智"謰语"问题考辨 ······································ 29
第二节 王筠连语说问题考辨 ·· 48

第三章 现代联绵字观念的形成 ·· 63
第一节 中国现代语言学早期的联绵字观念 ···················· 65
第二节 "联绵字—双音单纯词"说的来历 ······················ 79
第三节 王力先生联绵字观念的变化及其影响 ················ 87
附录一 "联绵字—双音单纯词"说产生的历史背景——兼及先秦汉语构词方式问题 ··· 100

第四章 现代联绵字理论的发展问题 ···································· 107
第一节 各种特殊构词法的想象 ·· 108
第二节 双声叠韵构词法说辨疑 ·· 121
第三节 衍音说问题辨疑 ·· 130
附录一 与衍音说相关的几个问题 ···································· 143
附录二 语文学史上的"长言"说及相关理论 ················ 152

第五章 相关理论问题辨疑 ·· 162
第一节 联绵字语音联系问题辨疑 ···································· 163
第二节 联绵字不可分训说辨疑 ·· 180
第三节 联绵字语素融合说辨疑 ·· 188
第四节 索绪尔理论与"联绵字—双音单纯词"说问题 ···· 197

1

第六章 从词典学角度看现代联绵字观念问题……209
  第一节 从词目"联绵字"的不同解释看现代联绵字观念问题……210
  第二节 从各类词典错释"联绵字"看现代联绵字观念问题……218
  第三节 《汉语大词典》错释"连语"……231
  第四节 《联绵字典》的收词及相关问题辨疑……234

第七章 联绵字语素辨认方法……247
  第一节 现行联绵字语素判断方法的局限性……248
  第二节 试用历史考证法判断联绵字语素……257

第八章 汉语词汇复音化发展问题探索……266
  第一节 20世纪汉语词汇复音化研究及其局限性……269
  第二节 汉语复合词产生原因新探……276
  第三节 其他复音词的产生和发展……283

后记……297

说　　明

1. 本书严格区分传统语文学家与现代语言学家。说"传统语文学家"时，主要指立足语文理解，研究古代文献中语言文字使用情况的学者。说"现代语言学家"时，主要指站在语言本体角度研究语词结构问题的学者。

（按：所以严格区分传统语文学家与现代语言学家，是因为中国传统语文学家与现代语言学家研究汉语言文字的目的和方法各不相同，致令同一术语含义往往不同，而"联绵字"含义之不同尤为突出。传统语文学家研究联绵字着眼点尽管多不相同，但多数人的突出特点是立足语文理解，强调词义的整体性。他们没有人立足语言本体进行复音词的结构分析，所以他们笔下的"联绵字"及相关术语无一仅指单纯词。《马氏文通》问世之前，汉语言文字学研究者都是传统语文学家，20世纪上半叶汉语言文字学研究者以传统语文学家为主。五四运动以后的30年是过渡期，1949年以后，由于社会价值观念发生了根本变化，传统语文学的研究渐衰。）

2. 本书中把创造或证明"联绵字—双音单纯词"说者和信守现代联绵字观念者统称"信守派"。这"信守派"是个中性词，没有褒贬意味。至于广大信守派学人在联绵字研究中所表现怎样，书中一律让事实说话。另外，本书中把质疑"联绵字—双音单纯词"说者称为"反思派"。但反思派学人极少，所以书中"反思派"一词出现频率不高。

3. 本书中"联绵字"在不用于叙述信守派学人观点时，则照一般传统语文学家用法指双音词或复音词（传统语文学家笔下的"联绵字"有时不限于双音词，如王国维《联绵字谱》中就收了些四字词组），不仅指双音单纯词；叙述信守派学人观点时则加引号，写作"联绵字"。信守派著作中如果用了"联绵词"，本书引述时也加引号，写作"联绵词"。有时，总述信守派观点，写作"联绵字/词"，表示信守派著作中有的称"联绵字"，有的称"联绵词"。

4. 本书中凡叙述作者自己的观点，不使用"联绵词"这一术语，因为汉语里没有信守派学人所说的"一种特殊的构词法"创造的双音单纯词，没有信守派学人所谓汉语里特有的一种语言现象"联绵词—双音单纯词"。

5. 本书不认可"音义结合是任意的"之说（详见第五章第四节），因为语言是用来交际的，新词必须有造词理据、可验证才能进入交际领域。造词者任意了，受话人不知道他任的什么意，他造的"词"必然通行不开来。

6. 本书也不认可汉语语音简化促进了词汇双音化发展之说或语言内部矛盾说促进了汉语词汇复音化发展之说，所以采纳专家意见增补第八章，考察讨论了汉语词汇复音化发展问题。

7. 本书采用历史考证法判断联绵字语素构成情况，因为凝结着联绵字创造者认知事实的联绵字结构不会因为后人不能感知而不存在，也不会因为研究者认识不同而有所改变。

8. 本书坚持历史观点研究联绵字问题，凡用"造词理据"者，是就联绵字造词之初说的。造词理据是造词者给事物命名的根据，造词理据也反映了造词者对词所反映的客观事物的认知思路。造词理据使词具有可验证性，是词进入言语交际领域的通行证。凡用"可验证性"者，指词有其造词理据，其所指可质诸事实，亦即名于实得到证明。凡用"语素构成情况"者，指复音词于造词之初的语素组合情况。如某词是由几个语素构成的，各语素间的组合方式是怎样的等。凡用"内部结构方式"者，指复音词各语素间的组织方式。"语素构成情况"与"内部结构方式"都是就（包括联绵字在内的）合成词的情况说的。

（按：本书研究结果表明，正统的信守派学人著作中的"联绵字"一般都是合成词，而不是他们说的用一种特殊的构词法创造的"联绵字—双音单纯词"。汉语里没有信守派学人说的"一种特殊的构词法"，谁也举不出拟声词、音译词、叹词、切音词以外的复音单纯词。）

9. 本书中"现代联绵字观念"这一术语指现代主流派学人对部分不明其语素构成情况的双音词的一系列认识。《古汉语知识详解辞典》（中华书局，1996）解释"联绵字"准确地概括了这些认识："也称'连语'、'謰语'、'联语'、'骈词'、'连绵字'、'二文一命'。汉语最早的构词方式之一。由两个音节（汉字）联缀成义而不能分割的单纯词。特点有五：一、两字构成一个词素。二、两字间多有某种语音联系，或是一字缓读而成，如：孔→窟窿、蜩→蜈螓、知了；或双声、叠韵，如：淋漓、龙钟。三、义存乎声，故书写形式不定，如：委蛇有委他、逶迤、委移、遹迤、威迟等数十体，有时上下字可互易，如：濛㴐—㴐濛、莽沆—沆莽。四、上下字形有同化趋势，如：阢陧（按：陧，当为"陧"字之误）、倪伲、尷尬。五、词类分布广泛。"在本书中，"现代联绵字观念"这一术语有时只指其核心理论"联绵字—双音单纯词"说，但这时是偏重意识说的，否则仍称"联绵字—双音单纯词"说。

10. 本书中"现代联绵字理论"这一术语，多数情况下指在现代联绵字观念基础上不断拼凑起来的理论群。有时，这一术语也指现代联绵字观念，是就其核心理论及各附庸理论说的。在少数场合，"现代联绵字理论"大致指"联绵字—双音单纯词"说，主要是与传统语文学家的联绵字理论相比较说的。

11. 本书讨论问题只论事，不对人，一般不指名道姓言其非。凡涉及不敢苟同的观点，除了首创者不得不提及其名讳以外（即使首创者，如果他被否定的观点较流行，估计一般读者可能知道，或者同一事实前面已经提到过，也尽可能不再提名），一般只说"有人说""有些人认为""部分学者认为"等，不提作者姓名。因为如果指名道姓地评说，一是可能会伤害一些学者的自尊心。二是信守派的观点、材料大多是辗转相抄，与其挨个儿点名分析讨论，不如通论其事；通过考察信守派常用论据评判他们的观点，证明凡持某种观点采用某种材料者均误，则既可节省篇幅，又可减少刺激以利做好正事。三是本书旨在对学界久已"遵之为谟训"、盛行数十年的现代联绵字观念及相关理论寻根究底，而信守派拥万千之众，在当前学术环境中要使讨论尽可能顺利进行，不能将事与人相提并论，以免影响了解决正事。但是，为避"无中生有"之嫌，凡所不敢苟同而又必须讨论的观点，其文献将于所在每章的各节后面参考文献中与正面的文献一起列出。因此，为了求得中和的效果，本书一般情况下不直接将参考文献以脚注的形式列出。参考文献不列于全书文末，也与上述原因有关。至于所引肯定的观点，则首先列出作者姓名，完整地注明出处。形式上所以不同于被否定的观点，只是出于对学术的敬畏，而不掠人之美。

12. 本书凡批评信守派从观念出发做研究之处，都只是就事论事，一般不做深究。因为这种现象的广泛存在，不仅有其必然性，而且原因是多方面的（既有社会的原因，也有学术发展水平的原因，还有研究者社会心理与学术心理的原因），甚至不仅仅表现在联绵字问题研究上，所以本书暂不展开讨论。

13. 本书不少章节中往往流露出现代联绵字观念之负面影响的表述，但那只是自然流露，是讨论现代联绵字观念问题无法避免的。对现代联绵字观念之负面影响的考察分析，留待《现代联绵字观念的负面影响》一书中进行。

概　　述

顾炎武《音论》卷中《古诗无叶音》云："（叶音说）倡自一人，天下群而和之；误自一世，后世毕而从之。智者不敢生疑，贤者不敢致诘。若安之为固然，遵之为谟训者，九原可作，不哑然而笑乎？"其实，如果将顾氏之言用于评价以"联绵字—双音单纯词"说为核心理论的现代联绵字观念及相关理论，则更为确切。本书《联绵字理论问题研究》共八章，论从史出，以大量的事实证明了这一点。

古今学者都研究联绵字，但古今人研究联绵字的目的与方法截然不同，联绵字观念也就没有相同之处。在20世纪40年代以前，传统语文学家主要是研究语文应用问题，重在解决语文理解的难点，而不注重语言本体研究，不是研究复音词的内部结构方式。他们著作里的"联绵字"及其相关术语，如"连绵字""诔语""连语""骈字"等，虽然含义多不相同，但是仅就音节形式而言，大都相当于现代词汇学里的"双音词"，有时甚至不限于双音词。今人多未注意到这一点。如《中国大百科全书·语言文字》依据"联绵字—双音单纯词"说解释明代方以智"诔语者，双声相转而语诔娄也"之说，向后信守现代联绵字观念者（以下简称"信守派"或"信守派学人"）紧跟其后，千人一腔。他们都只是现代联绵字观念之成见在胸，信口开河说开去，实际上谁也没有弄懂方以智"诔语者，双声相转而语诔娄也"之说是什么意思，并且谁也没有具体考察方以智《通雅》收释的诔语，不知道方氏书中的诔语91%以上是合成词或词组。本书中深入考察并全部抄录了这些合成词和词组。又如全面贯彻现代联绵字观念的《中国大百科全书·语言文字》称誉王国维《联绵字谱》是"研究联绵词语很有用的一本资料书"，却不知道王国维的"联绵字"与他们信守派学人说的"联绵字"没有任何关系，不知道《联绵字谱》中收录了一些四字词组；所收双音节"联绵字"中合成词至少占3/4以上，本书中两处共摘录了它600个合成词。可以肯定地说：不仅王国维书里的"联绵字"不指双音单纯词，而且任何一部传统语文学著作里都没有用"联绵字"或其他术语指称双音单纯词。古人从事语文应用研究，不从事语词内部结构方式的研究,因此既没有必要同时也没有可能分辨某联绵字究竟是单纯词呢还是合成词。用"联绵字"(或"连绵字")指称双音单纯词,只有在从事语言本体研究、注重词的内部结构分析的现代词汇学著作里才会出现。从历史上看,用"联绵字"(或"连绵字")指称双音单纯词是到了20世纪三四十年代个别现代语言学著作中的事①,五四运动以前一个也没有。换一句话说,即使1919~1949年的30年间,汉语言文字研究领域里基本上还是传统语文学家的天下,所以新生的"联绵字—双音单纯词"说在那时整个学界基本上没有多少影响。《现代汉语词典》(修订本)释"联绵字"曰"旧时指双音节的单纯词",其"旧时"实指20世纪三四十年代,并且只有几篇/部著作。它们当时远不是学界主流,而且影响甚微。《现代汉语词典》(修订本)那样解释"联绵字",实际上是以偏概全。上述事实在本书前三章中从不同角度做了较为全面的考察与交代。

　　具体点说,第一章《古人联绵字观念不支持现代联绵字观念》,分两节。第一节阐述了"联绵字"及相关术语的古今之别,使人看到古今联绵字观念截然不同,信守派学人用传统语文学的"联绵字"或相关术语比附他们指双音单纯词的"联绵字"或"联绵词",是没有说服力的。第二节探讨了古今联绵字观念截然不同的原因,使人们进一步看到为什么不能拿古人联绵字观念比附现代联绵字观念。近20多年以来,虽然不断有人说古今联绵字观念截然不同,但信守派学人却花费了更多的力气到古人著作中为其信仰寻找理论支持,本书探讨古今联绵字观念截然不同的原因,希望能够从根本上澄清这一问题。

　　第二章《诿语说与连语说问题考辨》也分两节,分别考察了信守派著作引证较多的方以智诿语说和王筠连语说,证明他们的理论都不支持"联绵字—双音单纯词"说,论者不能拿来证明现代联绵字观念。特别方以智的"诿语者,双声相转而语诿谩也",信守派学人从现代联绵字观念出发强予解释,却不知道他们的解释远远没有沾到方氏诿语理论的边儿。换个角度说,今之信守派学人拿他们对方以智之诿语说的错误理解去比附现代联绵字观念,问题显然不在方以智。至于王筠,他的连语说与现代联绵字观念相比,确有貌似之处,但王氏传统语文学的观点也不支持结构主义语言学关照下的现代联绵字观念,所以王筠连语说中虽不乏想当然,而本来不能成立,用

---

① 确切地说,即使用"联绵字"指双音单纯词的现代人,其著作中也没有举出一个正统的信守派学人说的用"一种特殊的构词法"创造的"联绵字—双音单纯词"。他们所举的"联绵字—双音单纯词"例词主要是自己不明其造词理据的合成词,其余的是拟声词、音译词之类。本书后面各章节中大多有这方面的考察,可参看。所以至此,根本原因在于汉语史上从来就没有正统的信守派学人说的"一种特殊的构词法",汉语里自然没有用"一种特殊的构词法"创造的"联绵字—双音单纯词"。

来证明现代联绵字观念,就更没有说服力了。

信守派学人还常引郑樵的曼声说和王念孙的连语不可分训说证明"联绵字—双音单纯词"说,而不知郑樵、王念孙的研究同样不支持"联绵字—双音单纯词"说。具体考察见第四章第三节附录二、第五章第二节、第六章第三节。

第三章《现代联绵字观念的形成》分三节。第一节考察了中国现代语言学早期的联绵字观念,发现直到20世纪30年代,只有极少数青年学者出于反驳汉语单音节幼稚落后论的需要而强调汉语里有不少不可分析的双音词,在此基础上产生了"联绵字—双音单纯词"的意识,但还不能说已经确立了"联绵字—双音单纯词"说的观点,因为要判断一个复音词是单纯词还是合成词,必须有科学的语素辨认方法,而当时的学者只是凭个人感觉,谁也没有提出复音词语素辨认方法。第二节考察了"联绵字—双音单纯词"说的来历,发现吕叔湘先生《中国文法要略》(1942)上卷第一章第5节《衍声复词:联绵》是证明"联绵字—双音单纯词"意识而成"联绵字—双音单纯词"说的最早著作。后来,吕先生主编《现代汉语词典》(试印本,1960),把他在《中国文法要略》中的联绵字观念写进词条"联绵字"的解释里,《现代汉语词典》以后从试用本到第1版至第5版都坚持了这一观点,以《现代汉语词典》5000万册的发行量不可避免地推动了"联绵字—双音单纯词"说的广泛流行。但是,不管《中国文法要略》还是《现代汉语词典》,始终未能举出能够支持其观点"联绵字—双音单纯词"说的词例。特别《现代汉语词典》,到试用本解释"联绵字",六个例词更换了三个,已经透露出臆说先行的信息,无现代联绵字观念之成见且能独立思考的人们就应该对它宣传的"联绵字—双音单纯词"说保持慎从态度了,但似乎少有人注意到这一点。不过,待到考见它至今所用例词全部是合成词时[①],人们就更不该轻信"联绵字—双音单纯词"说了。第三节考察了王力先生联绵字观念的变化及其影响。书中将王力先生的联绵字观念分为早期、中期和后期三个阶段。发现受20世纪50年代之社会背景的影响,其中期的联绵字观念一反早期认识,但却脱离了汉语实际。王力先生中期的联绵字观念内容丰富,为后人所宗,已经是比较成熟的现代联绵字观念了。于是其中期基本观点又为后期所延续,并写进统编教材《古代汉语》中,为更多的学子所学习与信守,且长期引导信守派学人从事联绵字研究及相关问题研究。但是,王力先生所举的例词与"联绵字—双音单纯词"说的发明者、初证者的例词一样,也都是用一般构词法创造的双音词,而不是用他所谓"一种特殊的构词法"构成的"联绵字",也都不

[①] 详见沈怀兴《试用历史考证法判断联绵字语素》,《语言教学与研究》2010年第5期。

支持"联绵字—双音单纯词"说。王力先生大力倡导现代联绵字观念,而所举例词均不当其说,这一事实很值得联绵字问题研究者思考。①

上述吕叔湘先生和王力先生的情况大致代表了"文化大革命"前的学者中部分人的联绵字研究情况,主要是为了继续批判"汉语单音节幼稚落后论"而搜求证据,证明"联绵字—双音单纯词"说,尽管进入20世纪50年代之后"汉语单音节幼稚落后论"已成历史。这是由于当时反对帝国主义、批判封建主义及"资产阶级学术"的政治气候决定的,不是学者们能够左右的事情,因此是可以理解的。

信守派学人中绝大多数是1977年之后学成的中青年学者。他们充分表现了追随现代联绵字观念做研究的热情,却不知道"联绵字—双音单纯词"说本是应反驳"汉语单音节幼稚落后论"之外来诬蔑的需要而创立的,不知道它的创立具有虚构的性质,是先有思想后找例证的研究,是受当时学术水平限制不可避免地举非为是的研究。当初,受语言阶梯论影响,人言"汉语是幼稚落后的单音节语",部分青年学者则说"汉语自始就不是单音节语"(王力先生语。魏建功等人也有类似的说法),为此而创"联绵字—双音单纯词"说。所以"联绵字—双音单纯词"说的产生是先有观点后寻找证据的理论。这一事实,我们所见到的几本讲中国语言学史的书里都没有提,现代人不进行专门考察,已经不知道了。更兼1976年后几年间可读的书很少,那时大学生、研究生连同部分教师从教科书上接受了"联绵字—双音单纯词"说,先入为主(本书作者是其一),于是自觉捍卫它;越是有人提出异议,就越是搜寻证据证明它,且师生相传,一代一代,终于在现代联绵字观念的基础上拼出一个庞大的理论群,广泛牵动着汉语语言学各分支学科的研究。本书第三章考察了中国现代语言学早期的联绵字观念,考察了"联绵字—双音单纯词"说的由来,考察了促进现代联绵字观念形成的主要著作,希望能够帮助人们正确地看待现代联绵字观念:既要看到它的产生具有必然性的一面,对创说者的爱国精神给予充分的肯定,而不至于求全责备,又要看到"联绵字—双音单纯词"说之虚妄的一面,从而继续进行深入考察,力求从学术角度做出客观公正的评价,以便早日肃清其影响。

---

① 王力《王力古汉语字典序》(1985)中的联绵字观念又发生了变化,字典中把象声词、叹词等也归入"联绵字",但仍没有由"特殊的构词法"构成的"联绵字"。这项考察已经安排在《现代联绵字观念的负面影响》第九章第三节《〈王力古汉语字典〉中的"联绵字"》。读者届时可以清楚地看到,王力先生在20世纪50年代以后的30年里大力倡导现代联绵字观念,并围绕现代联绵字观念不断修改其认识,最后以彻底失败而告终,就会体会到现代联绵字观念是否科学和可行,从而也就会对现代联绵字观念有个正确的认识了。另外,为补前面三节之不逮,第三章之后附有《"联绵字—双音单纯词"说产生的历史背景——兼及先秦汉语构词方式问题》一文,也可给人一些启发,可参看。

虽然同是证明"联绵字—双音单纯词"说,但是目的不同。前辈学者意在证明"汉语自始就不是单音节语",以反驳"汉语单音节幼稚落后论",所以不大刻意搜寻证据证明他们所创建的"联绵字—双音单纯词"说。他们所用证据,多是信手拈来,不加考辨,因此今天看来一般不难证其非,因为它们都不能通过历史考证法的检验。后世学者先入为主,一定要把"联绵字—双音单纯词"说作为不刊之论加以证明,所以不仅刻意到中国传统语文学著作中搜寻证据,而且加以想象,积极创新说支持"联绵字—双音单纯词"说,这便促进了现代联绵字理论的迅速发展,同时也加大了联绵字及其理论问题研究的难度。第四章《现代联绵字理论的发展问题》和第五章《相关理论问题辨疑》对信守派学者为证明现代联绵字观念搜寻来的旧理论和自行创造的新理论一一进行考辨,发现它们无一可支持现代联绵字观念。如第四章第一节对信守派学人所创造的各种特殊构词法名称做了简单考察和辨正,第二节又对流行较广的"双声叠韵构词法"进行重点辨正。指出,持论者所举例词基本上都是春秋至六朝千余年间的双音词,这表明汉语史上即使曾经有双声叠韵构词法,也只是在春秋至六朝间发挥作用。然而,如果汉语史上真有此事,人们不知道为什么殷商时期的汉语里没有用双声叠韵构词法构成的单纯词(至少没有看到信守派著作举出殷商汉语中的"联绵字"),也不知道隋唐以后的汉语里为什么不用这种构词法创造双音单纯词"联绵字"了[①]。特别汉语至迟于殷商时代就广泛采用联合、偏正、动宾等复合法造词,至迟至周初已用派生法构词,而既有复合法构词之利又有派生法构词之便的语言里是不可能再产生一种专门用来创造双音单纯词的语音造词法的。第四章第三节《衍音说问题辨疑》及附录一《与衍音说相关的几个问题》对信守派学人所创衍音说及相关问题做了多角度考察,揭示了衍音说及相关理论的臆测性。附录二则对部分学者举以证明"联绵字—双音单纯词"说的前人"长言"说、"迟之又迟"说、"徐言"说、"徐呼"说、"徐读"说、"慢声"说、"二文一命"说、"缓言"说、"缓读"说及"分音"说等分别做了历史的考察,发现语文学中的这些理论都与现行的"联绵字—双音单纯词"说沾不上边儿。

第五章《相关理论问题辨疑》则在第四章各节考察分析的基础上,对信守派用来支持"联绵字—双音单纯词"说的其他理论进行了专题考察。第一节具体从创说者的角度,对语音造词说进行深入细致的考察,发现所谓联缀

[①] 有人说那是由于汉语语音系统简化而促进了词汇双音化发展,还有人说那是由于汉语内部矛盾运动促进了词汇复音化,其实都没有进行深入而全面的考察,都是盲人摸象的想当然,都靠不住。关于汉语词汇复音化发展规律的探讨见本书第八章。

两个音节构成双音单纯词的语音造词法与所谓衍音构词法一样,持论者所举例词多是他们不明其内部结构方式的复合词。特别1981年问世的一部讲汉语造词法的著作,前面说"灿烂"是并列式合成词,后面又说是由叠韵式造词法创造的双音单纯词,则充分透露了这样的信息:其作者是现代联绵字观念之成见在胸,勉强拿一些不明其语素构成情况的双音词做例证。由此也可以推知其他同类著作的情况。另外,还有的误举拟声词或音译词为例词,而真正用"语音学造词法"创造的单纯词一个也举不出①。这也从另一个侧面证明所谓"语音学造词法"不过是为证明"联绵字—双音单纯词"说而想象出来的。既然是想象出来的,找不到合适的例证而举一些似是而非的例子就不奇怪了。这个问题很重要,本书其他章节里也多有此类考辨,均证明现代联绵字观念缺乏可靠的语言基础。

第五章第二节《联绵字不可分训说辨疑》考察发现,较流行的联绵字不可分训说由曲解王念孙连语不可分训之说而来的。王念孙的连语不可分训说是一条训诂理论,其立论依据其实就是今天说的"词义的整体性"。我们知道,任何一个合成词,其含义都不是各语素义的简单相加。词义的整体性一旦被破坏,其话语理解没有不错的。所以王念孙针对颜师古注《汉书》中"连语"常分析为单而错解文意的现象提出批评,认为连语不可分训。信守派学人从王念孙的连语不可分训说联想到联绵字不可分训,是对的。但不区分王念孙的语文理解研究和他们的语言本体研究,径用王念孙连语不可分训之说证明联绵字是单纯词就不对了。他们不知道造成联绵字不可分训的原因很多,不可分训者并不限于双音单纯词,实际上真正的复音单纯词(如象声词、叹词等),古代注家一般是不予分训的。因此,以词义的整体性证明某词的单语素性,无法得出正确的结论。所以至此,原因之一是信守派学人存在着严重的理论障碍。这个观点在本书中曾根据不同材料的考察分析,多次以不同方式出现。

第五章第三节《联绵字语素融合说辨疑》考察发现,语素融合说在汉语文献中出现至今已经30多年了。在这30多年间,语素融合说经常被人用来附会"联绵字—双音单纯词"说,但所谓"语素融合"却没有公认的标准,所

---

① 这个结论是笔者自2002年研究联绵字理论问题五年多之后得出的。2007年把这一结论发表后,有一位朋友写了一篇约9000字的质疑文章,说汉语里总共有200来个"联绵字—双音单纯词",并且说常用的"联绵字"有七八十个。我希望香港《语文建设通讯》刊出这篇文章,条件是请作者列出那七八十个常用的"联绵字—双音单纯词"。但是,那位朋友的文章未见刊出,他说的那七八十个常用的"联绵字"也不得而知。很希望这位朋友能够列出那些用特殊的构词法创造的"联绵字",也希望其他人列出用特殊的构词法创造的"联绵字—双音单纯词"。

以没有可操作性。对于持语素融合说讨论问题者,书中列举了六家较有代表性的例子,进行一一考辨,指出各家共同存在的问题是,为了附会流行的"联绵字—双音单纯词"说,而误拿合成词词义的整体性证明合成词是单纯词,实际上是混淆了两种不同性质之现象的界限。词义的整体性是任何复音词共有的特点,信守派学人从观念出发所举的"联绵字"例词与一般双音词相比不过造词理据难辨一点而已,怎么会说它语素融合,它就是单纯词了？证据何在？看来,持论者一心附会"联绵字—双音单纯词"说,而不料所持语素融合说存在悖论:既承认"联绵字"两个语素,又说它一个语素;硬说它已"融合"成一个语素,却又无法证明。其他参看第二章各节及第五章第二节。

在信守派学人看来,现代联绵字观念之核心理论"联绵字—双音单纯词"说的重要理论依据有索绪尔所谓"符号能指和所指的联系是任意的"之说,所以他们多爱称颂索氏理论,有时甚至不惜把索氏"符号能指和所指的联系是任意的"之说绝对化。谁怀疑索绪尔的学说,都可能被斥为"不懂语言学常识",甚至被斥为"聋子"。第五章第四节《索绪尔理论与"联绵字—双音单纯词"说问题》对索氏语言观及其方法论进行考察与分析后得出以下结论:索氏那种研究语言而"不管历时态"的学说,就认识论而言乃是机械唯物主义的,就方法论而言是形而上学的,落实到实践上则是行不通的。本书中立足汉语研究之现实,以典型事例印证了索氏之说的误导作用;继而对索氏理论的基石"符号能指和所指的联系是任意的"之说进行考辨,发现它存在着很大的片面性与臆断性。就词而言,实际上其理据性是基本的,任何新词都因有造词理据、可验证才能进入交际领域的;而任意性却是有限的。

第六章《从词典学角度看现代联绵字观念问题》分四节。理论应该从实践中得出,也应该能够指导实践。一种理论如果是从实践中得来的,或者从事实中归纳出来的,是科学的,用于指导实践,即使不借助其他条件,也常可收到较好的效果,而不会出现太多差错。反之,如果某种理论只是误导实践,则该理论可能不是从实践中得来的,也不可能是从事实中归纳出来的,因此很可能不是一种科学的理论。本书第六章通过对一些典型事实的考察,同样发现现代联绵字观念靠不住。具体点说,第一节考察发现各类词典对"联绵字"的解释多有不同。特别《大辞典》释"联绵字"曰"同义复词",更发人深省。那些坚持"联绵字—双音单纯词"说解释"联绵字"者,其例证与观点相左,也使人发现现代联绵字观念可疑。第二节重点考察了几部较有代表性的词典错释"联绵字"的情况。它们虽同守现代联绵字观念,同不合语言事实,但其谬误程度不同。大致说来,越向后解释"联绵字/词"的篇幅越长,问题越多,越暴露了现代联绵字观念靠不住。第三节发现《汉语大词典》释"联绵字"曰"旧称由两个音节联缀而成的单纯词",而释"连语"曰"指联绵字",也是直奔现代联绵字观念;引王念孙"连语"说为证,却不看王念孙对其所举23条连语的具体解释,不知道王念孙的"连语"都是联合式合成词。第四节《〈联绵字典〉的收词及相关问题辨疑》的主要观点是:符定一《联绵字典》是就中国传统语文学的联绵字观念命名的,人们不宜用现代联绵字观念的眼光评判它;旧时"联绵字"等术语不只指单纯词,也不可能只指单纯词(参看第一章第二节),这是无法改变的事实;汉语史上没有"特殊的构词法",被判作双音单纯词的"联绵字"多是用复合法创造的,少数是用拟声法、音译法或切音法创造的。

第六章第四节注意考察了前人与今人对符定一《联绵字典》的评价问题,发现对符书的今昔评价大不相同。该书问世之初一片赞扬声,因此1943年初版,1946年换出版社再版,1954年又再版。而至1985年,某学者在其《训诂学简论》中批评符定一《联绵字典》中兼收合成词,是"名实不符",向后是《中国大百科全书·语言文字》批评符定一《联绵字典》"体例芜杂",再向后是"名不副实"的批评接二连三。所以至此,根本原因是20世纪50年代以前传统语文学居统治地位,有传统语文学思想观念的学者遵循传统语文学思想方法评价传统语文学著作《联绵字典》,自然与后世受现代联绵字观念左右的学者看到的同一部书不同,因而评价截然不同,就像不戴墨镜和戴了墨镜看同一物件的不同人群之所见物体之颜色必不相同一样。近二三十年对符定一《联绵字典》错评的统一,说明现代联绵字观念成为"定论"至今不过二三十年。而如此以流行的"联绵字—双音单纯词"说律合成词和词组占97%以上的《联绵字典》,不管其作者符定一是否懂得并认可"联绵字—双音单纯词"说,表明一种错误的理论一旦左右了人们的思维,其"学术成果"就只有负面的作用了①。

但所以至此,其间主要有三个不可忽视的原因。一个是社会原因,这在第三章第三节有些交代,其他地方也提到过。一个是学术潮流的原因,这在第五章第四节有具体考察讨论。再一个原因就是信守派学人对联绵字语素辨认方法问题。可以肯定地说,如果从一开始就采用历史考证法辨认联绵字语素②,"联绵字—双音单纯词"说就不会产生,与此相应的相关理论也不

---

① 考察现代联绵字观念之负面影响的文章如沈怀兴《现代联绵字观念贻误学子例说》《现代联绵字观念贻误学人例说》《现代联绵字观念对台湾学者的影响》《现代联绵字观念左右下的〈新编联绵词典〉》等四篇文章,分别见《汉字文化》2011年第2、4、6期和2012年第2期。

② 这也许是不可能的,因为现代联绵字观念的倡导者已经朦朦胧胧地接受了索绪尔语言学思想。索绪尔强调共时研究而力排历时研究,要求语言学家"必须把产生这一状态的一切置之度外,不管历时态",所以其追随者从事联绵字问题研究不可能用历史考证法辨认联绵字语素。

会产生。然则信守派学人的联绵字语素判断方法归根结底错在他们所遵循的共时论思想方法。为此,本书第七章《联绵字语素辨认方法》考察了学界用朴素分析法、同形替代法、词义对照法判断联绵字语素所存在的种种问题,指出用它们辨认语素不仅没有可行性,而且容易陷入方法决定论。并在此基础上提出用历史考证法判定联绵字语素的观点。又以《汉语大词典》因袭《现代汉语词典》解释"联绵字"的例词为例,进行考察,发现它们无一例外都是合成词。这一事实说明,被学界公认的两部权威词典遵循广泛流行的"联绵字—双音单纯词"说解释"联绵字"未能举出一个支持其观点的例词,现代联绵字观念的理论基石自身就不成立。同时还说明,判断联绵字语素只能用历史考证法,因为任何词都是历史上产生的,它们的内部结构方式凝结了造词者对它们所反映的事物的认知过程及所见造词理据,而造词者已逝,其认知过程及所见造词理据作为一种历史事实,是不会改变的。因此,用历史考证法判断联绵字语素,既是科学地考察双音词结构的根本方法,同时又是检验现代联绵字观念的核心理论"联绵字—双音单纯词"说是否成立的试金石。

通过上面七章的研究,我们已经可以大致认识到,以"联绵字—双音单纯词"说为核心理论的现代联绵字观念及相关理论是不成立的,信守派学人所见的"联绵字/词"实际上无异于一般双音词。

另外,信守派学人用来支持他们信仰的还有汉语词汇双音化发展规律。他们说,早期汉语是单音节的,后来语音系统简化了,语言中出现了一些同音现象,为了避免交际中同音混淆,就联缀两个音节创造出"联绵字—双音单纯词"。① 本书第三至五章不少地方对信守派学人想象出来的各种构词法或造词法进行了考辨,又于第八章探讨了汉语词汇复音化形成的原因,使

---

① 借汉语词汇复音化发展规律说事者,也有不提语音系统简化说的。他们往往直接说:随着社会的发展,社会交际的频繁,原有的单音词不够用,势必造成同音混淆,影响交际正常进行,于是汉语里出现联缀两个音节构成的双音单纯词,即前人所说的"联绵字"。这类学者总不忘以前人如方以智、王念孙、王筠、王国维等人观点及索绪尔"语音语义结合是任意的"之说为底牌,有的还同时举荀子"名无固宜,约之以命,约定俗成谓之宜"之说做双重保险。殊不知以智等前人的观点都不支持他们的臆想(详见第一章各节、第二章各节、第三章第一节、第五章第二节、第六章第三节等),索绪尔之说本来就靠不住(详见第五章第四节),而误依索氏之说做研究,就更无法得出正确的结论了。至于《荀子·正名篇》所讲的命名原则,信守派著作中习惯上只引前面的"名无固宜,约之以命,约定俗成谓之宜",不引稍后的"名有固善。径易而不拂,谓之善",明显不合适。对此,读者只要通读《荀子·正名篇》,就可以知道问题出在哪里,从此不再轻信信守派的寻行数墨之见了。另外,信守派中也有人说通过"衍声联绵"以避免同音混淆,从而创造出"联绵字—双音单纯词",也未必。最早创"衍声复187:联绵"之说的吕叔湘《中国文法要略》上卷第一章第5节所举50个例词均不当其说(详见第三章第二节),大致可以说明点问题。其实,如果不是被现代联绵字观念所左右,就不会相信"同音混淆"之臆断,就会发现不管持同音混淆说者搜集多少理论,都不能证成其说,因为赵元任《施氏食狮史》通篇91字均音 shi,并未造成"同音混淆"!

人们看到汉语词汇复音化另有成因，并不像信守派学人所想象的那样，汉语词汇双音化发展规律不支持他们臆断的"联绵字—双音单纯词"说。

  上面不避僵化板滞之嫌，依次介绍了本书各章节基本内容。希望读者通过这样的介绍能够看到古今联绵字观念的本质性区别及其原因，看到信守派著作中观点、材料及论证方法等方面所存在的具体问题，从而比较容易地了解以"联绵字—双音单纯词"说为核心理论的现代联绵字观念产生、发展的历史状况及性质特点，比较清楚地看到或体会到现代联绵字观念给汉语各方面研究造成的影响。如果能够实现这一目标，汉语语言学健康发展的瓶颈问题也就有望得到解决了。

  综上所述，仅就主流派学者而言，近几十年以来联绵字研究与联绵字理论问题研究是不正常的。其根本原因是不合语言实际的观念左右了他们的研究，他们大多习非成是，并一意为现代联绵字观念搜寻证据或创造证据①，从而促进了现代联绵字观念的发展，误导了实践，又反过来巩固了现代联绵字观念的根基，扩大了现代联绵字观念的负面影响。

  毋庸讳言，本书的考察研究不仅否定了广泛流行的"联绵字—双音单纯词"说，而且完全否定了以"联绵字—双音单纯词"说为核心理论而不断拼凑起来的整个现代联绵字理论群。但是，这却是不得已而为之。本书作者在2002年以前20余年的教书和做研究的日子里，一直忠实地遵从现代联绵字观念，直到2001年发表的《汉语词汇复音化续探》中还有现代联绵字观念的影子，非不得已，是不会背叛自己而否定现代联绵字观念的。再说，当前信守现代联绵字观念、倡言现代联绵字理论者何止千万，非不得已，也不敢贸然批评现代联绵字观念、否定现代联绵字理论而冒天下之大不韪。但笔者相信，不管谁掌握了本书作者所考察到的事实，都可能做这样的研究，都会得出本书的结论。因此，读者只有看过拙作之后，才会相信本书的撰写是真的不得已。特别当看到缺乏事实依据的"联绵字—双音单纯词"说已经广泛作用于训诂学、词汇学、语法学、汉语史、方言学、词典学等汉语语言学各分支学科的研究与教学，现代联绵字理论之负面影响越来越严重，联绵字理论问题研究已经成了汉语研究的瓶颈时，就更明白笔者批评现代联绵字观念、否定现代联绵字理论是真的不得已了！

  考察研究联绵字理论问题不可能不涉及现代联绵字观念的负面影响。

---

  ① 学术研究不能创造证据，但现代联绵字观念在产生和发展过程中除了常误引古人话语为证外，也不乏创造证据之例。考辨其误用证据及创造证据之例是本书的工作重点，特别第三、四、五章考辨最多，其他各章也有一些，可参看。

只是本研究在申请国家社会科学基金后期资助项目的计划里没有将这一内容列入,因此,尽管具体考察讨论中有时不可避免地提及现代联绵字观念的负面影响,但大多一笔带过,实际上是不解决问题的,就只能在本书姊妹篇《现代联绵字观念的负面影响》中弥补这一缺憾了。

  人类思想科学发展史上有一条贯穿古今的定律:一种理论观念、一种学问,只有不违反客观实际,才有存在的必要;只有对社会发展有积极意义,才有发展的可能;反之则迟早会结束其存在。准此,现代联绵字理论迟早会结束其存在,因为谁也不可能找到它有什么积极意义,并且谁也不可能找到它有什么靠得住的语言事实做基础,因为汉语里根本没有信守派先行者臆想的那种"特殊的构词法",没有由它构成的"联绵字"。本书的研究只是在揭示现代联绵字理论的实质,提醒同人注意罢了。但我们也必须看到,现代联绵字理论从产生到退出历史舞台,都不仅仅是它自己的问题。可以预见,它的问题被学界普遍认识或许用不了多长时间,但它几十年以来在那样广阔的领域里造成的负面影响将是难以消除的。对一般人来说,虚假的知识比其无知更具危险性,不幸在现代联绵字观念的流行中广泛得到证明。

  《孟子·离娄下》:"言人之不善,当如后患何?"孟夫子之言,乃总结人类社会的历史规律得出的,所以两千多年过去了,至今仍为明哲保身者的信条。然而照这么说,本书作者该下地狱了!而且这些年,常有好心的朋友劝我不要彻底否定"联绵字—双音单纯词"说,不要否定现代联绵字理论观念,因为那样做会影响太多的人,太多的领域。他们说"现代人做学问倾向于讲自己的'是',只说事实是怎样的,不说人家不对","谦谦君子,以和为贵。何必呢?"对于朋友的告诫,本书作者感激不尽。然而,本书之作,不得已也。一个小小的叶音说,曾经谬种流传千余年;而今庞杂的现代联绵字理论群已为害数十年了,岂可再留它为害后人?故地狱不足惧,贱躯不足惜矣!

第一章　古人联绵字观念不支持现代联绵字观念

信守派学人常拿传统语文学家对联绵字的认识支持"联绵字—双音单纯词"说,而且经过许惟贤(1988)、陈瑞衡(1989)、李运富(1991)、白平(2002)等反复批评,仍不改初衷,甚至更加努力地到传统语文学著作中为现代联绵字观念搜寻证据。其原因是多方面的,这里暂不讨论,下面不少地方会讲到。这里需要总括一句:就笔者11年以来联绵字理论问题考察的结果看,如果仅从学术角度讲,现代联绵字观念是没有靠得住的依据的,是经不起事实检验。所以任何去古代文献中为现代联绵字观念搜寻证据的做法都无异于缘木求鱼,注定徒劳。本章第一节《"联绵字"及相关术语的古今之别》,在同道调查研究的基础上继续考察了语文学史上"联绵字"及相关名词之所指,指出旧时的"联绵字"大致相当于现代词汇学中的"双音词"或"复音词",而且其所举例多为合成词,这主要是因为双音词中合成词本来就占绝大多数;被认作"联绵字"之同义语的其他名词,在不同的学者著作中大多各有所指,且无一仅指双音单纯词,也不可能仅指双音单纯词。传统语文学的"联绵字"及相关术语无与信守派学人所论"联绵字/词"相同或相近者。

第二节《古今联绵字观念截然不同的原因》则指出,传统语文学家的联绵字观念与现代联绵字观念没有承传关系;信守派学人习惯到传统语文学著作中为现代联绵字观念搜寻证据证其信仰,但均属成见在胸的误引误证,其事与愿违则是不可避免的。因为传统语文学家研究语文现象重在实用,重在解决语文应用问题,他们既没有考察联绵字语素构成情况的必要,也没有准确辨认联绵字语素的可能,所以他们的理论绝不支持今天广泛流行的"联绵字—双音单纯词"说,不支持现代联绵字观念。

第一节　"联绵字"及相关术语的古今之别

自1960年《现代汉语词典》(试印本)解释"联绵字"为"旧称双音的单纯

词"①以来,中国大陆所有的语文词典、语言学词典和高校所用"古代汉语"教材、"现代汉语"教材陆续跟了上来②。时至今日,更是众口一词,没有别的说法了。同时,近二三十年以来几乎所有新版汉语语言学词典都说"联绵字"从前又叫"连绵字""䜌语""连语""连字""骈词""骈字""骈语""二文一命"等,充分反映了信守派学者的"共识"。的确,信守派学人教书、著书都是这么讲的,并且经常摘引古人一些说法,令听众或读者相信他们的观点就是古今一贯的认识。殊不知,那都是先有"联绵字—双音单纯词"说之成见的结果,也是一代一代师生误传的结果,实际上并没有真正弄清楚所引古人话语的含义,所立论没有可靠的证据。因此,只要稍加考证,就会发现事实并不像信守派著作中所说的那样。为此,本节顺着信守派著作的指引,对20世纪40年代以前的传统语文学著作中的"联绵字"及相关名词如"连绵字""䜌语""连语""连字""骈词""骈字""骈语""二文一命"等进行简单考察,看它们本来到底指什么,看它们是不是像信守派著作中说的那样。

一、联绵字

这里的"联绵字"只指文献中明确写作"联绵字"者,不像信守派著作中所包括的"连绵字""连语"等。联绵字,《现代汉语词典》(第1版):"旧称双音的单纯词。"《汉语大词典》卷八解释"联绵字"曰:"旧称由两个音节联缀而成的单纯词。"这两部权威词典的解释是一致的,且都强调是"旧称"。这就是当前广泛流行的"联绵字—双音单纯词"说。然而,既然是"旧称",为什么连具体文献证据也不列出一个呢③?并且,《汉语大词典》所举五个例词都是抄了《现代汉语词典》的,这就让没有"联绵字—双音单纯词"说之成见的人们大惑不解了:如果"联绵字—双音单纯词"说果真符合汉语实际,为什么《汉语大词典》自己不能另列出几个"联绵字"例词?特别双声的、叠韵的分别抄了两个例词,非双声非叠韵的一类只抄了"玛瑙"一个,为什么不能补出一个呢?再说,就是所抄来的五个"联绵字"例词,能保准就是单纯词吗④?

---

① 《现代汉语词典》对"联绵字"的释义词,前后相当一致。只是1996年出修订本,将"旧称"改为"旧时指",2005年出第5版,于"双音"后加"节"字,并于最后附加"也叫联绵词"五个字。
② 尽管早在20世纪50年代后期,现代联绵字观念就写入了汉语史教材(王力:1958),但与《现代汉语词典》相比,一家教材的影响是很有限的。至于现代联绵字观念普遍进入各类汉语教材,那是20世纪70年代后期以来的事。
③ 一定要列的话,只能列出"联绵字—双音单纯词"说之始创者或始证者的例子,那是很少的,并且是20世纪三四十年代的例子。详见本章第二节和第三章各节,这里暂不交代。
④ 实际上它们都是合成词,只是词典编纂者未加考辨,不知道它们本为合成词罢了。详见第七章第二节。

这种现象本来是十分可疑的,但学者少有疑者,却从现代联绵字观念出发,纷纷到古人著作中为"联绵字—双音单纯词"说寻找根据。然而,古人著作中的"联绵字",毕竟不等于现代词汇学中的"双音单纯词"。到20世纪80年代末、90年代初有人议论过,如许惟贤(1988)、陈瑞衡(1989)、李国正(1990)、李运富(1991)等均有疑议。但这么一来,信守派学人不仅没有进行反思,而且更加起劲地去古人著作中为现代联绵字观念搜寻证据了。或许与这种情况有点关系吧,1996年出版的《现代汉语词典》修订本和2002年的第4版、2005年的第5版仍然坚持前释。为此,本节不得不考察古人著作,看看传统语文学著作中的"联绵字"究竟指什么。

"联绵字"一词,最早见于宋代张有《复古编》。张书中为"联绵字"单立一个门类,共收了联绵字58条,但没有给"联绵字"下定义。就其所收联绵字看,其中既有合成词,如怀抱、踪迹、屯亶、担荷、髻龀、提携、襁褓、千秋等,也有单纯词,如鹡鸰、琉璃、骆驼、袈裟等。不用说,其单纯词都是拟声而来的,或拟自然之声,或拟外语之声。后者单称,即所谓音译外来词。它们都不是正统的信守派学人所说的"联绵字—双音单纯词",《现代汉语词典》解释"联绵字"都把它们排除在外了,大概是根据王力先生(1958:45)"汉语古有一种特殊的构词法"之说或者吕叔湘先生(1942/1982:8)所谓"衍声复词:联绵"之说做出的。元代曹本《续复古编》收联绵字107条,基本情况同张有《复古编》中的"联绵字"。下面暂举张有所释"联绵字"二例。

(1) 浕洧:浕,水出郑国,从水曾,侧诜切;洧,水出颍川,从水有,荣美切。别作"溱渭",字讹。

(2) 馀皇:舟名。馀,从食余,以诸切;皇,从自王,胡光切。别作"艅艎",非。

从上引二例看,张有的"联绵字"当指本有其字而被人写了错别字的部分双音词。如果没有"联绵字—双音单纯词"说之成见,谁都知道不会只有双音单纯词才容易被人写错,所以张有所收"联绵字"中既有合成词,也有单纯词(包括拟声词和音译词两类)。再说,张有那个时代还没有现代语言学意义上的字、词之别,他只是继承唐人匡谬正俗之传统,是正流俗,告诉人们"浕"和"洧"分别是两条河的名字,别作"溱渭",是"字讹";等等。因此,"联绵字"这个术语从一开始被创造出来就不指信守派学人说的"联绵字—双音单纯词",其含义也不是反映信守派学者之认识的现行语文词典所解释的意思。

进一步考察可知,不唯张有、曹本的"联绵字"不指双音单纯词,而且20世纪40年代以前的中国传统语文学著作中从来没有用"联绵字"仅指双音单纯词的例子。再说得具体些,中国传统语文学家所辑录的"联绵字"都是现在所说的"复音词",尽管主要是双音词;考其内部结构方式,可知传统语文学家的"联绵字"多为合成词,这主要是因为复音词中合成词占绝大多数。如王国维《联绵字谱》中所收联绵字中不计重复出现者,包括异体词共2718个。扣除重言841个,再扣除或体和四字成分(如猖狂妄行、腥臊洒酸、振振殷殷、浑浑沌沌等)共574个,实际上只有1303个联绵字有可能被正统的信守派学人认作"联绵字—双音单纯词"。但逐个考察可知,在这1303个联绵字中,如改更、困苦、反复、长久等,至少有978个是合成词①,本书后面有两处分别引了它300个,共摘录出其中600个合成词的"联绵字",可参看。符定一《联绵字典》也是前人研究联绵字之集大成者,也收释了各种结构类型的双音词,并且其中合成词占97%以上。这些问题,后面有关章节中将有详细考察讨论,恕不枝蔓。

二、连绵字

信守派学者常说语文学史上"联绵字"还有其他名字。如《古汉语知识详解辞典·联绵字》(中华书局,1996)说:"也称'连语'、'诔语'、'骈词'、'连绵字'、'二文一命'。"《实用古汉语知识宝典·联绵词》(复旦大学出版社,2003)说:"也叫'联绵字'、'连绵词'、'连绵字'、'连语'、'诔语'、'连字'、'骈字'、'骈语'、'二文一命'等。"这两部词典客观地反映了信守派一般学者的意见。会不会这些名字中有哪个仅指双音单纯词呢?

上引两部词典所举名词中,"联绵词"和"连绵词",纯系现代信守派学人的话,不是"旧称",不在本节讨论之列。下面只考察"连绵字""诔语""连语""连字""骈词""骈字""骈语""二文一命"在前人著作中的使用情况。

"连绵字"的最早用例也见于宋人文献。例如:

(1)宋袁文《瓮牖闲评》卷四:"奈何,乃连绵字,世多称'无奈何'已。"

---

① 这个数字是六年前统计的结果。当时资料受限,在王国维《联绵字谱》所收1303个联绵字中有325例待考。这些年又考见原325例待考者中有174例是合成词。但由于这一节曾单独发表在《古汉语研究》2007年第3期,978这个数字已经公布,这里暂不改动。换一句话说,即使只算这978个,王国维《联绵字谱》中合成词已占到75%以上,也足可证明长期以来信守派著作习惯拿王国维"联绵字,合二字而成一语,其实犹一字也"之说来支持"联绵字—双音单纯词"说的做法是不可取的。

(2) 宋陈大猷《尚书集传或问》卷下:"夏氏谓'要囚'乃要勒拘囚之也。……盖夏氏只将'要囚'二字作连绵字说去,恐无所据。"

(3) 宋阮阅《诗话总龟后集》卷十三引《韵语阳秋》云:"连绵字不可挑转用。诗人间有挑转用者,非为平仄所牵,则为韵所牵也。"所举连绵字例子是"沉寥""泛澜"。

(4) 宋吴可《藏海诗话》:"老杜诗亦不拘此说。如'四十明朝是,飞腾暮景斜',又云'羁栖愁里见,二十四回明',乃是以连绵字对连绵数也。"

(5) 宋胡仔《渔隐丛话前集》卷十五:"《雪浪斋日记》云:'古人下连绵字不虚发。如老杜"野日荒荒白,江流泯泯清"。'"是将"荒荒""泯泯"谓之连绵字。

宋人也没有给"连绵字"下定义。上举五例中的"连绵字"所指不尽相同:前四例中的"连绵字"都是一般合成词,其中有动宾式结构的(如"奈何"),也有联合式结构的(如其他各例)。例(5)中的"连绵字"也是合成词,但都是重叠式合成词。然而,虽有这样的区别,但用指双音单纯词的却一例也没有。另外,宋人其他文献中的"连绵字"也无一指双音单纯词者。总之,宋人的"连绵字"也相当于现代词汇学中的"复音词",并且一般是双音词。这种情况直到20世纪三四十年代不变,即中国传统语文学著作中的"连绵字"均指复音词①,且其中一般为合成词,没有谁用"连绵字"仅指双音单纯词。至于现代信守派学人用"连绵字"指双音单纯词,与用"联绵字"指双音单纯词一样,也仅仅是观念上的,实际上也没有举出一个靠得住的例词。这同样是因为汉语里没有正统的信守派学人所想象的"连/联绵字"。后面有关章节中不乏"联绵字"实例考析,这里暂不枝蔓。

三、謰语　连语　连字

"謰语"首见于明方以智《通雅》。《通雅》卷六《释诂》"謰语"题解中有"謰语者,双声相转而语謰謱也"之语,信守派学者多据以证明"联绵字—双音单纯词"说。《中国大百科全书·语言文字》对"謰语"的解释充分反映了这一现实,但那也是从观念出发的结果,实际上完全背离了事实。只是这个问题较为复杂,且涉及面较广,这里无法展开,只好拟专节考察讨论(详

---

① 确切地说,绝大多数情况下指双音词,但也不排除个别情况下指三音节、四音节者,故浑言之也。

见第二章第一节），届时读者可以看到方以智的"诶语"实际上指有多种变体且各变体对应字间有音转或音同关系的复音词或词组，并且其中至少91％以上是合成词，根本不是信守派学人所说的"联绵字—双音单纯词"。另外，继方以智之后使用"诶语"这一术语者的确不乏其人，而且所指不尽相同，但是与其他相关术语的情况一样，也没有哪一家笔下的"诶语"只指双音单纯词。

"连语"这个术语之所指几经变化，问题也比较复杂，此处也无法展开讨论。其中一个较为特殊的问题将留待后面第二章第二节讨论，另一个较为特殊的问题留待第六章第三节考察讨论，另外一些小的问题将在适当的时候予以讨论。但可以肯定地说，古代文献中没有用"连语"指双音单纯词者；古人的连语理论尽管不够统一，但无一家能够支持信守派学人的"联绵字—双音单纯词"说。

"连字"在20世纪40年代以前或指叠字，如元陈栎《定宇集》卷十《又答双湖书》："'崇墉言言'……此等连字，据古人出口叶韵为是耳。"或指某些双音词，如方以智《通雅·释诂》卷七："古人于连字，分则借之。"随后举"飘渺""庙貌"为"连字"例以明之；它们都是合成词，尽管方以智书中并不曾区分什么单纯词与合成词。或指只起连接作用的连词，是晚近的事，而且是现代语言学著作中的事。《马氏文通》卷一："凡虚字用以为提承展转字句者，统曰连字。"所举例为"则""而"之类。《马氏文通》乃现代语言学著作，以"连字"指连词，与联绵字问题研究无涉，姑且不论。总之，考中国传统语文学著作，其"连字"亦指复音词，未见用"连字"仅指双音单纯词者。

四、骈词　骈字　骈语　二文一命

先说前三个术语："骈词""骈字""骈语"。在古代乃至近代文献中，"骈词"大多数情况下与"骈文"是同义词，算不得语言文字学术语，故无须讨论。但需要指出的是，信守派学人常把一些似是而非的说法拿来证明"联绵字—双音单纯词"说，虽然表面上看可以壮大声势，但由于漏洞明显，恰恰因此暴露了"联绵字—双音单纯词"说的无根性。"骈语"多指四六对偶的文句，也不是本节讨论的内容。"骈语"极少数场合义同"骈字"，因此现在只考察"骈字"之所指就可以了。

骈字，所指皆双音词。这可以从明清部分小学类著作所收骈字的情况看出：

明杨慎《古音骈字》：三能、九京、不翼、天竹、玄墨、稼穑、简裁、巾帼、凸凹、大氐、阃不、气炎（焰）、四窦、执（势）力……

明焦竑《俗书刊误》卷六《略记骈字》：朝夕、武夫、捭阖、星宿、髻龀、俛仰、蛾眉、合昏（合欢）、豆（逗）留、谁何、内啬……

明朱郁仪《骈雅》：丰沛、物色、不禄、振荡、离奇、反侧、弥缝、翔实、锻炼、激流、无赖、挥斥、即世、物故、不讳、梗概、商榷……

清庄履丰、庄鼎铉《古音骈字续编》：凉风、大红、猋（飙）风、女功、女红、鞠躬、合从、四肢、肌肤、功夫、取材、茂才、殊途……

清张廷玉等《骈字类编》：天地、天日、天月、天风、天云、天雨、天露、天雪、天霞、天飙、天霜、天虹、天雷……

清程际盛《骈字分笺》：日月、雷电、风雨、霜露、方圆、年岁、寒暑、朝夕、经纬、山泽、纵横、池沼、江海、原野、城郭、京师……

上举明清六部"骈字"书中的例词全部是合成词①。

那么，该怎样理解明代朱郁仪《骈雅序》中"联二为一，骈异而同，析之则秦越，合之则肝胆"之说呢？朱郁仪这话是信守派著作中经常引来证明其"联绵字—双音单纯词"说的理论根据。其实，这"联二为一，骈异而同"的意思是说，联合两个字（语素）而构成一个双音词，比并两个字（语素）而反映同一概念；"析之则秦越，合之则肝胆"的意思是说，对这样的词，如果硬把两字分开来解释则不着边际，远非其所指，只有合起来做整体理解才文通字顺。这其实是词义的整体性决定的。例如：上录朱郁仪《骈雅》中的"丰沛"不能讲成丰富而充沛（析之则秦越），而要讲成"（雨水）充足"（合之则肝胆）；"物色"不能讲成物品之色（析之则秦越），而要讲成"寻找（需要的人才或东西）"（合之则肝胆）；"不禄"不能讲成不拿俸禄或没有拿到俸禄之类（析之则秦越），而要根据具体的语境讲成"士死的讳称"或"诸侯、大夫亡故，讣文上的谦称"、"夭折之称"（合之则肝胆），等等。然则谁能说"丰沛""物色""不禄"等是双音单纯词呢？我们必须明白，词义的整体性和单纯词语素构成的单一性不是同一问题，不能互证。否则，人们对《骈雅》中合成词至少占80％的现象无法做出合理的解释②。看来，朱郁仪《骈雅序》中那话，本是从双音词词义的整体性角度立论，并没有同时也不可能考虑双音词的语素构成情况。这个问题后面不少地方会站在不同角度进行讨论，这里暂不展开。

---

① 就连现代信守派学人也没有编出一部单收"联绵字—双音单纯词"的书。如河南人民出版社出版的《新编联绵词典》，所收大多是合成词，而单纯词只限于拟声词、音译词和切音词，正统的信守派学人能够普遍认可的"联绵字"一个也没有。详见沈怀兴《现代联绵字观念左右下的〈新编联绵词典〉》（《汉字文化》2012年第2期）。

② 余下的是部分待考者或拟声词、音译词。

"二文一命"首见于宋郑樵《尔雅注》,后人少有用之者,用指双音单纯词者更不曾见。《尔雅注》卷上《释诂第一》:"虺隤、玄黄、劬劳,皆二文一命也。"这里的"二文一命"意思是说两个字表达一个概念。如上引文中"虺隤""玄黄"和"劬劳"三个词分别表达一个概念,但它们都是合成词①。

综上所述,20世纪40年代以前的中国传统语文学著作中的"联绵字"绝大多数情况下指双音词,个别情况下也指三音节词、四音节词或词组,所以也可以笼统地说传统语文学家的"联绵字"指复音词,而且就其所列例词看,绝大多数是合成词。这是因为汉语双音词中本来就是合成词占绝大多数而单纯词很少,至少现有文献中的情况是这样的。并且,双音单纯词即使有,也不是正统的信守派学人所说的"联绵字—双音单纯词"。如果再做进一步考察,可知中国传统语文学家的研究目的与研究方法也决定了他们没有意识及可能让"联绵字"这一术语仅指双音单纯词。中国传统语文学术语"联绵字"之所指与现代词汇学术语"双音单纯词"之所指完全是两码事。被信守派学人认作"联绵字"之同义语的"连绵字""谜语""连语""连字""骈词""骈字""骈语""二文一命"等名词,其所指本来并不完全相同(由于历史的原因和学者研究内容的不同、说话的角度不同等原因,也不可能完全相同),甚至同一术语在不同的学者著作中也各有所指,但至少在我们现在能够看到的文献中,"联绵字"及相关术语之所指不仅都包括合成词,而且均以合成词为主。

参考文献

白　平　2002　《汉语史研究新论》,太原:书海出版社。
陈瑞衡　1989　《当今"联绵字":传统名称的"挪用"》,《中国语文》第 4 期。
李国正　1990　《联绵字刍议》,《厦门大学学报》第 2 期。
李运富　1991　《是误解不是"挪用"——兼谈古今联绵字观念上的差异》,《中国语文》
　　第 5 期。
吕叔湘　1942/1982　《中国文法要略》,北京:商务印书馆。
沈怀兴　2004　《双声叠韵构词法说辨正》,《汉字文化》第 1 期。
———　2004　《试析词目"联绵字"的不同解释》,《语文建设通讯》总第 78 期。
———　2007　《"联绵字"与语文学史上的相关名词》,《古汉语研究》第 3 期。
王　力　1958　《汉语史稿》,北京:科学出版社。
许惟贤　1988　《论联绵字》,《南京大学学报》第 2 期。

---

① "虺隤"是联合式合成词(详见白平 2002:182~183)。"玄黄"也是一个联合式合成词(详见第六章第四节)。劬,劳苦。《说文新附》:"劬,劳也。"汉张衡《归田赋》:"极般游之至乐,虽日西而忘劬。"劳,用力多。《说文》:"劳,勮也。"用力多则劳苦。《易·系辞上》:"劳而不伐。"孔颖达疏:"虽谦退疲劳而不自伐其善也。"然则"劬劳"是由近义语素结合而成的合成词。

第二节 古今联绵字观念截然不同的原因

研究文献中语言文字的学问从前叫小学,1919年以后,称传统语文学的人渐多。因为它的研究重在"通经致用",而被讥为"经学的附庸",与旨在研究语言本体的现代语言学相区别。这很大程度上与当时的政治思潮有关系。因此,近30年来一般不这么区别了,或统称汉语言文字学,或统称中国语言学。这里面值得讨论的问题很多,但不属于本书研究任务,本节暂不展开。只是鉴于上述事实,需要先做些交代,亦即下面将严格区分中国传统语文学与现代语言学。说中国传统语文学或传统语文学时,是指1949年以前研究文献中语言文字应用问题的学问;说现代语言学时,是指五四运动以后研究语言本体的学问①。对中国传统语文学与现代语言学的这种历史划分,是前人与今人联绵字观念之差异决定的。换个角度说,由于信守派为了证明其信仰,硬是与传统语文学家搞统一战线,认定传统语文学家的联绵字观念同现代联绵字观念,并且习惯举传统语文学家关于联绵字问题的片言只语支持其信仰"联绵字—双音单纯词"说,因而要正确地研究联绵字观念问题,必须首先区分传统语文学与现代语言学,明确传统语文学家与现代语言学家各自在干什么。这个问题特别重要,本书《说明》第1条从传统语文学家与现代语言学家的区别角度做了说明,这里不避重复,从学科角度再次给予强调。

一、中国传统语文学家的联绵字观念与现代联绵字观念没有承传关系

联绵字,《现代汉语词典》1960年试印本和1965年试用本都解释为:"旧称双音的单纯词。"向后各版本释义同此。《汉语大词典》也解释曰:"旧称由两个音节联缀而成的单纯词。"照这样的解释,今之"联绵字—双音单纯词"说乃"承旧"而来,与旧时联绵字观念是一致的。这是信守派学人"共识"。

但是,《中国语文》1989年第4期发表陈瑞衡《当今"联绵字":传统名称的"挪用"》一文,发现中国传统语文学家所用"联绵字"或"连语"与现在界定

---

① 这样划界只是为了考察现代联绵字观念方便。谁都知道1898年《马氏文通》问世标志着中国现代语言学产生,但直到1926年魏建功《读〈帝与天〉》之前,学界没有稍稍反映现代联绵字观念的文章发表。

为双音节单纯词的"联绵字"是两个完全不同的概念,从而认定当今"联绵字"是传统名称的"挪用"。两年后,《中国语文》又发表了李运富的《是误解不是"挪用"——兼谈古今联绵字观念上的差异》。李文考察了历史上论及联绵字问题的主要著作,发现"联绵字概念从开始提出,一直到民国符定一,就总体认识上说,并没有什么本质的变化,都是跟'单字''只字''奇字'等单音节词观念相对立的,指的是复音词",认为"使用现代'联绵词'概念的人根本就不认为它与古代的联绵字完全不同,反而常常跟古代的相关名称并提,甚至引述古人的有关论述和例词作为理论根据和典型材料来证明'联绵词'的单纯性",这"是出于对古代联绵字观念的误解,也就是把古代的联绵字错当成现今的双音单纯词"。与陈文相比,李文对今人混淆古今联绵字观念之别的做法批判更彻底。后来再经刘福根(1997)、白平(2002:152～208)等补充材料,反复论述,古今联绵字观念截然不同之说就更不容置疑了。可是,《现代汉语词典》于2005年出第5版,仍释"联绵字"为"旧时指双音节的单纯词"。这是怎么回事呢?

其实,混言之,释"联绵字"曰"旧称双音的单纯词"与认定古今联绵字观念截然不同这样看似对立的两种观点都不错。如本章上一节所说,1949年以前,中国传统语文学领域里的确没有人用"联绵字"指称双音节单纯词,因此上述陈瑞衡、李运富等人都没有说错。他们的不足在于没有区分中国传统语文学与现代语言学,没有考察民国时期问世的极少数的现代语言学著作中是怎样使用"联绵字"这一术语的。考察结果表明,用"联绵字"指称双音节单纯词始见于五四运动以后30年间问世的少数现代语言学著作(参看沈怀兴2007a、b,2010),《现代汉语词典》等解释"联绵字"曰"旧称……",其实是笼统地指1949年以前的二三十年间问世的极少数现代语言学著作中赋予"联绵字"以"双音单纯词"的含义①。1949年之后的30年间,社会上曾经有个习惯:中华人民共和国成立之前谓之"旧",之后谓之"新",如"旧社会""新社会""旧中国""新中国""旧事物""新事物"等等都曾经是高频词,它们中的"旧"和"新"就都是以新中国成立时间为标准说的。因此,《现代汉语词典》等释"联绵字"曰"旧称"云云,即旧时出版的某些现代语言学著作中这么说。这其实是站在社会学角度说的。如果立足现代语言学史解释"联绵字",就不可能有"旧称"二字。如《中国语言学大辞典》(江西教育出版社,

---

① 称其"笼统地……",是因为他们并没有具体考察这段时间内问世的哪篇文章或哪部著作中用"联绵字"明确指"双音单纯词",哪篇文章或哪部著作中的"联绵字"只是朦朦胧胧地表现出"联绵字—双音单纯词"说之意识。用今天的眼光看,这段时间内用"联绵字"明确指双音单纯词者只有个别著作,如吕叔湘(1942)。

1991)解释"联绵字"曰"由两个音节联缀表达一个整体意义、只含一个词素的词",《语言学百科词典》(上海辞书出版社,1993)解释"联绵字"曰"指由两个音节联缀成义而不能分割的词",它们都在忠实地反映现代联绵字观念,但是都没有说是"旧称"。

这样说来,古今联绵字观念截然不同本是无可争议的事实。那么,信守派学人为什么总喜欢到郑樵、朱郁仪、方以智、王念孙、段玉裁、王筠、王国维等传统语文学家的著作里为现代联绵字观念寻找证据,并且被陈瑞衡、李运富等反复批评后却搜寻更勤呢?原因之一大概是不明白《现代汉语词典》等解释"联绵字"而曰"旧称……",是指1949年以前的二三十年间问世的部分现代语言学著作中那么说吧。这就提醒我们,研究联绵字观念问题如果严格区分传统语文学与现代语言学,真正弄清楚传统语文学家与现代语言学家各自出于怎样的目的、使用怎样的研究方法研究联绵字,就不可能再出现这种现象了。

然而,正是由于信守派学人长期以来广事搜求,几乎把曾经用过"联绵字""连绵字""谜语""连语""切脚语""二文一命""长言""缓读""慢声""分音""双声叠韵"等术语的古人有关话语都拿来比附他们信守的"联绵字—双音单纯词"说,并且还创造出一些新说,各新说又往往被人用来证明现代联绵字观念,结果使本来并不复杂的联绵字研究变得异常复杂。所以现在有必要接着陈瑞衡、李运富等人的研究,继续探讨中国传统语文学家的联绵字观念为什么与以"联绵字—双音单纯词"说为核心的现代联绵字观念截然不同,为什么不能用来证明现代联绵字观念。如果能够实现这一目标,不仅可以避免此后人们继续到中国传统语文学著作中为现代联绵字观念搜寻证据,徒劳而无功;而且此前人们所搜寻的证据中,除了误导性较强的部分证据外,一般"证据"也无须一一考察讨论了,因为它们从此不会再有影响力;用那些证据支持的某些新说不攻自破,因为它们根基不牢。这样一来,联绵字研究中第一个理论障碍有望冲破,其他有关理论失去了这一基础,一个个分散开来,继而追根究底,研究者便不难做出或去或从的判断。

二、中国传统语文学家没有必要同时也没有可能考察联绵字语素构成问题

复音词语素辨认是一项理论性与实践性都很强的工作,需要较高的理论水平和深厚的专业功夫。这些条件都具备了,还得看看有没有那种必要性。换句话说,判断一个复音词是单纯词呢,还是合成词,至少需要具有语

素辨认意识和准确判断语素的能力,同时要看是否有那种必要。然而,中国传统语文学家研究语文现象重在实用,重在解决语文应用问题,特别是解决语文理解问题。他们从来不管一个复音词是怎样的结构,由几个语素构成,因为他们所从事的工作根本没有这种必要。中国传统语文学曾经被讥为"经学的附庸",也从另一个侧面反映了这一事实。研究词的结构,考察词的语素构成情况,纯属语言本体研究,完全是结构主义语言学思想笼罩下的现代语言学家的事情。中国传统语文学与现代语言学由于研究目的与研究方法均不相同,即使研究同一材料,也不可能得出相同的结论,因而不宜以前者证后者。而今将中国传统语文学与现代语言学统称中国语言学,容易使人混淆古今联绵字观念之别,从而让信守派学人误去传统语文学著作中寻章摘句,煞费苦心地为现代联绵字观念寻找证据,以致自觉不自觉地做了一些拉郎配的工作,影响了联绵字研究的科学性。如宋代张有《复古编·联绵字》中所考辨的联绵字,本章上一节已经举过两例,下面不妨再举两例,以利读者相互参看:

  (1)劈歷:劈,破也;从刀辟,普击切。歷,过也;从止厤,郎击切。别作"霹靂",非。

  (2)坳垤:地不平也。坳,从土幼,于交切;垤,从土至,徒结切。别作"凹凸",非。

不难看出,张有考辨联绵字意在正其俗体,毫无联绵字语素辨认意识及表现。元曹本《续复古编》考辨联绵字107个,情况大致同此。信守派学人对此要么略而不论,要么言而可商。如将"劈歷/劈历"判为合成词,而将"霹靂/霹雳"判为单纯词,因为他们多数人习惯用同形替换法辨认双音词语素,而"霹雳/霹雳"二字都不能替换。对此,研究者一般想不到是研究目的不同,而且又在研究方法上出了问题,大多用语素融合说来作解,却不料落到了以成见证成见的境地(参看第五章第三节)。

  再如,王国维《联绵字谱》被《中国大百科全书·语言文字》誉为"研究联绵词语很有用的一本资料书",然而书中反复、奋飞、分崩、辨别、买卖、隐忧、祸殃、好比、会通、威仪、坏乱、混浊、萎黄、形容、逾越、洋溢、欢欣、欣欢、险隘、和谐、闲暇、荣华、鳏寡、降格、闲关、鞠躬、会计、苟简、经纪、规矩、改更、光景、困苦、贞专、怵惕、遁逃、恬淡、涤除、调度、伦理、伦类、间里、柔弱、节奏、惨悽、惨恻、尽瘁、芬芳、详尽、施舍、消释、腥臊、思索、思心、晦明、痛肿、泛滥、刚强、猖狂、妄行、想象、经营、因循、艰难、渊泉、迁延、散乱、绵联、选练、牵连、攀援、提携、发泄、哺咀、屋漏、愚陋、好述、寿考、浮游、号咷、笑傲、叫号、跳跃、偃仰、英华、委积、淹久、忧怛、优裕、郁结、冤屈、冤结、隐伏、污秽、携持、孕育、咏叹、营求、摇扇、偷乐、营度、陷滞、摇落、孝养、谴浪、险阻、欢乐、险难、虚静、显荣、畏惧、号呼、刚健、光大、广大、感应、干城、孤陋、骄傲、长久、佳丽、卓远、久远、过失、佳冶、减毁、骄美、窥观、枢机、康宁、宽绰、开释、匡救、枯槁、充满、康娱、勤劳、勤苦、求索、穷困、傲慢、悟解、娱戏、危败、颠覆、陟降、畅茂、低仰、诋訐、端倪、颠陨、颠易、端直、张弛、低昂、珍怪、痛疾、贪婪、驰驱、惰慢、沉溺、驰骋、淡漠、迟暮、腾驾、沉抑、沉藏、沦丧、劳苦、劳瘁、离析、离别、流亡、离合、沦降、乱惑、离异、离散、辽远、辽廓、廉洁、廉贞、耆寿、琼瑰、疆御、瘀伤、壅蔽、暗漠、骈鸳、骈望、馀裕、舳舻、瘖瘵、蔽隐、暴慢、虞欢、凝滞、烦懑、羁旅、踵武、辅弼、简选、瑾瑜、恬愉、驰骛、弥缝、偷娱、欢虞、谨厚、险隘、琼瑶、盈溢、炫耀、馨香、柔顺、柔脆、震惊、昭明、津涯、执拘、照临、缜密、镇抚、浸润、震动、正则、峻茂、追逐、专传、峻高、精气、正直、震荡、志虑、聪明、三五、错综、请谒、亲昵、次第、浅薄、清白、超远、清澈、参验、清澄、尘秽、清凉、臣仆、静默、愁苦、愁叹、罪过、逸妒、愁悽、翔飞、先后、邃远、索求、散亡、死亡、省察、深固、思虑、啸呼、寿考、绳墨、神明、变化、发挥、反侧、发扬、播荡、悲惋、奔走、变易、法度、变衰、悲愁、腹心、抚柔、覆亡、飞扬、布施、俯仰、芳馨、僻远、风波、芳华、富强、匹合、跋涉、凭依、繁殖、别离、烦惑、文明、鸣号、美好、迷惑等 300 个联绵字,谁会认作双音单纯词呢? 其实,王国维《联绵字谱》所收联绵字中包括 841 个重言(其中重叠词居多,也有少数拟音而来的叠音词)及部分异体词共 2718 个,其中合成词占 3/4 以上。信守派学人多喜欢拿王国维所谓"联绵字,合二字而成一语,其实犹一字也"之说来支持"联绵字—双音单纯词"说(如上举《语言学百科辞典》持现代联绵字观念解释"联绵字"就是引王氏此言作证的),多爱强调《联绵字谱》对联绵字研究的重要性,这就需要多引录王氏认定的一些联绵字,让事实说话。至于王国维"联绵字,合二字而成一语,其实犹一字也"之说,用今天的话说,那只是在强调词义的整体性,绝不支持今天流行的"联绵字—双音单纯词"说。考察王国维全部著作,无一处对双音词进行结构分析或语素辨认,今人拿他的话证明"联绵字—双音单纯词"说,虽然可以理解,但实际上似是而非,靠不住的。

考察结果表明,历代不同语文学家笔下的"联绵字"虽有不尽相同的含义,但包括其别体"连绵字"及其他相关术语如"謰语""连语"等,从来没有哪个术语曾指称双音单纯词(详见上一节)。这是因为,中国传统语文学家研究联绵字或如宋代张有、元代曹本等考镜源流,是正俗体;或如明代方以智、近人朱起凤等因音近义同而类聚联绵字正体与别体,以便读者触类旁通;或如清代王念孙、近人王国维等强调词义的整体性而反对拆骈为单①：他们都没有必要去考察某字串儿所标记的语词到底是单纯词呢还是合成词，所以找不到他们著作中有用"联绵字"（或其他术语）指称今人所谓双音节单纯词的例子。

现在再换一个角度。上文已经提到，分析双音词的语素构成情况完全是现代语言学家的事情。国内第一部现代词汇学专著——孙常叙《汉语词汇》，从问世到现在只有50多年；国内现代语言学家萌生语素意识虽是上个世纪早期的事，但自觉对双音词进行语素分析至今不过六七十年。从这个角度看，今人到王念孙、王国维等语文学家的著作中为"联绵字—双音单纯词"说寻找理论根据，也不可能如愿。这一点，只要考察一下中国现代语言学史、同时弄清楚现代语言学与传统语文学的分野就可以了。

综上所述，中国传统语文学家只是在研究语文应用问题，而且多数是在研究文献中字词的正确理解，因而他们既没有必要同时也没有可能去考察一个联绵字是由几个语素构成的；他们不是在结构主义语言学思想方法主导下研究联绵字的结构关系，连对联绵字进行语素分析的意识也没有。然则持现代联绵字观念者竭力搜寻中国传统语文学家观点证明"联绵字—双音节单纯词"说，就很难说不是在缘木求鱼了。

三、双音词语素辨认至今仍是难题，古人不可能先予解决

其实，中国传统语文学家不仅没有考察分析联绵字语素构成情况的意识与必要，没有对联绵字进行结构分析的可能，而且即使他们同现代人一样，也无法准确辨认联绵字语素。因为直到现在，双音词语素辨认问题仍然没有真正解决。吕叔湘先生（1979）说："辨认语素跟读没读过古书有关系。读过点古书的人在大小问题上倾向于小，在异同问题上倾向于同。"②吕先生的这番话显得很无奈，但客观地反映了这样的事实：双音词语素判断至今仍是未能解决的难题③。面对这种状况，赵元任先生（1979：79～94）说：辨识语素"比较可取的办法是采用读书识字的人的最大限度的分析"，因为，"采用语文修养较高的人最大限度的分析比较容易取得一致的结果"，否则

---

① 王念孙的理论即所谓连语不可分训说，详见《读书杂志·汉书第十六·连语》。

② 以这话与吕先生《中国文法要略》上卷第一章第5节中的内容比较一下，读者会对"联绵字—双音单纯词"说的实质认识得更清楚一些。如果此时请吕先生修订《中国文法要略》，则不可能还保留原书上卷第一章第5节中的观点。如果此时请吕先生主持修订《现代汉语词典》，其解释"联绵字"的话也可能有所改变。很明显，吕先生直到1979年还为没有好方法辨认语素而深感无奈。

③ 这主要是共时论思想干扰的结果。其实，只要坚持历史的观点，一般联绵字的语素判断是可以正确解决的。如果不能摆正共时研究与历时研究的关系，这个难题将永远无法解决。

便"答案大有分歧"。赵先生这话是在看到复音词语素辨认"答案大有分歧"的情况下说的。这话被译介到国内已经30多年了,至今常见不同学者分析同一个双音词语素而结论不同。如"蝴蝶",几乎所有的"现代汉语"教材都举它为非双声非叠韵的"联绵字—双音单纯词"例词,但至少有四篇文章考见它是偏正式合成词,其中三篇发表在《中国语文》(1999年第6期一篇,2002年第2期两篇)。又如"窈窕",不知被多少文章举为叠韵联绵字例,说它是单纯词,而刘毓庆(2002)、白平(2002:180~181)都说它是合成词。再如,某"古代汉语"统编教材为证明"联绵字—双音单纯词"说所举的例词被白平(2002:172~208)考辨出21个合成词①。这些事实充分证明,双音词语素的辨认至今意见分歧严重。所以致此,原因之一在于为共时论所障蔽,没有可行的语素辨认方法(详见第七章)。专门从事语词结构研究的现代词汇学家尚不能完全解决的双音词语素辨认问题,如果人们从中国传统语文学著作中所寻得的前人理论确能支持现代联绵字观念,那么,本来既没有必要与意识同时也没有可能研究语词内部结构关系问题的中国传统语文学家是用什么方法从浩瀚的双音词海洋里辨认出双音单纯词并名之曰"联绵字"的呢?

笔者(2007a、b,2010)曾经具体考察了现代联绵字观念之核心理论"联绵字—双音单纯词"说产生的过程及其历史背景,发现在语言阶梯论泛滥的时代,汉语单音节幼稚落后论曾使炎黄子孙备受诬蔑,那时部分青年学者奋起驳斥外来诬蔑,声称"汉语自始就不是单音节语",并为此创"联绵字—双音单纯词"说,这首先是历史的原因。因此,起初也只是"我总以为中国语言,除去'重言'、'双声'、'叠韵'的原则而外,连绵字的构成还有几条方法,其中的一个便是发音相近的声或韵的连缀",并未举例(参看第五章第一节),多年后才有人予以证明,而其理论依据与例词均不支持"联绵字是双音单纯词"的观点(参看第三章第二节)。由于应时代需要,很大程度上只是姑妄言之,算不得真正的学术研究。后世对此可以理解,但不能一味当真。换句话说,如果只从学术角度讲,就只能看它到底合不合乎汉语实际了。遗憾的是信守派学人习惯从观念出发,人云亦云,始终没有坚持独立思考,单从学术角度考察这个问题,致使主观臆测成了"不刊之论",长期误导着双音词教学与研究,这大概不能不说是学术研究的悲哀吧。

综上所述,现代联绵字观念的核心理论"联绵字—双音单纯词"说乃是

---

① 实际上剩余的例词也多是合成词,而无一由"特殊的构词法"创造,无一支持"联绵字—双音单纯词"说。详见第三章第三节。

特定社会历史时期产生的,且始见于民国时期问世的个别现代语言学著作(沈怀兴2007a、b,2010)。此前的中国传统语文学家自然说不出支持后世应时而创的理论的话;即使处在那个时代而研究兴趣不在怎样驳斥外来诬蔑者,受其意在解决语文应用问题的研究目的及研究方法的限制,也不会说出支持现代联绵字观念的话语。古今联绵字观念截然不同的根本原因在于汉语里实际上没有正统的信守派学人说的由一种特殊的构词法构成的"联绵字—双音单纯词"(详见后面第三、四、五、七章),而且古今人研究联绵字的目的、方法截然不同。

还有一个例子可以帮助我们理解上面的观点。符定一《联绵字典》(1943)所收联绵字中合成词占97%以上(详见第六章第四节)。从符定一《联绵字典》问世时一片赞扬声、出版社一版再版看,"联绵字—双音单纯词"说虽然产生于"旧时",但是在"旧时"并不是主流认识,之后相当一段时间里也不是主流思想。符定一《联绵字典》被持现代联绵字观念者否定只是近二三十年的事(详见第六章第四节),说明现代联绵字观念也只是在近30年间才逐渐成"定论"的。从这个角度看,信守派学人到古人著作中寻找支持现代联绵字观念的理论,也难如其愿。

参考文献

白　平　2002　《汉语史研究新论》,太原:书海出版社。
陈瑞衡　1989　《当今"联绵字":传统名称的"挪用"》,《中国语文》第4期。
胡正武　2005　《训诂阐微集》,北京:中国社会科学出版社。
李运富　1991　《是误解不是"挪用"——兼谈古今联绵字观念上的差异》,《中国语文》第5期。
刘福根　1997　《历代联绵字研究述评》,《语文研究》1997年第2期。
刘毓庆　2002　《"窈窕"考》,《中国语文》第2期。
吕叔湘　1979　《汉语语法分析问题》,北京:商务印书馆。引文见吕叔湘《汉语语法论文集》页490,北京:商务印书馆,1984。
——　1942/1982　《中国文法要略》,北京:商务印书馆。
沈怀兴　2007a　《中国现代语言学早期的联绵字观念》,《语文建设通讯》总第88期。
——　2007b　《现代联绵字观念的来历》,《中国语研究》总第49期。
——　2007c　《"联绵字"与语文学史上的相关术语》,《古汉语研究》第3期。
——　2010　《"联绵字—双音单纯词"说产生的历史背景——兼及先秦汉语构词方式问题》,《汉字文化》第4期。
魏建功　1926　《读〈帝与天〉》,《国学月刊》第3期。
赵元任著、吕叔湘译　1979　《汉语口语语法》,北京:商务印书馆。

第二章 诔语说与连语说问题考辨

　　我们这个民族有托古言事的传统。什么事情,只要考见古人曾有言,问题似乎就解决大半了。这一传统也被信守派学人继承来用于"联绵字—双音单纯词"说的证明。考察发现,现代联绵字观念的产生与发展,始终离不开请古人帮忙儿。如果给受请的古人列一个排行榜:清代王念孙无疑位居第一。接下来依次是明代方以智、清代王筠、近人王国维、宋代郑樵、明代顾炎武、清代段玉裁、明代朱郁仪、清代黄生和宋人张有等。王念孙的问题主要是他的"连语不可分训"说,不是很复杂,将在其他地方讨论。王筠以下七人被拉来助威的情况都不是很多,也都可以在其他地方随时讨论。影响较大,问题较复杂的,只有方以智与王筠二人的相关理论。本章为他们的研究分别立专节进行讨论。实际上,即使不涉及现代联绵字观念问题的考察讨论,由于此二人观点在学术史上有着重要的地位,也该进行重点考察。特别方以智的诔语说,现代信守派学者的理解均与方氏本意无关,就更有必要探讨其本意。

　　由于信守派学人多认为方以智"诔语"指双音单纯词,常拿方以智诔语说支持流行的"联绵字—双音单纯词"说,所以本章第一节全面考察《通雅》所辑诔语。发现《通雅·释诂·诔语》卷六至八所辑诔语共534例中91%以上是合成词或词组。通过深入考察,发现方以智"诔语"指古代书面语中于常体之外还有变体的复音词或词组,并发现这种复音词或词组的常体与变体对应字多有音转关系(也有一部分有同音关系),是近音(或同音)通假导致的诔语多变体。方氏所谓"语诔謏",其实是在强调词义的整体性,他认为诔语各字需要连在一起呼读和理解。还发现方以智因声求义,把诔语常体与变体编为一组,以便求学者因声知义。方以智的诔语研究大大拓宽了训诂学研究领域,在语文学史上具有重要地位,且至今对汉语文研究仍具有指导意义。而今信守派学人没有真正弄清方以智诔语说思想,没有弄清楚方以智"诔语者,双声相转而语诔謏也"究竟是什么意思,强以方以智诔语说证明"联绵字—双音单纯词"说,却不知此二者之间没有任何关系。

第二节则是借考辨王筠连语说考察现代联绵字观念之实质。指出现代联绵字理论是以"联绵字—双音单纯词"说为核心理论拼凑起来的一个理论群。同时指出信守派学者认定的"联绵字"五大特点虽然都可以在王筠连语说中找到依据，但是王筠的理论观点未经论证，还停留在臆测阶段，根本经不起语言事实的检验。这表明，部分信守派学人讲现代联绵字理论而推崇王筠，即使如其说，也只能说现代联绵字理论的"出生证"十分可疑。考察中还发现，尽管现代联绵字观念各附庸理论均可在王筠《说文释例》中找到依据，但王筠本人并没有现代联绵字观念，只是他未经证明的某些观点不料被后世信守派学者借题发挥了罢了。因此，这里还需顺便做个检讨，就是我在本节独立发表时，曾因现代联绵字观念的核心理论及其各附庸理论均可在王筠连语观中找到根据，没有辨明信守派所言与王筠观点的本质性区别，误认为现代联绵字观念萌芽于19世纪中期，这话其实是不对的。因为王筠是一位传统语文学家，他是立足语言文字应用做研究，不是现代语言学家，不是立足语言本体做研究，更没有促使他产生现代联绵字观念的历史背景和现代词汇学意义上的语素辨认意识，所以不能说现代联绵字观念萌芽于19世纪中期。

第一节　方以智"謰语"问题考辨

近20多年来常有人以明代方以智的"謰语"比"联绵字—双音单纯词"，用方氏謰语说支持"联绵字—双音单纯词"说，虽曾有人提出不同意见，然片段之言未能引起学界注意，而"謰语"疑案成。又由于现代联绵字观念之成见在胸者多不认真考察方氏謰语研究的实际情况，致令一些误传日渐流行，本来悬而未决的"謰语"疑案又添几重疑云。特别方氏"謰语者，双声相转而语謰謱也"之说，更是众说纷纭，而未见确诂。本节拟在区别中国传统语文学与现代语言学的基础上，考察方氏謰语观及其謰语研究。

一、各类现行辞书对"謰语"的误释

术语"謰语"是明代方以智创造的，今信守派学人又给予解释，却与方以智的解释完全不同。下面先选录几部较有代表性的辞书对"謰语"的解释。辞书释义简明而力求反映共识，引它们的解释具有普遍意义，且可节省篇幅，同时讨论起来也可以自由一些。

(1)《中国大百科全书·语言文字》(中国大百科全书出版社,1988):"谜语,也作连语。这个词见于明代方以智《通雅》卷六《释诂》。方以智说:'谜语者,双声相转而语谜谖也。'谜谖即接连不断的意思。指两个字合成为一个词,不能拆开来讲。《通雅》书中所讲的都是双声词,但是两个字为叠韵的也属于'谜语'一类。例如'黾勉'、'玲珑'、'慷慨'、'消息'都是双声词;例如'苍茫'、'从容'、'殷勤'、'婆娑'都是叠韵词。这些都是不能分开讲的。'谜语'现在通常称为'联绵字'或'联绵词'。"

(2)《中国语言学大辞典》(江西教育出版社,1991):"谜语,即'联绵字'。"其释"联绵字"曰:"由两个音节联缀表达一个整体意义、只含一个词素的词。"

(3)《汉语大词典》(汉语大词典出版社,1993):"谜语:连语。也叫联绵字、联绵词。"其释"联绵字"曰:"旧称由两个音节联缀而成的单纯词。"

(4)《实用古汉语知识宝典》(复旦大学出版社,2003):"谜语,同'联绵词'。如明代方以智《通雅》卷六:'谜语者,双声相转而语谜谖也。'"其释"联绵词"曰:"除叠音词、象声词、叹词以外的汉语固有的双音节的单纯词。"

(5)《古汉语知识词典》(中华书局,2004):"谜语,有时指'联绵字'。明方以智《通雅·释诂·谜语》:'谜语者,双声相转而语谜谖也',并指出理解的途径是'因声知义,知义而得声。'"

以上选录了近20多年间出版的各类较有代表性的辞书对"谜语"的释义。前四家都认定"谜语"即"联绵字/词",指一个词素构成的双音词。例(5)说"谜语,有时指'联绵字'",表明它在一定程度上对流行观点持保留态度。但从它认为"谜语,有时指'联绵字'"、只是抄下方以智部分话语而不做必要的解释、更不说明"谜语"一般指什么等表现看,似乎并没有弄明白"谜语"的实际含义("谜语"含义详见本节第二部分),没有把握解释清楚,所以读者也只能见仁见智,至少笔者所询问同行的情况是这样。这说明,虽然方以智"谜语"在2003年之前各家解释都是"谜语=联绵字=双音单纯词",但仍有不同认识,因为例(5)是1996年版的修订本。再向前考察,还可发现对这个"谜语"的理解,早有人提出不同于主流派学者的认识,如李运富(1991)认为方以智的"谜语"指复音词。但由于未进行穷尽式考察分析,亦未做理论上的深入探讨,主流派学者继续坚持"谜语=联绵字=双音单纯词"的认识,上引例(3)例(4)的解释都反映了这一事实。以上种种情况表明,方以智"诶语"问题在目前汉语言文字学界并没有统一的认识,还是一桩疑案。

其实,只要弄清了传统语文学与现代语言学的根本区别,就可断定方氏"诶语"不指双音单纯词,方氏诶语观不支持"联绵字—双音单纯词"说。第一,古今联绵字观念截然不同,方以智类聚诶语的目的是为了方便求学者"因声知义,知义而得声"(详见方以智《诶语》题解),既没有必要同时也没有可能从复音词中辨认出单纯词来。第二,"单纯词""词素"等都是现代学者研究语言本体的概念,研究语文应用问题的方以智本不需要这类概念,现代语言学未出现以前的汉文献中也找不到这些概念①,方以智"诶语"没有指双音单纯词的可能。第三,词素理论引入国内还不到一个世纪,辨认汉语词素更是至今尚未完全解决的难题(沈怀兴 2009a,2010a、b),照理说,明代方以智没有可能掌握词素理论并准确地用于诶语词素判断。如果"诶语"今释不误,人们无法知道方氏是怎么从复音词中辨认出单纯词而名之曰"诶语"的。第四,方以智诶语研究走的是辨通假而因声求义的训诂学道路,与现代词汇学分析词的词素构成没有相通之处,由此决定了其"诶语"与"联绵字—双音单纯词"无可比之处。

另外,在中国语文学史上,从方氏《通雅》到朱起凤《辞通》,近 300 年间有清魏茂林《骈雅训纂》、清陈仅《诗颂》、清李慈铭《越缦堂读史札记》、清章学诚《文史通义外篇》、清邹汉勋《敩艺斋文存》、清黄遵宪《与官严又陵总办书》、民国刘大白《辞通序》与林语堂《辞通序》等都用过"诶语"这一术语,但没有一家用"诶语"指双音单纯词。如果说方以智所创"诶语"指称双音单纯词,为什么这个"诶语"在后人笔下却无一指双音单纯词?

下面试对方以智《通雅》所辑诶语进行穷尽式考察。考察结果表明,不包括其卷八《诶语》中"钩章棘句"一节②,《通雅》中共收 534 个/组诶语③,其中只有铿鞳、萧瑟、呕喁、隐振、邪揄、拨剌、呫嗫、讄呪、劳利、啥呀、砰磅、匐磕、澎湃、嚌呹 14 个单纯词。但它们都是拟声词及拟声而来的词,不是"汉语中特有的一种语言现象",《现代汉语词典》《汉语大词典》释"联绵字"不包括这类词,上引例(4)释"诶语"还明确排除这类词,所以它们不支持上引各

---

① 曾有人从前人著作中搜寻了不少说法支持"联绵字—双音单纯词"说,但那都是对前人之说的误解(参看本节参考文献:沈怀兴 2007a,2008a、b、c,2011a)。

② "钩章棘句"一节所收的词,方以智认为"皆对《广韵》抄撮而又颠倒用之",故不宜统计在内。

③ 仅算其常体是 534 个,包括其变体是 534 组。这个数字比此前各家统计的 355 个/组多 179 个/组,是因为此前各家按方氏之书的章节统计,一节书算一个/组诶语,实际上方氏之书中不少章节不止一个/组诶语。

家之释"诨语"。现在把余下520例诨语的考察情况一一录出,以见究竟。其中合成词和词组486例,依它们在原书中的顺序是:

仿佛、恍惚、彷徨、仓皇、惝恍、洸洋、徘徊、寂寞、寂寥、拉杂、旖旎、
俯伏、匍匐、逍遥、招摇、飘摇、譸张、犹豫、坎坷、纷纭、块圠、怙懘、晻霭、
奄忽、嘈杂、夸毗、依违、栖迟、陵夷、呎蒲、旁薄、参差、彳亍、颠覆、夷犹、
怫郁、绰约、屏当、龃龉、蓬勃、浩瀚、风采、憔悴、抑郁、慷慨、岂弟、陵厉、
从容、闪灼、专一、迫慼、侵寻、辜较、料简、槀兀、累丸、功苦、杳眇、落魄、
条畅、离娄、谅阴、旁历、陪游、不庭、蒂芥、径庭、峰距、旅距、销距、储置、
狗齐、锲薄、秒忽、闵勉、佚荡、犒暴、逢倍、瘖生、晤谢、朗悟、侘傺、漫衍、
舛驳、奣诟、屑越、彤劾、恒扰、偃仰、辟倪、遮迦、阿邑、璀璨、刓弊、负兹、
宽隆、背依、恂督、涵流、磋磨、墟厉、卓荦、渗漓、卉歙、轧忽、流落、剥落、
寥落、磊落、脱落、濩落、彤落、篱落、薄落、错落、孟浪、苴蕞、由蘖、憨怂、
怀挟、句驳、驳异、缧绁、淫佚、慢侮、冲澹、赘颁、巽惼、柔耎、怯惴、骏庞、
赘瘤、窈窕、窈纠、窥窬、离纚、捉搦、蹴蹀、遵循、缺望、宴嬉、抵巇、皮附、
收债、债家、踵继、仰繫、雁行、证向、证辞、辩诉、马逸、轶事、硕画、石交、
目击、憪服、局促、仓卒、零落、总揽、濯灶、木偶、凤夜、凤心、摇刖、雍睦、
迫急、小极、砥砺、渐靡、堆誓、肥硗、政匡、蔽山、傍河、元祺、奇辨、奇人、
奇事、劈面、拳握、抹杀、惰懒、答骂、靡节、弭耳、敉定、神宅、黎民、良民、
兆民、海滨、沉霾、勉咨、分别、蠋洁、磨鑢、履隰、辛穰、回通、孕育、释荣、
盥洗、斋肃、决骤、遥度、遥谓、遥言、妖冶、桃椘、操椘、踊跃、纰缪、疑怍、
悚慄、疲惫、渐渍、绸缪、掊克、哀取、亵渎、慣黩、譁哓、凿说、襆错、举错、
狃恃、周流、虚廊、肥遁、畏用、无垠、南讹、笋纗、是正、相徇、斥执、蹟跂、
缀兆、宝祠、保就、专己、呪诅、衰城、冀幸、希觊、序正、裁察、裁哀、资材、
廉倨、贵倨、倨傲、解后、豁达、失策、豫饰、布护、才謵、消灭、败秽、淫洒、
黝晕、华洞、宛卷、畜积、诋诃、卤莽、拮据、露袒、附娄、崔巍、崎岖、巀嶪、
嵚嵜、巇嵒、涬溟、磁砶、较若、沱若、介然、惆然、坦然、怃然、魁然、胎然、
揣然、洒然、侐然、翟然、萧然、释然、尘如、率然、确然、嶷然、巍然、侃然、
骚然、嚃然、慨然、熠然、噦然、茫然、俯然、艴然、累然、颀然、铿尔、莞尔、
率尔、燔如、翰如、勃如、俛焉、宣侈、婚姻、恭寅、亲巡、亲戚、馨香、百榖、
长宝、山陵、喷玉、阴阳、倔强、万物、归藏、礽坤、峻峭、牵挽、潮湿、平燥、
萧晖、固辞、职方、比蹤、黎庶、民隐、景响、琢磨、雍遏、络绎、鴽雏、谭恩、
苞组、后昆、遮几、奈何、铄灼、典坟、庭坚、张披、图籍、儒术、一篑、胪占、
左股、盖簪、涅朋、平章、平秩、有蠡、迈相、洮頮、庶狱、楸迁、审核、楸简、

楙建、乃逸、乃谚、既诞、无皇、耿光、憸忿、室欲、拖绅、三嗅、孚尹、嚚讼、犒饩、孳尾、掌讶、吉凶、耗斁、耗斁、执竞、朵颐、滂沱、竹秘、溢我、载祀、小雅、朋淫、朋来、绿衣、宜馆、见晛、渥赭、靡膴、治兵、贯女、协用、谟训、尹告、姻娅、无竞、无斁、设席、绿竹、盱豫、如煨、大诰、拾级、陨穫、刊木、棐忱、咏号、雠敛、沉潜、煴隆、调饥、筋之、跋涉、重乔、子衿、鸣鴃、小弁、栗薪、奏假、拯马、有奭、用圭、哀多、撰德、新台、大眚、渝平、要会、终始、得失、排斥、狴犴、提携、忧愁、惠爱、率由、散乱、审视、周旋、假借、鬼神、畴咨、称谓、微细、中逵、甄陶、勇敢、怀抱、徒从、徂往、饕餮、敷施、移予、徵羽、照耀、飞扬、性情、周匝、廉纤、庄迻、玄纁、流苏、斑斓、秋千、表著、讹言、古冢、嗟咨、酬酢、期颐、扬之水、勿剪勿扒①

待考者34例，依它们在原书中的顺序是：

逶迤、徜徉②、倜傥、次且、霓鬐、威施、蹒跚、盘桓、肹蚃、萧条、萧森、芘虎、酩酊、龙钟、优游、悍悷、庋庲、胶葛、混沌、汍澜、毰毸、盱瞑、劬勤、抢攘、征营、絜楷、扶疏、氤氲、岣嵝、峥嵘、㨖戾、閜砢、蹁跹、斯赵

上录《通雅》中诳语多是复合词，其次是词组和派生词（上录诳语中加着重号的37例都是派生词）。《通雅》中所收诳语共534个/组，上录合成词和词组共486例，占其全部诳语的91.0%以上。其余48例，即上录拟声词及由拟声而来的词14例，待考者34例。至此，只能说上引各类辞书（特别前四例）反映流行观点而对"诳语"的解释与事实不符。

也许有人要问：会不会在待考的诳语中有合"联绵字—双音单纯词"说的诳语？不会。第一，以"诳语"比"联绵字—双音单纯词"，而91%以上的诳语是合成词或词组，很难想象唯独那34个（仅6%强）待考的诳语可以支持其观点。第二，所谓待考，是因为材料不足，暂时不能确定其语素构成情况而存疑，条件具备之后会弄清楚的。如本节曾作为单篇第一次寄给《语言研究》时待考者37例，后来又考见夷犹、拮据、饕餮三例是合成词，说不定什

---

① 所录多为诳语常体。但是，为了方便读者阅读，常体中有冷僻字时或录其变体。"常体""变体"二术语下文将多见。如《通雅·释诂》卷七《诳语》："偃佽即偃仰，古作偃印""旦宅即神宅""孕育，一作蠃育"等，其"偃仰""神宅""孕育"等是常体，"偃佽""旦宅""蠃育"等是变体。除了方以智订误的例子，其变体主要由近音或同音假借而来，少数变体是异体字。如果不与"常体"相对，"变体"指一个诳语的所有书写形式。

② 若依古注，"徜徉"和下面的"盘桓"都是合成词，但还要作补证，为节省篇幅，也为了不引起无谓的争论，暂把它们归入待考类，反正少几例并不影响本书基本观点。

么时候又有新材料证明待考者中哪个谜语也是合成词,所以我们没有理由拿它们来比附时下流行的"联绵字—双音单纯词"说。第三,以"谜语"比"联绵字—双音单纯词"者多相信上古汉语里有一种创造双音单纯词的特殊构词法之说,而不知此说本是特殊历史时期的想象,一直未得到确证(沈怀兴2009a,2010c,2011a、b)。就《通雅》所辑谜语说,其待考者现在虽有34例,但随着材料的不断发现和研究的深入,最终即使还有个别词继续待考,一种构词法也不可能只创造出个别词。第四,原来被认作"联绵字—双音单纯词"而后来被证实是合成词的例词很不少(参看白平2002:172~208;沈怀兴2009a、b,2010a,2011a、b),连上引例(1)的例词也无一靠得住。

上引例(1)所举的"黾勉""玲珑""慷慨""消息""苍茫""从容""殷勤""婆娑"八个例词中带点的三个都是合成词,一看便知,无须考辨。"慷慨"和"从容"也都是合成词(沈怀兴2007b、2006)。黾勉,《诗·邶风·谷风》:"黾勉同心,不宜有怒。"朱骏声《说文通训定声》"黾"字下认为"黾勉"的"黾"是"忞"的假借字。《说文·心部》:"忞,自勉强也。"《力部》:"勉,强也。"据此,"黾勉"乃是同义词联用构成的合成词①。"玲珑"由拟玉击声而来,拟声词不为汉语所独有。"婆娑",《诗·陈风·东门之枌》:"不绩其麻,市也婆娑"。其"市也婆娑",《说文·女部》"娑"下引作"市也媻娑"。《说文》无"婆"字。桂馥《说文解字义证》释"媻"曰:"或作'婆'。"丁福保《说文解字诂林通检》于"婆"字下曰:"篆作'媻'。"《广韵》戈韵释"婆""媻"同音,均为薄波切。以上证据表明:"婆"是"媻娑"之"媻"的后起字,亦即"媻"之"奢"义的后起分化字。《说文·女部》:"媻,奢也。""娑,舞也。"《奢部》:"奢,张也。"然则"婆娑"即"奢舞",亦即大舞、尽情舞。据此,"婆/媻娑"也是合成词,也不支持上引例(1)释"谜语"的观点。这样说来,上引例(1)释"谜语"所举例词都不支持其观点。

至于"不能分开来讲"之类的说法,乃是对前人"不可分训"说的误解(沈怀兴2008b),故不能做辨认一个双音词是不是单纯词的标准。否则,就难免误用合成词词义的整体性证明合成词是单纯词,这是无论如何也说不过去的。其实,以"不可分训"为标准辨认词素没有可操作性,于实践中行不通。吕叔湘(1984:490)说:"辨认语素跟读没读过古书有关系。读过点古书的人在大小问题上倾向于小,在异同问题上倾向于同。"那么,究竟是哪些人

---

① 还有,《尔雅·释诂》:"勔,勉也。"《经典释文》卷二十九《尔雅音义上》:"勔,字本作'僶',又作'黾',或音泯。"据此,"黾勉"也是合成词。另外,据清王玉树《说文拈字》所引孙季昭《示儿编》之说或李谨(1987)的观点,或周啸天主编的《诗经楚辞鉴赏辞典》的观点,"黾勉"都是合成词,而不是单纯词。《大百科》举"黾勉"为"联绵字/词—双音单纯词"例词,其成见深矣。

"不能分开来讲"的词可判作双音单纯词？诸如此类的问题，留待后面第五章第二节和第三节展开讨论，这里暂不枝蔓。实际上，联绵字词素判断需要很多方面的知识，是一种理论性较强、专业功夫要求较高、难度较大的工作。由于各种条件的限制，至今学界未能彻底解决双音词词素判断问题。上引吕叔湘先生的话大致反映了这一事实。又如《现代汉语词典》1960 年出试印本，本着现代联绵字观念解释"联绵字"，所举六个例词，到 1965 年出试用本就发现"匍匐""凤凰""砝码"不是双音单纯词而换掉了。试用本的六个例词至今未换，但《汉语大词典》卷八（1991）释"联绵字"抄了它五个例词，发现"妯娌"不是单纯词而未抄，让非双声非叠韵的"联绵字"只一个例词。可是，为什么浩瀚的汉语词汇里只有一个非双声非叠韵的联绵字？是补不出呢还是不敢补？其实，《现代汉语词典》《汉语大词典》公认的那五个联绵字例词实际上一个也靠不住（沈怀兴 2010b）。

综上所述，上录较能反映"共识"而较有代表性的各家现行辞书对"谜语"的解释都靠不住，目前学界流行的"谜语"指双音单纯词的观点不成立。

二、方以智对"谜语"的解释

方以智《通雅·释诂·谜语》共三卷：卷六至八。卷六之首有《谜语》题解：

> 谜语者，双声相转而语谜谜也。《新书》有"连语"，以许氏加"言"焉。如崔嵬、澎湃。凡以声为形容，各随所读，亦无不可。升庵曾汇二字，楚望亦列双声，弱侯略记骈字，晋江苏氏韵辑骈复，俱宗杨本。江右张氏《问奇》特编而定其音读，谷城从而广之，朱氏《指南》、艮斋《字学》皆揭此例，然多抄升庵，守以字学钩钒之说。惟郝公主通，然未免强合。故因撕其支离，补其遗漏，前后见者，偶从部居。此举成例，列于左方，以便学者之因声知义，知义而得声也。

近 20 多年以来，各家对这段话的节录多是各取所需，但总的目标是支持现代联绵字观念；其说解多似猜谜，围绕现代联绵字观念打转转，而与方以智本意或不沾边儿，或相去甚远。如从事联绵字问题研究的某专著第 18 页摘引了这段话中 65 个字后解释说："这段话，从语音联系、结构特点等方面，对'谜语'做了理性概括。所谓'语谜谜'，即我们今天说的两个音节、两个字共同表义，不可分训；所谓'双声相转'，即指明'谜语'语音上多具有双声或叠韵关系；'以声为形容，各随所读'，则指明'谜语'义存于声，形不固定的特点。方以智对联绵词的这些论述十分精辟,在今天仍然具有现实指导意义。"这段解释如果不误,现代联绵字观念的产生完全可以上溯到明代。但实际上,方以智《謰语》题解没有而且也不可能从謰语的结构特点上立论。方以智的"謰语"与引者的"联绵词"根本不是一回事,更谈不上"方以智对联绵词的这些论述十分精辟"!另外,其释"双声相转""语謰謱"而颠倒顺序,使"而"字无着落,也说明引者没有深入研究方以智的謰语定义。还有,其释"凡以声为形容……"亦未安。所以方氏"凡以声为形容……"云云,也有人认为在讲一种语音造词法,但实际上也与方以智思想无关。

又如仅 2011 年,就有三位著名教授一位博士共发表了三篇论及方以智《謰语》题解的文章,也都不合方以智本意。较早的一篇中数处论及方以智的謰语研究。第一处在文章的四、五自然节,八九百字,完全用现代联绵字观念的眼光看方以智的謰语观,是成见在胸而没有认真研读方氏之书的议论,这里没有必要详予讨论。第二处是文章第八自然节,说:"明末清初的方以智著有《通雅》,其中 3 卷是《謰语》,共 345 个。方氏的'謰语',就是今天说的'联绵词'。方氏的定义是:'謰语者,双声相转而语謰謱也。……如崔嵬、澎湃。凡以声为形容,各随所读,亦无不可。'方氏定义的突出特点是强调'音转',即所谓'双声相转而语謰謱',同时指出一个词的不同形体,即所谓'各随(不同字)所读,亦无不可'。从为联绵词下的定义看,方氏的见解已经和我们今天的看法非常接近。但从他对具体词的认定和说解,可以看出他……没有走出他的前辈的老路,把一些复合词或词组都当作謰语。"这段话也是没有仔细体会方氏之书的意思,完全依据现代联绵字观念说的。引者顺着现代联绵字观念的道儿走,发现走不通时就批评方以智"没有走出他的前辈的老路,把一些复合词或词组都当作謰语"云云,而不管自己是否真的弄懂了方以智话的意思。特别连其所言謰语数目也严重不合实际,就更透露出只从观念出发而不怎么考察事实的学风。第三处在文章第 25 自然节,说:"明代方以智是第一个为联绵词下定义的学者,而他的定义正是着眼于两个字之间的声韵关系。方氏说:'謰语者,双声相转而语謰謱也。……如崔嵬、澎湃。'显然,方氏认为联绵词的核心特点是'双声相转',从他举的例词看,'崔嵬'为叠韵,'澎湃'为双声,不仅仅指二字的双声关系,也包括了叠韵关系,或者说方氏的'相转'是指叠韵而言的。因此可以把方氏的定义概括为:联绵词非双声即叠韵。"可以肯定地说,这也是没有读懂方氏《謰语》题解,更没有发现《通雅》所收謰语中也有非双声非叠韵的词,只顾顺着现代联绵字观念的道儿猜谜(参看后文对方以智"謰语"题解的论述)。上述问题出在一位著名的老教授笔下,倒不是这位老教授专业水平不够,而只能说明现代联绵字观念影响严重,连著名老教授也不放过。因此,这个例子也与其他同类例子一样①,从某种程度上反映了数十年以来在现代联绵字观念主导下汉语言文字学领域里的研究现状。

再一篇节引方氏之说后,也是依据现代联绵字观念发议论,而谬于方氏本意。如其正文第 16 自然节抄下《謰语》题解"謰语者,双声相转而语謰謱也。《新书》有连语,以许氏加言焉。如崔嵬、澎湃。凡以声为形容,各随所读,亦无不可"之后评论说:方以智"把联绵字界定在与声母有联系的双音词范围之内"。论者也是先把方以智的"謰语"等同于"联绵字",而不知方以智的"謰语"不仅不同于他们说的"联绵字",而且不同于语文学史上任何一家的"联绵字"。这实际上与《中国大百科全书》解释"謰语"一样,亦即都不曾认真阅读方氏之书,只抄下它部分字句,就顺着现代联绵字观念的道儿发议论了。可是读者要问:是什么"与声母有联系的双音词"? 是不是说方以智的"謰语"指《大百科》理解的双声词? 不是的话也许无法做出其他解释,但如果是的话就真的大错特错了(参看下文)。

另外一篇,其作者古汉语功夫很好,但也说了不够客观的话。如其文章第二部分第七自然节说:"'謰语'是音义关系都结合紧密的复音词,强调的是相连两字的'双声'、'叠韵'、'叠音'等语音关系。"这话也不是方氏本意(参看下文)。特别方氏没有把叠音词归为謰语。叠音词在《通雅》中叫"重言",收在其卷九和卷十两卷中。其《謰语》共三卷,即卷六、七、八,在"重言"前面。同时,方氏《通雅》所收謰语中还有一些非双声非叠韵的词(参看下文举例)及部分词组(详见上文所录《通雅》謰语及后文相关论述),同样不支持论者观点。

上述事实表明,当前学者对方以智"謰语"的理解均不合方氏本意。这里面既有理论障碍的因素,也有读书习惯的因素,甚至还有文字障碍的原因,但是,最关键的还是现代联绵字观念的误导作用。方以智的謰语说很值得探究。

其实,方氏这段话是先给"謰语"下定义,指出謰语的特点(详见下文分析),继而交代"謰语"名称的由来,并举了两个謰语之常体为例。接着又侧重謰语变体指出:"凡以声为形容,各随所读,亦无不可。"意思是说:凡以声通义的謰语变体,只要依据其音转规律知其所通之义,即使各随所读也可以。如《通雅·释诂》卷八《謰语》:"崔嵬,一作陮隗、隗隗、嵬隗,或用畏隹。平声。亦上声。崔,别作崒、陮、隹;嵬,别作隗、嵔、畏。《庄子》:'山林之畏

---

① 后面第三章第二、三节和第四章第一、三节以及第五章第一节中还会举到一些例子,可参看。

佳.'乃倒用'隹崔'也。司马注:'隹如崔字.'可知皆声通形状之辞也。""皆声通形状"即"陮隗"等均"以声通义",以其读音通"崔隹"之所指。因此,只要照"崔隹"之所指理解,而不"守以字学钩鈲之说",即使"各随所读"也没关系。很明显,方以智这里讲的是文字通假问题。又如:"澎湃,一作滂沸、滂沛、澎濞。《文选·上林赋》:'汹涌澎湃.'《史记》作'汹涌滂沸'。又与'滂沛'通。司马彪又引'澎濞'。"方以智的考证是说,这"滂沸""滂沛""澎濞"都是"澎湃"之通假体,只照"澎湃"之所指理解就可以了。有人认为方氏"凡以声为形容……"云云是在讲一种语音造词法,并与"联绵字—双音单纯词"说扯上关系,曲解联绵字多种书写形式。果如其解,便是方以智不惜割裂文义,在举诶语之例词与叙述前人研究情况之间硬插进一段讲造词法的话了。天下古今有这么写文章的吗?其实,其"声"指字音("各随所读"的只能是字音),这里指诶语各变体读音。方氏此言是从用字角度说的,不是从造词角度说的。一个词造出只有一次,时移地异而用字标记则有多种,所以如果像方以智研究诶语重在辨通假而不计时地之别那样,一般复音词都可能列出不止一种书写形式。如上文统计结果表明,《通雅》所收诶语中91%以上是合成词和词组,而无一不具有多种变体,即其最少的两种,最多的32种,而像卷八《诶语》收词组"一篑"四个变体、收复合词"平秩"五个变体、收派生词"较若"五个变体者很不少。从"一篑""平秩""较若"都被方以智列为诶语看,方氏"诶语"不指双音单纯词,其"凡以声为形容……"云云也不是在讲一种语音造词法。实际上,如果研究者不受现代联绵字理论观念的束缚,则很容易理解方以智的话:立足诶语常体之所指看其变体之所指,都是"以声为形容",亦即都是以声通义,故"各随所读,亦无不可"。至于上录《诶语》题解中两个例词:"崔隹"是联合式合成词(白平 2002:181~182);"澎湃"照一般的说法是个拟声词,由拟波浪撞击声而来①。它们都不支持当前流行的"联绵字—双音单纯词"说。

接下来,方以智简单叙述了前人的研究,指出一些人习惯守以字学钩鈲之说,只有郝敬主通假,但"未免强合"。于是方氏本郝敬"主通"思想而纂辑诶语,同时避其"强合","撕其支离,补其遗漏,前后见者,偶从部居",以便求学者"因声知义,知义而得声"。这"前后见者,偶从部居"是说把一个诶语不同的变体列在一起。如上引"崔隹",方氏把前后所见的五个变体依次列在

---

① 这里是暂从众。如果从方氏所录"澎湃"的三个变体"滂沸""滂沛""澎濞"看,也许将它判为联合式合成词好一些。但为了不在此末节上引起无谓的争论,这里暂从众,把它算作拟声词,尽管归入联合式合成词也不支持信守派学人观点。

一起,分别指出出处;上引"澎湃"各变体亦如此安排。所以把一个谜语的各种变体列在一起,是为了方便求学者"因声知义,知义而得声"。方氏言"以声为形容""声通形状",均与"以声通义"意思相近,都是在讲通假问题,亦即在讲用字问题。

现在来看方氏"诼语者,双声相转而语诼诼也"之说。就现代学者的解释看,大多在对其"双声相转"的理解上出现了偏差。这个"双声相转"其实是站在诼语变体与常体之对应字声韵联系角度说的,应当作整体理解,而且不限于今所谓声母不变韵母变的"双声相转"。方氏遵循"主通"思想类聚诼语,"前后见者,偶从部居","以便学者之因声知义,知义而得声",因此,从传统语文学之辨通假而因声求义的角度看,这个"双声相转"的"双声"只能是就诼语常体与变体对应字之语音联系说的。参考前贤的理解(详见本节第三部分),这个"双声相转"指(大部分)诼语常体与变体对应字间有音转关系,就用字而言则是近音通假关系①。它既包括诼语常体与变体对应字之声母不变而韵母变的双声相转,也包括其声母变韵母不变的叠韵相转。否则,如果遇到(卷六《诼语》)"混沌,一作……困敦"之类常体与变体对应字叠韵相转者则不容易解释。考察《通雅·诼语》,可知其"主通"思想主导下"偶从部居"的诼语之常体与变体对应字也的确多有音转关系,就文字而言即多为近音通假关系(参看下文各例)。另一部分诼语常体与变体对应字间主要是同音通假关系,如卷八:"葆祠即宝祠""绪正即序正""财察即裁察""淫缅即淫涵"等。少数变体是用了异体字,极少数是被古人写了错字,方以智给予指正,严格说来它们不是诼语变体。至于其总说"双声相转",而实际上有些诼语常体与变体对应字同音,原因可能是这样的:第一,除了少数变体用了异体字之外,这些同音变体都由同音通假而来,在通假这一点上,它们与近音通假之性质是一致的。第二,有音转关系者居多,可举以赅其余,毕竟方以智研究诼语的目的是辨通假以"便学者之因声知义,知义而得声",考察其对应字间的语音关系只是实现这一目的的手段。上引例(1)《中国大百科全书》解释"诼语"曰:《通雅》书中所讲的都是双声词",大概没有注意到这一点,于是望"双声"而生训,致令"相转"无着落。它没有发现方氏《诼语》题解里第一个例词"崔嵬"就是叠韵词,也没有发现正文中收了那么多叠韵诼语和准叠韵诼语,同时还收了一些非双声非叠韵的诼语,如其马逸、骏騛、飘

---

① 《通雅·疑始》:"音有一定之转,而字随人填。"指出了随音记字、音变字易之规律,但方以智在辑录诼语时没有细分通用与假借,只是在"主通"思想主导下将诼语各变体"前后见者,偶从部居"。这里暂不区别通用、假借,一律称"通假"。

忽、畏用、总揽、渐靡、虚庋、比踪、协用、萧然、确然、骚然、蹙然、俯然、扬之水等。类似的如上面所引一部专著和三篇文章的说解,大概也是没有深入考察这个"双声相转"的意思,因为它们的作者大多也是误以为方以智的"双声相转"是指诶语上下字"双声",而丢了"相转"。至于有人说《通雅》所收诶语中的双声词或叠韵词之声韵联系都由"双声相转"而来,亦缺乏可靠的证据。第一,方氏书中没有交代,也无从交代,因为多数诶语上下字的语音联系早在造词之初就确定了。第二,汉语言文字学史上第一篇研究"异音复词"转变为双声词或叠韵词的文章是沈兼士(1941)的《联绵词音变略例》,此文主要得力于作者掌握了现代语音学的同化理论,而这在方以智却无法做到,也无须做到。另外,这样说对《通雅》中所收的非双声非叠韵的诶语也无法做出合理的解释,因为方以智的"双声相转"是管着所有诶语的。

方氏"诶语,双声相转而语诶䛥也"之说中的"而"是连词,表示轻微转折。因此,"双声相转""语诶䛥"不能颠倒顺序理解和解释;有颠倒顺序作解者,必是没有具体考察"双声相转而语诶䛥"的意思,甚至是现代联绵字观念之成见在胸而没有注意推敲此处"而"字的用法和意义。

"诶䛥"也较费解。上引例(1)《中国大百科全书》之释曰"接连不断的意思",代入"双声相转而语诶䛥"之中则不成话。联系它前面说《通雅》书中所讲的都是双声词",说明它把"双声相转而语诶䛥"理解为"双声词而接连不断"了。这显然不是方以智的意思,而是比附"联绵字—双音单纯词"说的结果。其他各家解释均不见于方以智"诶䛥"其他用例,也都不能代入"双声相转而语诶䛥"之中,故此"诶䛥"当另有解。清俞樾《群经平议》卷二十三议《春秋公羊传》"夫人不偻不可使入"云:"人相牵曳谓之偻,犹丝相牵曳谓之缕也。《说文·辵部》:迻,连迻也。《言部》:䛥,诶䛥也。行步相连谓之迻,言语相连谓之䛥。"《说文·言部》:"诶,诶䛥也。"然则"诶䛥"是同义词联用构成的合成词,义为"相连;连在一起"。古代文献中"诶䛥"用例较多,作"相连;连在一起"讲的不少。如清祁寯藻《中秋感怀》诗:"两篇诶䛥手自写,相见肝肺森槎牙。"俞樾《德清重建留婴堂碑》:"可怜语诶䛥而莫辨。"方以智著作中也不乏"诶䛥"用例。如《跋直之弟所临颜帖》:"嘻,屋漏痕,岂徒以书法诶䛥哉?"又如《东西均·尽心》:"上者解悟,其次证悟。不能,必大困而后彻。不至悬崖,又安有复苏之事哉?此虽诶䛥,听者无益。"上述各例中的"诶䛥"都是"相连;连在一起"义。其"双声相转而语诶䛥"的"诶䛥"含义同此,作"相连;连在一起"讲较好。然则"语诶䛥"即诶语各字须连在一起,依其音转规律照其常体之所指做整体理解。这是对"守以字学钩铍之说"错误做法的纠正,在正文中也有反映,如《通雅·释诂》卷六《诶语》"逶迆"条下列出"逶迤"32种变体后指出：其形体"各异，其连呼声义则一也"。这分明是在强调词义的整体性，是对前人训诂学思想的继承和发扬。

明代朱郁仪《骈雅序》有"联二为一，骈异而同。析之则秦越（一本作"吴越"），合之则肝胆"之说，清人魏茂林《读〈骈雅〉识语》解释说："郁仪自序所称'联二为一，骈异而同'，此即古六书同音相代，同义互训之旨。"那么，本来两个字同义，只是为适应表达的需要而"联二为一"，所以不可分训，亦即不能对其二字做出不同的解释；或者本来"同音相代"，是假借字，所以不可"守以字学钩铒之说"，而望文生训。

到了方以智，认识到一般多字组合（复音词或词组）都有词义的整体性特点，于是将研究范围扩大到派生词、多音节词（或词组）；而且研究方法也不同于前人之"守以字学钩铒之说"，即以其各变体对应字的音转关系类聚其诶语变体，于是放弃已有的"骈字""联绵字"等术语不用，将其研究对象名之曰"诶语"。还在《诶语》题解中指出诶语常体与变体对应字有音转关系，但不是单字表义，而是复字"语诶诶"，不可望文生训，以免破坏了词义的整体性。又于正文中对前人解释复音词而有悖于此者予以指正。如《通雅·释诂》卷六《诶语》第一条"彷彿……方物"下批评"旧说'不可方物'为'不可比方其物'"为"臆决"，第二条"逶迤……委迤"下对不知"逶迤"不同变体均"以声通义"而望文生训的表现做了批评，稍后在"飘摇……票鹞"条下又批评杨慎"主苟悦去声，以'票鹞'取名武猛，不知古人不拘"，等等。不难看出，方氏"语诶诶"就是继承和发扬朱郁仪训诂学思想，强调诶语词义的整体性。特别其变体，定要各字连在一起照其常体之所指做整体理解，而不可望文生训。其实，方氏强调诶语词义的整体性，道理很简单，即任何一个复音词的含义都不是其各字意思的简单相加，词义的整体性与词素构成的非单一性正是合成词相互依存的两个基本特点。从这个角度说，以方氏"诶语"比"联绵字—双音单纯词"，不经意间是把合成词词义的整体性做单纯词的判断标准了。

顺便一提，释"语诶诶"为"两个音节、两个字共同表义，不可分训"，容易被误解。因为今持"联绵字—双音单纯词"说者多不知道前人是从词义的整体性角度讲复音词不可分训的，不知道在前人意识里并非只有双音单纯词不可分训，不知道造成大量的双音词不可分训的原因有很多（参看下文）。

总之，"诶者，双声相转而语诶诶也"是说：诶语变体与常体对应字有音转（或同音）关系，从用字角度说是近音（或同音）通假关系；构成诶语的两个或两个以上的字须连在一起照其常体之所指做整体理解。要之，诶语是变体与常体对应字间有音转（或音同）关系、其各字必须连在一起做整体理解的复音词或词组。

上面的理解对不对呢？试看《通雅》诔语实例。如《释诂》卷七《诔语》：

(1)木禺即木偶。《刘表传》："表欲卧收天运，拟踪三分，其犹木禺之于人也。"《汉·郊祀志》："木寓龙，木寓车马。"寓即偶也。《史·殷记》"武乙为偶人"，《孟子》作"俑"，则"寓"之转声也。

例(1)中"木禺即木偶""寓即偶也""'俑'，则'寓'之转声也"等数语体现了方氏对其音转关系的观察。方氏据以说明"木禺""木寓"都是"木偶"的变体。从读者方面说，"禺""寓"等都是"偶"的通假字，"木禺""木寓"与"木偶"是同一诔语，可照"木偶"之所指做整体理解。这个例子特别对正确理解方以智的"双声相转"的"声"很有帮助。如"偶"虽从"禺"得声，但魏晋时已同声不同韵，方氏认定《刘表传》中的"木禺"即"木偶"，就是因为它们同义，且其对应字"禺""偶"有双声相转关系。再说例中谓"'俑'，则'寓'之转声也"，其"声"肯定指字音，不只指声母。方氏"双声相转"中的"声"同此，指字音，不只指声母。特别"寓即偶也""'俑'，则'寓'之转声也"等表明其"相转"指变体与常体对应字间有音转关系，而不是诔语上下字间有音转关系。又如《释诂》卷七《诔语》：

(2)黎萌即黎民，良萌即良民，兆蒙即兆民。《管子》："其人力同而官室美者，良萌也，力作者也。"《乐毅传》："施及萌隶。"《三王世家》："奸巧边萌。"《后汉·宦者传》："剥割黎萌。"《汉·礼乐志〈郊祀歌〉》："兆蒙祉福。"注："即'兆氓'。'氓'与'民'同。"

例(2)中"黎萌""良萌""兆民"都是非双声非叠韵词，为什么也归诔语？从方氏"主通"而"前后见者，偶从部居"之方法看："黎萌"与"黎民"义同，"良萌"与"良民"义同，"兆蒙"与"兆民"义同；"萌""蒙"与"民"双声相转，都是"民"的通假字，故"黎萌"即"黎民"，"良萌"即"良民"，"兆蒙"即"兆民"：分别为同一诔语。编列在一起，便于读者正确理解。再如《释诂》卷八《诔语》：

(3)嶓如，一作燔如、波如、槃如。"贲如嶓如"，郑、陆作"燔"，荀作"波"，董作"槃"。

例(3)中"燔如""波如""槃如"都是"嶓如"的变体，这可从不同作者书写

"贲如×如"用字不同看出;"燔""波""燊"与"皤"有音转关系,故可通,所以它们都是"皤"的通假字。

上面三例谀语,其常体与变体均义同,只是其对应字有音转关系,其变体所变之字乃近音通假。前两例是复合词,这类谀语占多数。但其中"兆民/蒙"结构松散,很像词组。例(3)是派生词。《通雅》谀语中共有 37 例派生词(详见前文所录谀语中加点的词)。上面各例常体与变体之间或声转,或韵转,但都被方氏目为"双声相转"。可以肯定地说,方氏"双声相转"是为辨通假而就各变体对应字的音转关系说的。

《通雅》所收谀语变体中还有少数含义发生变化的例子。例如《释诂》卷六《谀语》:

(4)蓬勃……总言勃郁蓬起之状。因义增加,蓬勃之声又转为旁勃。见《尔雅疏》。

例(4)"旁勃"即茵陈。照方以智的解释,盖其状勃郁蓬起,故换喻而名"旁勃",也是联合式合成词,方氏谓"因义增加,蓬勃之声又转为旁勃"。这是由换喻而致谀语义变的例子。又如《释诂》卷六《谀语》:

(5)参差,一作傪差、参縒、篸差、柴池、差池,又转为蹉跎、嵬隤之声。……差池转为蹉跎,古池、佗互从可证也。《左传》:"子产曰:'何敢差池?'"注:"一音蹉跎。"又作蹉跌。赵壹曰:"蹉跌不面。"盖失(跌)与池转也。又转为嵬隤,一作摧颓。《汉书·广川王传》:"日嵬隤时不再。"注:"嵬隤犹言蹉跎。"

例(5)"参差"有几种变体①。其中"差池"音转为"蹉跎",由隐喻而致义变。又说"蹉跎"音转为"蹉跌""嵬隤",音虽变而义未变。但不管其含义是否发生变化,一旦读音发生变化,则往往随之字变,即所谓"音变字易"。《通雅·疑始》:"音有一定之转,而字随填入,无如后世定为典要,则不得不重考究以通古今耳。"这话对深入考察方氏谀语研究很有帮助。

综上所述,方氏"谀语"指古代文献中常体之外还有变体的复音词或词组。这种复音词或词组的变体与常体对应字有音转(或同音)关系,就文字

---

① 不管几种变体,都只是书写形式问题,都不影响"参差"是联合式合成词(详见白平 2002:178~179)。

而言绝大多数是近音通假或同音通假之关系,少数使用了异体字。诔语常体与变体含义多相同,如本节例(1)(2)(3);少数含义不同是由语言使用中采用了换喻或隐喻手法,如本节例(4)和例(5)"蹉跎"之于"差池"。诔语各变体"以声通义",故放在一起,方便求学者"因声知义"。诔语各字须连在一起做整体理解,这是由复音词词义的整体性决定的。总之,方氏"诔语"不能证明今之信守派学人的"联绵字—双音单纯词"说。

三、前贤对方氏"诔语"的理解和使用

前面在考察讨论过程中,重要的地方受了前贤观点的启发,但为避枝蔓,只在必要处说了句"参考前贤的理解(详见本节第三部分)",而未做详细说明,现在概括说明如下。

由于同是注重语文理解和应用,而且方以智从事诔语研究的语文学思想方法具有一定的开拓性、指导性和适用性,前人多主动接受方以智诔语观,遵循方氏诔语研究的思想方法考察文献中双音词各变体,编著成书,如清吴玉搢《别雅》、民国朱起凤《辞通》。清俞樾《读隶辑词》也大致属于这类著作。

前贤具体论及《通雅·诔语》者主要有刘大白、林语堂和吴文祺等人。他们有一定的现代语言学知识修养,但与一般人比,他们传统语文学功底也较深厚,音韵学、训诂学、文字学的路数娴熟,因此能够较为中肯地评价传统语文学著作。他们是在为朱起凤《辞通》作序或写《重印前言》时论及方氏诔语研究的。《刘序》与《林序》分别写于1932年和1933年。那时《辞通》作者还健在,序中有关作者诔语研究的评论比较客观,对我们今天解决方以智"诔语"疑案很有参考价值。吴氏《〈辞通〉重印前言》写于1982年,评介《辞通》尚能实事求是,其相关认识对解决方氏"诔语"疑案也很有帮助。下面摘引上述三家的相关认识。

《刘序》说:跟《辞通》相同的,有明代方以智《通雅》。《辞通》所搜集的全部是诔语、重言,《通雅》是它的大辂椎轮。所谓诔语,往往从双声叠韵上转变。

《林序》说:《辞通》以诔语为主。所谓通者,通其异文之谓。古人用字每多假借,假借即别字。因古今异写或方俗不同,一字常有异文,而考异之学遂为学者注重。其对于经史载籍文字通假做综合之搜罗者,如明方以智的《通雅》。

吴文祺《〈辞通〉重印前言》说:《辞通》搜罗古籍中的通假词和词组之多,远远超过前人的著作,如明代方以智《通雅》、清代吴玉搢《别雅》之类。

上举三家均视《辞通》与《通雅》同。刘大白还对二者做了对比,所论甚是。《辞通》中合成词占 91.0% 以上(沈怀兴 2007a),与上文所见《通雅》诼语中合成词与词组的比率 91.0% 一致。这有点儿像 DNA 检查,检查结果是此二书"遗传基因"相同,它们无疑是同类作品。

《林序》认定"《辞通》以诼语为主",《辞通》就是贯通诼语之异文的一部书,与《通雅·诼语》一样,都是因为"古人用字每多假借","古今异写或方俗不同,一字常有异文",需要帮助读古书的人破假借、通异文而写的,都是"对于经史载籍文字通假作综合之搜罗者"。然则考释诼语的基本任务就是辨通假,因声求义。这辨通假的工作只有通过考察其对应字的语音联系才能完成。这么说,方氏"双声相转"就好理解了:搜集经史载籍之假借,贯通诼语之异文,需要依据其对应字的语音联系,依其"双声相转"之关系,而不需要考察它是否单纯词,也不需要管它是否双声词或叠韵词。所以林语堂"所谓通者,通其异文之谓"一语破的,对正确理解方氏"双声相转"有重要的参考价值。再与刘大白"所谓诼语,往往从双声叠韵上转变"之说相互参看,就更不会误解方以智"双声相转"和误释其"诼语"了,因为其"从双声叠韵上转变"只能理解为诼语常体与变体对应字有双声相转或叠韵相转的关系(参前文对"双声相转"的讨论)。其实,考辨多字词或词组通假情况的方法与考辨单字词通假情况的方法并没有本质性区别,而考辨单字词通假情况是不需要考察它与前后字是否存在语音联系的;只是多字词或词组"语诼谘",而理解时需要注意词义的整体性罢了。

特别吴文祺,助其父编纂《辞通》,有些见解亦录入书中。《辞通·释例》中也说:"儿子文祺颇究心音韵训诂之学,有所陈述,间亦采录。"而今说《辞通》"搜罗古籍中的通假词和词组"远远超过明代方以智的《通雅》、清代吴玉搢的《别雅》之类,更能帮助我们正确地理解方氏"诼语"。因为这话透露出以下信息:第一,《通雅》《别雅》《辞通》是同类作品。第二,它们搜罗古籍中的通假词和词组离不开辨通假;辨通假的依据只能是看其对应字有无同音或近音关系。第三,方氏"诼语"是指他从古籍中搜集来的各变体对应字有通假关系的复音词或词组,而不是信守派学者所说的"联绵字—双音单纯词"。

总之,上录各家均认为《通雅·诼语》《辞通》同是"考异之学"的著作,而不是研究诼语上下字语音联系或结构特点的著作。他们都认定诼语变体所变之字为通假。这种认识很可以帮助我们正确地理解方氏"双声相转",正确地理解"诼语",正确地解决"诼语"疑案。

四、余言

　　就现有文献资料考察中国传统语文学史,可知方以智的诶语研究揭开了训诂学新的一页。他把因声求义的方法广泛用于复音词和词组之常体与变体的考察及系联,拓宽了训诂学研究领域,至今对词汇训诂研究仍有重要的指导意义①。而深入研究方以智训诂学思想方法,对摆脱现代联绵字观念的束缚,解放汉语词汇训诂研究,也有重要意义。如部分学者受现代联绵字观念的影响,忽视了汉语言文字史上较为常见的音变字易现象(也有人谓之随音记字现象),无意探求本字,辨认词素而将同型替代法加于双音词之变体,则无法得出正确的结论;又如某些学者对文献中部分双音词形随义变的现象缺乏全面的认识,特别对一些后起分化字的专职作用认识不足,而用同型替代法进行词素分析,也会误判合成词为单纯词;再如有些人不了解联绵字字面义不能显示词义可能是由于历史上的文字通假或隐喻义变、换喻义变等情况所致,却误以联绵字不可分训说证明"联绵字—双音单纯词"说;再如有些人对词义的整体性理解不够全面,却误以双音词能否拆开来讲判断它是否单纯词,以至于将不同性质的问题混为一谈;再如有些人忽视了传统语文学与现代语言学的根本区别,而去传统语文学著作中为"联绵字—双音单纯词"说搜寻理论依据,致令语言理论越来越与语言实际相脱离,一定程度上误导了语文教学与词典编纂;再如有些人发现力主"联绵字—双音单纯词"说的名家著作中例词与其观点相左,却用语素融合说附会名家,实际上也是没有弄清"语诶谜"的意思,甚至没有弄清认识同现实的关系及区别,而误把认识当成现实,等等。有的问题我们曾予考察讨论,发表了一些文章,但需要解决的问题仍然很多。而今考察方以智诶语研究,其中部分问题渐有眉目,离彻底解决问题已为期不远。也就是说,只要弄清了方以智是怎样把因声求义的思想方法用于诶语(复音词或词组)考释的,从而正确地理解方氏诶语观,汉语研究中由于受现代联绵字观念影响而产生的部分问题就有望得到解决。所以方以智训诂学思想方法不仅在传统语文学史上具有重要地位,而且至今仍可帮助我们排除干扰,指导我们深入实际研究汉语文。至于他继承和发扬前人思想,研究诶语而强调词义的整体性,不仅对我们今天正确地理解古书有指导意义,而且对从事汉语词汇研究具有重要的

---

① 照一般的说法,应该说方以智的做法在今天仍有借鉴意义,而这里说方以智的语文学思想与研究方法对词汇训诂研究仍有重要的指导意义,可能会让很多人不快,因为不少学者不甚知古而非古同时盲目鼓吹现代语言学之科学性的做派影响太大了。但是,平心而论,要使汉语言文字研究更好地服务于我们的社会,使更多的人正确地认识汉民族的学术传统,不断提高国人语文水平,或许只能这么说。

参考价值,那就更是显而易见的了。

参考文献

白　平　2002　《汉语史研究新论》,太原:书海出版社。
陈瑞衡　1989　《当今"联绵字":传统名称的"挪用"》,《中国语文》第4期。
方平权　2004　《"迤逦"源流考》,《古汉语研究》第2期。
方以智　1986　《通雅》,台北:商务印书馆(库本影印)。
郭　珑　2006　《〈文选·赋〉联绵词研究》,成都:巴蜀书社。
胡正武　2005　《训诂阐微集》,北京:中国社会科学出版社。
李海霞　2004　《联绵词的来源和定义》,《庆祝刘又辛教授九十寿辰学术讨论会论文集》,重庆:西南师范大学出版社。
——　2005　《汉语动物命名考释》,成都:巴蜀书社。
李　瑾　1987　《"冥"字与"黾勉"词两者音义关系分析》,《华中师范大学学报》(哲社版)第3期。
李运富　1991　《是误解不是"挪用"——兼谈古今联绵字观念上的差异》,《中国语文》第5期。
——　2011　《汉语学术史研究的基本原则》,载黎千驹主编的《当代语言学者论治学》,武汉:华中师范大学出版社。
刘福根　1997　《历代联绵字研究述评》,《语文研究》1997年第2期。
吕叔湘　1984　《汉语语法分析问题》,《汉语语法论文集》,北京:商务印书馆。
沈怀兴　2006　《"从容"释略》,《汉字文化》第2期。
——　2007a　《中国现代语言学早期的联绵字观念》,《语文建设通讯》总第88期。
——　2007b　《由"慨而慷"看"慷慨"的构成》,《汉字文化》第2期。
——　2008a　《"联绵字语素融合"说疑义》,《汉字文化》第1期。
——　2008b　《"联绵词不可分训说"辨疑》,《汉字文化》第5期。
——　2009a　《王力先生联绵字观念的变化及其影响》,《宁波大学学报》(人文科学版)第4期。
——　2009b　《从王筠连语说看现代联绵字理论》,《汉语史学报》第八辑。
——　2010a　《"联绵字—双音单纯词"说产生的历史背景——兼及先秦汉语构词方式问题》,《汉字文化》第4期。
——　2010b　《试用历史考证法判断联绵字语素》,《语言教学与研究》第5期。
——　2010c　《现行联绵字语素判断方法的局限性》,《宁波大学学报》(人文科学版)第3期。
——　2011a　《与衍音说相关的几个问题》,《语言研究》第3期,已收作本书第四章附录一。
——　2011b　《双声叠韵说辨疑》,《宁波大学学报》(人文科学版)第3期。
沈兼士　1941/1986　《联绵词音变略例》(1941年12月在辅仁大学语文学会上的演讲),收入《辅仁大学语文学会讲演集》,又收入《沈兼士学术论文集》,北京:中华书局。
王伟丽、张志毅　2011　《联绵字诸说研究》,《语言研究》第3期。
魏建功　1935/1996　《古音系研究》,北京:中华书局。

吴文祺　1983　《关于〈辞通〉和〈辞通补编〉》,《辞书研究》第 4 期。
谢纪锋　2011　《联绵词浅说》,收入龙庄伟等主编的《汉语的历史探讨——庆祝杨耐思先生八十寿诞学术论文集》,305~313 页,北京:中华书局。
徐振邦　1998　《联绵词概论》,北京:大众文艺出版社。
许惟贤　1988　《论联绵字》,《南京大学学报》(哲学·人文·社会科学)第 2 期。

第二节　王筠连语说问题考辨

　　回顾现代联绵字观念的形成过程,从其核心理论"联绵字—双音单纯词"说产生,到现代联绵字观念确立,大致是 20 世纪 30 年代之后二三十年间的事情(参看第三章)。其间与倡导者借助王筠连语说中诸多想象有密切的关系。

　　王筠连语说反映在《说文释例》之中。为畅所欲言计,现拟通过全面考察王筠《说文释例》连语说来揭示现代联绵字观念之本质。现在先简单交代一下现代联绵字观念各附庸理论。就像《古代汉语知识详解辞典》(中华书局,1996)之释"联绵字"所言:汉语最早的构词方式之一。由两个音节联缀成义而不能分割的单纯词。联绵字有五个特点:一、两字构成一个词素。二、两字间多有双声或叠韵的语音联系,或是一字缓读而成。三、义存乎声,故书写形式不定,有时上下字可互易。四、上下字形有同化趋势。五、词类分布广泛。《辞典》的"联绵字"解释客观而全面地反映了信守派学人的联绵字观念,基本上包括了现代联绵字观念的全部内容。现在以此为序考察王筠《说文释例》(武汉市古籍书店影印,1983)中的相关说法。其中"汉语最早的构词方式之一"云云,信守派学人创造的构词法名称极多,只好分散到后面各章节中从不同的角度进行考察讨论。现在仅就一般所谓联绵字上述五个"特点"对比王筠之见,并酌予讨论。需要再次说明,王筠作为一个语文学家,本来并没有现代联绵字观念,只是他关于连语的一些臆说与现代联绵字观念形似,而被后世信守派学人利用了罢了。但是,既然它为臆说,就有必要辨明是非;既然它被用来支持一种错误理论,就更需要从根本上予以澄清。后者是本节写作的主要原因。

一、关于"两字构成一个词素"说

　　两个音节联缀成义而构成一个单词素词,六七十年以来被认为是联绵字的本质特点,已经被广泛写进了语文词典、百科辞典和语言学辞典,如《现代汉语词典》(1960 试印本、1965 试用本及以后的五个版本)、《辞海》(1979 版及以后各版)、《中国大百科全书·语言文字》(1988)、《汉语大词典》(1991)、《中国语言学大辞典》(1991)、《语言学百科词典》(1993)、《实用古汉语知识宝典》(2003)等。虽然各家表述不尽相同,但基本观点是相同的。而在这个问题上,王筠《说文释例》中有在信守派看来较为一致的观点。试看下面的例子。

(1)卷十二:《魏都赋注》引《说文》:"窈窕,深远也"。知凡重言、连语之恒见者,读《说文》人皆以其易知而删之。① 然下引经文者,易为互勘;此不引经,则似独字成义。凡连语,必不能独字成义也。

(2)卷十二:"逯"下云"迨也","迨"下云"逯也"。《玉篇》"迨"下云"迨逯,行相及","逯"下云"迨逯",是也。凡转注之法,必有一习见字乃可用。迨、逯互训,终不可解。况系叠韵连语,后人以不常用妄分之也。

(3)卷十二:止部"峙"下云"踌也",足部"踌"下云"峙踌,不前也"。案:"峙"下当云"峙踌,不前也","踌"下当云"峙踌也"。凡连语形容,必合两字乃成义,不当单言"踌也"。

上引三例中的"窈窕""迨逯""峙踌",均被王筠称作"连语"。在对这类词的解释中,王筠一再强调"连语,必不能独字成义";不然,则是"后人以不常用妄分之"或"以其易知而删之",因为"连语纯以声为用"(《说文释例》卷十九:"重言与单词,同异各半。虽不似连语纯以声为用,然以声用者多。")、"必合两字乃成义"。很明显,王筠的"连语"不同于王念孙的"连语"。王念孙的"连语"指部分联合式合成词,王筠的"连语"说却很容易被信守派学人拿来证明"联绵字—双音单纯词"说。王筠的这种认识,《说文释例》中不乏其例。然而,王筠所言均未经实证,且均可证伪。如例(1)说"窈窕"是"连语,必不能独字成义",现代学人持"联绵字—双音单纯词"说者也总爱举它为叠韵联绵字词例,而照马叙伦的解释,"窈窕"是由窈、窕叠韵转注而成的并列结构(详见马叙伦《说文解字六书疏证》卷十四)。白平(2002:180~181)和刘毓庆(2002)的考证更是明确地告诉我们:"窈""窕"均有义,"窈窕"是联合式合成词。王筠之说,只能是后世共时角度的观察。

---

① 《说文》:"窈,深远也。"王筠不引,径言"读《说文》人皆以其易知而删之"。然而,《说文》:"窕,深肆极也。""深远"与"深肆极"义近而有别,故许慎以"窈""窕"独字成义而分释之。然则王筠之说不够客观。

例(2)的"迨遝"也是联合式合成词。王筠以其"叠韵连语"、《玉篇》解释"迨"而并举"迨遝"、转注之法必有一习见字等理由为据,认定《说文》"遝"下云"迨也","迨"下云"遝也"乃后人妄分之。其论据不少,但均不力,因而结论靠不住。首先,从《说文解字》至《玉篇》400多年间,正是汉语词汇双音化快速发展的历史时期,怎见得《玉篇》中的"迨遝"不是顾野王以互注说明方式构成的"迨遝"释单音词"迨""遝"? 若以《玉篇》为准,它释例(3)"跱迨"曰:"跱,迨也,止不前也","迨,跱迨不前",何以同释"连语"而释例截然不同? 其次,凡同源词,总有音义联系,随着汉语词汇双音化发展趋势,两个含义相同或相近的单音节同源词联用而构成合成词乃是汉语词汇发展史上一种常见现象,"迨""遝"叠韵转注成词,当是这常见现象中的一个事实。最后,也是最根本的,"迨""遝"均有"及"义,转注而成"迨遝",自表"行相及"义。《说文》:"遝,迨也","迨,遝也"。治《说文》者或引《方言》卷三"迨、遝,及也。东齐曰'迨',关之东西曰'遝',或曰'及'"之说,而清钱坫《说文解字斠诠》于"迨"字下引古诗"迨遝高飞莫安宿"后,针对学者引《方言》之"字讹"订正说:其"迨"当作"迨"。若钱氏之言不误,足证许慎迨、遝转相注释不误。朱骏声《说文通训定声》:"迨,遝也,行相及之意。"容庚《金文编》以"会"释"迨",会则及也。朱骏声、容庚二人之释可证许慎之说,亦可证钱坫之说。特别李圃主编的《古文字诂林》第二册广泛征引丁山、马叙伦等古文字学家训"遝"为"行相及"之见,又广泛征引高田忠周、吴闿生、强运开、李孝定等古文字学家训"迨"为"会"之见,引马叙伦考定"迨、遝为转注字"之见,均与许慎观点一致,是必非王筠所谓"后人以不常用妄分之"也。至于"凡转注之法必有一习见字乃可用"云云,就更不足据了。迨、遝在王筠时代可能不是习见字,然而又怎么断定它们不是许慎时代的习见字呢? 就上引《古文字诂林》的情况看,它们曾常单用,是习见字,何以见得"后人以不常用妄分之也"? 可见,王筠例(2)之说看似论据不少,但其论据无一成立,"迨遝"本为联合式合成词的事实无法改变。王筠之误,仍在于见流而不见源。不过,即使这样,王筠本认定"迨遝"由转注而成,所以仍不能证明"联绵字—双音单纯词"说。

例(3),王筠认为《说文》释"跱"不当单言"踌也"。《玉篇》释"跱"单言"踌也",如果王筠坚持上引例(2)的立场,不知对《玉篇》此说该怎样解释。大家知道,字之从止从足多相通。《广雅·释诂》:"跱,止也。"王念孙疏证曰:"《列子·汤问篇》'山常随潮波上下往还,不得暂跱','跱'与'跱'同。"以王念孙所见《列子》本,"跱"有单用者。东汉祢衡《鹦鹉赋》:"其嬉游高峻,栖跱幽深。"句中"跱"字,清桂馥《说文解字义证》所据《鹦鹉赋》本作"跱",是

"歭"之单用者并不乏见。辽僧行均《龙龛手鉴》卷二:"歭,直里反。住也;基也;止也。"这表明古汉语中的"歭"不仅常单用,而且还是一个多义词。躇,《广雅·释诂》:"躇,止也。"王念孙疏证曰:"《楚辞·九思》云:'握佩玖兮中路躇。'躇,与'歭'同。"《广雅》以"止也"释"躇"等29字,"躇"之去"跱(歭)"10字,是自魏张揖到清王念孙,均将"歭""躇"认作同义词。特别马叙伦《说文解字六书疏证》指出:"歭、躇音同澄纽转注字。"更证明许慎单言"躇也"不误。然则"歭躇"本由歭、躇双声转注而成的并列结构,是联合式合成词,信守派学人不能因王筠之说或其双声关系而误判为单纯词。

《说文释例》中这类例子很不少,但没有一个是由两个音节联缀成义而构成单词素词的。起初一般人不知道用王筠之说证明"联绵字—说音单纯词"说,王力先生(1958)暗依之,为"联绵字—双音单纯词"说寻得理论依据,影响很大,久而久之遂成"定论"。今天看来,王筠臆说,实不足据。

二、关于"两字间多有双声或叠韵的语音联系"说

这是与上一"特点"联系在一起的。信守派学人均以为古代有"一种特殊的构词法"(详见王力1958:45~47,346),或曰"双声叠韵构词法",或曰"语音关联造词法",或曰"异音联绵构词法",或曰"联绵法",等等,虽名称不同,但都认定是汉语最早的构词方式之一。说联绵字是把两个双声字或叠韵字联缀在一起构成的单纯词;多数联绵字之上下字都有语音联系,原因就在于此。如果在无成见者看来,此本循环论证,但亦有本。试看王筠《说文释例》中的例子。

(4)卷十二:圣人正名百物,大物皆一字为名,小物乃两字为名,其尤不足道者乃以双声叠韵为名。

(5)卷十二:《毛诗》形容之词,不过重言、连语。重言有二:首篇之"关关",有声无义者也;二篇之"喈喈",声义兼取者也。连语有二:"窈窕"叠韵,兼取义者也;"参差"双声,但取声者也。要之,形容之词之所重者,以声为主,无论其字之有义无义,其义皆在声中。

(6)卷十八:凡连语,或双声,或叠韵,不过形容之词。

用今天的话说,例(4)是从词源学角度讨论问题的。他讲某些双音词上下字存在双声或叠韵关系的原因,是后人言古有双声叠韵构词法不为无本。可是,王筠在这段话的前面说:"双声之为人名者,伊尹也,嫫母也,王育也,谭长也;其为物名者,蟏蛸也,是天类也;唐棣,石也,是地类也;镠锑,火齐

也,是宝物类也。""叠韵之为物名者,在地则巖崿之大山,附娄之小山,女墙之俾倪也,在人则婴媒也,嬰媖之为婴儿也,髑髅之为首骨也。"这话中的伊尹、嫫母、王育、谭长、蟫蛛、唐厗、镛錔、巖崿、附娄、俾倪、婴媒、嬰媖、髑髅等,均非"尤不足道者",为什么都以双声或叠韵为名而未"一字为名"? 这话后面只隔了千余字,就有"圣人正名百物,大物皆一字为名,小物乃两字为名,其尤不足道者乃以双声叠韵为名"云云,谁能做出两全的解释? 其实,语言事实中大物之名两字者和小物之名一字者都不少,并且两字名者有无双声或叠韵关系亦不以其大物、小物或"尤不足道者"为限。天庭、天台、轩辕、昆仑小吗? 它们不仅都是两字名,而且"天庭"和"天台"均双声、"轩辕"和"昆仑"均叠韵。苔、藓、蚁、蚊等大吗? 但它们都是一字名。不错,苔至迟自西汉起俗谓"青苔",苔、藓至迟至南北朝又通称"苔藓",蚁至迟至南北朝又叫"蚂蚁",蚊至迟至东晋又叫"蚊子",都是两字名,然而它们哪个是双声叠韵的呢? 能说"天庭""天台""轩辕""昆仑"等和"苔""藓""蚁""蚊""青苔""苔藓""蚂蚁""蚊子"之类均未经"圣人正名"而例外吗? 又如,许伟建《上古汉语词典》(吉林文史出版社,1998)中收甲骨文、金文中复音词741条,均与后世复音词创造的原因、方式及表义特点无异。如上下、上甲、上帝、下土、下民、才昔、三两、三军、元子、元士、元日、元年、元配、元德、中日、中或、朱黄、南土、南方、南或、南夷等等,都不支持王筠例(4)之说。王筠例(4)是讲名词之生成问题的,这些词都是名词,也有个生成问题。然而,同一位学者,例(4)反映他探讨名词之生成问题只凭想当然,讲广涉名词、动词、形容词的"连语"的相关情况又会怎样? 本节考察他对"连语"的认识,尚未见到他有客观公正的论述。所以致此,倒不是王筠有意讲错话,而是由于他那个时代还不具备解决这个问题的基本条件,特别理论条件不具备,研究这个问题时则无法避免想当然。从这个角度讲,王筠的错话是探索者的错话;探索者贵在探索,说错话是无意识的,也是难免的。不过,像某些探索者那样,王筠也把他"圣人正名百物,大物皆一字为名,小物乃两字为名,其尤不足道者乃以双声叠韵为名"这一"独到"的认识绝对化了,《说文释例》中据以说解者不乏其例,致令后人利用他的想当然之说证明"汉语的双音词有一种特殊构词法"的想象,甚至称其为"汉语最早的构词方式之一"。其构词法名称几乎因人而异,而皆谓汉语所独有。

然而,时过170年,今天的情况完全不同了。我们不仅有了一些普通语言学知识,有了一定的语言类型学理论,而且对汉语史的情况已经有了个大致的认识,已经看到,至迟在殷商时代汉语里就已经有词根复合构词法了,并且至迟在周初的汉语里已经用派生法构词了,①而周代以前的文献中却找不到王筠所想象的"连语"或现代联绵字观念中的"联绵字"。因此,双声叠韵构词法即使有,也是复合法和派生法产生以后的事。然而,谁能想象既有复合法构词之利又有派生法构词之便的语言社会里,有人在言语交际中会另用什么"法"创造双音单纯词让人不知其所指呢?那样的话,语言的功能是什么?换个角度说,即使有那样一种专门用来创造双音节单纯词的"特殊的构词法",创造出那种没有可理解性的东西谁会接受?又怎能流传下来呢?② 因此,汉语里不可能有信守派学人说的"特有的语言现象"——"联绵字—双音单纯词";王筠所说的"连语"和今之信守派学人作双音单纯词看的"联绵字/词"大多数都是合成词(参看本节对部分"连语"的分析),少数为单纯词者也只能是用拟声法或音译法创造的③。拟声法、复合法、派生法、重叠法、音译法是人类语言构词的共有方法,如果说汉语里还多出个专门用来创造双音节单纯词的双声叠韵构词法,其理由是什么?其必然性又在哪里?这个问题极其重要,后面有关章节还会反复讨论。那么,汉语里为什么有那么多双声或叠韵的词呢?这也要在后面第三、四章各节中做些交代,这里暂不展开。这一段从质疑王筠"双声叠韵为名"说,到质疑今人所谓"双声叠韵构词法",似嫌枝蔓,但由于它们二者的"渊源"关系以及本节的写作并非意在批评王筠,便只能不避枝蔓之嫌了。

例(5)说形容之词不过重言、连语,所举"参差""窈窕"二连语一双声一叠韵;例(6)又说凡连语,或双声,或叠韵,不过形容之词。同一思想从不同角度阐发,给人以不容置疑的感觉。然而,事实怎样?例(5)"关关"拟雌雄雎之和鸣声,"喈喈"拟黄鸟叫声,都是拟声词;王筠不是从语言角度为之别,而是从字形分析角度为之别,至少让人看到了他作为古代语文学家与现代

---

① 如朱歧祥《论殷商金文的词汇》一文中有"小臣(殷商官名)、小子(爵称)、大子(爵称)、大室(祭祀场所)、上帝、用乍(乍:作,制造)、飨酉(用酒祭祀)、光赏(赐予。联合式合成词)、王各(主谓式合成词。各:读如格,降临)"等,表明殷商时已有偏正、联合、动宾、主谓等复合式构词法了。又,《周易》古经里已有"屯如、邅如、班如、涟如、挛如、交如、威如、贲如、濡如、皤如、翰如、突如、来如、焚如、死如、弃如、晋如、催如、愁如、萃如、嗟如"等 20 多个派生词,说明至迟到周初的汉语里已用派生法构词。

② 可能有人要讲索绪尔之"音义结合的任意性"了。其实,索氏此说向来多争议。20 世纪著名语言学家 Emile Benveniste(1901~1976)指出:"符号根本没有日内瓦学者所设想的那种任意性","语音形式,如果不与某一概念相对应,便不可能为理智所接受"。本研究第五章第四节将对索氏理论展开讨论,可参看。

③ 还有部分双音词是用切音法创造出来的,或认作单纯词,或认作合成词,将于第四章第三节及其附录提到。还有个别双音词由拆字而来,如"丘八"。但那是后世的且与"联绵字"问题沾不上边儿的事,讲联绵字的著作论及这类词者只是极少数,没有代表性,暂不讨论。

语言学家的不同。同例中的"窈窕"和"参差"被认作"连语"的两种基本类型:"窈窕"叠韵,兼取义者;"参差"双声,但取声者。这也是就当时学术发展的水平讲不可避免地把语言问题和文字问题混为一谈的表现,但也因此说明他还没有"联绵字—双音单纯词"的意识。例(5)总结说,形容之词"以声为主,无论其字之有义无义,其义皆在声中"。可是,字本是记录语素或词的视觉符号,语素或词均由音表义,然则哪个单字或字串不是因记录了语素或词语而"义皆在声中"?① 如果说"其义皆在声中"是说关关、喈喈、窈窕、参差等"形容之词"的义都存在于有语音联系的"必合两字乃成义"的两个音节之中,那也只适用于拟声词关关、喈喈,因为"窈窕""参差"都是联合式合成词(前者见上文对例(1)的考察,后者见马麦贞(2000)和白平(2002:178~179)的论述)。

从以上考察情况看,尽管信守派学人认定双音单纯词的联绵字"两字间多有双声或叠韵的语音联系"之说不为无本,但其所本亦不过臆说。

三、关于"一字缓读而成"说

"一字缓读而成"说在上引《古汉语知识详解辞典》中是作为联绵字之第二个"特点"的补充提出的,现在把它抽出来,一是因为这个问题已经被信守派学人搞得十分复杂,在学界既与语文学史上的长言、徐言、慢声、切脚、迟之又迟、缓言等说法纠缠不清,又与现代部分方言学者的分音词说搅和在一起,本身需要做专题研究,本书后面第四章第三节及其两个附录将专门进行考察讨论,这里先做点交代;二是因为《说文释例》中这方面的例子较多,包括王筠在内的所有论及这一问题者多是凭想象,最明显的失误是把本质上不同的现象搅和在一块儿(详见下文),基本概念分不清,以至于误蹈循环论证之泥沼而不自知。试看王筠《说文释例》中的例子。

(7)卷十二:"窫"下云"污衺"者,污、窫双声,衺、窫叠韵也。"窳"下云"污窬"放(仿)此。与《尔雅》"茨,蒺蔾"同。此反切之祖也。

(8)卷十七:"痤"是名目,"小肿"是训释。一曰"族絫"者,痤之别名曰"族絫"也。族、痤双声,"絫"当如《左传》之"蠡",《释文》"力果切"之音,痤、絫叠韵,犹之"茨〔茦〕,疾藜","藄,须从",茦疾、藄须皆双声,茦藜、藄从皆叠韵,短言之则曰痤、茨、藄,长言之则曰族絫、疾藜、须从。

---

① 以此律王筠是不公平的。只是信守派以王筠之说为证,混淆古今之别,只好姑且顺之,省些文字而已。

(9) 卷十八:"壶"下云:"昆吾。圆器也。"十五年前吾亦如段氏说。今思得之:昆吾者,壶之别名也。"昆"读如"浑",与"壶"双声,"吾"与"壶"叠韵,正与"疾黎"为"茨"、"之于"为"诸"、"者焉"为"旃"一例。

王筠长言说非其自创,但又不同于汉何休的长言说。王筠长言说是以传统的反切理论为基础,同时又受郑樵慢声说、黄生缓言说及顾炎武的徐言说影响形成的。顾炎武的徐言说不及郑樵的慢声说或黄生的缓言说有影响,一般人较熟悉的是"缓言"或"缓读",这里只对照黄生的缓言说。《义府》卷上"勃鞮"条下说:"(寺人)'披'即'勃鞮'二合音,缓言之则曰'勃鞮',急言之则曰'披',由语有缓急,非人有二名。魏将军文子名木,《檀弓》作'弥牟',与此同。"与黄生不同的是,王筠又加上了"语音分析",在一般人那里也许更有说服力了!然而,黄生、王筠共同的问题是:第一,让长/缓言与短/急言互为参照,实则在循环论证,尽管他们不一定知道那是犯了循环论证的错误。第二,由此混淆了有理的"合音"和无理的"分音"之别。由急读而产生合音词是说话人力求省时省力的结果,也是任何语言任何时代都可见到的现象;分音说的立论依据是什么?① 第三,甚至让切脚语等同于部分学者说的"分音词"了!总之,语文学史上的长言说等问题本来不少,如今又加上"缓读—分音词"说,只能分在不同地方根据不同需要分别考察讨论了。

四、关于"义存乎声,故书写形式不定"说

"义存乎声,故书写形式不定"这个命题历来少有人怀疑。连古汉语知识词典里也说:既然联绵字两个音节标记一个语素,只要同音字,哪个都行,故联绵字有书写形式不定的特点(参看杨剑桥 2003:345~346)。然而,"义存乎声"怎么就"书写形式不定"了呢?哪个字、词不是"义存乎声"?明陈第《毛诗古音考自序》曰:"时有古今,地有南北,字有更革,音有转移,亦执(势)所必至。"音有转移则易字记之(或者说随音记字)。因此,如果不计时地差别,包括合成词在内,任何一个词都可能有几种书写形式(参看本章上一节),而为什么只强调联绵字书写形式不定呢?这就需要考察这个命题的来历。

---

① 近30多年以来,所见论及晋方言中所谓"分音词"者不下30篇/部,但都只限于共时描写。而那种共时所见,其发生学依据是什么,则少有人论及。偶有论及者,也主要是举前人切脚语说等予以敷衍,好像问题早在古人解决了,其实那是强与古人搞循环论证。也有人对"分音词"的成因做出了其他的推测,但也仅仅是成见在胸的推测而已(参看第四章第三节及其附录的相关论述)。

"义存乎声"是王念孙的话,亦即其师戴震的"义存于声",本是基于文字通假提出的一条训诂理论。此为同道所熟知,无须烦言。"书写形式不定"仅就形式上看,脱胎于王念孙的"双声叠韵之字无本字"。但王念孙此说也是从文字通假角度提出的,有合理的一面,也有把问题绝对化的一面。否则,方以智《通雅·释诂》卷六《謰语》收了"颠覆""龃龉"各六个变体,收了"风采""专一"各四个变体,等等,当用到这些合成词中不管哪一个时,又有谁曾忽而写这个变体,忽而写那个变体,一篇文章中多次使用而写了多个变体?窃以为其所以如此绝对,原因主要有四:立足共时角度而不计用字的历史变化,一也;对用字的不同地域之别不加区分,二也;误以不同时代、不同地域之公众语文事实作个人语文行为看,三也;无限夸大同音通假现象,四也。其实,对于王念孙"双声叠韵之字无本字"之说,黄侃早就提出批评:"双声叠韵之字诚不可望文生训,而非无本字,谓其义即存乎声,不悟单文觭语义又未尝不存乎声也。自王君而来,世多谓双声叠韵之字无本字,则其所误者大矣"。(陆宗达等 1981:5)然而,即使如此,王念孙仍没有"义存乎声,故书写形式不定"的命题。可是,王念孙的思想到了王筠的《说文释例》里,则更显绝对,以致一定程度上模糊了通假与造词的界限。试看下面的例子。

　　(10) 卷四:山部"崟"下曰"岑崟",即《公羊二十三年传》之"嶔岩",《穀梁传》之"岩唅"。其体屡变者,叠韵形容之词也。

　　(11) 卷十八:"冒昧"双声,正不必有专字。

　　(12) 卷十八:"俾倪"叠韵,盖连绵字。"俾"下当云"俾倪,益也","倪"下当云"俾倪也"。阜部"陴"下云:"城上女墙,俾倪也。"是亦增益于城墙之上者也。字又作"埤堄""睥睨"。

　　王筠借着王念孙的理论,只注重连语的语音联系,遇到字义不够明显而又有语音联系的双音词,不做考察,就照他所想象的连语特点议论一番。①如例(10)"岑崟",所以"其体屡变",因为它是"叠韵形容之词";例(11)"冒昧"双声,所以"不必有专字"。特别例(12),臆改许慎之释,使其适"例",因为在王筠看来"俾倪"是叠韵连语,"必不能独字成义";"俾倪"字又作"埤堄"

---

① 此风已开,后世不绝如缕,而今人受现代联绵字观念影响,就更显突出了。最常见的是,凡不明其语素构成情况的双音词,就找它上下字的语音联系,就判它作双声或叠韵"联绵字—双音单纯词"。

"睥睨",因为这类词"不必有专字"。至此,王念孙的绝对化理论已被发挥到极致,后世"义存乎声,故书写形式不定"的命题已经孕于其中了。而后人出于附会"联绵字—双音单纯词"说的需要,加以"提纯","义存乎声,故书写形式不定"的命题就产生了。然而,"岑崟""冒昧""俾倪"从未因其双声或叠韵关系改变其合成词身份①。实际上,书写形式不定不是单纯词独有的特点,更跟是否双声叠韵无关。如本章上一节所述,方以智《通雅·释诂》中所有的"謰语"都有多种书写形式,最少的也有两种,连37组/条派生词也不例外。又如,据抽样调查分析,被林语堂、刘大白等称为专收重言和謰语的朱起凤《辞通》,所收双音词中合成词约占91.8%~93.0%,即扣除7.0%结构不明者和不到1.3%的单纯词之后,能够拿得准的合成词约占全部双音词的91.8%。但与单纯词一样,这些合成词也都有多种书写形式。总之,"义存乎声"本来是一般词共有的特点;认为联绵字"书写形式不定"是研究者站在后世共时角度看历史积淀并且对时空因素不加区别的结果,同时也是研究者混淆了语言符号与书写符号之区别的结果,说得更准确点是研究者混淆了用字与构词的本质区别的结果。因此,它们都对证明现在广泛流行的"联绵字—双音单纯词"说没有任何意义;信守派学人每每以此证明其信仰,不过是成见在胸而理论上不过硬的比附罢了。

五、关于"有时上下字可互易"说

这一条和上一条共同构成"联绵字—双音单纯词"的第三个"特点"。既然"联绵字—双音单纯词"书写形式不定,上下字互易只是其表现之一罢了。这类例子在王筠《说文释例》中不多,不包括例(10)之"嶔岩—岩嵁"类,较典型的还有两条,现摘录如下。

(13)卷十二:三言"媻妓",一言"妓媻":知此二字为连语,颠之倒之皆可通也。

(14)卷二十:古人用连语,但取其声。《老子》:"恍兮惚兮,其中有

---

① 岑、崟都是自由语素,均常单用,且常做词根参与构词,这只要一翻《汉语大词典》就清楚了,恕不举例。它们均含"高"义,《广雅·释诂》均释曰"高也",王念孙作了全面疏证,且《方言》卷十二亦释"岑,高也",《玉篇·山部》亦释"崟,高也",因此作"高峻"讲的"岑崟"本是由岑、崟叠韵转注而成的并列结构,是联合式合成词。冒、昧二字均有"冒犯"义。《易·系辞上》:"冒天下之道。"晋陆机《豪士赋》:"况乎飨大名以冒道家之忌。"此二例中的"冒"均"冒犯,触犯"义。《文选·左思〈吴都赋〉》:"相与昧潜险。"刘渊林注:"昧,冒也。"因此,作"冒犯"讲的"冒昧"是由冒、昧双声转注而成的并列结构,也是联合式合成词。"俾倪"问题复杂一些,此注中无法展开,但照许慎"俾,益也""倪,俾也"的说解及段玉裁《说文解字注》等书的释证,可以肯定它是由"俾、倪"叠韵转注而成的并列结构,是联合式合成词。

物;惚兮恍兮,其中有象。"又曰:"与兮若冬涉川,犹兮若畏四邻。"恍惚、犹与皆双声也,可颠倒用之,亦可分于两句用之。

上引二例可证明今人"联绵字有时上下字可互易"说也可在古代文献中找到似是而非的依据。但是,它却最不能证明"联绵字"是双音节单纯词。汉语词汇史上不少联合式合成词都有上下字互易现象,特别它们在由言语词向语言词转变过程中更是这样。韩陈其(1983)检得《史记》中联合式合成词上下字互易者62组,表明古代联合式合成词在由言语词向语言词转变过程中较为普遍地存在着上下字互易现象。现代词汇学中谓之同素异序同义词,曹先擢(1979)有较为全面的研究。而照徐振邦(1998:147)的研究,"联绵字"的上下字互易率占不到2%,远不及一般联合式合成词上下字互易率高,是其结构较为固定了。并且,拿上下字互易的"联绵字"与联合式合成词的同素异序现象比,即使信守派学人也许找不出它们二者有什么不同。因此,只要丢掉成见,公道地说,上下字互易不仅不能证明"联绵字"是单纯词,倒是可以证明有关"联绵字"本是联合式合成词,甚至是结构尚未固定的联合式合成词。也就是说,"联绵字"上下字互易所表现的,实际上只是一般联合式合成词上下语素互易而词义不变的特点。就上引例词而言,娑、妓与"娑妓"或"妓娑"义同,恍/怳、惚(忽)与"恍/怳惚(忽)"或"惚(忽)恍/怳"义通,犹、与(豫)与"犹与(豫)"义同,王筠的例词无一例外的都是同义单音词联用构成的合成词①。其上下字互易,表明其结构尚不固定,是部分联合式合成词从言语词到语言词转变过程中的共有现象。现在"恍惚"为什么不作"惚恍""犹豫"为什么不作"豫犹"了?"物事"曾与"事物"错见,"绍介"曾与"介绍"错见,"较比"曾与"比较"错见,"雕刻"曾与"刻雕"错见,"小大"曾与

---

① "恍惚"是联合式合成词(沈怀兴2007a)。"犹与"即"犹豫"。"豫"在上古本有"犹豫"义。如《楚辞·九章·惜诵》:"壹心而不豫兮,美不可保也。"王逸注:"豫,犹豫也。"又如《管子·君臣上》"民有疑惑贰豫之心"中的"豫"也是犹豫不决的意思。王筠上引《老子》:"与兮若冬涉川,犹兮若畏四邻。"句中"与",他本多作"豫";该句于《四库全书》中共出现22次,16次作"豫",只有6次作"与"。清徐大椿《道德经注》卷上:"豫,犹豫也。冬日畏寒,故临涉而犹豫也。""犹"在古代也有犹豫不决义。"犹"在"犹兮若畏四邻"句中独立使用,与"豫"处在同一语法位置上,且上下句句法平行,意思相近,是"犹"也有犹豫不决之义。王筠《说文句读》:"猷、犹一字。凡谋猷《尚书》作'猷',《毛诗》作'犹'。"清徐灏《说文解字注笺》于"犹"下曰:"凡谋事多犹豫审慎,故曰谋猷","可已而不已曰犹者,谓迟疑而遂行之也。""犹""豫"浑言义同,析言微殊。清程际盛《骈字分笺》:"先事而虑谓之豫,后事而虑谓之犹。"然则"犹豫"实由犹、豫双声转注而成的并列结构,本是联合式合成词。自清黄生《义府》卷下斥骂前人分释犹、豫为"有眼缝自未开尔"之后,多有争论,但均不支持今"联绵字—双音单纯词"说。犹、豫转注而为"犹豫"后,其词义有了整体性,不可分别释之,但不证明它是双音单纯词。

58

"大小"错见,等等,现代汉语普通话中只说"事物""介绍""比较""刻雕""大小"等后一个词了,谁能因为它们曾经"颠之倒之皆可通"而判它们是双音节单纯词?然则为什么偏要说"恍惚""犹豫"是双音节单纯词呢?特别例(13)之"三言'娿妿',一言'妿娿'",均出于《集韵》卷一,其他文献,除了个别字书、韵书之释义语外实不多见。而古代字书、韵书中的语词释义又多是辗转抄引,因此说到底,"娿妿""妿娿"还是未转变为语言词的言语词,即仍带两个语素临时组合的性质。而王筠亦称其"连语",如果这个"连语"像他一贯强调的那样是"必合两字乃成义",或者指后人所谓"联绵字—双音节单纯词",那便更是想当然了。

这一条最能暴露现代联绵字理论缺乏客观依据的特点,连其信守派学人也不觉进入了这样的怪圈:越是想证明它,就越是在暴露它的荒谬,越发现它根本无法证明。

六、关于"上下字形有同化趋势"说

这也是信守派学人最爱讲的话。但是,能够说明"联绵字"这一特点的典型例子,王筠《说文释例》中只有一条,现摘录如下。

> (15)卷十四:"贇"下云"纷贇",即今之"纷纭"也。……后人于连语必使齐同,率然使之同从糸旁也。

虽然仅此一条,也可以说"联绵字上下字形有同化趋势"说不为无本。但王筠"后人于连语必使齐同,率然使之同"之说同样太绝对了。上面列举的各例"连语"中,字形本不相同而后同化者实有多少?若例(1)的"窈窕"、例(2)的"逭遰"、例(10)的"岑崟"、例(12)的"俾倪"、例(13)的"娿妿",它们的上下字均同形旁,而又有谁能证明它们都是本不同形符而"后人必使齐同"所致?再说,岂止"联绵字"?一般双音词也每见其字形同化者,如昏姻—婚姻、姻亚—姻娅、病消—病痟、形景—形影、晏安—宴安等。它们字形的同化与王筠所举例"纷贇—纷纭"的字形同化有何不同?换个角度讲,特别遇到某些双音词,曾二字同形符,到后世却为异形符者所代替,就更不好解释了。如烂熳—烂漫、苓落—零落、儱偅/躘踵—龙钟、餘糧—余粮等,它们现在均以后者为规范了。如果说其中有的有简化字的原因,那么没有简化字原因的呢?比如"苓落—零落",王筠时代就以写作后者为常了,又该怎么解释?当然,由于汉字的表义性与汉民族在语文生活中自觉利用汉字表义特点的习惯性,双音词历史越长者越可能同形符,但那也绝不限于双音单

纯词,更不会"必使齐同",因为一个双音词上下字是否同形符还要受其他因素的制约,如时代因素、上下文语境因素及不同社团之尚简或尚繁、求同或求异、寻古雅和赶时髦等社会心理因素等。

再说,既然"联绵字"的本质特点是"两字构成一个词素",而其上下字形是否同化与此有什么关系?信守派著作中常列举"联绵字"一大些"特点",不过理论上不过硬、具体事实亦未能辨明的拼凑而已。

七、关于"词类分布广泛"说

王筠书中似未见现代语言学里的"词类"概念,但仅从上引诸例看,他眼里的"连语"至少遍及形容词(如窈窕、参差)、名词(如蒺藜、昆吾)、动词(如迨遝、峙躇)三类。尽管其书中经常将其所谓"连语"与"形容之词"联系在一起,但王筠所论并不限于哪一类词。从这个角度上讲,信守派学人称"联绵字"有"词类分布广泛"的特点亦非无本。不过,今天看来这就没有什么可强调的了。因为正如李运富(1991)所说,传统上所说的联绵字实际上包括了现代词汇学分析双音词得出的所有结构类型的词;所有结构类型的双音词必然广泛分布在名词、动词、形容词等各类词之中,实在没有什么可强调的。

就上文考察情况看,目前所论"联绵字"诸特点,似乎均可在王筠《说文释例》所论"连语"中找到依据。不过,王筠的理论观点均不成立。与此相应的,现代联绵字观念的核心理论"联绵字—双音单纯词"说及其各附庸理论都是十分可疑的。近年笔者站在不同角度撰写并发表了大量讨论现代联绵字观念问题的文章,也大致说明了这一点。

还有三事需要说明。其一,上引王筠理论观点及其论据处理主要代表他中年时期的认识,因为不少解释在他晚年写成的《说文句读》里发生了根本变化。如对《说文》"壶:昆吾。圆器也"之说释曰:"缶部云:'昆吾作匋。'则所作岂但一壶?'昆吾'盖壶之别名也,而未详其所出。唯近人陈斌《小海唱》云:'昆吾不如壶。'亦未审所用何典。"与上引例(9)相比,只有说"昆吾"是壶的别名这一点未变。而即使这一点,也加了个"盖"字,表示只是推测。至于什么双声,什么叠韵云云,全没有了。① 其他如"窈窕""蹢躅"等,更是完全推翻了《说文释例》的解释。至于那些坚持《说文释例》中意见的场合,措辞也大多不是那样武断了。对于这种种情况,文中为避枝蔓,未做交代。

---

① 我们拿王筠在《说文句读》中的认识做比较,只是说他后来已经改变了认识,并不是说《说文句读》对"昆吾"的解释是对的。照余太山(1999)的考证,尽管王筠晚年的认识已较谨慎,但仍未得到确解。

但若对这些例子进行全面比较分析,无疑对深刻认识王筠理论观点对现代联绵字观念的形成乃至正确认识现代联绵字观念的性质具有重要意义。其二,王筠在《说文释例》中创立的"连语"说经不起事实的检验,但其后出的《说文句读》中仍有所保留,这除了他自身的原因以外,还有中国传统语文学学术发展变化的原因。概括地说,王筠的连语说思想基本是清中叶之后学界疑古思想在王筠那里产生了畸变的结果。这是我们读梁启超《清代学术概论》、钱穆《中国近三百年学术史》和路新生《中国近三百年疑古思想史》后的一点体悟。其三,本节旨在考察现代联绵字观念中各附庸理论之所以然问题;所以语及王筠,是因为他的连语说中的各种想象被信守派学人借以发展为现代联绵字观念,而且对后世影响较大,使我们讨论现代联绵字观念问题没有办法绕开它。然而,他已经不能起而争辩了。因此,本节所言如果有误,特别语及王筠学术观点而有误者,恳请读者批评指正,一定还王筠以公道,还学术以公道。

(按:本节曾发表在《汉语史研究》2009年总第八辑,今入本书,不少地方做了修改,希望读者批评讨论时以本节文字为本。)

参考文献

白　平　2002　《汉语史研究新论》,太原:书海出版社。
曹先擢　1979　《并列式同素异序同义词》,《中国语文》第6期。
陈瑞衡　1989　《当今"联绵字":传统名称的"挪用"》,《中国语文》第4期。
韩陈其　1983　《〈史记〉中字序对换的双音词》,《中国语文》第3期。
李　圃主编　2004　《古文字诂林》第二册,上海:上海教育出版社。
李运富　1991　《是误解不是"挪用"——兼谈古今联绵字观念上的差异》,《中国语文》
　　第5期。
刘毓庆　2002　《"窈窕"考》,《中国语文》第2期。
陆宗达主编　1981　《训诂研究》,北京:北京师范大学出版社。
马麦贞　2000　《由"仓卒"所引发的对联绵字的思考》,《山西大学师范学院学报》第1期。
马文熙、张归璧主编　1996　《古代汉语知识详解辞典》,北京:中华书局。
沈怀兴　2004　《双声叠韵构词法说辨正》,《汉字文化》第1期。
———　2005　《〈汉语大词典〉"连语"释义补正》,《辞书研究》第3期。
———　2007a　《现代联绵字观念的来历》,《中国语研究》总第49期。
———　2007b　《〈联绵字典〉的收词及相关问题》,《辞书研究》第4期。
———　2008a　《中国现代语言学早期的联绵字观念》,《语文建设通讯》总第88期。
———　2008b　《语文学史上的"长言"说及相关理论》,《中国语学研究开篇》第27期。
王　力　1958　《汉语史稿》,北京:科学出版社。

王　筠　《说文释例》,武汉:武汉市古籍书店1983年影印本。
徐振邦　1998　《联绵词概论》,北京:大众文艺出版社。
杨剑桥　2003　《实用古汉语知识宝典》,上海:复旦大学出版社。
余太山　1999　《昆吾考》,《中华文史论丛》第58辑,上海:上海古籍出版社。
朱歧祥　2004　《论殷商金文的词汇》,《古文字研究》第二十五辑。
〔苏〕兹维金采夫著,伍铁平等译　1981　《普通语言学纲要》,北京:商务印书馆。

第三章　现代联绵字观念的形成

　　本章就现代联绵字观念的形成问题略加考察,其他相关问题留待第四章和第五章考察讨论。本章共分三节。第一节考察中国现代语言学早期的联绵字观念。发现 20 世纪 40 年代以前的文献中,只有魏建功先生(1935、1926)的猜测对现代联绵字观念的核心理论"联绵字—双音单纯词"说的产生具有较强的诱发作用。另外,薛祥绥(1919)和郭绍虞(1934、1938)的有关文章也沾点边儿。如果一定要追溯现代联绵字理论的萌芽,也许只能追到上述魏建功等三位那里。不过,他们三位的文章同时也使我们看到,他们的话其实是让时代给"逼"出来的。可以想见,不是"汉语单音节幼稚落后论"肆行,中华民族正面临危机关头(参看本章附录),他们未必说出那些话来。

　　第二节探讨"联绵字—双音单纯词"说的来历。发现 1942 年问世的吕叔湘《中国文法要略》真正促进了现代联绵字观念的核心理论"联绵字—双音单纯词"说的产生。如果只站在学术角度,毋庸讳言,也许只能承认那时是借错解王国维"联绵字,合二字而成一语,其实犹一字也"之说[①]催生了"联绵字—双音节单纯词"说,其例词无一当其说则充分说明了这一点(其例词问题详见本章第二节)。所以公道地说,现代联绵字观念的核心理论"联绵字—双音单纯词"说的产生具有虚构的性质。不用说,就是这样一种应时代需要而产生的理论,如果时过境迁,社会发生了根本变化,它失去了赖以生存的社会土壤,也绝不会流传开来。可是,1949 年中华人民共和国成立,社会不同了,"联绵字—双音单纯词"说却流传了下来,这又是怎么回事呢?一方面,此时国际上的敌对势力十分强大,国内社会政治生活的核心是"斗争",政治斗争需要学者们继续批判国际"资产阶级学术思想"。在语言学界,大力提倡和发展"联绵字—双音单纯词"说也许是最好的行动。另一方

[①] 这里说错解王国维"联绵字,合二字而成一语,其实犹一字也"之说,只是就现象而言。也许吕先生的错解不是有意的,实际上不排除吕先生当时并没有真正弄清楚王国维这话,因为他当时并没有认识到联绵字语素判断的困难,直到 1979 年出版的《汉语语法分析问题》才说:"辨认语素跟读没读过古书有关系。读过点古书的人在大小问题上倾向于小,在异同问题上倾向于同。"

面,当时中苏关系非同寻常,苏联语言学专家常驻中国科学院,其语言学观点对中国语言研究的影响也是一种不可忽视的力量。这样两个方面的因素共同起作用,"联绵字—双音单纯词"说终于进入了高校文科教材(1958),同时写入《现代汉语词典》(1960)。但是,在20世纪50年代,虽然中国传统语文学势力渐消,却仍然远远超过现代语言学,其理论方法的影响力仍超过现代语言学。再加上当时政治斗争的宣传力度不似后世,影响、范围都不是那么大,所以直到"文化大革命",学界坚执现代联绵字观念者实际上没有多少人。"文化大革命"十年没人搞学术,所以现代联绵字观念复苏、发展是招生制度改革以后的事情。然而,此时"文化大革命"刚过,多数人久已不会独立思考,"两个凡是"的政治方针又强化了人们的跟风意识,所以现代联绵字观念在"文化大革命"之后学术刚从学术废墟中挣扎着迈步的数年里迅速流传实际上不是学术的原因①。这段历史弄不清,就不可能正确地评价现代联绵字观念,甚至不能正确理解现代联绵字观念在学术上的无根性及其发展的非学术性;就可能在不清楚历史因素时盲目追捧现代联绵字观念,迷信并穿凿"联绵字—双音单纯词"说,使现代联绵字观念日益膨胀,越来越脱离汉语实际,而一旦了解了"联绵字—双音单纯词"说的无根性则可能求全责备于创说者。

　　第三节探讨王力先生联绵字观念的变化及其影响。发现王力先生所谓"汉语自始就不是单音节语;先秦时代已经有了大量的双音词。汉语的双音词有一种特殊的构词法;它们多数是由双声叠韵构成的。古人把纯粹的双音词(不能再分析为两个词素者)叫做联绵字"云云,无疑坐实了魏建功先生的猜测,而同时也否定了有人拿王国维的"联绵字,合二字而成一语,其实犹一字也"催生"联绵字—双音单纯词"说的做法。因为,凭着王力先生的见闻与国学功夫,如果王国维的话确能支持"联绵字—双音单纯词"说,他大概不会不知道的,知道并认可的话不会不引以为证。王力先生努力发展"联绵字—双音单纯词"说,却不举王国维"联绵字,合二字而成一语,其实犹一字也"之说为证,而暗用他所熟悉的王筠观点(当时的政治气候使他不便明引"封建官僚地主阶级"的王筠的观点),可知在他看来"联绵字—双音单纯词"说在创说之初所用理论依据是靠不住的。至于他的立论依据同样靠不住,那里面既有学术的原因,也有时代的原因(参看本章第三节)。学术的原因

---

① 如果一定要站在学术角度说,则只能说受学术水平的限制,那时的人们还没有深入反思"联绵字—双音单纯词"说及相关理论的能力。至于后来,则是谬种流传,反思者越来越少,追捧与穿凿者越来越多,致令现代联绵字观念越来越脱离汉语实际,却越来越定位一尊,举世"安之为固然,遵之为谟训"了。

则主要是探索者的原因,所以不可求全责备的。

另外,本章有一篇附录,考察现代联绵字观念的核心理论"联绵字—双音单纯词"说产生的历史背景,并论及与联绵字研究密切相关的先秦汉语构词方式问题,曾独立发表,因可补充上面三节之未逮,或者起个注脚的作用,故附在后面。

第一节 中国现代语言学早期的联绵字观念

按照一般的说法,《马氏文通》(1898)的问世标志着中国进入现代语言学时期。本节所谓"中国现代语言学早期",特指《马氏文通》问世至 20 世纪 30 年代的三四十年间。本节重点考察这个历史时期的学者是怎么看联绵字的。

一、马建忠《马氏文通》里的联绵字观念

《马氏文通》中没有联绵字、联绵词、连绵字、连语、謰语之类的术语,而是直称双声、叠韵,给人的印象是它的着眼点主要在联绵字上下字之间的语音联系。如第五章讲"动字骈列"曰:"经史中动字,往往取对待两字连用者,又取双字义同且为双声叠韵者,学者阅书,当自得之。"其"双字义同且为双声叠韵者"列举了以下 61 例:

> 流离、怃然、踌躇、徜徉、逍遥、猖狂、蹉跎、缠绵、赳赳、绸缪、荒亡、经营、甄陶、周旋、逡巡、相羊、仓忙、迟疑、迡遭、雍容、支离、盘桓、迁延、留连、优游、唏嘘、恢谐、劻勤、因循、抢攘、陆梁、逗遛、觊觎、滑稽、卓荦、黾勉、缱绻、啸傲、怫郁、恐惧、感慨、酷毒、蔑裂、踦踏、邂逅、偃蹇、辟易、抑郁、土苴、耿介、勉励、矫揉、杂遝、慷慨、犹豫、诚悃、颠倒、盘薄、狼戾、钩距、萧散

然双声叠韵诸字,所以状容者居多,故概通状字。①

《马氏文通》第六章讲"状字诸式"曰:"状字用以象形肖声者,其式不一。有用双声者,有用叠韵者,而双声叠韵诸字概同一偏旁者。"总共列举了 49 例:

---

① 吕叔湘等(1986)指出,上引"甄陶、周旋、勉励、矫揉、诚悃"五个词既非双声,也非叠韵。

双声状字如流离、含糊、留连、陆梁、展转、土苴、圇輅、犹豫、盘薄、颠倒、萧散、率真等字。至踌躇、踟蹰、嗫嚅、仿佛、砰磅、踯躅、逼迫、悽怆等字,则双声而同偏旁也。

叠韵状字如胡卢、相羊、仓忙、支离、灭裂、章黄、郁律、轧易等字。至怱然、仿佯、猖狂、蹉跎、缠绵、绸缪、逡巡、彷徨、迁延、劻勷、淹滞、嵯峨、鸿濛、沆茫、骐骥、峥嵘、魼鱁、崨嵼、堷垣、岭嶒、嶙峋诸字,则叠韵而同偏旁也。

章锡琛(1954)云:"率真"非双声字,"淹滞"非叠韵字,"轧易"非联绵字。《文通》举"轧易"为叠韵,章锡琛说"轧易"不是联绵字,至少在章氏看来,《文通》的"叠韵"就是叠韵联绵字,"双声"就是双声联绵字。而《文通》把双声、叠韵与重言归为一类,可知章氏的理解是对的。这便很容易弄清马建忠的联绵字观念了:第一,上引例词中20个加了着重号的双声状字或叠韵状字也见于前面所引双声动字或叠韵动字中;第二,《文通》前面论双声动字、叠韵动字时说:"双声叠韵诸字,所以状容者居多,故概通状字";第三,前面所举61个例词都是"双字义同且为双声叠韵者"。综合这样三个方面,可知马建忠脑海里的"联绵字"是具有双声或叠韵关系并且含义相同或相近的两个字构成的起"状容"作用的双音节词。马建忠的认识是有道理的。首先,联绵字上下字之间存在双声或叠韵关系,前人认为那是双声转注而成或叠韵转注而成的,现代有人认为那是同源语素联合而成词的(参见严学宭1979),它们本来是同源语素,当然含义相同或相近,并且双声或叠韵喽。有的书讲"汉语的双音词有一种特殊的构词法",似不足为训①。其次,《文通》认为双声、叠韵和重言均有"状容"作用也是对的。综合这样两点,可以清楚地看到《文通》讲语法而立足语义,兼顾修辞,不乏实用的追求,与后世部分现代语言学著作比,确是难能可贵。

薛祥绥(1919)对联绵字的表述与《文通》基本相同,也是只称双声、叠韵。并且,薛氏第一次简单地勾勒出汉语构词法体系,各类复合法、派生法、重叠法和拟声法、音译法以及缩略法、析字法、隐语法、歇后法等,全部列出,就是未见现代学者用来支持"联绵字—双音单纯词"说的那种"特殊的构词法"。看过薛氏文章,说作者有反对汉语单音节幼稚落后论的意向是对的,

---

① 追随者们不知,嫌"特殊的构词法"之名不够"科学严谨",又创造出这样那样的构词法名称,同时不得已举些例词,却都是他们自己不明其语素构成情况的双音词,因此至多不过是概念游戏,更不足为训。

但还找不到接近现代联绵字观念的表述。可以肯定地说,现代联绵字观念的核心理论"联绵字—双音单纯词"说是后来产生的。

二、王国维的联绵字观念

王国维是一位地道的语文学家,而不是现代语言学家,照理说在这里不应该讨论他的联绵字观念问题。但是,他的"联绵字,合二字而成一语,其实犹一字也"之说从20世纪40年代初以来时或被人辗转抄来支持"联绵字—双音单纯词"说,连《语言学百科词典》(1993)持现代联绵字观念解释"联绵字"也引了王国维的这句话,给人的印象是王国维就是现代联绵字观念之核心理论"联绵字—双音单纯词"说的创始人。这便需要考察王国维的联绵字观念。王国维"联绵字,合二字而成一语,其实犹一字也"之说出自他的《研究发题》的第三部分"古文学中联绵字之研究"。《研究发题》本是王国维致沈兼士的一封信,发表在1923年《国学季刊》一卷三号,其思想早在王国维1921年撰《联绵字谱》时就形成了。因此有必要简单考察王国维的《联绵字谱》。正如前面有关章节中所统计的,该书所收联绵字中不计重复出现者,包括异体词在内总共2718个。扣除重言841个,再扣除或体和四字成分①共574个,实际上只有1303个联绵字。其中如改更、困苦、反复、长久等,至少有978个是合成词,约占3/4。② 前面第一章第二节已经引了它300例合成词的联绵字,现在再引录它300个,两处相加接近其全部联绵字的一半,就蛮可以说明点问题了。

雍闭、荒怠、闲安、褊小、消息、洒扫、伉俪、屈造、该备、历录、谁何、遁逃、杂糅、逸诒、恻怛、汁渖、欢哗、危独、淫放、婚媾、琼玖、沉浊、耽乐、湛乐、登退、粗厉、完久、诅祝、辅相、作祝、浩荡、强阳、丰备、淫昏、烦辱、浸淫、渐深、沧浪、强梁、戏谑、条直、条达、吞叹、踊跃、燕婉、郁悠、夭隐、泆阳、揄扬、倏忽、险巇、玄黄、潢洋、吉蠲、击谷、闓广、戒洁、憍怪、乔诘、羁羁、担拚、胶加、磐控、隙曲、雕琢、昭晰、卓鸷、倒顿、颠顿、怊怅、突梯、蹈厉、沉滞、沉浊、洮汰、零落、柔需、荏染、质剂、周浃、闉闍、肃疏、销铄、增淫、幽闲、悠远、晏安、悠暗、隐约、偃佽、郁壇、幽隐、渥洽、淫泆、说怿、熠耀、游衍、淫液、姚远、姚冶、愉佚、荣怀、淫游、淫溢、孝享、昏忽、吸呷、

---

① 如"陶诞突盗、腥臊洒酸、猖狂妄行、愚陋沟瞀"等。有的也许只是临时组合,连成语也算不上,故谓之"四字成分"。信守派学人不曾仔细考察,称举王国维联绵字说证明其信仰,表现出他们研究联绵字问题而喜欢从观念出发的特点。

② 剩下的约四分之一包括拟声词和待考的词。前者由拟声法而来,拟声法各种语言里都有,与人们想象的汉语里独有的"一种特殊的构词法"无关。

嘘吸、陨获、浩洋、沉瀊、奸宄、敬寡、诪教、疆畎、扞格、纠禁、简稽、骄蹇、
诘诎、狡狯、鲠固、耿介、絓结、耿著、顼筐、卷曲、肯綮、吃诟、剸刵、垠鹗、
颠倒、贪饕、涤濯、涤荡、秩叙、蹈腾、洮汰、递代、茬弱、斟酌、悽怆、青葱、
愁瘁、反覆、微眇、迷茫、灭没、纵送、讽诵、穹隆、丰隆、坎陷、沉潜、章明、
零星、瞑眩、震眩、殷勤、缘循、隐闵、判涣、曼延、诞谩、褊浅、支离、活脱、
协洽、攫搏、作罢、绪馀、陬隅、趋数、偷儒、曲偻、句注、保抱、仇雠、优柔、
漂摇、招摇、忧虞、蕴结、洿泽、冤曲、悁忿、窈冥、幽昧、萎绝、淹留、幽晦、
幽蔽、壅绝、游遨、淫怠、谣诼、贤娇、歇骄、瑕珍、退遂、嫌疑、玄冥、婷直、
迥翔、刚卤、诰慭、嘉靖、广贲、揭橥、觊觎、骄佚、焜耀、广肆、倨侮、卷舒、
寇攘、谴怒、顾典、轻佻、阒明、倾隮、充倔、姱修、茕独、劬劳、灌渝、遨游、
颠越、惇大、抵谰、怛伤、荡析、珍戮、垫隘、荡佚、町畦、惮赫、灵修、缭转、
离披、俪偕、佞兑、嗟叹、砥砺、镏铢、震发、憯悽、葅醢、祗敬、震愆、震悼、
郭壅、清越、清扬、恻隐、切激、窜藏、闾阎、咀落、罪罟、谯诟、嫉妒、逸谀、
寂寞、息偃、艾夷、濡滞、散越、纤微、修姱、纯粹、邪辟、纯固、播敷、奔奏、
播硕、瘿胝、蔽壅、迫陑、菲薄、纷糅、飘翔、蕃庶、平章、平秩、爆烁、蕃衍、
蕃昌、愤盈、勃乱、平乐、氛埃、烦憯、昧爽、弥留、猛起、芜秽、冥昭、瞀乱、
靡散

既然王国维《联绵字谱》中所收录的联绵字大多数都是合成词，那么怎样理解他的"联绵字，合二字而成一语，其实犹一字也"之说呢？其实，这话是说：合两个字构成的一个语词，就像一个字那样表达特定概念。很明显，那合成的"一语"并不是一个语素，"犹一字"亦非"是一字"。实际上，正如前面所指出的，王国维这话本是在强调词义的整体性，与其他语文学家反对拆骈为单并无二致，只是说话的角度不同。不过，这还不是王国维联绵字观念的全部。王国维原话是："联绵字，合二字而成一语，其实犹一字也。前人《骈雅》《别雅》诸书，颇以义类部居联绵字，然不以声为之纲领，其书盖去类书无几耳。"从这段话里，强调联绵字的语音联系是王国维联绵字观念的又一内容。他的《联绵字谱》第一次将联绵字分双声之部、叠韵之部、非双声叠韵之字三类，正是体现了这一思想。因此，王国维的联绵字观念主要包含两个方面的内容：(1)以声为纲领；(2)强调词义的整体性。然则后世持现代联绵字观念者又为什么要引王氏"联绵字，合二字而成一语，其实犹一字也"之言证明其所信守的"联绵字—双音单纯词"说呢？并且同一错误，错得那么明显，某书先有之，后来者继而有之，继而不断，三人成虎，这又是为什么呢？相互传抄仅是其一。从这个角度上讲，信守派学人虽然势众，但多属跟风。

理论乖谬而无以证明则是其二。同时,信守派中多跟风者又是可以理解的。"联绵字—双音单纯词"说没有语言事实做基础,本来就无法证明,别人都那么说,还是随大流吧!至于理论上不过硬,现代语言学的得失不能正视,传统语文学的价值不被重视,汉语言文字功夫有待提升等等,也不可避免地助长了学术研究上的跟风,就更是不言而喻的了。

为了正确理解王国维的联绵字观念,这里简单提一提王国维的学生朱芳圃的《联绵字概说》。这篇文章发表在《民铎》1925年第九卷第五期。朱氏文章开头第一句就说:"合二字而成一语,谓之联绵字。"读罢全文,可知理论来自王国维,研究思路大致同其师,连联绵字分类也一样。大体说来文章有以下特点。第一,全文主要在讲联绵字有多种书写形式,举例不分单纯词、合成词。如文中所举妪愉、崔嵬、伛偻、陟降、喘息、偷懦等都是明显的合成词。第二,与上一特点相联系的是,全文重点讲联绵字各变体之间的语音联系,不少时候论及同源词问题,而始终没有辨识联绵字语素的意识。如文中在叠韵类所举联绵字"覆育"为例,考见它有桴粥、覆育、复育、蝮蜟共四种"变体":

《夏小正》:"鸡桴粥。"传云:"桴,妪伏也;育,养也。"
《礼记·乐记》:"煦妪覆育万物。"
《论衡·无形篇》:"蛴螬化而为复育,复育转而为蝉。"
《广雅·释虫》:"蝮蜟,蜕也。"
按:覆育义为孳生;因而化生亦谓之复育。音转则为桴粥。

朱氏举《夏小正》里的用例及传释,"桴粥/覆育/复育/蝮蜟"很明显是合成词。如果朱氏信奉"联绵字—双音单纯词"说,有联绵字语素辨识意识,至少不会举这样的例子。第三,朱文中讲到联绵字的词性,分为名词、动词、静词、状词四类。这倒是有点现代语言学的意思了,只是词性问题与联绵字语素判断无关罢了。这样说来,信守派著作爱拿王国维"联绵字,合二字而成一语,其实犹一字也"之说为立论依据,就更是一厢情愿了。否则,就要说明王国维弟子秉承王氏联绵字观念研究联绵字问题,为什么并无现代联绵字观念之意识。

另外,王国维另一位弟子姜亮夫在清华研究院受王国维指导完成的学位论文《诗骚联绵字考》[①]考察了诗骚中的联绵字,体例大致如方以智《通雅》中诐语之编排,并把方以智"诐语者,双声相转而语诐谖也"的思想发挥

[①] 姜亮夫《诗骚联绵字考》曾于1932年出石印本。又收入《姜亮夫全集》卷十七,云南人民出版社,2002年。本节采用的是后者。

到极致,也充分体现了王国维"合二字而成一语,其实犹一字也"的联绵字观念。文中立足具体文献,因声通义,系联联绵字各变体,强调联绵字须做整体理解,不可拆骈为单。完全是语文实践研究,并非语言本体研究,所以始终未体现"联绵字—单语素词"思想,也从未体现出语素辨认意识。再说得具体些,姜氏所考,除了少数拟声词之外,都是合成词。像文中所考跋涉、雕琢、劬劳、掊克之类,也许无须特加考辨,一般人也不会错认为它们是单纯词,而它们同样是王门所谓"合二字而成一语,其实犹一字也"的联绵字。

综上所述,不仅从王国维联绵字研究看不到他的联绵字观念有与现代联绵字观念相通之处,而且从王氏弟子研究联绵字的情况也看不出他们有支持现代联绵字观念的表现。今信守派学人动辄拿王国维"联绵字,合二字而成一语,其实犹一字也"之说支持其信仰——"联绵字—双音单纯词"说,甚至把王氏此说写进语言学词典(如《语言学百科词典》,1993)实在是成见在胸而忽视了语文理解研究与语言本体研究之别的误解。

三、朱起凤《辞通》诸序中的联绵字观念

朱起凤也是一位语文学家,而不是现代语言学家。但持现代联绵字观念者常拿他的《辞通》说话,甚至还有人曾计划以《辞通》为蓝本新编一部"联绵词典",这便让研究联绵字观念问题者不敢忽略对朱起凤及《辞通》诸序中联绵字观念的考察和研究。

朱氏《辞通》本名《新读书通》,后由开明书店改为现名,于1934年出版。对于这部书,不同时代、不同地区(指中国大陆与台湾、香港地区)的学者有不同的认识,并且主要体现在联绵字观念上的差异。因此,为了避免不必要的争论,这里不妨多费些笔墨,先介绍著名学者的有关评价。如张永言先生(1985)的书里有一节评论《辞通》和《联绵字典》的话。说《辞通》"所收双音词有各种类型,而以联绵词为主",《联绵字典》"所收条目除联绵词外,还包括其他双音复合词和词组。……本书明标为《联绵字典》,就未免名实不符了"。并作注说:"周法高《二十世纪的中国语言学》:'专收联绵字的有朱起凤编的《辞通》和符定一的《联绵字典》。'见《论中国语言学》,香港中文大学出版社1980年版,第38页。其说不确。"[1]张先生是当代较有影响的词汇学家,是信守派核心学者之一,著文向守"联绵字—双音单纯词"说,他上面

---

[1] 这样批评周氏,表明批评者并没有认真研读周氏联绵字问题研究的著作,不知道周氏联绵字观念与现代联绵字观念没有任何联系(详见沈怀兴2011)。但这又是信守派文章的基本风格。他们总以为现代联绵字观念应该是所有人的信仰,评论别人联绵字研究的观点总以现代联绵字观念为标准,却想不到这个"标准"是三人成虎的产物,它因为缺乏必要的事实依据,归根结底靠不住。

的话很能代表中国大陆信守派学者的观点。九年前，上海辞书出版社曾经接受上海某高校一位教授建议，计划以《辞通》为蓝本、以现代联绵字观念为指导思想编写一部新联绵词典①，也反映了这一主流思想的影响。然则这便需要先考察《辞通》的收词。请看其卷一"东韵"下收释的词：

丁东、河东、和同、冯同、金同、雷同、混同、会同、协同、一同、六同、雷铜、梧桐、樊桐、邻童、老童、狡童、学童、鲐箭、漆箭、治中、空中、房中、殷中、塘中、箭巾、梦中、损中、禁中、阃中、圹中、室中、棱中、由中、粗中、折中、不衷、殷忠、马忠、汉忠、贞虫、赢虫、夷终、韩终、令终、永终、三终、安戎、封戎、茅戎、犬戎、蕰崇、敦崇、严崇、雕弓、卢弓、子弓、打弓、持弓、弯弓、挟弓、子躬、饬躬、祗宫、王宫、中宫、秦宫、新宫、倾宫、丰宫、蚕宫、保宫、葆宫、寝宫、泮宫、闕宫、射宫、寿宫、牧宫、贰宫、冲融、丰融、祝融、融融、华雄、英雄、杨雄、雌雄、骁雄、长雄、俊雄、成熊、黄熊、杨熊、仲熊、驚熊、昊穹、徐冯、贫穷、困穷、厄穷、趣穷、谲穷、振穷、齿穷、仁风、光风、凉风、条风、东风、苑风、雷风、融风、韩风、飘风、薰风、景风、凯风、俊风、泰风、乱风、厉风、阒风、飓风、遡风、谷风、疾风、烈风、遗风、反风、系风、向风、华枫、安丰、泠丰、陈丰、曹充、污隆、穹隆、冲隆、郁隆、蕴隆、司空、姑公、申公、圈公、王公、宁公、闵公、召公、祭公、厉公、寓公、叶公、德公、穆公、虢公、三公、自公、乃公、天公、天功、王功、小公、小功、大功、要功、试功、奏功、无功、篙工、女工、共工、罔工、射工、逢蒙、旆蒙、愚蒙、童蒙、笼蒙、昏蒙、大蒙、骏蒙、泾濛、鸿濛、冬珑、庞鸿、帝鸿、虾虹、落丛、王翁、江翁、凫翁、老翁、青葱、朱通、交通、傅通、明通、玄通、徇通、疏通、旁通、津通、奸通、纪通、马通、感通、大通、治通、贯通、棣通、四通、阒蓬、飞蓬、梓潼、发蒙、朣胧、矜胧、苴穷、恩恩、崆峒、蜇螽、草虫、螽螽、疲癃、姘欋、儚儚、鸡埈、九埈、三艘、泷冻、忡忡、谬彤、芁芁、申恫、怨恫、隆崇、逢逢、蟠蛛、活东、朦朣、烛烛、冲漰、空空、李种、房栊、鞠躬、恭恭、蠾蝓、忪慷、蓍蓍、童童、蒙茏、游茏、苁茏

上引《辞通》卷一"东韵"不包括各组首条相同的共 256 个双音词，其中能拿得准的单纯词只有丁东、冬珑、逢逢 3 个，它们都是象声词。18 个加了

---

① 其实，早在 2001 年，河南人民出版社出版的《新编联绵词典》就是这样一部词典。这部词典的重要价值是以其彻底的失败告诉世人现代联绵字观念在词典编纂的实践中行不通。详见沈怀兴《现代联绵字观念左右下的〈新编联绵词典〉》(《汉字文化》2012 年第 2 期)。

着重号的词是待考者,大多是草木名、虫名、地名等。扣除这两类,其余235个双音词可以肯定是合成词,约占全部双音词的91.8%,占可以肯定是单纯词和合成词两类总和的93.0%。其他各卷情况大致同此。看来这项考察不支持信守派学者的观点。再看《辞通》诸序中的联绵字观念。

上个世纪30年代初,章太炎、胡适、钱玄同、刘大白、林语堂、程宗伊、夏丏尊等七人为《辞通》作序,诸序中多有联绵字观念的自然流露,但无一支持现代联绵字观念,无一支持今天广泛流行的"联绵字—双音单纯词"说。如《胡序》说:"朱丹九先生的这部书,罗列一切连语(联绵字),遍举异形的假借字,使读者因此可以得着古字同声相假借的原则,使他们因此可以养成'以声求义'的习惯","叠韵、双声、合音,都自然倾向于造成'连语'"。胡适这话说明了两点:第一,认为《辞通》所收的词都是连语(联绵字),表明他的"连语(联绵字)"与现代词汇学里的"双音词"大致相当。否则,上引《辞通》卷一《东韵》所收双音词中91%以上的合成词也被称为"连语"的事实不好解释。第二,部分连语(联绵字)由双声转注或叠韵转注而成,它们都是合成词。至于"合音",其原型也可能是合成词(如:不用→甭),也可能是单纯词(如切脚语),也可能是一个词组的截割(如之乎→诸)。由此可知,胡适的联绵字观念与当前广泛流行的现代联绵字观念的核心理论"联绵字—双音单纯词"说没有相同之处。

又如《刘序》说:"此书所搜集的全部是詸语、重言等词类。……所谓詸语、重言,往往从双声叠韵上转变,意义相同的或相类的,或相对的或相反的,都有以双声叠韵转变的现象。"这里,刘氏肯定《辞通》所收全部是詸语、重言,又说詸语、重言的变化规律,所体现的联绵字观念与上引胡适的认识基本相同,纯属传统语文学家的联绵字观念,而与当前广泛流行的"联绵字—双音单纯词"说亦截然不同。

再如《夏序》说:"其为书也,类聚联绵之辞,博究衍变之赜,凡载籍所传,音声之递嬗,摩写之沿讹,与夫通假引申之为用,靡不广搜毕罗而条贯之。"夏氏这话是从《辞通》取材角度说的,说《辞通》"类聚联绵之辞",而这"联绵之辞"里包括91%以上的合成词,这表明夏氏的联绵字观念与上引胡适、刘大白的联绵字观念是一致的。

林语堂等其他学者序文中也反映了与上引各家相同的联绵字观念,恕不一一。那么多顶级学者在对联绵字认识上观点基本一致,证明20世纪30年代基本上还是传统语文学的天下,传统语文学家的联绵字观念居于统治地位。然而,《现代汉语词典》前四版解释"联绵字"却说"旧称双音的单纯词"(现又改为"旧时指双音节的单纯词"),这又是怎么回事呢?上面第一章

第二节初步回答了这个问题。这里还要补充一句:作为通释语义的词典,《现代汉语词典》解释"联绵字"而置多数人的认识于不顾,却采用极少数人的无根之说;《现代汉语词典》数千万册的发行量对推动"联绵字—双音单纯词"说的广泛流传,其作用不容低估。

四、郭绍虞的联绵字观念

郭绍虞先生不是一位传统语文学家,但他主要靠自学成才,国学功底较深,所以联绵字观念里还保留了一些传统语文学的认识,当然也有不少非传统的东西。他(1934)说:

> 连语之大别有三,(一)合体的,(二)并行的,(三)相属的。合体连语,本多双声叠韵的关系。名词中如"唐棣""蟋蟀""鸳鸯""蠛蠓"皆双声,"螳螂""蜉蝣""空桐""玫瑰"皆叠韵。他如形容词、动词、副词中其例更多,如"参差""屹崒""謦欬""佻达""留连""黾勉""盘薄""仿佛"之属,皆双声字,"莽罠""陾陒""逍遥""绸缪""优游""猖狂""嶙峋""鸿濛"之属皆叠韵字。此类连语,是连语的主要部分,二字一义不能分析,故以双声叠韵者为特多。即就并行连语而言,虽是二字义别,但也有合于双声叠韵者,盖此类连语的单字本多从双声叠韵孳生得来,如对于古而言今,对于阳而言阴,他如对疾言徐,对精言粗,对山言水,对公言姑之类,则联缀以成连语"古今""阴阳""疾徐""精粗""山水""公姑",又成为双声而相对的并行连语了。对于新而言陈,对于晨而言昏,对于起而言止,对于穷而言通,则"新陈""晨昏""起止""穷通"诸语又皆成叠韵而相对的并行连语了。又或由形而言容,由纪而言纲,由切而言磋,由搜而言寻,则"形容""纪纲""切磋""搜寻"诸语,成为双声而相同的并行连语;由公而言众,由辛而言勤,由驱而言除,由区而言处,则"公忠""辛勤""驱除""区处"诸语,又成叠韵而相同的并行连语了。不仅如此,即相属的连语中也有成为双声叠韵者。如"大道""故国""樽酒""高冈"之类,不也是双声连语吗?

郭氏(1938)再次论连语时,又将连语分为"音缀""义缀"两类。"音缀"类就是上引文中说的"合体连语",除了用上引文中的例证以外,又加进了"丁宁""蒺藜";"义缀"类包括上引文中的"并行连语"和"相属连语",并加进了"桌子""年头"类派生词。总的看来,郭氏的"连语"中除了双音节单纯词之外,还包括所有双音节的联合式合成词、偏正式合成词和带后缀的派生词,亦即还保留了一些传统联绵字观念的成分。但是,也向后来流行的"联绵字—双音单纯词"说迈出了一步。确切地说,他的观点对后来"联绵字—双音单纯词"说的确立和流行具有一定的促进作用。第一,不像传统的联绵字观念那样包括了所有的双音词,有的甚至包括部分三音节词或四音节语词。第二,"二字一义不能分析"不同于传统语文学里的"不可分训"。前者意为不能将二字词分而析之为两个语素,后者是在强调词义的整体性。只是郭氏"二字一义不能分析"之观点虽新颖,但所举的例词不支持其观点,有的例词甚至连一般信守派学人也不承认"二字一义不能分析",如"佻达""留连""猖狂""绸缪"等。但这也可以理解,因为那时候语素判断这一难题不仅没有解决,而且一般人尚未认识到语素辨认的困难。第三,他更强调双声叠韵,特别后来把合体说改为音缀说,加上"二字一义不能分析"之说,就有点儿像后来的"联绵字—双音单纯词"说了,尽管还不是纯正的现代联绵字观念。第四,说"合体连语"是连语的主要部分,这个命题在中国传统联绵字观念里是找不到的。第五,"二字一义不能分析,故以双声叠韵者为特多"这一论断实际上并没有靠得住的语言事实做基础。同时,这个论断在传统语文学家的联绵字观念里也找不到。然而,就是这样一种缺乏必要论证的观点,后来又被学者作为事实一再发挥,先想象出汉语古有双声叠韵构词法,继而又有人不断创造出不同的名字,一步一步地实现了新理论的创造。所以,郭氏的联绵字观念既不纯是传统语文学家的联绵字观念,也不是明确的现代联绵字观念,但在现代联绵字观念的形成过程中却起到了一定的引导作用。

然而,郭氏上述见解还有一些可商之处。第一,汉诗文中较重双声叠韵,以收到贯珠扣玉的韵律美①,也只是众多艺术手法中的一种,并且这一手法在多数历史时期的口语中是不常用的,故郭氏之说有以偏概全之嫌。第二,就郭氏自己的理论而言,说"合体连语是连语的主要部分"也不好理解。既然他的"连语"包括双音节单纯词和双音节联合式合成词、双音节偏正式合成词、带后缀的双音节派生词四类,只要略做点调查,一定会发现那"合体连语"不管怎样多,也同占复合词总量70%以上的联合式合成词与偏正式合成词不成比例(参见沈怀兴1998),就更不用说派生词了,它怎么就成了"主要部分"?第三,"二字一义不能分析"和"以双声叠韵者为特多"之间有因果联系吗?有谁证明过呢?又有谁能够证明出它们之间有因果联系?第四,"二字一义不能分析"是站在什么角度说的和根据谁的分析能力

---

① 清·李重华《贞一斋诗说》:"叠韵如两玉相扣,取其铿锵;双声如贯珠相联,取其婉转。"

说的？因此,把郭氏理论看作臆想可以,视为真知就不妥了。

不过,郭氏有上述见解是有其历史背景的,或者换一句话说,是历史使之然。自鸦片战争以后,外侮日甚,汉语随之遭受贬损。正如杨树达《高等国文法·言语之类别及国语》中所言:立说基于偏见的形态分类法在19世纪中叶以后十分盛行,汉语因无形态变化而被视为最幼稚最落后的单音节语。到19世纪80年代之后,欧洲学者中虽渐有不同意见者,但随着清王朝腐败无能的日益败露,中国国势日益衰微,"汉语单音节幼稚落后论"更是甚嚣尘上了！中国学者面对这种"理论"侮辱,就当时的民族心理及认识能力讲,只有奋起驳斥谬说,证明汉语不是单音节语,别无选择。1919年,中国学者发表了第一篇抗争性文章《中国语言文字说略》,作者薛祥绥指出：

> 远西之士,欲矜博学,强目中土文字,誉之者心有所慑也,毁之者心有所鄙也(当中国盛时,西人谓中国为文明民族,因亦称许言语为完备；中国兵败驿衰后贱视之,因谓语言为简陋)。中土言语本非西人所知,毁誉不为荣辱,而类别世界言语者,亦因之无定论焉。德人奚讷海(Schlercher)……谓孤立语者,字唯一音,一字一义,无语根语系之别,藉所安而别其职,如中国语是也。……第奚氏如此区分,谓为言语运用之法则可,谓为言语之类则不可也。盖以三者亦可互通,非必判然不合也。……中国文字亦有合二字始足一义者,如止戈为武,人言为信,此合二字而单音者也。如夫渠、巴且、视缕、颭颱,此合二字而双音者也,然中国语又为诎诘语矣。……观此,则目中国语为孤立语者,其陋可知也。

其"中国文字亦有合二字始足一义者""合二字而双音者"云云,虽然离"联绵字—双音单纯词"说的明确提出还有相当远的距离,但已经朦朦胧胧有那么一点点儿意思了。只要社会历史背景不变,人们的学术水平没有大幅度的提高,"联绵字—双音单纯词"说的提出只是早一天晚一天的事情。事实正是这样,此后部分年轻的学者在这种思想的影响下写成的著作里有时不免强调汉语不是单音节语,至少也要做些"辨正",从不同角度举例阐发汉语为什么不是单音节语。就是在这样的历史背景下,郭绍虞(1938)的文章一开头便说："中国的语言文字,究属于单音呢,还是属于复音呢？这是一个长期争论着的问题。"所以他的联绵字观念里有一些不同于传统认识但却靠不住的观点是不奇怪的。

五、魏建功《古音系研究》中的联绵字观念

魏建功先生在驳斥汉语单音节幼稚落后论的过程中用力较其他学者多一些。出于批判的需要,他的联绵字观念一开始就与传统语文学家的联绵字观念不同。换一句话说,魏建功的联绵字观念已经比较接近"联绵字—双音单纯词"说了,只是没有表现出语素辨认的意识,还没有明确地提出"联绵字—双音单纯词"说罢了。魏先生的研究特点主要表现在与众不同的想象,所举例证亦不能奏效,在此暂不展开讨论,拟于后面第五章第一节中做些考察分析。

大致说来,魏氏著作想象丰富,并且在他1926年发表的《读〈帝与天〉》一文中已经表现出这一特点。但此文仅是随感而发,其联绵字观念表现得还不是那么充分。到《古音系研究》(1935)里,他的联绵字观念就比较明确了。该书第三章第八节说:

> 世人都说中国语是单音的,其实现在的活语言以及古书记载的文字中间存留不少复合的词。这些复合的词的音的组织还没有系统的整理,也许最初是"字单而音复",孳乳变化形成"字多而音单"。……我们无从肯定却也无从否定许多单字的词不是复音或是复音,不过在文字(即语言)的义训方面往往又暗示给我们,凡是意义相关、相对、相成、相反的单词的声音有着一定的对列或转变的规范,并且从这些规范组织成复合的词的声音系统。……1.(按:序号是引者加的。下同)"我总以为中国语言,除去'重言'、'双声'、'叠韵'的原则而外,连绵字的构成还有几条方法,其中的一个便是发音相近的声或韵的连缀"。①

第四章第二节又说:

> 2.舌尖边音,(即来纽)从连绵词看来,中国语的初型里不是一个

---

① 序号1.后面的文字是魏建功引自他的《读〈帝与天〉》的话。该文约2000字,由想象而成,所举吞并、特别、承平、逃遁、蒂柄、喷嚏、地方、推板、屯堡、撑扑、淡泊、颠沛、颠扑、提防、钝笨、敦朴、靰鞡、投奔、大胖等19个例词无一是单纯词。这说明,魏氏虽举连绵字反对"世人都说中国语是单音的",但他心目中的"连绵字"还不是后来指双音单纯词的"联绵字",所以还不能说他就是"联绵字—双音单纯词"说的创始人。考察那个时期其他学者的著作,可知当时人们都没有联绵字语素辨析意识。联绵字语素辨析意识到了20世纪30年代才朦胧可见,到20世纪40年代初吕叔湘《中国文法要略》(1942)中才显得较为明确(参看本章第二节)。所以"联绵字—双音单纯词"说是从薛绥祥(1919)到魏建功(1926;1935)再到吕叔湘著作(1942)23年间,中经郭绍虞、陈独秀(详见陈独秀化名程秀发表在《东方杂志》1937年11月第34卷第21期的《中国古代有复声母说》),不断提炼出来的,不是哪一位学者自己做的事情。

独立的声母,即可谓之今日试探古复声的痕迹之一。……3.复声未分离前,连绵词少。连绵词发达是复声以及多音缀的词的消失变化,文字成为一音一字的现象。

上面所引内容有两个比较突出的特点:一是术语随意用,一是想象随意发。前者如忽而"连绵字",忽而"连绵词",均不加界定。后者的情况也比较明显,但尚可理解。"世人都说中国语是单音的",而单音节语又是幼稚落后的语言,使用这"幼稚落后的单音节语"的民族当然不会是文明的,这就需要"开化开化",于是列强入侵,瓜分中国就好像不是入侵、瓜分了,甚至好像无罪而有功了。在这样的历史背景下,作为学术上不够成熟而思想上较为先进的青年书生能做的,只能积极进行逆向思维,证明汉语不是单音节语①。因此,这不仅是可以理解的,而且是可敬的。但如果回到语言科学上来,就不能不求真了。

具体而言:第一,魏先生的表述想象之辞溢于言表,"也许最初是……""暗示给我们""我总以为……"之类缺乏必要的论证,"也许""暗示""总以为"云云是不能说明什么问题的。第二,不清楚汉语造词规律,未把握复音词的结构类型②。第三,1.后的话让人费解:既然除去了"'重言'、'双声'、'叠韵'的原则",那"发音相近的声或韵的连缀"算不算双声、叠韵或双声兼叠韵?一部专讲汉语古音系的著作,在这入门问题上出现了可疑,非成见在胸当不至于此。再说,果真"连绵字的构成还有几条方法",而且这方法不是复合法和派生法,那么,它们反映了汉人怎样的认知思维规律?人类其他语言里有没有这样的构词法?为什么它们没有?第四,对于1.后面的话,后来学者大加发挥,而且初谓"衍声复词:联绵",后谓"一种特殊的构词法",后又有人谓之双声叠韵构词法,或谓之语音关联造词法、异音联绵构词法等

---

① 所以致此,学者批评外来诬蔑是其重要原因,但同时也是由于受认识水平的限制,潜意识中认同了"单音节语幼稚落后"的观点。否则,当不会那样在意汉语是否单音节语。而这两个方面的原因集中在那个历史年代的中国部分青年学者身上无疑具有很大的必然性,然则"联绵字—双音单纯词"说产生于那个年代少数青年学者的想象也有其必然性。事实正是这样。不拘语文传统的年轻学者为证明"汉语非单音节语"而搜寻论据,其著作中大讲"联绵字"(或作"连绵字")问题。但由于为时所遭,而见仁见智,各家笔下的"联绵字"不尽相同,又都不同于中国传统语文学中的"联绵字",充分显示了应时而作的特点。正是由于应时而作,所以共时地看,各家联绵字观念不尽相同,而历时地看,他们的联绵字观念又在不断"提纯"。

② 从 76 页注释①所列出魏氏《读〈帝与天〉》举中 19 个例词看,魏氏的构词法思想与现代词汇学中较流行的构词法体系不同。或者说,他的知识储备里还没有现代学者的构词法理论。直到他 1935 年《古音系研究》问世,仍没有现代学者的构词法思想。这也表明"联绵字—双音单纯词"说至魏建功尚未明确提出。

等,名称虽异,但穿凿附会的实质是一样的,所以没有谁拿出可靠的证据,而始终停留在想象层面。第五,2.3.后面的内容都是在猜想上古汉语里有复辅音声母,后世复辅音裂变,则产生双音词,但后人竭力证明这一猜测,至今没有找到服人的证据。2005年8月,中国文史出版社出版了庞光华56万多字的《论汉语上古音无复辅音声母》,书中资料翔实可靠,对上古汉语有复辅音声母的说法做了彻底的否定,至少可以说上古汉语是否有复辅音问题并未形成定论。这样一来,上引文中2.3.的想象就更没有说服力了。第六,所谓"复声未分离前,连绵词少。连绵词发达是复声以及多音缀的词的消失变化",也是一个需要证明的命题。否则,读者会问:"复声未分离前,连绵词少",不管怎样少,试举几个看看它们究竟是一些怎样的"连绵词"?同时,由"复声以及多音缀的词的消失变化"的"连绵词"又是哪些?不错,后来也确有人竭力证明"复声以及多音缀的词的消失变化"造成"连绵词"这一命题,但其例词却都是作者不明其造词理据的复音词,以致让人由此怀疑他们的命题。这些问题也将在后面有关章节中做点交代,这里不便展开。

从上面的考察情况来看,在1919年之后的20年间是现代联绵字观念的酝酿阶段。驳斥汉语单音节幼稚落后论是其重要的社会原因,语言学理论水平不高,学者们构词法思想不同却因驳斥汉语单音节幼稚落后论的共同目标而不断"嫁接"是根本原因,所以这个时期新生的联绵字观念正是特定历史时期的特定任务孕育出的。它虽然还不是成熟的现代联绵字观念,但已经十分接近现代联绵字观念,只是没有可靠的语言基础,基本上属于虚构性的罢了。

另外,20世纪30年代讨论联绵字问题的文章还有两篇需要一提。一是经学家张寿林的《三百篇联绵字研究》,1933年发表在《燕京大学学报》总第13期。张文说:"联绵之字,义寄于声;合质量相等之二字,以成一义,联绵而不可分。"这个表述与王国维的联绵字观念大致相同。只是文中把重言从王国维双声类分出来,将联绵字分为"双声""叠韵""重言""成语及其他"四类罢了。并且,文中数称"善夫王静安先生之言云""宁海王静安先生之言曰"云云,文中有单纯词也只限于拟声词、叹词,而例词则以合成词为主,如倒颠、饥渴、虚邪、寝兴、匍匐、踊跃、陟降、玄黄、倾筐、沃若、于穆、笑傲、不淑、硕鼠、锦衾、泣涕、切磋、沸腾、上下、寿考、煌煌、悠悠、灼灼等等。有的甚至还算不上词,如"彼其"。有人批评张氏"文中列举的如'颠倒~倒颠'、'饥渴~渴饥'、'疆界'等恐怕还不是严格意义上的联绵字"(徐通锵1997:344),这类批评在信守派学人著作中很不少,都是误以其偏执的"联绵字—双音单纯词"说律传统语文学家,结果就不仅仅是造成"冤假错案"了。

另一篇是署名程秀的《中国古代语音有复声母说》，1937 年发表在《东方杂志》第 34 卷第 21 期。这程秀就是陈独秀。总的看来是一篇强逞臆说的文章。如其文中力挺汉语古有复声母说，认为"拟物之音多演为复声母"，那么为什么现实中新产生的拟声词没有复辅音声母？无复辅音声母的其他民族语言中又是怎么回事？一个十分明显的事实是，其作者甚至不了解一种语言中固有音系之语音特点对拟声词的制约作用。又如，其作者以联绵字力挺汉语古有复声母说，什么是联绵字？这一点和上言魏建功文章的特点很相似，也是没有掌握现代词汇学的构词法理论的表现。再如，文中说汉语中"鹅"为西夏某文音译，可是西夏文是 11 世纪的事情，而汉语里至迟在公元前 521 年就有"鹅"字了[①]。如果仅从学术上看，陈独秀这篇文章似乎没有多少可称道的，但近一二十年来不断有人举以证明汉语古有复辅音，证明复声母分立说，证明"联绵字—双音单纯词"来自复声母分立，所以不妨简单提一提，点到为止。

参考文献

郭绍虞　1934　《中国诗歌中之双声叠韵》，《文学》二卷六号。
———　1938　《中国语词之弹性作用》，《燕京学报》第 24 期。
吕叔湘　1942/1982　《中国文法要略》，北京：商务印书馆。
吕叔湘、王海棻编　1986　《马氏文通读本》，上海：上海教育出版社。
戚雨村等　1993　《语言学百科辞典》，上海：上海辞书出版社。
沈怀兴　2007　《现代联绵字观念的来历》，《中国语研究》总第 49 期。
———　1998　《汉语偏正式构词探微》，《中国语文》第 3 期。
———　2011　《现代联绵字观念对台湾学人的影响》，《汉字文化》第 6 期。
魏建功　1926　《读〈帝与天〉》，《国学月刊》第 3 期。
———　1935　《古音系研究》，北京大学出版组；又，北京：中华书局，1996。
徐通锵　1997　《语言论》，长春：东北师范大学出版社。
薛祥绥　1919　《中国言语文字论略》，《国故论衡》第 4 期。
严学宭　1979　《论汉语同族词内部屈折的变换模式》，《中国语文》第 2 期。
章锡琛　1954　《马氏文通校注》，北京：中华书局。
张永言　1985　《训诂学简论》，武汉：华中工学院出版社。

第二节　"联绵字—双音单纯词"说的来历

"联绵字—双音单纯词"说是现代联绵字观念的核心理论。没有"联绵

[①]　《左传·昭公二十一年》："郑翩愿为鹳，其御愿为鹅。"杜注："鹳、鹅，皆阵名。"鹅阵即如鹅之列。《尔雅·释鸟》："舒雁，鹅。"

字—双音单纯词"说,就没有现代联绵字观念理论群。这是因为整个现代联绵字理论群就是信守派学人在竭力证明"联绵字—双音单纯词"说的过程中不断拼凑出来的。然而,"联绵字—双音单纯词"说又是怎么来的呢?上一节考察了魏建功等人的说法,但总的说来他们的意见还大致停留在想象阶段。那样的想象虽然十分接近"联绵字—双音单纯词"说,但还不能说已经创造出了"联绵字—双音单纯词"说,至少还没有明确提出"联绵字—双音单纯词"说。因为在那里,还没有复音词语素辨认的意识,也没有明确的"单纯词""合成词"之类的概念。为了进一步弄清事实,需要从始终宣传现代联绵字观念的《现代汉语词典》之释"联绵字"说起。

一、《现代汉语词典》解释"联绵字"是不正常的

词典释义的基本原则是通释语义,要求词典编写者最大限度地概括词在一般语境中的共同义。《现代汉语词典》在对一般词释义方面能够较好地执行这一原则,所以颇为读者所信重。但是,遗憾的是它在解释"联绵字"这一条目时却始终没有能够坚持这一原则,亦即从其试印本偏执一家之言而遗留下来的问题至今没有得到解决。《现代汉语词典》1960 年出试印本,解释"联绵字"曰:"旧称双音的单纯词,包括:a. 双声的,如'仿佛、伶俐';b. 叠韵的,如'匍匐、逍遥';c. 非双声非叠韵的,如'凤凰、珐琅'。"这个解释实际上只反映了"旧时"个别学者对"联绵字"这一术语的错误理解和使用,充其量只是对"联绵字"一个特殊义的介绍,而把"联绵字"长期通行的相当于现代语言学术语"双音词"的含义完全摒弃了。本书上面各章节所有的考察已经证明 20 世纪 30 年代以前没有任何一家著作中"联绵字"指双音单纯词。到 1965 年,《现代汉语词典》出试用本,解释"联绵字"而观点没有改变,例词却换掉了二分之一,即用"阑干"换掉了"匍匐",用"妯娌、玛瑙"换掉了"凤凰、珐琅",其他照录。这一改动不免令人大惑不解:《现代汉语词典》解释"联绵字"曰"旧称双音的单纯词",为什么试用本要换掉试印本中二分之一的例词?是否在试印本问世之后,编写者发现匍匐、凤凰、珐琅三个例词都不是双音的单纯词①,不能支持其观点?那么,为什么多达半数的例词靠不住呢?唯一的解释只能是《现代汉语词典》解释"联绵字"时先有了观点②,再去找例子,不是从大量材料中概括出观点。然而,既然理论先行,那

---

① "匍匐"本是联合式合成词(详见白平 2002:190~191)。"凤凰"也是联合式合成词(详见沈怀兴 1993)。"珐琅",本作"珐瑯"。是个动宾式合成词(参看本节下文)。它们本来都不是用汉语"一种特殊的构词法"创造的单纯词,也不该举为"联绵字—双音单纯词"说的例词。

② 确切地说是先照抄了"旧时"某学者著作中的观点(详见本节第二部分),连例词也有二分之一是那位力主"联绵字—双音单纯词"说的学者著作中的。

没有换下来的三个例子和新换上去的三个例子会靠得住吗？这个问题半个世纪以来没有人提出疑义，一定程度上反映了半个世纪以来汉语词汇研究乃至整个汉语研究习惯从观念出发而不是从材料出发的事实。还有，既然是理论先行，那理论又是怎么来的？当初编入《现代汉语词典》时代表了谁的观点？靠得住靠不住？该不该做些探究？50多年以来，议论其"旧称"者确有几家，但对"联绵字—双音单纯词"说这一关键性问题进行考察讨论的人太少了。不质疑"联绵字—双音单纯词"说，只质疑"旧称"是不能从根本上解决问题的。因为即使不是"旧称"，新称又有什么不可以？只要站得住，例词能够证明其观点，"新称"也很好嘛。其实，旧时持"联绵字—双音单纯词"说者极少，只限于个别学者，且没有扎实的论证，这才是要害所在。

可是，《现代汉语词典》1978年第1版和1983年第2版均照录试用本。1996年出修订本，将"旧称"改为"旧时指"，其他再一次照录。2002年出的增订本又照录修订本。2005年出第5版，于"双音"后加"节"字和最后附加"也叫联绵词"五个字，其他一仍其旧。不过，就是这个"也叫联绵词"能给人重要的启发。如果它也是就旧时说的，那"旧时"只能指1949年之前一二十年，且仅指极少数现代语言学家著作中的"联绵字"，因为此前找不到任何证据。如果它不是就旧时说的，就无须去王国维之前的学者著作中为"联绵字—双音单纯词"说搜寻证据了（参见第六章第一节后面的"结语"）。

《现代汉语词典》是第一部宣传"联绵字—双音节单纯词"说的语文词典。半个世纪以来，它坚持宣传"联绵字—双音单纯词"说，5000万册的发行量对"联绵字—双音单纯词"说的渐成"定论"发挥了重要作用。但是，也许没有人想到，它的例词始终无一支持它的观点，它的观点至今没有着落。具体考察见第七章第二节。

综上所述，《现代汉语词典》解释"联绵字"没有坚持通释语义的原则。它只是在宣传"联绵字—双音单纯词"说，以致举不出与其观点相合的例词，这不能不让人怀疑"联绵字—双音单纯词"说的科学性。

二、"联绵字—双音单纯词"说的来历

本章上一节考察发现，出于驳斥汉语单音节幼稚落后论的需要，魏建功《古音系研究》中有了不同于传统语文学家的联绵字观念，从而为现代联绵字观念的产生开创了广阔的想象空间。上一节所考察的郭绍虞、陈独秀的文章也不同程度地具有这种特点。所以出现这种现象，急于批驳外来污蔑"汉语单音节幼稚落后论"是其主要原因。同时，当时国内现代语言学理论水平，特别创"联绵字—双音单纯词"说的年轻学者的现代语言学理论修养

还达不到足以解决这个问题的水平,也是不可忽视的重要原因。而有了这样两个因素,具体的研究工作中想不跟着感觉走也不可能。同样基于这样两个因素,那种主要凭想象研究联绵字的风气,直到20世纪40年代中叶不变,甚至那时候的学者也已经觉察到了这一点。如甘大昕1946年于《国文月刊》第五十期发表《双声叠韵联绵字研究》,文末附记说:"近来学者关于语文研究之文字,涉及双声、叠韵联绵字者颇多,然率皆偏抒己见,阐发一端,鲜有作系统之研究者。"①孙德宣(1942)也否定了章太炎的一字重音说,认为:"虽觉新奇可喜,而证据殊为薄弱。"同时还批评了章太炎等人的余音添注说。只是孙氏研究联绵字,出于驳斥汉语单音节幼稚落后论的需要,亦有其他青年学者的特点,即不免猜谜(参见本节下文)。

不过,在整个20世纪40年代,虽然不乏举"联绵字"以驳汉语单音节幼稚落后论者,但他们的理论都还算不得明确的"联绵字—双音单纯词"说。考察结果表明,只有到了吕叔湘先生1942年出版的《中国文法要略》(以下简称《要略》)中,才明确提出并初步论证了"联绵字—双音单纯词"说,致令在一般人眼里"联绵字—双音单纯词"说有了"可信度"②,并为后人所追随。《要略》中把"枇杷"归为单纯词③,然后于"衍声复词:联绵"一节中说:

> 第一类是我们上节所说单纯性的复音缀词,也就是前人所说的"联绵字"。这类词从前人给他下的定义是"合二字而成一语,其实犹一字也",照我们现在的说法就是"合两个音缀(写成两个字)成一个词,具有

---

① 其实,上言甘大昕自己的文章也不乏可商之处。如他说:"联绵字或曰连绵词,又曰连语,或作謰语、联语,或曰骈词。"而不知道起初"连语""謰语""联语""骈词"等术语所指并非完全相同。又如他说:"以复音词有必两字连举,始成一义,分析之则其一字不复成此义者,乃曰联绵字。"似乎在讲联绵字的单语素性,但这仅是站在共时角度讲话。他的联绵字分类中有"合两同义字而成者""合两正反字而成者""重言而成者(狼狼藉藉、隐隐约约)""加助同以见义者"等就充分说明了这一事实。再如,他文中一再强调"中国语之本非纯属单音缀",不仅例子不支持"联绵字—双音单纯词"说,而且议论的角度、方法都不无可商。总之,甘大昕的文章给人的印象同样是理论混乱,想象的成分多,实证的功夫少。其实,信守派学人在联绵字问题研究中凭想象说话的风气至今没有发生多大的变化。与前人所不同的,只是他们坚信现代联绵字观念是对的,遇到他们不明其语素构成情况的双音词就判它为单纯词,而且只顾顺着这条"捷径"走下去;被人指正时,至多再对以语言发展说、语素融合说之类。

② 这里所以说"在一般人眼里",因为后世采用《要略》观点及例词者较多。但是,《要略》中的联绵字观念亦不无可商,因为其例词同样无力,同时它对其理论依据——王国维的"联绵字,合二字而成一语,其实犹一字也"之说的理解不是王国维的本意(详见本节下文)。

③ 其实,"枇杷"是联合式合成词。"枇杷"有二义。❶乐器名。本作"批把"。《释名·释乐器》"枇杷"条下曰:"推手前曰'批',引手却曰'把',象其鼓时,因以为名也。"因其木制,而作"枇杷"。❷果木名。因其叶似枇杷而得名(详见杨荫深《细说万物由来·枇杷》469～470页,九州出版社,2005年)。乐器枇杷写作"琵琶",盖因其乐器类,有饰物,为别于果木"枇杷",去"木"加"珏"也。

单一的意义"。所谓单一的意义,就是不能再分析。这类词往往是双声(声母相同)或叠韵(韵母相同),但也有非双声非叠韵的。

看了这段引文,读者不禁要问:既然是在讲"衍声复词:联绵"问题,怎么会"也有非双声非叠韵的"联绵字?原来,观点是吕先生自己的,理论依据是吕先生对"从前人"所谓"合二字而成一语,其实犹一字也"的错误理解(参看本节下文)①,例词分类也是那位"从前人"的(详见本章第一节"王国维的联绵字观念")。因此,一个不争的事实是,吕先生有了思想,而没有对联绵字进行深入研究,就误引误用了"从前人"的研究(参看本节下文)。由于当时学人都还不具备准确判断复音词语素的能力②,这样做自然无人批评。但是用今天的眼光看,不仅其例词值得怀疑,就是其论证方法及基本观点也不敢苟同了。

试看《要略》中列举的联绵字。其全部50个例词照王国维的联绵字分类法分为三类。双声的20个:踊跃(按:着重号为引者所加。下同)、参差、黾勉、匍匐、踟蹰、流离③、溟濛、玲珑、伶俐、嘹亮、含胡、留连、恍惚、鸳鸯、鸲鹆、蛐蜓、蜘蛛、辘轳、秋千、癫痫;叠韵的20个:窈窕、逍遥、扑簌、荒唐、蹒跚、婆娑、混沌、朦胧、莽撞、腌臜、腼腆、啰嗦、葫芦、芍药、蟋蟀、玫瑰、蜻蜓、橄榄、碌碡、旮旯;非双声叠韵的10个:鹦鹉、芙蓉、蔷薇、蝴蝶、蚱蜢、螺蛳、窟窿、胡同、疙瘩、笤帚。

现在已经看到,上引《现代汉语词典》的"联绵字"定义及分类均来自《要略》,就连其例词中"伶俐""匍匐""逍遥"也都取自《要略》。而《现代汉语词典》试印本是吕叔湘先生主编的,去《要略》只有十几年。那时,中国大陆称"旧"一般指中华人民共和国成立以前。因此,《现代汉语词典》所谓"旧称""旧时指"云云,首先反映了《要略》中的联绵字观念。并且,考察结果表明在20世纪60年代之前,持"联绵字—双音单纯词"说者实际上没有几个人。然而学术者,天下之公器也。通释语义的《现代汉语词典》本不同于个人专

---

① 这个"从前人"就是王国维。前面已经反复交代过,王国维这话发表于1923年。但《现代汉语词典》解释"联绵字"曰"旧称……"云云,实际上与王国维没有任何关系(参看上文)。一定要推到王国维,那是依据自己对王国维话的错误理解,事实上"联绵字—双音单纯词"说与王国维没有关系。

② 具体到吕先生,直到1979年仍然没有找到准确判断复音词语素的方法。如他(1979;1984:490)说:"辨认语素跟读没读过古书有关。读过点古书的人在大小问题上倾向于小,在异同问题上倾向于同。"如果吕先生已经找到了准确判断复音词语素的方法,大概不会这么说的。然而,既然直到1979年还没有找到准确判断复音词语素的方法,却早在1942年出版的书里就创"衍声复词:联绵"证明"联绵字—双音单纯词"之意识,并分"联绵字—双音单纯词"为三类,举了50个均不当其说的例词(详见84页注释②),这无疑是从观念出发的研究。

③ "流离"做动词时是合成词,做枭的别名时是拟声词。

著,用今天的眼光看更不可仅采一家之言。尽管当时有其特殊的时代背景,但可以肯定地说,《现代汉语词典》是把当时尚未得到充分证明的极少数人的联绵字观念通过词典释义肯定下来了。现在时代不同了,如果仍要坚持《现代汉语词典》解释"联绵字"的观点,就必须重新证明"联绵字—双音单纯词"说。这个问题联系着汉语研究的方方面面,实不可等闲视之。

然而,《要略》又称是以"从前人"观点立论的,谓其"单纯性的复音缀词"就是前人所说的"联绵字",立说依据是"从前人"所谓"合二字而成一语,其实犹一字也"。如本章第一节所说,这个"从前人"就是王国维。王氏此言被误解,本不支持"联绵字—双音单纯词"说,已在前面指出。这里需要再次指出的是,王国维《联绵字谱》中还收有部分四字词组(如猖狂妄行、腥臊洒酸、愚陋沟瞀等)和某些AABB式词或双音词的重叠形式(如纯纯常常、振振殷殷、浑浑沌沌等),就更不是《要略》所理解的"不能再分析"的双音单纯词了。总之,《要略》误解了其所引"从前人"的话,建立在那种误解基础上的观点分明不可信。只是由于作者进入20世纪50年代后在学界的权威地位使这一误解为后人所接受,并做正解反复引用,以致成了"定论"①,被广泛写进教材和语言学词典,为更多的后人研究联绵字所本。事已至此,如果研究者能够引以为戒,今后注意尽可能地让靠得住的事实说话,就算是亡羊补牢了。

至于《要略》为证明"联绵字—双音单纯词"说所举的50个例词,上来第一个例词"踊跃"就不支持其观点。"踊跃"尽管是一个双声词,但却由两个语素构成,是一个典型的联合式合成词。这便要求我们对上录《要略》50个例词进行逐个考察。考察结果表明这50个例词都不支持作者观点②,是初证"联绵字—双音单纯词"说者未能如愿。联系《现代汉语词典》的编纂者们持"联绵字—双音单纯词"说解释"联绵字"始终没有能够找到合适的例词,人们就更有理由怀疑"联绵字—双音单纯词"说的科学性了。如果再考虑到《现代汉语词典》的主编吕先生直到1979年还为"辨认语素跟读没读过古书

---

① 这个"定论"是指三人成虎的理论观念,不是真正的定论。其实,直到20世纪80年代,仍有人把自知为合成词的某些双音词称为"联绵字"或"连绵字""连绵词"。如《左传·僖公十七年》:"雍巫有宠于卫共姬,因寺人貂荐羞于公。"杨伯峻(1983:374)注:"'荐羞'同义连绵词,《周礼·天官·庖人》云:'以共王之膳与其荐羞之物。'郑注云:'荐亦进也。傅品物曰荐,致滋味乃为羞。'又《宰夫》云:'掌祭祀之戒具与其荐羞。'注云:'荐,脯醢也;羞,庶羞、内羞。'"

② 上列《要略》50个例词中,带点的39个词都是合成词,用现在的眼光看本不该把它们当作"联绵字—双音单纯词"说的例证。玲珑、鸸鹆、辘轳、扑簌、罗嗦、蟋蟀、碌碡等都是拟声而来的双音词,和"胡同""橄榄"等音译词也不是用衍声联绵法创造出来的,亦不该列举。剩下二例,"蜘蛛"一词,照李海霞(2005:629)之说,是偏正式合成词,但证据也许还不够充分,姑且存疑。"混沌"一词,人谓即今之"混蛋"。果真如此,也是偏正式合成词。但证据也较单薄,有待进一步考察。

有关系。读过点古书的人在大小问题上倾向于小,在异同问题上倾向于同"的现实感到无奈,而 1960 年《现代汉语词典》试印本释"联绵字"曰"旧称双音的单纯词"及 1965 年试用本换掉半数例词等一系列事实,现代联绵字观念的核心理论的虚构性则不容置疑了。

那么,《要略》所持"衍声"说又该做何解释呢?一般说来,例词不当,观点少有靠得住者。但是,也不能说绝无例外。所以还有必要做进一步考察。特别这个衍声说对后世影响很大,以衍声说做研究的著作举不胜举,致使此说早已成了"定论"并写进了语言学词典①,就更该做进一步考辨。只是衍声说被后人炒来炒去,又联系上了许多理论和创造了一些新理论,需要重点考察,本研究只好放在后面第四章第三节及其附录《与衍音说相关的几个问题》中专门讨论。这里一定要总括交代一句的话,则可以说"衍声"说同样停留在想象阶段,实际上是不成立的。

探讨《现代汉语词典》所宣传的联绵字观念问题,不可不讲孙德宣先生。因为孙先生既曾是《现代汉语词典》的副主编,又早有《联绵字浅说》(1942)②发表,且其文章基调也是分辨汉语性质,如:

> 我国语言近世学者多以为单音语,或称孤立语,以其每一语皆一音缀,且无语头语尾变化故也。爱特金斯氏(Edkins)甚至谓中国语迄今尚在原始状态,并无改变。不知我国文字虽属单音,而按诸语言实际,殊不尽然。即以摩拟物声之复音词观之,自初必不在少数。

所以《现代汉语词典》试印本所释"联绵字",有可能是其副主编孙德宣先生参考主编吕叔湘先生对联绵字的认识做出的。因为观点是吕先生的,六个例词中有吕先生的 3 个③。所以没有全部使用吕先生的例子,或许当时已经发现它们多不合"联绵字—双音单纯词"说。所补充的三个例词,"仿佛""凤凰"是孙先生(1942)所谓"由于比类合谊整齐为美"的联合式合成词。"珐琅"本作"琺琅",是用某些矿物原料烧成的像釉的涂饰物质,因取法于

---

① 如《中国语言学大辞典》(江西教育出版社,1992 年)285 页就有"衍声法"一条。
② 这篇文章论联绵字来源有四:(1)由于单字之发声及延长转变为二字。如叵→不可、别→不要、那→奈何。(2)由于比类合谊整齐为美。如濯淖、污泥、花离。(3)由于方言口语之记录。毂辘、骆驼、葡萄。(4)由于古有复辅音之关系。如角落、窟窿、郊郧。只看看原文中举的这些例子,就不难理解作者的联绵字观念了。但所以至此,原因主要有二:一是当时出于批评汉语单音节幼稚落后论之需要,二是当时语素理论还处于朦胧阶段,作者还没有辨识语素的意识。
③ 起初也可能是另一个样子,后来由主编通稿而改成了词典试印本问世时的样子。但不管怎样,都不能改变"联绵字—双音单纯词"说的无根性,姑不赘言。

琅而得名；"法"因"琅"而增加意符成"珐"。很明显，"珐琅"是合成词。《现代汉语词典》1965年出试用本用"玛瑙"换掉"珐琅"，很可能是因为看到了这一事实。却不料"玛瑙"也是个合成词（详见第七章第二节）。如此以错纠错，也是因为"联绵字—双音单纯词"说之成见在胸，未考其字形变化，另找了个自己不明其造词理据的双音词补缺。人们常说，理论从实践中来，更是为指导实践服务的。而今一个"联绵字—双音单纯词"说被创造出来，迫使学者竭尽全力为它找例词，数十年找不到一个合适的例词，它却至今仍居于统治地位，一定程度上主导着汉语词汇研究与教学，同时也在一定程度上主导着字典词典立目释义，这不能不说是汉语学理论研究及其实践的悲哀。①

另外需要再次说明的是，语文学史上的"联绵字"这一术语，一般情况下都包括合成词和单纯词，并且以合成词居多，而没有任何一个人笔下的"联绵字"仅指双音单纯词。这一事实，陈瑞衡（1989）、李运富（1991）均有专论，本书第一章第一节亦述及，而且探讨了为什么古代无一人用"联绵字"指双音单纯词。不仅如此，考察中还发现，汉语史上从来就没有用来创造双音单纯词的什么双声叠韵构词法，现代人的"联绵字—双音单纯词"说只是一种想象②。至于拟声法、音译法，虽然都可以创造单纯词，但这两种构词法人类任何一种语言里都有；既然它们本非汉语所独有，那"一种特殊的构词法"就无从谈起了。再说，就连数十年如一日地坚持宣传"联绵字—双音单纯词"说的《现代汉语词典》解释"联绵字"，也没有把拟声词和音译词包括在内。

综上所述，词典中第一个接受并宣传"联绵字—双音单纯词"说的《现代汉语词典》解释"联绵字"，其例证不能证明其观点，改换例词之后仍不能证明其观点，只能证明其观点不成立。这不成立的观点据说来自"旧称"。今考"旧称"，乃来自《要略》作者亦即《现代汉语词典》试印本主编误解王国维"合二字而成一语，其实犹一字也"之言以证其想象。虽然这样做的同时又依据王国维联绵字分类法附缀例词，看似观点、例证一应俱全，却不料导致

---

① 作者已有《现代联绵字观念贻误学子例说》《现代联绵字观念贻误学人例说》《现代联绵字观念对台湾学者的影响》等文章发表，还有部分此类文章继续发表。因此，本研究凡涉及现代联绵字观念的负面影响时，力求一笔带过，不做过多的考察分析。

② 信守派中功夫深一些的人也许看到了这一事实，于是积极创造证据证明"联绵字—双音单纯词"说。其中语素融合说、结构凝固说、语音系统简化说等就是较常见的托词，如张永言（1981）说："一个合成词由于语音和结构发生了大的变化而成了单纯词，它的内部形式也就从人们的语言意识里消失了。"接下来举了英语里三个例子。如果没有现代联绵字观念之成见，这话的问题是很容易看出来的（详见第五章第三节）。而追随者为了附和现代联绵字观念而接过张氏所引进的理论，举汉语中的"崔嵬""披靡""绸缪""侏儒""辗转""窈窕""参差""犹豫"等，说它们虽然"来源于两个同义语素联用"，但"由于凝固较久远"，便变成单纯词了。至于语音系统简化说，则同样靠不住（参看第四章第一节及第八章）。

不可调和的矛盾,结果是让语文学家王国维从事语文理解研究的观点证明作者从事语言本体研究的想象,无论如何也难达目的。这样的研究本来不能证明"联绵字—双音单纯词"说,再加上60年以前的中国传统语文学史上的"联绵字"这一术语向来不仅指双音单纯词,是"联绵字—双音单纯词"说既无语言事实支撑,又无可靠的理论支持,究其实只是一种虚构。既然如此,从《要略》到《现代汉语词典》,又到追随者受它们影响写成的所有文章和书,谁能举出真正靠得住的一家?语言研究从观念出发久矣!

参考文献

白　平　2002　《汉语史研究新论》,太原:书海出版社。
陈瑞衡　1989　《当今"联绵字":传统名称的"挪用"》,《中国语文》第4期。
李运富　1991　《是误解不是"挪用"——兼谈古今联绵字观念上的差异》,《中国语文》第5期。
吕叔湘　1942　《中国文法要略》,北京:商务印书馆。
———　1979　《汉语语法分析问题》,北京:商务印书馆。载吕叔湘《汉语语法论文集》,北京:商务印书馆,1984。
戚雨村等　1993　《语言学百科词典》,上海:上海辞书出版社。
沈怀兴　1993　《试论研究现代汉语也需要历史观点——从"蝴蝶"、"凤凰"二词的结构说起》,《河南师范大学学报》(哲社版)第1期。
———　2004　《双声叠韵构词法说辨正》,《汉字文化》第1期。
孙德宣　1942　《联绵字浅说》,《辅仁学志》第十一卷第一第二合期。
王　力　1958　《汉语史稿》,北京:科学出版社。
徐振邦　1998　《联绵词概论》,北京:大众文艺出版社。
杨伯峻　1983　《春秋左传注》,北京:中华书局。
张永言　1981　《关于词的"内部形式"》,《语言研究》第1期。

第三节　王力先生联绵字观念的变化及其影响

本章前面两节的考察发现,"联绵字—双音单纯词"说是进入20世纪20年代后约20年间积渐而成的,至吕叔湘先生(1942)基本成熟,但是并没有终止发展。而事实证明,考察讨论现代联绵字观念发展问题没有办法绕开王力先生对联绵字的认识。这是因为信守派学人研究联绵字问题多依据王力先生《汉语史稿》或王力先生主编的《古代汉语》中的联绵字理论;王力先生的联绵字观念大大发展了现代联绵字观念,又进一步奠定了信守派联绵字观念的理论基础,成为现代联绵字理论的主要内容。可是,王力先生的联绵字观念又是怎么产生的？前后有没有变化？因为什么变的？这种变化是否靠得住？弄清楚这些问题，对弄清楚现代联绵字观念的实质是重要的。下面对王力先生早期、中期和后期的联绵字观念做些探讨。

一、《中国语法理论》中的联绵字观念

《中国语法理论》是王力先生的代表作之一，1944年于商务印书馆出版。该书中对联绵字的认识比较传统，代表了王力先生早期的联绵字观念。书中第三十六节说：

> 中国有所谓联绵字，就是声音相同或相近的两个字，叠起来成为一个词。联绵字大致可分为三种：（一）叠字，即"关关""呦呦""凄凄""霏霏"之类；（二）双声联绵，即"丁当""淋漓"之类；（三）叠韵联绵，即"仓皇""龙钟"之类。

又在"联绵字，就是声音相同或相近的两个字，叠起来成为一个词"下面加注说："声音不近的，如'淹留'之类，我们只认为双音词，不认为联绵字。我们对于联绵字的定义和前人不尽相同。"

从上引文看，王力先生最初对联绵字的认识与传统语文学家的联绵字观念相比有同有异。相同之处有二：第一，中国传统语文学者眼里的联绵字，一般是双音节词，只有近人王国维《联绵字谱》包括部分四字词组。王力先生论联绵字只限二字者，是对传统联绵字观念的继承。第二，中国传统语文学中的"联绵字"从不区别单纯词、合成词（详见许惟贤1988、陈瑞衡1989、李运富1991、白平2002），大致相当于现代词汇学里的"复音词"。王力先生上引文所举八个联绵字例词中"关关""呦呦""丁当""凄凄"都是拟声词，因此都是单纯词①；"霏霏""淋漓""仓皇"都是合成词：霏霏"是重叠词，"淋漓""仓皇"都是联合式合成词。"龙钟"待考。作者所谓"不尽相同"的是：二字"声音相同或相近"者为联绵字，声音不相近的为双音词，从传统语文学角度讲是缩小了联绵字的范围。因此，这一差别与传统语文学家联绵

---

① 虽然它们都是单纯词，但不是后来《现代汉语词典》解释"联绵字"所认可的，也不是作者中期联绵字观念所说的"一种特殊的构词法"创造的"联绵字"。这个现象很重要。不仅对作者联绵字观念的历史分期有着重要的参考价值，而且对深入考察现代联绵字观念为什么在20世纪50年代得到重大发展有一定的参考价值。一般人都会问：说20世纪40年代汉语单音节幼稚落后论在世界上尚未消失因而"联绵字—双音单纯词"说发展成熟可以，而到了20世纪50年代，汉语单音节幼稚落后论在世界范围内大势已去，是什么原因使王力先生中期联绵字观念发生了质的变化？其实，这与当时的社会政治环境分不开（参后）。

字观念比,只是大同中的小异。说得具体些,宋代张有《复古编》创"联绵字"这一术语时虽未立足其语音联系,但后世学者越来越强调联绵字的语音联系,到清代王筠《说文释例》卷十二专列"双声叠韵"一节,认定"圣人正名百物,大物皆一字为名,小物皆二字为名,尤不足道者乃以双声叠韵为名",虽为臆说(详见第二章第二节),但已把上下字有无语音联系看作某些双音词是否连语的重要标志;而到王国维《联绵字谱》分联绵字为双声之部、叠韵之部、非双声叠韵之字三类,也是依据联绵字的语音特征立论的。王力先生在早期的联绵字观念里排除了"非双声叠韵之字",其"联绵字"只涵盖"声音相同或相近的两个字"叠成的双音词,可以说是狭义的"联绵字"。总之,王力先生早期的联绵字观念中,传统联绵字观念的成分多,小有差别也不是本质性的,只是"不尽相同"而已。

上述事实说明,王力先生早期论及联绵字问题,既不看构成联绵字的方法,也没有语素辨识的意识,更不强调联绵字是否单纯词,所以他早期的联绵字观念与传统语文学家的联绵字观念没有本质性区别,而与现代联绵字观念没有什么联系。

二、《汉语史稿》中的联绵字观念

坚定地信守并发展现代联绵字观念者,说到底是王力先生在《汉语史稿》(修订本,科学出版社,1958)中对联绵字的认识。与《中国语法理论》只隔了十几年,此时国际上汉语单音节幼稚落后论还有残余影响,"联绵字—双音单纯词"说还有继续存在的可能性。另一方面,也是主要的一方面,当时国际关系异常紧张,国内舆论分帝国主义、社会主义两大阵营,因而对反对帝国主义具有积极意义的"联绵字—双音单纯词"说只会更加响亮,不会无声无息。在国内,那时正"反对资产阶级学术思想,反对旧社会思想文化(只要是1949年之前的东西,大多要被否定),反对右倾机会主义",知识分子都必须接受"思想改造",极"左"思潮已经左右了社会政治生活,一般人不敢再讲真话[1]。就是在这样的背景下,王力先生写作《汉语史稿》,不可能再坚持早期的联绵字观念,且有他推赞的王筠连语说的支持(详见第二章第二

---

[1] 钱理群(1994)指出:"那一时代服从政治需要的要求是绝对的,对其任何背离会直接威胁到自己的生存。这是我们考察那一代知识分子的选择时,所必须充分注意并予以理解的。"巴金《随想录》则说:"我终于感觉到必须甩掉'独立思考'这个'包袱',才能'轻装前进',因为我已在不知不觉中给改造过来了。"这主要是说"文化大革命"中的情况,但"文化大革命"不过是当时喊得最响的"十次路线斗争"之二三的连续。事实上,"文化大革命"前更多的"路线斗争"接连不断,已经严重地影响学界。

节),结果就有了代表其中期联绵字观念的表述。《汉语史稿》第九节里说:

> 双声叠韵是汉语的特点之一。……汉语自始就不是单音节语;先秦时代已经有了大量的双音词。汉语的双音词有一种特殊的构词法;它们多数是由双声叠韵构成的。古人把纯粹的双音词(不能再分析为两个词素者)叫做联绵字,联绵字当中,十分之九以上都是双声或叠韵的词。这些联绵字并不像某些人所猜想的只是一些拟声词(如"丁当");相反的,先秦的拟声词往往只用单音("击鼓其镗")或叠音("呦呦鹿鸣"),而不一定用双声叠韵。联绵字也不像一般人所感觉到的似乎多数是形容词和副词;其中还有许多是名词或动词。……(一)名词(甲)双声:唐棣(白杨)、流离(枭)、蝃蝀(虹)、蟏蛸、蒹葭、萑苇、叮噎、蟋蟀。(乙)叠韵:崔嵬、苤苢、朴樕、驺虞、芃兰、扶苏、茹藘(茜草)、芍药、沮洳、蜉蝣、仓庚(黄莺)、菡萏(荷花)。(二)动词(甲)双声:颉颃、踊跃、匍匐、踟蹰、说怿、挑达、邂逅、颠倒、趋跄、拮据。(乙)叠韵:绸缪、婆娑、栖迟、敖游、逍遥。(三)形容词(甲)双声:参差、玄黄(病也)、黾勉、燕婉、熠耀。(乙)叠韵:虺隤、差池、蒙茸、婉娈、岂弟、猗傩、窈纠、忧受、夭绍。

"汉语自始就不是单音节语"这句话确立了作者这节书的写作目标。作者和那个时代的一般语文工作者一样,要为这个政治性很强的命题写作。我们如果在那个时代是一名语文工作者,也只能这么做,没法子的。但是,由于上引联绵字观念至今左右着联绵字问题研究,今天重读这段话,我们却不能尽为尊者讳。承认前贤的不得已,又不能因此趟浑水,也是没法子的。

与《中国语法理论》中的联绵字观念相比,《汉语史稿》中的联绵字观念发生了质的变化。

第一,提出"双声叠韵是汉语的特点之一"的观点是为"汉语自始就不是单音节语"服务的。追本溯源,这个提法来自魏建功先生(1935)的推测①。在20世纪80年代以前的数十年里,信奉"联绵字—双音单纯词"说者总爱亮出这个观点,而"文化大革命"后成长起来的信守派学人大多忽视了起初人们所以凭臆测而创说的历史背景(参看本章第一节及本章附录),更未注意到王力先生发挥这一思想认识的学术背景。时过境迁,今天看这一提法就不能不持保留态度了(参看本章第二节)。至于双声叠韵问题,自南北朝

---

① 详见本章第一节所引魏建功《古音系研究》一书中的观点及分析。

以来论者颇多,清人说者更多,但尽管认识角度多有不同,而前人多从文学上说的;从语文学角度考察的也有,但除了王筠那个"圣人正名百物……小物乃两字为名,其尤不足道者乃以双声叠韵为名"之臆说外没有哪一家之说可以支持作者这种新的观点。我们在许多文章中对此做了不同角度的考察讨论,亦未见有支持"联绵字—双音单纯词"说者,这里不再重复。

第二,明确提出"汉语的双音词有一种特殊的构词法;它们多数是由双声叠韵构成"的观点,这是上一观点的具体化,也是对王力先生联绵字观念进行历史分期的最重要的标志。此说对后世影响至大。考察可知,这也是对魏建功先生臆测的承认。魏先生(1926)说:"我总以为中国语言,除去'重言'、'双声'、'叠韵'的原则而外,连绵字的构成还有几条方法,其中的一个便是发音相近的声或韵的连缀。"王力先生只是把魏先生的臆测"坐实"了。不过,魏先生在当时历史背景下提出这一观点乃出于维护汉语尊严的需要,王力先生把这一观点写进书里也是20世纪50年代的社会环境决定的。后人忽视了这一点,为"汉语的双音词有一种特殊的构词法"之说竭尽全力地证明了几十年,还创造了那么多构词法名称来替代"一种特殊的构词法"这个笼统的说法,但谁也没有寻得服人的证据。换个角度说,那么多学者从不同角度竭力证明"汉语的双音词有一种特殊的构词法"之说而不果,则只能说明这种理论缺乏可靠的事实依据,充其量还停留在想象层面。

第三,以"古人把纯粹的双音词(不能再分析为两个词素者)叫做联绵字"之说为前面所提出的理论"生根",希望提高其理论的可信度。因此,后来信守派学人凡论述联绵字问题者,都喜欢到古人那里找依据,以补创说者只有观点而没有证据的不足。殊不知依王力先生著书向以资料丰富著称的风格,如今建立"双声叠韵是汉语的特点之一""汉语的双音词有一种特殊的构词法""古人把纯粹的双音词(不能再分析为两个词素者)叫做联绵字"这样重要的理论观点,只要有依据,是不需要任何人代他补充例证的。因此,后人依据这些无根之说所做的一切研究,都是靠不住的;于研究中为王力先生的新理论寻找的证据,无一不牵强附会。最突出的问题是经常拿古人从语文理解或用字角度讲的话做造词说理解,让人拿过他们的证据做相反的证明。然而,信守派学人仍未反思所守理论是否有问题,却引进想当然的语素融合说,希望固守营垒,却不料由此带来的麻烦更多,而且在促使汉语词汇研究向科学的反面滑落(详见第五章第三节)。

王力先生早期联绵字观念中传统的成分多,稍有不同,还要加注说明。到了《汉语史稿》中,却是"古人把纯粹的双音词(不能再分析为两个词素者)

叫做联绵字"了。而反思派学人从宋代张有创"联绵字"这个术语考察起,一直考察到近人王国维,没有发现哪个古人"把纯粹的双音词(不能再分析为两个词素者)叫做联绵字"(详见许惟贤 1988、陈瑞衡 1989、李运富 1991、白平 2002)。其实,用历史的眼光看,古人没有可能对联绵字进行语素分析。因为传统语文学家主要为读经史而研究经史用字现象及相关的书面文字,致令传统语文学被讥为"经学的附庸"。换一句话说,中国传统语文学家根本用不着去辨明某字串所标记的词语究竟由几个语素构成。况且,中国传统语文学不像现代语言学那样严格区分语言和文字,更没有现代词汇学的知识和理念,因而他们不仅没有必要同时也没有可能涉足现代词汇学研究领域,去做只有现代语言学工作者才去做的工作——分析某字串所标记的词语究竟是个怎样的结构,考察其语素构成情况。尽管凭对具体文献的理解,凭语感,他们能体会到词义的整体性,并因此对古代注家给复合词各语素分别做出与该词意义无关的解释进行批评,反对他们"拆骈为单",但复音词词义的整体性与双音单纯词之单语素特点不是同一问题。语素构成的非单一性与词义的整体性乃是从不同角度看合成词所见到的两种不同性质的事实。明乎此,人们就无须反反复复地考察古人的联绵字观念究竟是怎样的,然后才判定"古人把纯粹的双音词(不能再分析为两个词素者)叫做联绵字"之说"于史无征"了。其实很简单,古人没有语素分析意识,他们不知道"不能再分析为两个词素者"是什么,他们谓之"联绵字"者也不是"不能再分析为两个词素者",而是一般双音词,也有包括四字短语的。上面这些认识在前面第一章第二节中曾详细论述过,由于王力先生中期联绵字观念在学界影响至大,这里只好不避重复,再概括交代一下。

第四,认为"联绵字当中,十分之九以上都是双声或叠韵的词",也与其早期讨论问题的角度发生了变化。其早期不计单纯词与合成词之别,只是把中国传统语文学中"联绵字"涵盖范围缩小了一些;现在却站在力证"汉语的双音词有一种特殊的构词法"角度,站在"联绵字—双音单纯词"说角度,说"联绵字"中"十分之九以上都是双声或叠韵的词",还有部分非双声非叠韵的双音节单纯词,这证明作为双音单纯词的"联绵字"十分广泛,"汉语自始就不是单音节语"。考察结果表明,自魏建功之后,研究联绵字问题者多是这一思路。今天看来,尽管其说不可信,但那时立说的一片苦心,至少是应该理解的。

第五,讲"联绵字并不像某些人所猜想的只是一些拟声词(如"丁当");相反的,先秦的拟声词往往只用单音("击鼓其镗")或叠音("呦呦鹿鸣"),而不一定用双声叠韵",这话是对作者早期联绵字观念的批判,连例词"丁当"也是昔是而今非,自然是为虚构的理论服务的,故明显以偏概全。如《左传·昭公三年》:"民人痛疾,而或噢咻之。"杜预注:"噢咻,痛念之声。"《荀子·富国》:"垂事养民,拊循之,呥呕之。"杨倞注:"呥呕,婴儿语声也。"《楚辞·宋玉〈九辩〉》:"鹍鸡啁哳而悲鸣。"洪兴祖补注:"啁哳,声繁细貌。"《文选·宋玉〈风赋〉》:"飘忽淜滂,激飏熛怒。"李善注:"淜滂,风声物声。"铿尔,《汉语大词典》释曰"象声词",并引《论语·先进》"鼓瑟希,铿尔,舍瑟而作"以明之。此类例子很多。因此,客观地说,先秦拟声词中单音的、双音的都有,双音节拟声词中既有叠音的,又有双声或叠韵的,还有非双声非叠韵的。但是,这样一来就不利于作者中期联绵字观念的证明了。

第六,上引文中讲到联绵字所涉词类问题。在现代语言学著作中,最早从词类角度考察联绵字的是《马氏文通》,认为联绵字主要有状字,还有部分动字。《马氏文通》里所谓"状字",主要指副词,但也不排除形容词。然则马氏在说联绵字中有副词、形容词和动词三类。上引文中说联绵字中有形容词、副词、动词和名词,前三类马建忠已说过,只是马氏心目中的"联绵字"不同于信守派学人心目中的"联绵字",马氏论联绵字不分单纯词与合成词,并且多就合成词而言罢了。至于名词类,不仅直接来自朱芳圃《联绵字概说》(详见本章第一节),很可能同时受了王筠影响。王力先生十分推许王筠《说文释例》,该书讨论部分双音词问题而创连语说,其所举"连语"广泛涉及名词、动词和形容词,因此王力先生讲联绵字的词类问题很可能同时受了王筠的影响。只是当时及以后 20 年间大力批判封建官僚地主阶级,不便明引王筠之说罢了。

第七,上引文中所举各类联绵字共 49 个。其中有下划线的 8 个,据白平《汉语史研究新论》第六章第六节考证,都是合成词。下加着重号的 28 个也可以肯定是合成词。还有的例词在《诗经》时代是词组,如"猗傩",就更不是"纯粹的双音词"了(参看徐云天 2000)。还有的例子不过是另一个词的变体,如"窈纠"本是"窈窕"的变体①,"窈窕"是联合式合成词(详见白平 2002:180~181、刘毓庆 2002),"窈纠"也不例外。也有些例词是单语素词,如"蟋蟀""仓庚"和做名词的"流离"等,但都是由人类语言共有的拟声法创造的,不是用"一种特殊的构词法"创造的,算不得"汉语的特点"。这样说来,至少有 41 个例词不支持王力先生新的联绵字观念,亦即其 4/5 以上

---

① 朱起凤《辞通》卷十四《篠韵》"窈窕"条下收了变体"窈纠",并加按语说:"窈纠犹窈窕,皆叠韵。"

的例词可以肯定不支持其观点。至于剩余的8个例词是怎样构成的,待考。但有一点可以肯定,即它们绝不会是用什么特殊的构词法构成的,因为汉语史上并没有什么"特殊的构词法"(详见第四章、第五章和第六章第四节)。

另外,与王力先生早期的联绵字观念比,此时不再把重言列入联绵字中了,或许是因为重言任何语言里都有,算不得汉语里一种特有的语言现象吧。

如果对照《汉语史稿》在其他地方的论述,还可以看到王力先生在发展现代联绵字观念时所遇到的难以克服的矛盾。如该书第45页说:联绵字是用"一种特殊的构词法"构成的双音单纯词,但第346页却说:"汉语复音词的构成,可以分为三大类:(一)连绵字;(二)词根加词头、词尾;(三)仂语的凝固化。"这段话是讲汉语构词法的,说汉语里有连绵字、派生法和复合法这样三种构词法。读者不禁要问:"连绵字"也是一种构词法?为什么前面叫"一种特殊的构词法",这里叫"连绵字"了?构词法主要是语法问题,连绵字却是词汇问题,二者大概不是一回事吧?然而,出现这样的问题,绝不是作者一时疏忽,而是无法避免的。因为,前面不讲构词法,说联绵字是用"一种特殊的构词法"构成的,在不能或不肯较真儿的人们那里还勉强过得去;后面讲构词法,如果仍然说"汉语的双音词有一种特殊的构词法",任何一个读者都可能会问:这种"特殊的构词法"是什么样的构词法?实在不容易说出,就干脆叫它"连绵字"了!直到20多年后,才有追随者相继发明了"语音关联造词法""双声叠韵构词法""异音联绵构词法""一分为二法"等名字,也不过九原可作,贴贴标签而已(详见后面第四章和第五章第一节的考察)。这些现象的存在,都说明"联绵字—双音单纯词"说本是一种无法证明的理论。否则,顶级的学者怎么会顾此失彼而出现上述问题?后世学者又为什么企图补漏,却越补漏洞越多越大?其实,在对待现代联绵字观念问题上,作者实际上是以想象支持一种虚构,支持"联绵字—双音单纯词"说,因与汉语事实貌合神离,无论如何也不能做到科学而公允的。①

综上所述,王力先生在特定的社会历史背景下写作《汉语史稿》,放弃了早期的联绵字观念,努力附和并刻意发挥新生的"联绵字—双音单纯词"说,

---

① 有朋友提醒说:前面做"联绵字"是就词汇说的,后面做"连绵字"是就构词法说的。因为不能再说"一种特殊的构词法",不得已说"连绵字",实指"连绵字构词法"。朋友的意见可能反映了王力先生的想法。但是,这个"不得已"正是王力先生新联绵字观念带来的困难。并且,"联绵字"与"连绵字"在宋代产生后,直到清末谁也没有将它们做"一种特殊的构词法"讲,这里做"一种特殊的构词法"讲,却不便注出,同样表现出王力先生新联绵字观念靠不住。

形成了中期的联绵字观念。正是由于作者对本来就靠不住的"联绵字—双音单纯词"说进行发挥,他中期的联绵字观念较当时并不太流行的"联绵字—双音单纯词"说内容更丰富,且看上去颇像个理论系统,因而对"文化大革命"后百废待兴而一般不考察其早期联绵字观念及此时写作背景的读者更有"说服力"了,以致一般人研究"联绵字"问题总是引王力先生之说,而不知道《汉语史稿》问世时,"联绵字—双音单纯词"说已经产生十几年了。然而,正是由于王力先生新的联绵字观念是努力附和并积极发挥"联绵字—双音单纯词"说而来,且"联绵字—双音单纯词"说也只是特定历史背景下的虚构,王力先生的新联绵字观念尽是可商之处也就不难理解了。

三、《古代汉语》中的联绵字观念

王力先生主编的《古代汉语》1962年由中华书局出版,1981年出版修订本。此书修订本去《汉语史稿》23年,但由于写作背景没有发生根本变化,特别"文化大革命"过后不久,其联绵字观念也不可能发生多少变化。并且,"文化大革命"十年大革了文化的命,此时能够反思"联绵字—双音单纯词"说之真伪并加以研究的人甚少,可看并且能够看到的书也不多,偶有讨论联绵字问题者,所依据的主要是这个《古代汉语》修订本,于是书中的联绵字观念进一步巩固了信守派学人的联绵字观念。为了更好地说明问题,现在看王力先生主编的《古代汉语》修订本中讲"联绵字"的两处文字。一处在《通论(三)》:

> 单纯的复音词,绝大部分是连绵字。例如"倜傥"、"忸怩"、"造次"、"镃基"、"抑郁"、"徘徊"、"觳觫"、"逡巡"、"逍遥"、"须臾"等。连绵字中的两个字代表单纯复音词的两个音节,古代注释家有时把这种连绵字拆成两个词,当作词组加以解释,那是绝大的错误。例如"披靡"是草木随风偃仆的样子,也用来比喻军队的溃败。《史记·项羽本纪》:"汉军皆披靡",张守节正义云:"靡,言精体低垂。"又如"辟易"是倒退的样子。《史记·项羽本纪》"人马俱惊,辟易数里",张守节正义云:"言人马俱惊,开张易旧处,乃至数里。"单讲"靡"字,则"披"字没有着落;"辟"字当"阐"字讲(开张),"易"字当"更易"讲,这是望文生义。这些都是不对的。

另一处在《通论(十六)》：

> 双声叠韵和上古汉语的构词法有密切的关系。上古汉语里的双音词比现代汉语要少得多，而在这些双音词中，除了叠音词(如"夭夭")之外，不少双音词的两个音节有双声叠韵的关系。这些双声叠韵词大都用来描绘声色形状，古书注解常常用貌字来解释。例如《诗经·周南·关雎》："参差荇菜，左右流之。"朱熹注："参差，长短不齐之貌。"这种词，古人称为"连绵字"。连绵字虽然也有不属于双声叠韵的(如浩荡、滂沱)，但是，属于双声叠韵的连绵字占绝大多数。例如：(一)双声：<u>参差</u>、<u>踟蹰</u>、<u>栗烈</u>、<u>鬌发</u>、<u>缤纷</u>、<u>侘傺</u>、<u>容与</u>、<u>憔悴</u>、<u>突梯</u>、<u>滑稽</u>、<u>犹豫</u>、<u>便嬖</u>。(二)叠韵：<u>窈窕</u>、<u>虺隤</u>、<u>窈纠</u>、<u>忧受</u>、<u>夭绍</u>、<u>顾颔</u>、<u>须臾</u>、<u>婵媛</u>、<u>觳觫</u>。(三)双声兼叠韵：<u>辗转</u>。除了形容词性的连绵字以外，还有名词性的连绵字。例如：(一)双声：<u>蟋蟀</u>、<u>蝃蝀</u>、<u>蒹葭</u>、<u>伊威</u>。(二)叠韵：<u>崔嵬</u>、<u>茉苢</u>、<u>仓庚</u>、<u>螟蛸</u>、<u>薜荔</u>、<u>镃基</u>。以上所说的是纯粹的双音词。

上引《古代汉语》对联绵字的认识代表了王力先生后期的联绵字观念，与《汉语史稿》所表现出的联绵字观念大同小异。其小异有四。第一，不再用"联绵字"，而改用"连绵字"。但是，正如上文所言，古人没有必要同时也没有可能去考察某双音词的语素构成情况，因而"连绵字"同样从未仅指双音节单纯词。宋陈大猷《书集传或问》卷下："夏氏谓：'要囚，乃要勒拘囚之也。'然'要囚'，《书》有四处：《康诰》二，《多士》二。若如夏说'要勒拘囚之'，其文固顺，以之说其他三处'要囚'则不协。盖夏氏只将'要囚'二字作连绵字说去，空无所据。"此例中批评夏氏解"要囚"为"要勒拘囚之"是误将"要囚"作连绵字看，可知其"连绵字"不指双音节单纯词。宋袁文《瓮牖闲评》卷四："'奈何'乃连绵字，世多称'无奈何'是也。"元陈栎《定宇集》卷四："大抵六十三日逢灭，六十九日逢没。东坡《韩公碑诗》：'灭没倒影不可望。'不过只作连绵字用耳。"明蔡清《四书蒙引》卷十二："'远别'二字犹连绵字，非远乎别也，犹云辨别也。或云'远嫌别疑也'，亦通。"上三例中，"奈何""灭没""远别"被不同的说家分别谓之"连绵字"，也说明古人所用的"连绵字"并不指双音节单纯词，倒是指由两个成词语素构成的复合词。

第二，强调"连绵字中的两个字代表单纯复音词的两个音节"，比《汉语史稿》中的相关论述更明确了，但其所举"披靡""辟易"却都是合成词，都不支持这个更为明确的说法(白平 2002:173~178)。所以致此，大概是忽视了合成词意义的整体性不等于构词的单语素性。因而说到底，以"披靡""辟易"不可分训证明它们是单纯词,就不只是弄错了它们的身份,连其词义训释也该打个问号了①。

第三,这里讲"连/联绵字"问题仍打古人旗帜,但不再直言"古人把纯粹的双音词(不能再分析为两个词素者)叫做联绵字",而是努力让人看到证据:"这些双声叠韵词大都用来描绘声色形状,古书注解常常用貌字来解释。例如《诗经·周南·关雎》:'参差荇菜,左右流之。'朱熹注:'参差,长短不齐之貌。'这种词,古人称为'连绵字'。"不过,这一证据本身就靠不住。首先,"貌"作为训诂术语,本是古注常用字,表示"……的样子",而不只用来注"连绵字"。如《尚书·五子之歌》:"予临兆民,懔乎若朽索之驭六马。"孔传:"懔,危貌。"《诗经·邶风·柏舟》:"静言思之,寤辟有摽。"毛传:"摽,拊心貌。"《论语·八佾》:"子夏问曰:'"巧笑倩兮,美目盼兮,素以为绚兮",何谓也?'"何注:"马曰:'倩,笑貌。盼,动目貌。绚,文貌。'"《左传·文公十七年》:"铤而走险,急何能择?"杜注:"铤,疾走貌。"《礼记·玉藻》:"君子之饮酒也,受一爵而色洒如也。"郑注:"洒如,肃敬貌。"又,"君子之容舒迟,见所尊者齐遬。"郑注:"谦悫貌也。遬犹蹙蹙也。"事实证明,训诂术语"貌"的使用十分广泛,古人注释单音词用"貌",注释复音词用"貌",注释句子也用"貌",所有需要表示"……的样子"的地方多用"貌",而不限于注"连绵字"的场合。调查结果表明,教材里那样说,对所有大学生和部分教师都是一种误导。他们早在中学时代就接受了现代联绵字观念的教育,而今又接受了这种说法,于是见到古人注释双音词而带"貌"字者,统统谓之"联绵字"而作双音单纯词看,这不能不说是古汉语教学的问题。其次,"参差"之类,古书注解的确"常常用貌字来解释",古人也的确称它们为"联/连绵字",但古人的"联/连绵字"不同于今人的"联/连绵字",古人的"联/连绵字"大致相当于现

---

① 张守节对"披靡""辟易"的解释也许有待修正,但这并不证明上引《古代汉语》的解释是对的。"披"和"靡"常单用,且含义与"披靡"相通;"辟"和"易"也常单用,其含义也与"辟易"相通。这已有白平(2002:176~178)论证过了,现在略做些补充。披,散。《庄子·秦桑楚》:"披然曰移是。"句中"披"即散的意思(详见郭象注)。"披"的"散"义一般人也不陌生,至今犹言"披头散发""披散"等。其实,"披"之"散"义,《广雅·释诂》中已经注明。靡,倒下。《左传·庄公十年》:"吾视其辙乱,望其旗靡。"到汉代又有"后退;倒退"义。《史记·廉颇蔺相如列传》:"相如张目叱之,左右皆靡。"这表明"披靡"用以形容败军(如"汉军皆披靡")乃"四散退逃"义。批评者释曰"比喻军队的溃败",是把动词作名词解,显误。即使去其说中的"的"字,仍嫌笼统。再看"辟易"。辟,退避。《左传·僖公二十八年》:"微楚之惠不及此,退三舍辟之,所以报也。"易,"惕"之古文。恐惧;戒惧。《易·夬》:"惕号。"宋吕祖谦《古易音训》:"惕,晁氏曰:'案古文作易。'"然则"赤泉侯人马俱惊,辟易数里"的"辟易"就是"退避戒惧"的意思。如果像批评者之释曰"倒退的样子",虽然勉强可通,司马公所描绘的赤泉侯杨喜那种回马退避而惊恐不安的神情也就反映不出来了。这个例子告诉我们,作为后人,以己臆批判古人,出问题的往往是我们自己。

代词汇学里的"复音词",而且绝大多数相当于"双音词",绝不限于双音单纯词。另外,朱熹释"参差"曰"长短不齐之貌"没错,但这与现代联绵字观念沾不上边。查看《朱子全书》,不见有支持现代联绵字观念的话,亦未见"连/联绵字"这个术语。

另外,"参差"一词,马麦贞(2000)和白平(2002:178~179)都已考见它是合成词,这里举作"联绵字—双音单纯词"说的例词,甚至不惜误解朱熹之注为之证,不料再一次说明对于一种错误的理论进行强证,其结果只能是歪曲事实,最终却仍不免事与愿违,从而再一次证明"联绵字—双音单纯词"说是一个虚假命题,人们只能证其伪,不能证其真。

第四,《汉语史稿》里讲联绵字中有名、动、形、副四类词,这里讲联绵字有形、名两类词,反映了持论者对其研究对象认识的不确定性。可见,即使在以努力发挥现代联绵字观念为己任的学者那里,现代联绵字理论的一些基本问题也还没有得到解决。

除了上述四点小异,其他尽是大同。即使上述四点小异也是大同中的小异,即基本观点相同下的小异。其他如两部书都讲"联/连绵字"中双声叠韵者占绝大多数,都是单纯词,且与构词法有密切的关系等,这表明后者是前者思想的延续。另外,与《汉语史稿》的例证一样,《古代汉语》为证明其理论所举的各类联绵字也不支持其观点。具体地说,在其43个例词中,有下划线的14个,据白平《汉语史研究新论》第六章第六节考证,都是合成词,下加着重号的19个也可以肯定是合成词。仅这两项33个就占了其所举例词的3/4以上。另外如蟋蟀、仓庚、觳觫等由拟声法而来,与"一种特殊的构词法"无关,同样不当举为例证。至于剩下待考的7个例词,约占总数的16%,如同前面所说,也不会是用什么特殊的构词法构成的,因为汉语史上并没有作者说的那种"特殊的构词法"。

就本研究前面考察的情况看,"联绵字—双音单纯词"说只能证其非,不能证其是。如果一定要证明它,话说得越多,问题暴露得就越多越严重,因此也为对信守派观点有效地使用对质法,完成对"联绵字—双音单纯词"说及各附庸理论与相关理论的澄清任务提供了方便。王力先生受特定历史条件的限制,中、后期的联绵字观念大大发展了"联绵字—双音单纯词"说,为近30多年来信守派学人研究联绵字者所宗,其原因是多个方面的,本书暂不讨论。只是近二三十年以来,信守派学人在联绵字研究中沿着王力先生于特定历史年代走过的路,一再臆证现代联绵字观念,不仅进一步巩固了其核心理论"联绵字—双音单纯词"说,而且使其各附庸理论渐成"定论",使其相关理论日渐流行,又反过来证明"联绵字—双音单纯词"说,如此循环,负面影响也越来越大,致使汉语语言学前途堪忧。

附记 本节是我考察讨论现代联绵字理论问题的文章中写的较早的一篇。草成数年,而总觉得不便发表。一直读王力先生的书,汲取其营养,虽无才无德,总不至恩将仇报吧？更不愿落个"骂名人出名"的恶名！窃以为同道中不止笔者有此心理。所以尽管明知现代联绵字观念及在此基础上发展起来的其他理论靠不住,明知现代联绵字理论严重影响了汉语语言学的健康发展,但总想躲开王力先生讨论问题。这些年国内外语言学期刊发表了那么多讨论现代联绵字理论的文章,很少提到王力先生；不得已提及时,也要强调王力先生说话的时代背景,或只是一笔带过。本想这样一来就可以解决问题了,但是在第九届全国古代汉语学术研讨会(2008.11,湛江)上,我发表《衍音说平议》,会下有朋友认为我的观点"偏激",劝我"回去后读读王力先生的有关论述"。这位朋友一片好意,但不知王力先生的著作一向是我的自学课本。便决定发表出来(按:这一节首次发表在《宁波大学学报》(人文科学版)2009年第4期),主要是因为现代联绵字理论的负面影响太大了,简直远远超过了语文学史上的叶音说。后者虽然曾经流行了千余年,但主要表现在错改上古韵文之韵脚的读音；现代联绵字理论虽然刚流行了数十年,就已经影响到汉语研究与教学的各个方面,影响到字典词典的释义,甚至影响着部分民族语文学家的研究工作,而且上述负面影响正在日益加剧。时代不同了,窃以为王力先生如果还健在,一定会撰文批评现代联绵字观念的。于是冒昧把它发表出来,请读者批评指正。另外,与《王力先生联绵字观念的变化及其影响》先后成文的《〈王力古汉语字典〉中的"联绵字"》也一直未投稿,时机成熟后将请同道批评指正。

参考文献

白　平　2002　《汉语史研究新论》,太原:书海出版社。
陈瑞衡　1989　《当今"联绵字":传统名称的"挪用"》,《中国语文》第4期。
李运富　1991　《是误解不是"挪用"——兼谈古今联绵字观念上的差异》,《中国语文》第5期。
刘毓庆　2002　《"窈窕"考》,《中国语文》第2期。
马麦贞　2000　《由"仓卒"所引发的对联绵字的思考》,《山西大学师范学院学报》第1期。
钱理群　1994　《一代学者的历史困境》,《读书》第7期。
沈怀兴　2004　《双声叠韵构词法说辨正》,《汉字文化》第1期。
——　2007a　《中国现代语言学早期的联绵字观念》,《语文建设通讯》总第88期。
——　2007b　《现代联绵字观念的来历》,《中国语研究》总第49期。
——　2007c　《〈联绵字典〉的收词及相关问题》,《辞书研究》第4期。

——	2008	《"联绵字语素融合"说疑义》,《汉字文化》第1期。
——	2009	《从王筠"连语"说看现代联绵字理论》,《汉语史学报》总第八辑。
魏建功	1935	《古音系研究》,北京大学出版组;又,北京:中华书局,1996。
徐云天	2000	《联绵词研究的历史观与非历史观》,《古汉语研究》第2期。
许惟贤	1988	《论联绵字》,《南京大学学报》第2期。

附录一 "联绵字—双音单纯词"说产生的历史背景
——兼及先秦汉语构词方式问题

一、"联绵字—双音单纯词"说产生的历史背景

"联绵字—双音单纯词"说是现代联绵字观念的核心内容,是一种特定历史背景下形成的汉语词汇学理论。从这一理论久已成"定论"看,现代一般人可能不清楚它产生的历史背景了,所以我们在《中国现代语言学早期的联绵字观念》《现代联绵字观念的来历》《王力先生联绵字观念的变化及其影响》等文中都曾对它产生的历史背景有所交代。为了让更多的读者对它有个基本的认识,又在近来撰写的《联绵字问题研究·前言》①中加了个注解,对它产生的历史背景做了概括介绍。近读李如龙(2009)《论汉语的单音词》,发现文章开头间接论及这一理论产生的历史背景:

> 早期的西方语言学家曾经指出汉语是"单音节的孤立语",后来又有印欧语中心论把汉语列为比多音节、屈折语低级的语言,于是,中国的语言学家对于"单音节、孤立语"便讳莫如深,努力去说明后来的汉语已经是多音词占优势了,语法上也生长出许多"形态变化",这是抛弃汉语的特点、一味追随西方语言学理论的思想在作怪。

西方"有人以印欧语中心论把汉语列为比多音节、屈折语低级的语言,于是,中国的语言学家对于'单音节、孤立语'便讳莫如深,努力去说明后来的汉语已经是多音词占优势了",这话是历史的总结,自然也包括"联绵字—双音单纯词"说产生的历史背景。照理说,人家说汉语是"单音节的孤立语",是"低级的语言",咱们不同意,最好能够针对其理论的荒谬进行科学的

---

① 《联绵字问题研究》原名"联绵字理论及实践问题研究",系宁波大学后期资助项目(编号:XHQ200802)。

分析和辩驳,从语言的社会功能与汉语史、人类史以及语言发展规律等各个角度证明汉语虽为单音节语但并不低级。或者认为汉语本来就不是单音节语,而拿出确能服人的证据来①。不过,那时候的人们也许还没有这种能力,就只能"对于'单音节、孤立语'便讳莫如深,努力去说明后来的汉语已经是多音词占优势了",于是就有了"联绵字—双音单纯词"说之类不合汉语实际的说法(沈怀兴 2007a、b)。

历史地看,五四运动之后 30 年间有几位青年学者在奋起驳斥"汉语单音节幼稚落后论"的外来诬蔑时,创造了"联绵字—双音单纯词"说,撇开学术问题不说,是可以理解的。至于这个理论对后世汉语研究与教学产生了一些负面影响,也是他们始料未及的。再说,1949 年之前,中国传统语文学的联绵字观念在联绵字研究中仍居统治地位,部分现代语言学家之强调汉语非单音节语的思想及由此而来的"联绵字—双音单纯词"说那时在学界并没有多大影响,后来所以流传开来,其实是从事学术活动的社会环境起了作用(沈怀兴 2009)。这些都要求我们既不能批评"联绵字—双音单纯词"说的创造者,也不能责备稍后的一力推衍者,因为那一切都由不得他们。

但是,如果只从纯学术角度说,李如龙先生的文章无疑具有振聋发聩之功。只是李先生不是在专门探讨现代联绵字观念的来历,以其说明"联绵字—双音单纯词"说产生的历史背景尚需补充。于是不避续貂之嫌,谈一下自己的认识。

回顾历史,我们应当承认虽无可靠的语言基础但却颇为流行的"联绵字—双音单纯词"说的产生有其历史必然性。

1808 年,德人施勒格尔(Friedrich von Schlegel)《论印度人的语言和智慧》(Über die Sprache und Weisheit der Indier)问世,把人类语言分为有机体语和无机体语两大类,认为有机体语是语言进化的最高阶段,无机体语只代表语言的原始状态,从此播下了语言阶梯论的种子。到 1836 年,德人洪堡特(Karl Wilhelm von Humboldt,1767~1835)《论人类语言结构的差异及其对人类精神发展的影响》(*Ueber die Verschiedenheit des menschlichen Sprachbaues und ihren Einfluss auf die geistige Entwicklung des Menschengeschlechts*)出版,分人类语言为孤立语、黏着语、屈折语三类,认为屈折语是"完善的语言",其他类型的语言则是"不太完善的语言"。这比其前辈学者平和些了,但仍带有

---

① 证明汉语不是单音节语,即使现在或将来也可能做不到。

感情倾向。后来德人施莱歇尔(August sehleicher,1821~1868)对上言施勒格尔"学说"进行了改造,同时又嫁接上洪堡特的语言分类说,即把语言看作有机体的同时,又引进达尔文的生物进化论解释语言的"发展规律",于是语言阶梯论开始形成。该理论认为以汉语为代表的孤立语是幼稚落后的单音节语,经过漫长的发展过程才能进化为黏着语,再经过一个漫长的发展阶段才能进化为屈折语。"他这个说法之所以曾经风靡一时,只是因为迎合了印欧人的种族偏见。"(《中国大百科全书》语)薛祥绥《中国语言文字说略》(《国故论衡》1919年第4期)则指出:"当中国盛时,西人谓中国为文明民族,因亦称许言语为完备;中国兵败驳衰后贱视之,因谓语言为简陋。"由此说来,西人论汉语,多是从种族偏见出发,就中国国势盛衰而定汉语之优劣!

当然,西人也并非意见完全统一,独立思考的真学者还是有的。丹麦语言学家叶斯柏森(Jens Otto Harry Jespersen,1860~1943)就是其中杰出的一位。1922年,他于伦敦George Allen & Unwin Ltd.公司出版《语言:它的性质、发展和起源》(Language: Its Nature, Development and Origin),以效率原则和经济原则为标准,根据英语发展情形提出"后期进化论",认为将来最进步的语言当与汉语相似。但那时中国国势衰微,故随后更多的说家认为英语的发展无从预料,而汉语尚未进入变化期,并认为极为幼稚的汉语必先经过变化繁复之期,然后渐入英语所经进化之境。然则汉语单音节幼稚落后论更是甚嚣尘上了!到20世纪三四十年代,中国社会半封建半殖民地的性质日益加重,侵略者种族歧视愈演愈烈。中国学者——事实上主要是少数青年学者和个别中年学者——处于这样的历史时期,面对语言阶梯论的"理论"侮辱,只有奋起驳斥谬说。而就其当时青年学者的对抗性心理及其理论水平讲,也只能力辩汉语不是单音节语。

现代联绵字理论的核心理论"联绵字—双音节单纯词"说,就是在上述历史背景下产生的。所以说,"联绵字—双音单纯词"说的产生具有历史必然性,其创说者以此驳斥外来诬蔑的思想当记入史册,尽管用纯学术的眼光看,那只是以谬驳谬。

遗憾的是,现在信守"联绵字—双音单纯词"说的人不太了解这些了。一些人盲从"联绵字—双音单纯词"说,误用或新造出一些理论附会之,一定程度上误导了汉语词汇研究,使本来并不太复杂的联绵字研究变得异常复杂。

二、对先秦汉语构词方式问题研究中一种流行观点的分析讨论

有人可能会说:你借李如龙先生文章观点否定久已成定论的"联绵字—双音单纯词"说,殊不知李先生是支持"联绵字—双音单纯词"说的。如他文章中有下面一段话:

> 先秦的复音词虽然只占四分之一左右,而就其造词方式和构词方式来说,已经覆盖了后来的复音词的生成方式的大部分。主要构词方式是:
> 叠音:关关、彬彬、巍巍、明明、滔滔
> 双声:伊威、参差、果敢、辗转、邂逅
> 叠韵:逍遥、凤凰、螟蛉、名声、禄爵
> 联合:人民、朋友、计算、衣服、争斗
> 修饰:大夫、小人、百姓、五谷、先生
> 其余构词法也开始露头了,例如:为人、立夏、牵牛、执事(支配);走出、饿莩、战胜、防止(补充);自爱、冬至、自杀、日蚀(陈述);有殷、于越、于归、涟如、恢恢然、婢子、眸子、婴儿子(附加),等等。

李先生讲先秦汉语的构词方式,所列"叠音""双声""叠韵"等,此前各家都认为是上古汉语特有的创造双音单纯词的构词方式[①];李先生在这里将"叠音""双声""叠韵"与"联合""修饰"等构词方式并列,且所举"关关"等叠音词和"伊威"等双声词、"逍遥"等叠韵词都是双音单纯词,即所谓"联绵字—双音单纯词"。然则怎能借李先生观点否定久已成定论的"联绵字—双音单纯词"说呢?

答曰:李先生这段话形式上看似来自主流派,但作者并没有说由叠音、双声、叠韵等构词方式构成的词都是双音单纯词;信守派学人讲先秦汉语构词方式而列双声、叠韵等,都强调用它们创造双音单纯词。因此,二者讲先秦汉语构词方式乃名同实异。例如:李先生所举"叠音"类词中"关关"虽为单纯词,但由拟声而来,如"叽叽""喳喳"类。如果李先生支持"联绵字—双音单纯词"说,则不会举它为例,因为它不是由"上古汉语特有的叠音构词方式"构成的,而是由伴随人类语言之始终的拟声造词法构成的。再说,世界

[①] 信守派中未见有人把"叠音"看作上古汉语特有的创造双音单纯词的构词方式,但他们不少人将叠音词归入"联绵字—双音单纯词"。

各民族语言中都有双音节拟声词,举拟声词为例则与正统的信守派学人所谓"联绵字是汉语中一种特有的语言现象"之观点不合。

李先生所举"叠音"词中其他四个词都是重叠式合成词,不是叠音式单纯词。作者将它们同归"叠音"类,明显与一般语法书不同①。如"彬彬",《说文·人部》:"份:文质备也。……彬,古文份。"一个"份(彬)"即"文质备",亦即文、质兼而有之,重叠为"彬彬",则形容十分文雅而又质朴。"巍巍"亦然。《说文·嵬部》:"巍:高也。"然则"巍巍"即非常高。余下的"明明""滔滔"二词之重叠式合成词的身份更为明显,故无须辨析。

又如,其所举双声词"伊威"本虫名。照李海霞(2005:647)的考证,"伊威"是个联合式合成词。其他四个例词也都是联合式合成词。"参差""辗转"二词,白平(2002:178~180)已考见它们均为联合式合成词,无须重复。果敢,其"果"即果断,"敢"即勇敢,《汉语大词典》释之曰"果决勇敢",分明是联合式合成词。"邂逅"即"见觏"。朱起凤《辞通》"见觏"条下收了"邂逅",把它视作"见觏"的别体,并加按语说:"《说文》无'邂逅'字,《新附》始有之。汉碑有'邂'无'逅',是《郑风》《唐风》'邂逅'字并当作'见觏',可以概见。'邂逅'是'遇合'之义。'见'字古读'现',与'邂'字同音。'逅'通作'遘'。觏、遘并从'冓'声,古亦通用。《诗·邶风·柏舟篇》:'遘闵既多。'《释文》:'遘'本作'觏',是其证也。《诗》三百篇,多义同字变之例,'邂逅'即'见觏'之假,故许氏缺而不载。"既然"'邂逅'即'见觏'之假","见觏"乃联合式合成词,书写形式变了,其凝结着造词者"认知—表述"方式的造词理据所决定的内部结构方式并没有变,因此其假借字的"邂逅"仍然是联合式合成词。此前被误判为单纯词的联绵字多是其书写形式发生了较大的变化,研究者不求本字,望文而不知其造词理据,便误判为"联绵字—双音单纯词"了。

再如,其所举叠韵词"逍遥",白平(2002:204~206)考见它本为联合式合成词,"凤凰"亦为联合式合成词。螟蛉,《诗·小雅·小宛》:"螟蛉有子,

---

① 区分叠音词与重叠词,既是个理论问题,又是个实践问题。一般说来,叠音词均由拟声而来(包括拟外语之声而来者),世界各民族语言中都有叠音词,也都由拟声而来。叠音词所拟之声,在一般人听觉上,其声响过程几乎没有变化,且具有一定的连续性,如"关关""喈喈"之类。有的甚至是一个连续流,如蜜蜂嗡嗡叫的"嗡嗡"、机器隆隆响的"隆隆"之类,故一般语言学书里都把叠音词归为单纯词。重叠词由描摹事物的性质状态而来。事物的性质状态无声可拟,人们总是在"刺激—反映—表述"过程中比照他事物之不同性质状态来认识、抽象并描摹之。上古汉语里反映事物性质状态的多是单音节形容词。对于需要强调其性质状态者,往往将某单音节重叠(参看下面对"彬彬"等词的分析)。重叠词与叠音词的本质区别在于前者单字有义,后者不以单字表义。重叠词与其单字表同一概念,但强调程度,因此一般语法书里都把重叠词归为合成词,谓之重叠式合成词。

螺蠃负之。"宋代蔡卞《毛诗名物解》卷十二《螟蛉》:"冥者,无知;令者,有以从。"以蔡氏之说对照《小宛》之辞,恰相合,故"螟蛉"亦为合成词。又,"名声"之"名"即名誉,"声"即声望,《汉语大词典》释"名声"曰"名誉声望",可知"名声"是联合式合成词。"禄爵"之"禄"即俸禄,"爵"即爵位,《汉语大词典》释之曰"俸给和爵位","禄爵"也明显是联合式合成词。

综上所述,李先生讲先秦汉语构词方式,看似从众而列叠音、双声、叠韵等,但他没有说由这些构词方式构成的词都是双音单纯词。他没有严格区分叠音词与重叠词,因而所举五个"叠音"词中,一个由拟声而来,其他四个是重叠式合成词。其所举10个双声词和叠韵词都是合成词,一个正统的信守派学人能够认可的"联绵字—双音单纯词"也没有。这些都说明李先生实际上不支持"联绵字—双音单纯词"说。当然,从普通语言学角度讲,世界各民族语言的复音词中都有拟声词、复合词、重叠词、派生词,汉语在这一点上并没有搞"特殊化",所以讲构词方式似无必要另立名目,以免划分标准不统一,影响交流。至于众所谓双声构词方式、叠韵构词方式,我们已有专文讨论过了,不再重复。

可能还有人要问:如果你上面的话符合李先生本意,那么李文说:"先秦典籍中存在少量的联绵词,究竟是早期表音的复合词的残留,或是表意字之外的支派,值得另作研究和解释。"现在把联绵词问题提出来了,你怎么解释?

答曰:李先生这段话积聚了他在联绵字问题上的困惑。我们这样说,绝没有贬损李先生的意思。朱熹也曾惑于叶音说,李先生困于现代联绵字观念并不奇怪。纵观学界,长期受现代联绵字观念左右,多数人努力附和"联绵字—双音单纯词"说,遵循现代联绵字观念研究汉语词汇。正如顾炎武之论叶音说:"倡自一人,天下群而和之;误自一世,后世踵而从之。"但时代不同了,现在也有不迷信现代联绵字观念的人,只是没来得及深入研究,往往面对正在盛行的现代联绵字观念表现出这样那样的困惑,而一些困惑不可避免地要在其所用基本概念中表现出来。如上引李先生的话里就有这类概念,它们都有待明确界定。如其所谓"联绵词",是不是信守派学人作双音单纯词看的"联绵字"?如果是,则表明本节上面的分析讨论是符合李先生本意的,即李先生讲先秦汉语构词方式不像信守派学人那样意在证明"联绵字—双音单纯词"说。如果不是,其所谓"联绵词"又指什么?并且不管是或不是,那"表音的复合词"是怎样的一些词?"表意字之外的支派"指的是什么?通常所谓"表意字",是与表音文字相对而言的。如果这里的"表意字"也是这个意思,那么,联绵词是"表意字之外的支派"该怎样理解?上述一些基本概念得不到明确的界定,问题不便讨论。如果上面的分辨可以接受,则只能说明李先生因遭遇现代联绵字观念而陷于困惑之中。李先生虽用了"联绵词"这一术语,但不能证明已经支持"联绵字—双音单纯词"说,他的这段话只是充满了困惑的设想而已。

　　试看当今学界,遭遇现代联绵字观念而困惑者还有几人?"天下群而和之","后世靡而从之","联绵字—双音单纯词"说已经比语文学史上流行千余年的叶音说更"深入人心",为之困惑者只有少数能独立思考但还未来得及深入研究的人了。在现代联绵字观念盛行的今天,还有学者不肯盲从,且对现代联绵字观念表现出困惑情绪,难得!我们相信,求真如李如龙先生者,对本文所述"联绵字—双音单纯词"说产生的历史背景当不会有太多异议;如果他们要解除困惑,而参与联绵字问题研究,则解决联绵字问题这个汉语研究的瓶颈的日子就不会太远了。

参考文献

白　平　2002　《汉语史研究新论》,太原:书海出版社。
李海霞　2005　《汉语动物命名考释》,成都:巴蜀书社。
李如龙　2009　《论汉语的单音词》,《语文研究》第 2 期。
沈怀兴　1993　《试论研究现代汉语也需要历史观点——从"蝴蝶"、"凤凰"二词的结构说起》,《河南师范大学学报》(哲社版)第 1 期。
————　2004　《双声叠韵构词法说辨正》,《汉字文化》第 1 期。
————　2007a　《中国现代语言学早期的联绵字观念》,《语文建设通讯》总 88 期。
————　2007b　《现代联绵字观念的来历》,《中国语研究》总 49 期。
————　2009　《王力先生联绵字观念的变化及其影响》,《宁波大学学报》(人文版)第 4 期。

(附录一曾发表在《汉字文化》2010 年第 4 期,
附录于此,补本章前面三节之不逮)

第四章　现代联绵字理论的发展问题

　　本章与下一章探讨现代联绵字理论群中一些影响较大的理论观点问题。这些理论观点多半是"文化大革命"后才有的,也有"文化大革命"前产生又被后来信守派继承的。如本章第三节将要探讨的衍音说问题就已经产生 70 年了,只是最早称"衍声"、语言学词典中谓"衍声法"罢了。又如第五章第一节所讨论的理论也由来已久了,并且作为现代联绵字理论的核心理论已经在前面提及,但只是就事论事,未能展开讨论,所以第五章又列专节讨论。它们的产生和拼凑使现代联绵字理论变成了一个杂七杂八的理论群。下面先简单介绍本章各节。

　　就构词法而言,人类语言都有拟声法、复合法、重叠法、派生法和音译法。有的语法书分拟声法、复合法和派生法,那是把重叠法归为复合法、把音译法归为拟声法了。汉语是典型的词根孤立语,在 19 世纪中叶之后百年间常遭污蔑,被指为"幼稚落后的单音节语"。中国部分年轻学者要驳斥这种污蔑,就当时的学术水平及认识能力讲,只能否认汉语是单音节语。为此,最便捷最有"说服力"的方法,就是认定汉语里有一种能够用来创造双音节单纯词的特殊构词法,像上一章三节分别考察讨论的几位学者的猜测那样。后来追随者们不了解这种历史背景,极力发挥想象,创造出许多构词法名称,但就其所举例词看,却无一经得起语言事实的检验,因而至今没有哪一个名称能被广大信守派学人普遍认可。换一个角度看,这样纷繁的构词法理论又恰恰暴露了"联绵字—双音节单纯词"说的无根性;如果真有其事,名称换来换去,却均靠不住,又该怎么解释呢?

　　读过本章第一节"各种特殊构词法的想象",读者对有一定影响的双声叠韵构词法说之是非问题可能有了一些初步认识,但认识上也许有待深入。双声叠韵构词法说着眼于联绵字上下字语音联系立说,且其例词都是论者自己不明其语素构成情况的双音词,它们的造词理据不能一眼看出,因而对一般人有较大的"说服力",所以是说流行较广。本章第二节"双声叠韵构词法说辨疑"将进一步考察分析这个难题。事实证明,信守派学人所谓双声叠韵构词法也只是"联绵字—双音单纯词"说之成见在胸而贴了个标签。

衍音说来自衍声说,致命的问题是果真有衍音而来的词必无造词理据,必无可验证性,故与语言经济原则、效率原则不相容,因而按照持论者说的衍音法或衍声法肯定造不出人们理解的词。因此,虽有"联绵字—双音单纯词"说之追随者继续用它来穿凿附会其信仰,但很难做出令人信服的说解。有些著作还将衍音说与方言研究中的分音词说等联系起来,但不知分音词说同样缺乏靠得住的语言事实做基础,终因与语言事实貌合神离,而注定难以推行。对于这样一些复杂的问题,本章第三节将予深入考辨。

另外,由于衍音说问题复杂,还有与衍音说相关的一些理论问题,而且大多影响较广泛,不能不予以考辨,于是撰成《与衍音说相关的几个问题》一文,曾发表在《语言研究》2011年第3期,现在附录于第三节之后,以便读者对衍音说及相关理论问题的实质有一个比较全面的认识。

还有,自20世纪60年代,晋方言研究者认定晋方言中有"分音词",被"文化大革命"中断,70年代末之后,这方面的声音日益增多,于是持"联绵字—双音单纯词"说者寻得晋方言中的"分音词"与传统语文学中的长言说作证。至20世纪80年代中期,有晋方言研究者又拿切脚语说来证明其分音词理论,持"联绵字—双音单纯词"说者也紧跟了上来,于是前人长言说或缓读说等等与今之晋方言研究中的分音说、衍音说和切脚语等被搅和在一起,开始了无休止地循环论证。本章附录二分别考察了语文学史上的分音说及长言说等问题,发现它们都与现代联绵字观念主导下的相关说法没有联系。

第一节 各种特殊构词法的想象

就当初驳斥汉语单音节幼稚落后论时的社会背景及认识水平讲,批判者能说的只能是"汉语自古就不是单音节语"。要证明"汉语自古就不是单音节语",直截了当的方法就是说汉语里有一种用来创造双音单纯词的特殊的构词法。因此,最初魏建功先生(1926,1935)说:"我总以为中国语言,除去'重言'、'双声'、'叠韵'的原则而外,连绵字的构成还有几条方法,其中的一个便是发音相近的声或韵的连缀。"后来吕叔湘先生(1942)把这一想象坐实了,将其"发音相近的声或韵的连缀"概括为"衍声复词:联绵","衍声"被认为是个"原则"。这个概括不很明确,因此后来有人讲联绵字的构词法时,依据它的前半说是"衍声法",《中国语言学大辞典》(1992)里收了"衍声法"

这个条目，就是这么说的。也有人依据它的后半说是"联绵法"。这样说的人比较多，但不知道为什么，一般语言学词典里都没有立"联绵法"为词目。还有人干脆叫"衍声联绵法"。近十多年以来，又有人谓"一分为二"法，最早大概是徐通锵先生（1997:340～355）提出的①。一些研究者经常把方言研究中的分音说和语文学史上的缓读说、长言说等拉来比附一番，有的又把复辅音裂变说拉来比附一番，越来越像真有其事，但在没有现代联绵字观念之成见者看来倒是其破绽越来越多。

  在给"特殊的构词法"命名的活动中，学院派学者动脑筋最多。起初，学者直称"一种特殊的构词法"（参看第三章第三节）。这样指称似嫌笼统，于是后来者相继创造出"语音关联造词法""双声叠韵构词法""异音联绵构词法"等名字。更多的人如果不涉及联绵字的构词问题，则尽可能地避开这个难题，而不说这法那法，依照成说直接讲"联绵字—双音单纯词"说的基本精神。这样的确可以避免命名不当的指责，但同时也在一定程度上暴露了"联绵字—双音单纯词"说的无根性。一般说来，如果确有靠得住的语言事实做依据，抓住事实命名，是不困难的。贯穿人类社会的一条定律就是，任何想象中的完全超出一般人理解能力的东西都不容易命名。如果谁勉强给他想象的东西命个名字，没有实在的东西相对应，没有可验证性，别人无法理解和接受，那想象与命名必属徒劳；硬拉个东西配上，似是而非，经不起事实的检验，所命任何名称都只是贴了个虚假的标签，必将迅速退出人们的记忆。信守派说的那种"特殊的构词法"就是这类经不起事实检验的虚幻。它不管有多少名称，都举不出靠得住的事实证明，所以与一般的一物多名有着本质

---

 ① 徐通锵先生是本书作者最钦敬的学者之一。他的学术贡献有目共睹。本节将考察徐先生联绵字问题研究的情况，希望让读者看到这样一个事实：不管怎样顶级的学者，只要他依据现代联绵字观念做研究，必得不出正确的结论。这是因为以"联绵字—双音单纯词"说为核心理论的现代联绵字观念没有靠得住的语言事实做依据，只能证其伪，不能证其真。这样做，不仅没有批评徐先生的意思，而且认为徐先生竭尽全力证明现代联绵字观念而以失败告终有着特殊的贡献。信守派学人大多人云亦云，既没有徐先生那么大的学术功力，也没有徐先生那么投入，他们著作中虽然也做点象征性考察，但总是那样肤浅，因此只通过考察他们的联绵字问题研究讨论现代联绵字观念的实质很难做到全面而深入。但是，借徐先生的研究讨论现代联绵字观念问题也有困难，主要是从感情上不便这么做：徐先生的学术贡献太大了，只考察其联绵字问题研究，会不会引起部分读者对徐先生的片面理解？正因为这样一层意思，我们考察徐先生联绵字问题研究的文字虽曾写成《现代联绵字观念对顶级学者的影响——以徐通锵先生"联绵字"研究为例》一文，但数年不曾投稿，这次尽量删减了放在这里，只让徐先生的联绵字问题研究做个例子，能为说明"以'联绵字—双音单纯词'说为核心理论的现代联绵字观念没有靠得住的语言事实做依据，只能证伪，不能证实"这一事实小有帮助即可。另外，徐先生在语言学其他方面的研究多有建树，他一生的执着追求对语言科学的发展做出了卓越贡献，唯联绵字问题研究事与愿违（这只是从正面说的。如果换个角度讲，徐先生的这个"事与愿违"正是他不经意间为联绵字理论问题研究所做的特殊贡献），这一事实本身就极具说服力。

的不同。

现在考察信守派创造的特殊构词法名称。对于少数历史长、影响大的名称/理论，后面还要列专节讨论，这里只能一笔带过。这一节主要考察"一分为二"法的想象，同时也概括交代那些出现在少数著作中的论说。信守派拥万千之众，支持其信仰的某构词法名称一旦问世，往往产生一些影响，不能不简单谈一谈。同时，这些名称既然都来自"联绵字—双音单纯词"说的关照，虽然命名角度不同，但它们所反映的主旨是一致的。因此，即使只对每种名称内涵做点简单介绍，读者联系起来看的话，也可以得到更多启发。

现在考察"一分为二"法问题。它虽然问世较晚，但创说者用了约两万字的篇幅(徐通锵先生 1997:340～355;277～283)，把许多利于宣传现代联绵字观念的依据都汇集到一起，经过作者独到的构思，对它们进行精心剪裁和利用，构思出"联绵字"的生成机制，以期说明汉语由单音词向双音词发展过程中，"联绵字"是第一站，是不可逾越的过渡环节。用创说者徐通锵先生(1997:334～355)的话说，"联绵字"的产生是汉语为解决"编码体系的结构不平衡性"而进行"结构格局的调整"的结果，"联绵字的'2'是形成双音字的中介和桥梁"。所以比较而言这"中介和桥梁"说看上去是同类著作中最具说服力的。但考察结果表明，所谓"一分为二"法同样是个缺乏可靠的语言事实支撑的"标签"。

什么是"一分为二"法呢？徐先生的定义是：由一个音节分化成两个音节而创造出一个双音词的方法。这实际上与部分晋方言研究者所谓分音词的说法是一致的，也与本章后面第三节讨论的衍音说有相通之处。他(1997:345～346)说："双声、叠韵和重言，表面上看是三种形式，而实际上是同一现象的三种变体：重言是同一个字(音节)的重叠，而双声和叠韵则是同一个音节向不同方向的延伸，周法高(1962,97～101)把重言看成为全部重叠，把双声、叠韵看成为部分重叠，这是有道理的。这就是说，联绵字的'2'是'1'的分化的结果。这种'1'与'2'的关系，以往的训诂学著作已有不少论述，认为急言为一(字)，缓言为二(字)。近人朱芳圃(1928)也指出，颇，'缓言之，则为侏儒，故短谓之侏儒，又谓之颇'。这种'急'与'缓'往往可随结构或吟诵的需要而做适当的调整，'急'就是一个字，'缓'就是二音节的联绵字。"这些话在没有深入研究现代联绵字观念的读者眼里或许是新鲜的和可信的，但是对部分没有现代联绵字观念之成见且对联绵字问题有所研究的读者则可能发现它的一些问题。第一，语文学史上的"急言、缓言"及相关说法都不支持现代联绵字观念(详见本章附录二)，作为传统语文学家的朱芳圃，其联绵字观念与现代联绵字观念截然不同（参看第三章第一节），他的观点即使不误，举以证明作者所信守的现代联绵字观念也没有力度，就像张三用阿司匹林治疗感冒对症，李四用阿司匹林治疗胃炎必不对症一样。第二，即使"投症"，也不免以偏概全，因为徐先生的"联绵字"不单指由单音词缓读而来的双音词（按：徐先生书中①不叫"双音词"，而多叫"双音字"）。第三，语文学家朱芳圃的观点不一定靠得住。"侏儒"其实是个联合式合成词，郭万青（2009）辩之甚明，兹不赘言。退一步说，即使朱氏之说不误，"侏儒"作为切脚语（这是依朱芳圃传统语文学家的语文研究特点说的）也不是汉语所独有，所以也不是正统的现代联绵字观念信奉者们认可的"联绵字—双音单纯词"。第四，周法高的联绵字观念与中国大陆学界流行的现代联绵字观念截然不同（详见沈怀兴 2011），徐先生持现代联绵字观念而引周氏的话为证也是引用失当。第五，徐先生所举朱芳圃、周法高两位之说都不支持他的观点，可知徐先生的观点充其量不过是一种有待于进一步证明的假说，不讳地说是看似鲜明实则经不起验证的想象。

说作者"双声、叠韵和重言，表面上看是三种形式，而实际上是同一现象的三种变体：重言是同一个字（音节）的重叠，而双声和叠韵则是同一个音节向不同方向的延伸……联绵字的'2'是'1'的分化的结果"云云是经不起验证的想象，根据有三。第一，实践中行不通，本章后面第三节及其附录的讨论足可证明这一点，这里暂不展开讨论。第二，语言不是积木，可以任人摆弄成各种各样的建筑物模型。第三，谁也举不出标记某概念的三种变体——"重言—双音单纯词""双声联绵字—双音单纯词""叠韵联绵字—双音单纯词"。至于重言，正统的信守派学人是不把它们归入"联绵字—双音单纯词"的，因为它们的创造方法不为汉语所独有，重言不是"汉语里特有的语言现象"，而且《现代汉语词典》《汉语大词典》解释"联绵字"也都不包括重言，具体原因前面已经多次谈到，不再重复。

虽然没有靠得住的语言事实做支撑，但徐先生基本观点前后是一致的。如书中（277～278 页）说："联绵字包括重言、双声和叠韵三类。每一个联绵字表面上都是两个字，是'2'不是'1'，但每个字只代表一个音节，本身没有独立的意义，自然也谈不上什么理据，不符合字的要求，只有两个字组合在一起、相互作为一个整体，它才能成为语言中一个有理据的最小单位，对现

---

① 本节"书中"的"书"指徐通锵先生的《语言论——语义型语言的结构原理和研究方法》（东北师范大学出版社，1997 年）。本节所言"书中"后面括号中的数字均指引文所在徐先生这部书中的页码。

实现象进行编码,其性质相当于一个字,'联绵字合二字以成一语,其实犹一字也。'"这里,作者唯一的证据是王国维的"联绵字合二字而成一语,其实犹一字也"——只是把"而"改成(或转引成)了"以",并且没有一个例词。而王国维这话虽然被同类著作反复称引,但它毕竟不支持"联绵字—双音单纯词"说(详见第三章第一节),所以不管徐先生的基本观点如何一致,都只是从一种不合客观实际的观念出发,并不能说明什么问题。其实,这是作者及所有信守派学人无法克服的困难,除非放弃他们信守的现代联绵字观念。

但是,和其他同类著作一样,在没有可靠的语言事实做依据的情况下,书中(278~282页)继续探讨"联绵字—双音单纯词"形成的原因,并且与同类著作一样,也频频误解古人之说以证明自己的信仰。如书中(278页)说:"联绵字的性质是临摹事物的状态,其中主要是'声'和'形',所以是'双声叠韵之字,其义即存乎声,求诸其声则得,求诸其文则惑矣'(王念孙:《广雅疏证》卷六上)。钱大昕在《诗音表·序》中也说过类似的意思:'凡古人之以两字相续者,非有所本。古人皆以意造,或以其形,或以其声,皆肖之耳。'"作者这里引了两位清代学者的话来证明自己的观点。但是,王念孙那话本是在讲训诂问题,主张辨通假而因声求义,与作者要证明的观点没有联系,只能说是误解误引。但误解误引不是徐先生自己的事,更不是徐先生最早引用这段话,信守派学人著作中误解误引王念孙这段话者并不罕见,将于后面第五章第一节里予以讨论。被说成是钱大昕的这段话也有问题,尽管讨论联绵字问题的著作里每见误解误引这段话。具体点说,徐先生所引钱氏的话有两误:一是作者不对。《诗音表序》是钱大昕的侄子钱坫所作,不是钱大昕所作,徐先生所引的话就出在钱坫这篇序文中。钱坫作《诗音表》一卷,前有自序。钱大昕并没有为《诗音表》另作序。二是引文不确。钱坫《诗音表序》原文是:"言诗者必考律,而言律者必正音。正音何先?先双声。双声者何?皃(貌)声也。凡古人之以两字相续者,非有所本。古人皆以意造,或以其形,或以其事,或以其声,皆肖之耳。故皃(貌)者意也,取其意之近似也。"很明显,这样引录就没有人相信钱氏之说可以支持"联绵字—双音单纯词"说了。特别其漏引"或以其事"及后面两句最令人费解:是否形与声均可"肖",唯事不能"肖",故省略?所以笔者怀疑徐先生这里也是转引,且没有核实原文,因为徐先生当不至于故意漏引以证其说,也不会亲见其文而将作者误作钱大昕。

的确,此前不乏以钱氏之说为据解释联绵字生成的。只是在传统语文学家那里是在说"复字"问题,用现代语言学的话说就是在讲双音词问题,因为如前面第一章第二节所说,传统语文学家的"联绵字"大致相当于现代语言学中的"双音词"或"复音词"。就是现代语言学家也有这样做的。如王力先生《中国语法理论》(1944)中说的拟声法和绘景法很可能间接受了钱坫之言的影响,只是此时他的联绵字观念中尚无"联绵字—双音单纯词"说的影子罢了(详见沈怀兴2009)。王力先生力主现代联绵字观念自其《汉语史稿》始(详见沈怀兴2009)。今信守派学人却以钱氏之说证明"联绵字—双音单纯词"的生成,这至少应该说是一种误会。比如,姑且不说"肖事""肖形"根本肖不出"联绵字—双音单纯词",即使"肖声"而来的双音单纯词,由于不是汉语所独有,也算不得正统的信守派学人认可的"联绵字"。

由于"联绵字—双音单纯词"说没有靠得住的语言事实做基础,信守派学人没有看到这一点,却自觉以现代联绵字观念为依据研究联绵字,尽管时刻注意其基本观点前后一致,但是,细节之处却难免出问题。徐先生的联绵字研究也表现出同样的特点。这是因为,要使其基本观点前后一致,只要顺着现代联绵字观念的主张进行发挥就不会出问题;而越是细节处越贴近语言事实,越容易表现出不支持现代联绵字观念的特点。这是巧妇难为无米之炊,必欲"炊"则必事与愿违,倒不是包括徐先生在内的信守派学人语言学知识水平不高。所以多年来的联绵字理论问题研究使我们在不少文章里反复强调指出,考察"联绵字—双音单纯词"说及相关理论只要考察持论者的论据与论证方法就可以了,不要管那些新鲜的理论。下面再以徐先生《语言论》中的联绵字问题研究为例。

徐先生书(1997)中不支持其基本观点的细节很不少。如其书中反复强调汉语编码体系的结构不平衡性促使其结构格局调整,从而产生"联绵字—双音单纯词",正如其343页所说:"字义的功能负荷已经到了极限,需要对'1个字·1个音节·1个概念'的格局进行一些必要的调整。总之,不管是宏观的结构不平衡,还是微观的结构不平衡,都需要冲破单字格局'1'的限制,要求采用字组以改进编码的方法。但这种改进必须有内在的基础,不能是人为的'革命'。汉语有这种内在的基础,这就是联绵字的结构。"343~344页又说:"联绵字包括重言、双声和叠韵三类,都是两个字表示一个意义,形成'2个字·2个音节·1个字义'的结构形式,与字、音节、字义三者一一对应的格局不一致。这里的'2'实质上是'1'的一种变体,但在语言发展中它却成为突破单字结构格局、诞生字组、形成双字格局的过度环节和桥梁。"348页也说:"联绵字的'2'是'1'的分化,是'1'分化为'2'的结果。它是单字编码格局因理据性编码的需要而产生的一种变体;虽然是变体,但在汉语编码格局的调整中却产生了巨大的作用,为双字编码格局的形成和发展开辟了前进的道路。"这些观点都很明确,也比较一致,只是未能给出可靠的证据。反复读过徐先生书中的论述之后,读者不难看到徐先生对发表这些明确的观点并没有足够的底气,因为书中不仅没有令读者看到可靠的论据和可信的论证,而且时或出现细节上的矛盾。如书中(340页)说:"汉语的基本结构格局是'1个字·1个音节·1个概念'的一一对应,但联绵字却又是'2个字·2个音节·1个概念',是'2'对应于'1',等等。这些结构的不平衡不能不影响语言的演变。"这么说,是不是可以理解为"联绵字—双音单纯词"的产生引起汉语结构的不平衡性?否则,这里的"结构的不平衡"指的又是什么呢?如果是这样的,岂不与前面所引徐先生观点相矛盾?而上引矛盾着的观点,书中没有哪一处给出可信的证明,读者就只能对它们持保留态度了。这是我们理解有误呢,还是徐先生一时不慎造成的,或者本来就是无法调和的矛盾?看来,所谓语言本体论的"结构不平衡性"云云,难为确论。

又如,书中(344页)说:"对双声、叠韵联绵字的性质的认识比较晚,两汉时期的训诂学家还把其中的每一个字都当作有独立意义的单字看待,不知道它们只相当于一个音节的单字。宋齐之际,这种情况才发生变化,开始具体讨论联绵字。但是,理论上的'无知'一点也没有妨碍人们对双声、叠韵联绵字的创造和使用,使它们随着'赋'这种文体的兴起而有了一个很大的发展。"这段话中,"但是"前面的观点很重要,但似乎只是信口说说,而没有给予必要的证明,使人不免陷于困惑之中。第一,汉代去古未远,如果那时的训诂学家把"联绵字"的"每一个字都当作有独立意义的单字看待"是错误的,为什么统统那么做,而没有一个不"错"的?他们解释"联绵字"的目的无非在于明经通史,如果无一例外地都错了,向后数百年间竟无人觉察,而直到"宋齐之际"才被人发现?不错,至方以智、黄生之后确实不断有人批评他们"拆骈为单",但那只是个别场合,总体上看对他们绝大多数的解释还是肯定的。并且,即使对个别地方的批评,也主要限于他们给部分同义语素联合构成的双音词之上下字做出了不同的解释,他们的"不可分训""不可分释"之类的说法绝不支持现在流行的"联绵字—双音单纯词"说。这个问题在前面第一章里已有较多的讨论,姑不赘言。第二,"宋齐之际……开始具体讨论联绵字"的证据是什么?信守派学人都习惯到古人著作中为其信仰寻找根据,但除了个别人以外,很少有到宋元之前的文献中搜寻证据的。有的话,也主要集中在对荀卿"单不足以喻则兼"之类话的错误理解上。现在徐先生说"宋齐之际……开始具体讨论联绵字",如果能找到可靠的证据,也许整个中国语言学史需要改写了。再看上引徐先生话中"但是"后面的观点,虽然给出了证据,但那证据其实是靠不住的①。

再如,书中(346页)说:"联绵字是因'肖声'和'肖形'的需要而产生的,因而不同的人可能因'肖'的差异而呈现出差别,致使一个联绵字在文献中没有固定的写法,少的有几个,多的有十几个,甚至二十几个,'侏儒……短也'条可以清楚地说明这个问题。对于这种现象,刘师培曾有过如下的解释:'惟所用骈词,往往义同字异。推其原因,则以骈词之中,或无正字,同音之字,取义必同。故字异音同,均可通用,名曰异文,实则同义……古代文词之骈字,虽因文而殊,然其音极近,其义亦必相同,不必泥于字之同异也。'"徐先生这段话里面可商之处也不少。第一,"肖形"不同于"肖声","肖形"不会肖出双音单纯词。这是因为语言凭声音传递信息,而任何物品可见之形都无声可"肖"(比如碗深碟子浅是看到的,不是听到的)。声音有持续性特点或持续中又有变化之特点者,入于耳,会于心,拟之可得复音单纯词,且不止双音单纯词,如嗡嗡、隆隆、咔嚓、噗通、稀里哗啦、叽里咕噜等;任何物品之形均由人的视觉器官认知,物之形名必由"视觉思维"所见物之焦点而来,故语言中反映事物之形名的根词多是单音词。随着认识的发展变化,反映事物分类之认知成果的新词则是合成词,而不会是复音单纯词。也就是说,肖声派学人所说的"肖声"的"肖"是模拟,"肖形"的"肖"只能是描绘,这两个"肖"的含义应该有所区别方可通,不能笼统含混,概念不清。因此,凡由肖

---

① 那证据是1986年一篇硕士学位论文《〈文选〉联绵字研究》中的统计数据。笔者认为,不管统计任何书里的"联绵字—双音单纯词",都必须首先具有确切地判断联绵字语素构成情况的能力,而不能只是现代联绵字观念之成见在胸,举一些自己不明其造词理据的双音词做例词。徐先生举1986年一篇硕士学位论文中的联绵字统计数据为证,读者不清楚那篇硕士学位论文《〈文选〉联绵字研究》的作者是怎么从《文选》中准确地辨识出"联绵字—双音单纯词"来的。据此,是否可以怀疑徐先生研究联绵字问题只是从久已流行的"联绵字—双音单纯词"说出发,且取例不够审慎?但学术研究要靠证据说话,只是"怀疑"不能解决问题。所以在看到徐先生报道汉语"联绵字"发展状况而举1986年一篇硕士学位论文中联绵字统计数据为证之后,笔者考察了那篇硕士学位论文之作者的研究方向。发现那位作者毕业后留校,主要从事对外汉语教学工作和行政工作,她所发表的不多的文章中有"联绵词"研究论文五篇:《〈文选〉联绵词的训释问题》(载《昭明文选研究论文集》,吉林文史出版社,1988年)、《论余音联绵词》(载日本女子大学人文社会学会《人文论丛》1993年总第41辑)、《〈文选〉联绵词的语义问题》(载《传统文化与现代化》1996年第3期)、《〈文选〉联绵词语用类型分析》(载《〈昭明文选〉与中国传统文化》,吉林文史出版社,2001年)、《〈说文〉中的联绵词训释与许慎的联绵词意识》(载《纪念王力先生百年诞辰学术论文集》,商务印书馆,2002年)。通读这些论文,读者会发现其作者与信守派其他学人一样,只是从现代联绵字观念出发,而不是从语言事实出发;尽管显得比较谨慎,但实际上连考察联绵字造词理据的意识还没有,所举"联绵词"都是作者自己不明其语素构成情况的双音词。文中也有不少地方举古人之说证明作者自己的观点,但这些例子告诉读者:它们实际上都不支持作者的观点。只是这种情况在信守派学人著述中普遍存在,不属于个别人而已。这里作此长长的注解,配合正文不厌其烦地介绍这一现象,就是因为这种现象不是信守派中哪一个人特有的。

声而来的复音词都可能是单纯词,只是正统的信守派学人无法承认它们是"联绵字—双音单纯词"而已;但是,由肖形而来的复音词都一定是合成词,绝不会是什么"联绵字—双音单纯词"。这里面需要真正弄清汉语词汇复音化发展的原因,问题十分复杂,将在后面第八章中分三节进行讨论。第二,"不同的人可能因'肖'的差异而呈现出差别,致使一个联绵字在文献中没有固定的写法"云云,大概是以一般词都有固定的写法为立论依据来说的,但那是想当然。实际上,如果同样站在共时的立场或同样站在历时的立场上,其所谓"联绵字"与一般双音词在这一点上是没有区别的。从根本上看,这样说是混淆了造词与记词的区别。造词只有一次,用字标记词语可能因时代、地域之异而有所不同,有时甚至因人而异,正像前面第二章第一节所考察的那样,方以智所辑诨语中的词组"一簀"等也有多种书写形式。另外,数十年以来所整理的异体词,绝大多数是合成词,也不支持包括徐先生在内的信守派学人"联绵字有多种书写形式"的观点。不错,对同一事物,不同的人"肖"其形时可能有所不同,但那必然产生不同的词,即所谓一物多名。如玉蜀黍,或因其果实如碎玉,且如米之可食,故谓之"玉米";或因其果实如米之可食,且包在萼里,故谓之"包米";或因其在五谷之外、可食且包在萼里,故谓之"包谷";或因其果实形如棒头,故谓之"棒子";等等。"玉米""包米""包谷""棒子"等都是玉蜀黍别名,都是不同的词,都是合成词,都不是信守派学人所说的"联绵字—双音单纯词"。至于徐先生书中讲"联绵字—双音单纯词"而反复以"侏儒"为例,只是徐先生未考"侏儒"造词理据而不知它本是联合式合成词罢了(参看上文)。第三,徐先生对其所引刘师培之言的理解也有问题。实际上,刘师培此言也是传统语文学家力主因声求义情况下说的,与联绵字造词问题联系不到一块儿。顺便说一句,刘师培骈词"或无正字"之言乃绝对化之辞,不可轻信①。清龚道耕《诗音表斠后记》曰:"夫古人所称小学者有三,文字也,声音也,训诂也。舍文字而言声音,是谓数典而忘祖;离声音而言训诂,是谓伐支而失原。"申叔骈词"或无正字"之说过分绝对了。

上面的考察粗可说明徐先生"一分为二"法之说的内容特点。虽然言及徐先生联绵字研究的可商之处,只是想借此说明现代联绵字观念的无根性,绝没有批评徐先生的意思。现在目的初步实现,徐先生书中所论联绵字问题表现出的其他可商之处就不说了。下面简单说说信守派学人在"汉语的

---

① 刘师培此言承王念孙绝对化之说而来,且又有发挥。前面第二章第二节有对王念孙这方面绝对化之说的批评,可参看。

双音词有一种特殊的构词法"之说引导下创造的其他名称。

衍声法。这个概念产生 70 年了,近 30 年以来多称"衍音法"。它牵涉的问题很多,情况比较复杂。就信守派学人使用情况看,似乎又有广义和狭义之分。狭义的"衍声法"多称"衍音法",在信守派学人著作里只指一个音节衍成两个音节从而创造出一个双音节单纯词的方法,信众不少,始终未见有力的证明,给人的印象还是一种经不起实践检验的想象。这将在本章第三节展开讨论,相关的问题在本章第三节附录中考察讨论。广义的"衍声法"还包括所谓联缀两个双声音节或叠韵音节构成双音节单纯词之方法的想象①。"衍声法"是一个在不同作者笔下所指不很统一的名称。这里的广义、狭义之分只是就其现象归纳的。这里只交代一两个无须展开讨论的小问题。通过这样一两个小问题反映出的事实,人们也许可以看到现代联绵字理论的一些本质性东西。

衍声法,《中国语言学大辞典》立为词目,并解释说:"利用重言和双声叠韵一类手段来构词的手段。"没有举例子。对照创说者原书中"衍声复词:联绵"说,《中国语言学大辞典》增加了重言,反映了信守派内部部分学者的观点,同时也说明在这个问题上信守派内部观点不够统一。重言是否可以归入"联绵字—双音单纯词"?这在信守派中某些学者看来也许是个两难的问题。归入"联绵字—双音单纯词"吧?重言不是汉语所独有,而多数信守派学人习惯说"联绵字是汉语中一种特有的语言现象"。不将重言归入"联绵字—双音单纯词"吧?有些问题,信守派中一般人或许很难从理论上做出令他们自己满意的解释。好在这个问题与无现代联绵字观念之成见者关系不大,就不说它了吧。这里只看《中国语言学大辞典》所谓"利用双声叠韵来构词的手段",也就是信守派多数人所谓联缀两个双声音节或叠韵音节构成双音节单纯词的方法,在他们的表述里好像果有其事。然而,考察汉语词汇史,不见这样的造词方法,持论者主要是成见在胸,举一些自己不明其语素构成情况的例词敷衍成见或附会成说。这里面的情况也比较复杂,具体考察见本章第二节。

这里需要提出注意的还有,原创衍声说者的著作中举了 10 个非双声叠韵联绵字例词(尽管无一当其说),现在几乎所有根据"联绵字—双音单纯词"说做研究的著作里所讲"联绵字"也都包括非双声非叠韵的一类,代表部

---

① 也有不少人概括为"双声叠韵构词法",名称不同,信众颇多,但也没有看到谁举出可靠的语言事实,给人的印象同样是停留在想象层面。这个问题也比较复杂,将在下面第二节进行考察讨论。

分学人观点的《中国语言学大辞典》把衍声法解释为"利用双声叠韵来构词的手段",同样反映了信守派内部自相矛盾。这是信守派学人十分清楚的事情,但是《中国语言学大辞典》那样解释"衍声法",很可能出于不得已。因为如果把非双声非叠韵的"联绵字"也包括在内,衍声说管不了那么多不说,根本无法排除复合词。但是,如果不包括在内,非双声非叠韵的"联绵字"又是用那种构词法创造出来的呢?信守派学者至今还没有给它创造出个稍稍能令人满意的名字,这也是脱离事实的理论不可避免的尴尬。

其实,即使不包括非双声非叠韵的一类,仍然无法保证双声联绵字或叠韵联绵字里面都是单纯词。如果肯做点考察,就会清楚地发现,这两类双音词里面,除了由拟声法、音译法创造的少数双音词之外,其他全部是复合词。这个事实是信守派学人不曾考察过的,只能放到后面第五章第一节通过典型事例的考察分析做出交代,其他章节涉及这个问题时还会相应地做些交代。

信守派中部分古汉语研究者或许看到了上面说的部分事实,试图改造"衍声法",把通常所谓联缀两个双声音节或叠韵音节构成双音节单纯词的方法独立出来,叫"双声叠韵构词法"或"语音造词法",又细分为双声构词法、叠韵构词法等等,而让"衍声法"只指一个单音词"衍"出一个音节而构成的双音词。他们用来支撑这种想象常举的例子有"郏鄏"等几个,为了提高可信度,他们还把"衍声法"改称"衍音法"。但不是从语言事实出发,而仅仅是为了减少理论上的矛盾,充其量不过是在玩概念游戏,所以不管怎样努力,都不能质诸语言事实,归根结底都帮不了衍声说的多少忙儿。后来晋方言研究中有人创分音说,又被用来证明衍音说,问题就更复杂了。

联绵法。其立论依据可以追溯到吕叔湘先生(1942)"衍声复词:联绵"那里,但吕先生的书里没有直谓"联绵法",所以"联绵法"这一术语一半是追随者从观念出发的创造。持论者一般解释为"由两个音节联缀成义而构成一个单纯词的方法"。这个解释不管联绵字上下字之间是否有语音联系,全包括在内,看上去没有什么可挑剔的了。其实不然。这是一个最靠不住的解释,因为它完全是为附会"联绵字—双音单纯词"说而创造出来的。与"联绵字—双音单纯词"说几乎同时产生,没有"联绵字—双音单纯词"说之前找不到它的影子,而且始终没有发现有人举出可靠的例词。特别十几年前出版的一部现代汉语词汇学著作,抄了《现代汉语词典》中解释"联绵字"的例词,却不知道那些联绵字都是复合词(详见第七章第二节),不免暴露了附会"联绵字—双音单纯词"说的痕迹。

至于此类著作中另举例词的情况,也许无须一一考辨,因为它们同样是持论者不明其语素构成情况的双音词,被拿来附会其信仰。这是因为联绵法说与"联绵字—双音单纯词"说只能构成循环论证:所谓"联绵字—双音单纯词"是怎么来的? 是由一种特殊的构词法亦即联绵法创造的。联绵法是怎么产生的? 是为创造"联绵字—双音单纯词"而产生的。不错,通常不待读者询问为什么会产生"联绵字—双音单纯词",持论者一般都首先指出:汉语语音系统简化了①,语言中会出现同音混淆现象,为了使交际顺利进行,往往以双音词代替单音词,这便产生了一些"联绵字—双音单纯词",于是汉语词汇开始了双音化的发展。但是,这个答案是否经得起推敲? 后面第八章第一节将对此展开考察讨论。

当然,他们除了走循环论证的道路或误解汉语词汇双音化发展趋势以外,也许还有其他答案。但是,不管哪种答案,最终都必须靠语言事实说话,我们至今没有发现持联绵法观点的著作里有经得起考辨的例词。

衍声联绵法。只在一本书里见过这个名字,像是把"衍声法"和"联绵法"合而为一的结果,又像是简缩吕叔湘先生(1942)"衍声复词:联绵"之说而来的。如它解释"衍声联绵法"说,古汉语里的一种构词法,用衍声联绵法创造的都是联绵字,"以双声叠韵为主"。说"以双声叠韵为主",换个角度讲,就是还有"为副"的非双声非叠韵者。当初吕先生讲"衍声复词:联绵"的书里就列了双声的、叠韵的和非双声叠韵的三类。所以它给人的感觉是:名称是新的,所指并不怎么新,基本上是迎合"联绵字—双音单纯词"说而来,所以读了上面对"衍声法"和"联绵法"的讨论,以及前面第三章第二节的考察交代,也就知道这个"衍声联绵法"同样停留在贴标签层面了。

双声叠韵构词法。这个名称是在众多指称"一种特殊的构词法"的名称中使用频率较高的一个,流行范围也比较广,但并没有定为一尊。为什么持"联绵字—双音单纯词"说者都强调联绵字上下字的语音联系,而"双声叠韵构词法"这个名称没有定为一尊呢? 主要原因大概是这个名称具有以偏概全的缺憾吧。信守派学人大多数著作都分"联绵字"为双声的、叠韵的、非双声非叠韵的三类,如果采用"双声叠韵构词法"这个名字,那么多非双声非叠韵的"联绵字"怎么归类? 而信守派学人在这个名字面前所遭遇的尴尬也就是"联绵字—双音单纯词"说的尴尬。其他详见本章第二节与第五章第一节、第六章第四节。

语音关联造词法。这个名字是在研究《诗经》双音词问题的一部著作里

---

① 也有些人直接说:随着交际的日益频繁,原有的单音词不够用,势必造成同音混淆,从而影响交际正常进行,于是汉语里出现联缀两个音节构成的双音单纯词"联绵字"。

被提出来的,看上去要好一些,因为不管有没有语音联系,只要两个音节一"关联",表示一个单语素词的意思,便创造出一个"联绵字",自然非双声非叠韵的"联绵字"也可包括在内。然而,这只是理论上的,实际上问题并不那么简单。如果有人问:言语交际只靠语音一"关联"就可以了?从哲学角度讲,会不会形式决定内容?说话者那么一"关联",听话者知道他"关联"了个什么意思?到那时,就只能再抬出索绪尔"语言符号音义结合是任意的"之说来玩儿横的了。然而,索氏"语言符号音义结合是任意的"之说自身泥菩萨过河(参看第五章第四节),哪里还顾得上为后人所创造的某种理论保驾护航?因此,这个看似蛮不错的名字,除了创说者使用过以外,从 1985 年出现到现在 20 多年了,没见有人用过。

异音联绵构词法。这个名字出现在 2003 年商务印书馆出版的一部汉语词汇史著作里。作者大概是在不满意已有的"衍声法""联绵法""衍声联绵法""双声叠韵构词法""语音关联造词法"等术语的情况下创造出这个名字来的。但是,这个名字的前景也不容乐观,因为它只在创造者的那部书里出现过,近 10 年以来也未见有人用它研究"联绵字"。这是为什么呢?其实,它除了存在与"语音关联造词法"同样的问题之外,更有浮泛之嫌。比如,单看这个名字,有人可能会问:异音,允许多大范围的"异"?"联绵"又是什么意思?是不是词典中所讲的"接连不断"义?"专注""散漫"之类,其上下字算不算"异音联绵"?算不算双音单纯词的"联绵字"?为什么?

看来,给一个想象中的东西命个名字,虽然看上去不难,但是,如果要坐实,真的是难如上青天啊!人们为现代联绵字观念中的"联绵字"的产生想了那么多构词法名称,没有一个能够广泛通行开来,又说明了什么呢?除了"联绵字—双音单纯词"说没有语言事实的支持之外,还会有什么原因呢?而换一个角度是否可以说,这种种名称的纷然杂陈恰恰说明参与者都只是从观念出发?然则这样的学术风气所带来的结果又是什么?

综上所述,要证明"联绵字—双音单纯词"说,最好是证明汉语里有一种联缀两个音节构成一个单纯词的方法或将一个音节"衍"成双音单纯词的方法。半个多世纪以来信守派学者就是这么做的。但是,要达到这一目的,至少要有一个大家都能接受的构词法名称。然而,数十年以来学者们创造了那么多名称,却没有一个能够广泛通行。这表面上看是信守派内部在对联绵字的认识上存在着这样那样的分歧,但究其根本,存在这种分歧的原因在于"联绵字—双音单纯词"说只是一种想象,在于它没有靠得住的语言事实的支持。因为只要有事实在,一种事物不管有多少名字,总有一种会通行开来,就像月亮名字繁多但"月亮"久已广泛通行一样。

参考文献

郭万青　2009　《〈说文解字系传〉引〈国语〉例辨正》,《汉语史学报》第八辑。
吕叔湘　1942　《中国文法要略》,北京:商务印书馆。
沈怀兴　2008　《语文学史上的长言说及相关理论问题》,《中国语学研究开篇》第27期;又见本书第四章附录二。
——　2009　《王力先生联绵字观念的变化及其影响》,《宁波大学学报》(人文科学版)第4期。
——　2011　《现代联绵字观念对台湾学者的影响》,《汉字文化》第6期。
魏建功　1926　《读〈帝与天〉》,《国学月刊》第3期。
——　1935　《古音系研究》,北京大学出版组;又,北京:中华书局,1996。
徐通锵　1997　《语言论——语义型语言的结构原理和研究方法》,长春:东北师范大学出版社。

第二节　双声叠韵构词法说辨疑

　　信守派学人所谓双声叠韵构词法问题本来并不太复杂,但由于他们的理解与使用各有特点,致使这个问题变得相当复杂。在信守派学人的著作中,这个问题被延伸到汉语学理论、汉语史研究以及词典学等各个方面去了,要澄清这方方面面的事实,大概需要一本不少于八九万字的小书,因而很难在一节书里面说清楚。但从另一个角度看,也正是由于它涉及的面比较广,反映出的问题比较多,如果分散到不同章节中去各有侧重地进行考察讨论,则可能更利于有针对性地解决问题,同时也可能节省些文字。为此,试将这一问题进行分解,分别以概论性辨疑与具体性考辨的方式安排到不同章节中来完成必要的考察和讨论。本节主要对双声叠韵构词法之说进行概论性辨疑。由于一般读者对双声叠韵构词法之说的内容不是很陌生,为了节省篇幅,同时也为了避免过分刺激,再次强调一句,本节只能坚持对事而不论人的原则,暂不指名道姓引述所否定的观点;但同时为了避免无中生有之嫌,而不得不将承载着被否定观点的文献与正面的参考文献一起列在后面。至于具体性辨疑,将放在后面第五章第一节和第六章第四节,通过具体事实的考察讨论来体现。还有一些关乎双声叠韵构词法的小问题,将分散到其他章节进行考察讨论。

　　联绵字,《现代汉语词典》前四版释曰:"旧称双音的单纯词。"而这种"双音的单纯词"又是怎么创造出来的呢?说者很多。初谓"连绵字的构成还有几条方法,其中的一个便是发音相近的声或韵的连缀",也有人想到复辅音分裂(或称"复辅音声母分立"什么的),后来笼统地称"衍声""联绵",再后来又有人说上古汉语有"一种特殊的构词法",而没有给出一个具体的名字,部分信守派学人也就跟着这么说了。直到1981年,有一本讲汉语造词法的书给它起了个名字,叫做语音学造词法。到1985年,有一部研究《诗经》双音词的书里又给它起了个名字,叫做语音关联造词法,说是属于语音造词法范畴的一种,是汉语最早的构词方式之一①。再到1989年,又有两部书同时改称双声叠韵构词法②,认为上古汉语曾有一种通过联缀两个有声韵联系(双声或叠韵或双声兼叠韵)的音节而创造出"联绵字—双音单纯词"的构词方式,即双声叠韵构词法。

信守派学人中以想象中的汉语古有双声叠韵构词法之说为理论根据进行双音词研究者很不少。他们凡遇到自己看不出其语素构成情况的双音词就说它是"联绵字—双音单纯词",有语音联系的就说它是用双声叠韵构词法创造的"联绵字"。其中有双声关系者谓之双声构词法创造的双声联绵字,有叠韵关系的谓之叠韵构词法创造的叠韵联绵字。对于那些没有语音联系而且研究者也不明其造词理据者,则往往干脆谓之非双声非叠韵联绵字。对于这样的"联绵字",也有人大概为了提高可信度,而给"转"出个语音联系,说它起初是双声联绵字或叠韵联绵字。至于甲依此说认定某词是"联绵字—双音节单纯词",乙依此说否定某词是"联绵字—双音单纯词",就是不可避免的事了。于是又有人出来调和,说那是"语素融合"了,变成"联绵字—双音单纯词"了,于是信守派统一了矛盾,继续立于不败之地。然而,讲"融合"就是潜意识中承认了这类词本来是合成词,而不是联缀两个音节构成的双音单纯词! 这些明显的破绽,却被崇尚现代联绵字观念的热情掩盖了,长期没有人对于这种明显的问题表示怀疑。至于更深一层的思考,比如汉语古有双声叠韵构词法之说是否靠得住? 其发生学上的依据究竟是什么? 由此而来的"联绵字—双音单纯词"没有可验证性怎么通行开来? 就更

---

① 不少著作都认为那种"特殊的构词法"是汉语最早的构词方式之一,并且被作为常识收入词典,如马文熙等《古汉语知识详解词典》(中华书局,1996年)"联绵字"条的解释就反映了这一事实。

② 但这并不是说"双声叠韵构词法"之论直到1989年才出现。实际上,早在1981年,任学良《汉语造词法》中就有"双声式造词法""叠韵式造词法",并且各立专节论述。甚至早在1958年,王力《汉语史稿》中讲汉语"特殊的构词法"就是以双声叠韵为据的。再往前,吕叔湘(1942)讲"衍声复词:联绵"也大致如此,只是他们初步"坐实"了魏建功(1926/1935)的想象,后来者又努力把他们的想象"坐实"了。所以研究现代联绵字观念的历史发展情况不能只着眼于信守派著作中令人眼花缭乱的术语名称,要看到它们相通之处。那么多名称是持论者们信仰一致的前提下为更好地反映其信仰所做的努力,其间也不可避免地表现出这样那样的矛盾,给人们正确地认识现代联绵字观念提供了有利条件,同时也要求对它进行历史的考察。

没有人认真考察过了。

至此,有人可能会引古人之说予以反驳。认为早在三百多年前,黄生《字诂·犹豫》就说:"犹豫者,迟疑之情。字本无义,以声取之耳。"黄氏这话的确常为信守派著作用来证明汉语古有语音造词法,而且其"犹豫"也是常被信守派著作用来证明其信仰的"双声联绵字"例词。只是他们不知道黄氏此言有失武断。"犹豫"虽然双声,但并非"字本无义"。说它的变体"犹与""尤豫"中的与、尤"字本无义,以声取之耳"可以,说正体"犹豫"也是"字本无义"就不对了。"犹豫"一词在前面第二章第二节相关脚注中已有简单的考察与分析,这里不再重复。

退一步说,黄氏之说即使不误,也不能证明汉语古有双声叠韵构词法,因为他这里是从用字角度说的,而不是从造词角度说的。黄氏作为一位传统语文学家,在他的《字诂》《义府》中查不到关于构词法问题的论述。他说"字本无义,以声取之耳",不过误以为"犹豫"不是正体罢了。百余年后,段玉裁《说文解字注》于"犹"字下解释说:"古有以声不以义者,如'犹豫'双声,亦作'犹与',亦作'尤豫',皆迟疑之貌。"这么说就对了。但段氏这话分明是从用字角度说的,是讲文字通假问题的,不是从造词角度说的。段氏"古有以声不以义者"的意思是说,古代有这样一种情况:用汉字标记汉语词时只根据声音,即只要字音与所记音节相同或相近就可以了,并不要求字义与该字所标记的词或语素之意义相同。他所谓"古有以声不以义者,如'犹豫'双声,亦作'犹与',亦作'尤豫'"云云,分明是以"犹豫"为正体的;用"亦作'犹与',亦作'尤豫'"具体说明"以声不以义"。因此,要正确地理解"犹与""尤豫"的意思,就要找到它们所通的正体"犹豫",即今所谓求得本字。

说汉语没有联缀有双声关系或叠韵关系的两个音节构成一个单纯词的构词方式还有更重要的依据。

首先,从语言交际的实际情况看,不管谁,说话都希望受话人听得懂。我们没有发现哪个教师讲课故意让人听不懂,一般的语言交际与此大致相似。并且,要实现顺利交际,一般情况下谁的语言表达都会力求准确。特别在表达新认识的场合,语言表达者总是尽可能地表述出他的认识理据,反映在语言结构上就是我们在语言分析中所见到的造词理据或造语理据。这一点,古人早就注意到了,而且做出了准确的概括。如汉董仲舒《春秋繁露·深察名号》:"《春秋》辨物之理,以正其名。名物如其真,不失秋毫之末。"如果真像索绪尔所谓"符号能指和所指的联系是任意的",则语言的产生和运用必须具备这样一个先决条件:语言曾经是某个人的专利,由他先造出词来,列个词表,规定好表中各词的意义和用法,送给社会大众,要求大众照表中的规定使用语言。这可能吗？

　　从语言的社会功能角度讲，新词的产生和流传总是要以社群内部至少部分人理解且需要为必要条件，并且时代越早越受这一条件制约。这是由古人思维的直接现实性和认识的朴素单纯性决定的。因此，如果有哪个社会成员忽视了新词创造的必要条件，竟用什么双声构词法、叠韵构词法或双声叠韵构词法创造什么双音节单纯词，则很难为语言社会所接受，其结果则是不能在汉语词汇中落下"户口"。而成千上万"联绵字"的广泛流传和经久不衰只能证明它们不可能是用什么双声叠韵构词法创造的单纯词，只可能多是合成词。因为只有体现着造词理据、明确反映其特定所指的合成词才容易被人理解和运用，才可能流传开来和流传下去。因此，被信守派学人著作中认作双音单纯词的大多数"联绵字"都只能是合成词。而事实也充分证明了这一点。参看前面第三章第二、三两节对信守派先行者著作中所举例词的考察。其他各章节多有对信守派所举典型"联绵字"的具体考辨，也可参看。

　　然而，流传下来的复音词中毕竟有一小部分是双音节单纯词，又该做何解释？考察发现，这部分单纯词中较常见的有两种，一种是由拟声而来的，一种是由音译而来的，极少数是切音词。它们一个用双声叠韵构词法创造的也没有。

　　不过，既然它们由拟声或音译而来或欲切某音而来，就有特定的造词理据，就具有可验证性，而不似用持论者说的双声叠韵构词法创造的词——如果有的话——没有任何造词理据，没有可验证性。同时，既然它们由拟声或音译而来，就属于人类语言中共有的现象，而不是用汉语里特有的双声叠韵构词法创造的，也就不能证明汉语的双音词有一种特殊的构词法——双声叠韵构词法。切音词的情况较为特殊，但也不是汉语所独有，也算不得正统的信守派学人认可的"联绵字—双音单纯词"；且很少，姑且不论。下面只说拟声词和音译词。

　　试以宋代张有《复古编·联绵字》为例。书中所收"联绵字—双音节单纯词"中就有"即令（即鹡鸰）"是用拟声造词法创造的，而"琉离（即琉璃）""加沙（即袈裟）"则是用音译法创造的，它们都不是用汉语中"特有"的双声叠韵构词法创造的，尽管"琉离"有双声关系，"加沙"有叠韵关系。这两种单纯词虽然看上去均由两个音节联缀成义，但是我们不能忘了，它们原来都有客观存在的声可以拟并且需要拟或外族语的"能指"可以译并且需要译，它们的产生都有部分社会成员能够理解和需要这一客观基础。如果没有这样的客观基础，只凭某人把两个与既定概念无关而只有双声或叠韵关系的音节联缀在一起,无造词理据,没有可验证性,则必因同社会中无人理解无人需要无人认可而不能流传。因为话语的表情达意归根结底离不开社群内部至少部分人能够理解的语义;没有别人理解的语义基础,只凭某人照双声或叠韵或双声兼叠韵关系拼凑音节,谁能知道拼凑者要表达什么意思?而拼凑者又哪里觅得"知音"?被拼凑的成分何以流传开来?由此可知,流传后世的"联绵字"即使有某种语音联系,也绝非造词者联缀具有双声或叠韵或双声兼叠韵的两个音节而造出来的单纯词;双声叠韵构词法之说严重缺乏语言发生学之依据的支持。

然则"联绵字"中那么多有语音联系的词,传统上把它们叫做双声联绵字或叠韵联绵字或双声兼叠韵联绵字,这又该做何解释呢?考察这部分"联绵字",可知凡被今人认作单纯词的基本上都出自西周至六朝千几百年间的诗歌、辞赋或骈文中。仔细考察,还可以发现它们多是这期间的诗人、辞赋家或骈文作家为收到绵连叠复之声律美等艺术效果,同时又受标准音步双音节规律影响,而将两个单音节同义语素、近义语素、反义语素或类义语素联用的结果,例外者很少①。很明显,由此而来的词上下音节间虽有双声或叠韵或双声兼叠韵关系,但实是由句法造词而来的合成词,而不是用其他什么"法"创造的双音单纯词。换个角度说,语言中具有同义关系的成分多同源,同源则声韵相同或相近,语言使用者为取得绵连叠复之声律美等表达效果而联用同义语素时,则产生双声联绵字或叠韵联绵字或双声兼叠韵联绵字。这也告诉我们具有语音联系的"联绵字"很可能是合成词。其实这个问题严学宭(1979)早就说过,在语源上有联系的两个字差不多都是以双声、叠韵为特点的联合式结构,只是探其造词动因不够罢了。而现代联绵字观念之成见在胸者没有考虑到这些因素,更不愿意做深入实际的考察,他们习惯从现代联绵字观念出发,只要发现不明其语素构成情况的双音词,有双声关系的就说它是"双声联绵字",有叠韵关系的就说成"叠韵联绵字",统统都是由双声叠韵构词法创造的双音单纯词。即使被人指出它们是合成词,也不要紧,因为还有"语素融合"一说可对。

清洪亮吉《北江诗话》中也说:"三百篇无一篇非双声叠韵,降及《楚辞》与渊(王子渊)、云(扬子云)、枚(枚乘)、马(司马相如)之作,以迄《三都》《两京》诸赋,无不尽然。唐诗人以杜子美为宗,其五七言近体,无一非双声叠韵也。"同是诗赋家,同为收到绵连叠复之声律美的艺术效果,隋唐以前诗赋中

---

① 即使有例外,一般也是拟声或音译而来的单纯词,而不会是用所谓双声叠韵构词法、衍音法、联绵法之类"特殊的构词法"创造的"联绵字—双音单纯词"。

所创双声词、叠韵词常被认作单纯词,而隋唐以后的同类词却很少被认作单纯词,这是什么原因呢?原因很简单。隋唐以后诗赋中新创的双声词或叠韵词的字形变化不是那么大,语素义即使有变化也不难推知,所以一般语文水平的研究者对其双语素构成情况、合成关系一望可知,因此没有人把它们认作单纯词。而隋唐以前,特别是秦汉以前的汉语,或由于词义发展变化较大,或由于字形发生这样那样的变化,致令一般人对其造词理据不是那么熟悉了,又没有足够的文献资料供考察比较[1],研究者只看到一些双声词或叠韵词的语音联系,看不出它们的语素构成情况,便一律将它们认作双音单纯词了。并且,为了证明其错误结论而幻想出"最早的构词法"说和"过渡"说之类"证据"[2]。其实,"最早的构词法"说本于史无征(说详后),过渡说在认识论上是不科学的,在方法论上是不可取的[3]。这样说来,我们有必要弄清楚以下两个问题:第一,语音联系只是形式问题,与复音词的语素构成情况及其结构关系是两码事;一般复音词如果不是由单音节同源词组合而成的,其语音形式与其语素构成、结构关系之间则没有必然联系。第二,词的语素构成情况是历史上形成的;辨认一个复音词究竟是几个语素构成的,必须考察其造词之初的情况,而不能凭研究者感觉及什么替换法之类。否则,势必结论分歧,聚讼纷纭,于事无益而多危害[4]。本着这两点考察信守派学人所举六朝以前诗歌、辞赋、骈文中的"双声联绵字"和"叠韵联绵字",可知它们绝大多数都是合成词,而不是单纯词。这里姑且举个方便质证而又典型的例子。如清王念孙《读书杂志·汉书第十六·连语》中所收"连语"23条,在信守派学人眼里都是单纯词,所以他们习惯援引王念孙之连语不可分训说证明他们信守的"联绵字—双音单纯词"说,却不知道照王氏的考察分析,那23条"连语"全部是合成词。又如今之持"联绵字—双音单纯词"说者所举

---

[1] 确切地说是现代联绵字观念之成见在胸者即使文献资料充足,一般也不去考察比较。否则,他们的著作中就不会出现那么多明显的合成词。

[2][3] 过渡说是20世纪80年代初期部分学者的观点。认为上古汉语中有些双音节合成词,其合成关系不为后世一般人所了解,说明它们正在向单语素词过渡,因此可看作"准联绵字"。此说由于是以后世一般人(不过,没有见持过渡说者报道他是怎样调查一般人的,所以确切地说是研究者自己)的认识为依据说的,不是以研究对象的客观实在性为依据说的,因此有三个无法克服的困难。第一,作为双胞胎的兄弟二人如何"过渡"也成不了一个人,双语素词如何变化也成不了单语素词。第二,词的语素构成关系是造词之初形成的,不是因后人认识而成的;以后世一般人的认识为依据判断词的语素构成情况,无疑是反历史的。第三,哪些人算是"一般人"?目前学界多用替换法对复音词进行语素分析,结论常有不同(参看第七章第一节),该怎么办?在提出过渡说的时候,同时有人提出联绵字语素融合说。两种提法并无实质性区别。本书后面第五章第三节专门讨论联绵字语素融合说问题,可参看。

[4] 考察现代联绵字观念的负面影响是另一个重大课题,将在《现代联绵字观念的负面影响》一书中完成,本书不少地方的考察讨论中不可避免地涉及现代联绵字观念的负面影响,读者一瞥可见。

例词无一当其说者,就连《现代汉语词典》《汉语大词典》持"联绵字—双音单纯词"说解释"联绵字",所举例词也全部是合成词(参看第三章第二节和第七章第二节)。所以出现这种情况,表面上看是持说者把例词举错了,而深层原因却在其理论的不可靠,在其所依据的"联绵字—双音单纯词"说本来自创说者虚构(详见第三章各节);虚构的理论本来就没有事实依据,一定要找事实来证明,那找来的"事实"肯定经不起考辨。

综上所述,所谓双声叠韵构词法,既没有语言发生学依据的支持,又没有靠得住的语言事实的关照,唯一看上去较为可信的是持论者对其所举例词的语音分析,却不料经他们分析列举出来的"双声联绵字"或"叠韵联绵字",除了拟声词、音译词之外,主要是由两个同源单音词联合构成的合成词,剩下的是其他结构类型的复合词,一个由他们所谓双声叠韵构词法构成的"联绵字—双音单纯词"也没有。事实如此,用他们不明其语素构成情况的双声词、叠韵词证明汉语古有双声叠韵构词法就只能事与愿违了。

其次,从汉语造词法发展史角度来看,现有文献告诉我们,汉语里至迟在殷商甲骨文时代就已经用复合法造词了(详见沈怀兴 2000),而被信守派学人称为单纯词的"双声联绵字"或"叠韵联绵字"却不见于殷商甲骨文中,信守派著作中也没有举出殷商汉语中的"联绵字—双音单纯词"。这表明以双声叠韵构词法创造双音节单纯词的情况即使真有,也不是最早,甚至要在附加法产生之后,因为至迟在周初汉语里就用附加法造词了(详见沈怀兴 2001)。而如上文所言,现在能看到的被正统的信守派学人认作双音单纯词的"联绵字"都是西周至六朝千几百年间产生的,前后对照可以发现今所谓双声叠韵构词法是汉语最早的构词方式之一的说法实乃想当然耳,而说到底则是汉语里不曾存在的东西。特别有人不看被认作单纯词的"联绵字"产生的时代特点及其文体风格、表达效果,不对信守派著作中列举的"联绵字"进行深入考察,却借经不起推敲的"肖声""肖形"之说解释"联绵字"生成原因,认定"联绵字的'2'是形成双音字的中介和桥梁",是复合法产生的基础,就更是失察之言了①。事实证明,汉语里创造复音词,拟声法使用最早,复

---

① 其言所以失察,第一,持"肖声""肖形"说者猜想"联绵字的'2'是形成双音字的中介和桥梁",由"肖声""肖形"而来的"联绵字"是汉语复合法的生成基础,却忽视了所有著作中所举"联绵字"都不超过西周,而殷商甲骨文及金文中已有复合词。第二,客观世界的声或形不是整齐划一的,没有规律性,而双声联绵字、叠韵联绵字都有规律性的语音联系;即使"肖声""肖形"允许有出入,也不该差别这么大。果真有如此大的差别,语言社会谁能明白造词者肖的什么声或形?第三,许多双音节拟声词或叹词,如"哼唷、哼哧、吭哧、哧溜、哧啦、哧棱、呼啦、呼哧、呼啲、扑通、扑哧、扑棱、咯吱、吱哟、嘎吱、咕咚、咕隆、咕唧、呼唧、嗨哟、喔唷、杭育、咿唔"等,均无声韵联系,古汉语的情况大致同此。第四,持论者所举"肖形"例词均为合成词和误举的拟声词。第五,"肖声"就是通常所谓拟声,"肖声"而来的词就是拟声词,而各种语言中都有拟声词,拟声词算不得正统的信守派学人所谓的"联绵字:汉语里一种特殊的语言现象"。其他问题参看本章第一节相关内容的考察。

合法次之。那些有双声或叠韵关系的"联绵字"多是由复合法创造的合成词。这是词汇的发展,也是语法的发展。而语法及其发展规律是与人的思维方式及其发展规律密切相关的,已有复合法造词的语言社会,复合法的存在表明其语言使用者已有较高的抽象思维能力,同时说明该语言中造词语素已相当丰富。在这样的社会里,任何社会成员创造新词时都不会舍弃复合法而发明或改用其他什么"法"来创造没有可验证性、不为人理解和接受的什么双音节单纯词,特别既有复合法造词之利又有附加法造词之便的社会就更是这样。换个角度说,任何语言中的复合词和派生词都具有可论证性,都是人们称物明理的产物。然而,创说者说的以双声叠韵构词法创造的双音节单纯词却没有造词理据,没有可论证性,与人类格物致知(广义的)之规律相违背。事实也正是这样。就现有文献看,即使只从殷商甲骨文、金文时代算起,汉语里复合词已经迅速递增,至今不减其势。这本与汉人格物致知(广义的)、称物明理之认知思维发展规律相一致,是汉语社会历史发展的必然,而创说者所谓用来创造双音节单纯词的双声叠韵构词法又是怎么来的呢?总之,在汉语造词法发展史上,找不到以双声叠韵构词法创造双音节单纯词的证据①,故不可轻信双声叠韵构词法之说。

另外,语言类型学的研究也不支持汉语古有双声叠韵构词法之说。从语言类型分类法角度讲,在一般人看来较为靠得住的现有文献只能让人们看到上古汉语词没有形态变化②,一个音节就是一个词或一个语素,是典型的词根孤立语;与此相应的,从词的组合手段看,上古汉语靠的是语序和虚词,是典型的分析型语言;与此相应的,从词的意义大致可据其构成成分判断出来看,汉语从古至今都是典型的理据型语言。不难理解,上古汉语词根孤立语之"音节—词或语素"特点与典型分析语之语序作用共同以汉人认知方式为依托,促进了复合造词法的产生,决定汉语为典型的理据型语言;而汉语理据型语言之特点又反过来促进了汉语复合造词法的稳固和广泛应用。因此,汉语社会要创造复音词反映某种认识,有声可拟、可译者用拟声法或音译法,而大多数无声可拟、可译者只能用复合法,而决不允许用什么双声叠韵构词法创造没有可验证性的双音节单纯词来给语言接受者打哑

---

① 信守派著作所以认为"联绵字的'2'是形成双音字的中介和桥梁",归根结底是错依了汉语词汇复音化发展规律。他们不知道,尽管汉语词汇复音化发展是事实,但是他们对汉语词汇复音化发展原因的理解却是靠不住的(详见第八章)。

② 我们注意到有的从事汉藏语研究的民族语文学著作不是这么说,但这里面不确定的因素不少,甚至"汉藏语系"之所指是否曾客观存在也还有待于进一步证明,所以这里仍着眼于一般文献。

谜。这便是我们看到前人辑录的"联绵字"里既有单纯词,又有合成词,而且合成词居多的缘故(参看第三章各节及其附录的相关考察讨论),任何历史时期的汉语复音词中合成词均占绝大多数,也充分证明了这一点(参看沈怀兴 2002:48~71)。至于一些信守派学人拿民族语文学家的某些研究(如汉语古有复辅音之类)为证,创"复辅音声母分立"而造就双音单纯词之类的说法,更需要慎重才是。这个问题本章第三节将言及一二,姑不繁言。

上面从不同角度考察讨论了汉语古有双声叠韵构词法之说的臆测性。认为信守派学者所谓上古汉语曾有双声叠韵构词法之说,是为附会现代联绵字观念而创造的,因为它既没有语言实践的支持,也没有汉语词汇史的依据,从语言类型学的角度看更是不可能的事。如果信守派学者不同意上述结论,继续认为上古汉语曾用双声叠韵构词法创造"联绵字—双音单纯词",至少需要证明用双声叠韵构词法创造的"联绵字—双音单纯词"同样具有可验证性。这是信守派著作中不曾解释的问题。

另外,如果一定坚持认为汉语社会历史上曾有用双声叠韵构词法创造"联绵字—双音单纯词"的时代,还应该证明所谓双声叠韵构词法的产生早于词根复合造词法,并阐明其原因,拿出服人的证据;同时还要解释隋唐以后为什么无人用双声叠韵构词法创造双音节单纯词。对此,信守派著作中曾用汉语词汇复音化发展来解释,但他们理解的汉语词汇复音化发展动因与事实不符,也是一个需要继续证明的问题。

参考文献

陈瑞衡 1989 《当今"联绵字":传统名称的"挪用"》,《中国语文》第 4 期。
程湘清 1982 《先秦双音词研究》,载《先秦汉语研究》,济南:山东教育出版社。
李运富 1991 《是误解不是"挪用"——兼谈古今联绵字观念上的差异》,《中国语文》第 5 期。
吕叔湘 1942/1982 《中国文法要略》,北京:商务印书馆。
潘允中 1989 《汉语词汇史概要》,上海:上海古籍出版社。
任学良 1981 《汉语造词法》,北京:中国社会科学出版社。
沈怀兴 2000 《汉语词汇复音化新探》,《中国语文通讯》总第 56 期。
——— 2001 《汉语词汇复音化发展续探》,《汉字文化》第 1 期。
——— 2002 《汉语商论》,郑州:河南人民出版社。
王 力 1958 《汉语史稿》,北京:科学出版社。
——— 1981 《古代汉语》,北京:中华书局。
魏建功 1926 《读〈帝与天〉》,《国学月刊》第 3 期。
——— 1935 《古音系研究》,北京大学出版组;又,北京:中华书局,1996。
徐通锵 1997 《语言论》,长春:东北师范大学出版社。

徐朝华　2003　《上古汉语词汇史》,北京:商务印书馆。
严学宭　1979　《论汉语同族词内部曲折的变换模式》,《中国语文》第2期。
周光庆　1989　《古汉语词汇学简论》,武汉:华中师范大学出版社。
周　荐　2003　《论词的构成、结构和地位》,《中国语文》第2期。
朱广祁　1985　《〈诗经〉双音词论稿》,郑州:河南人民出版社。
朱歧祥　2004　《论殷商金文的词汇》,《古文字研究》第二十五辑,北京:中华书局。

第三节　衍音说问题辨疑

信守派著作中的"衍音法"来自"衍声法"(参看本章第一节),据称指由一个音节"衍"成两个音节的造词方法。它在不同学者著作中又有不同的名称,或称一分为二法,或称分音法等。虽具体论述可能有细微区别,但本质上没有多大区别,浑言之则可举衍音说以赅其他,通谓衍音说,概指其"一分为二"的理论及依据。考察结果表明,衍音说缺乏语言实践的支持,而且其理论依据及例词都靠不住。

一、衍音说得不到语言实践的支持

有些人对衍音说深信不疑,据以解释某些不明其内部结构方式的双声词或叠韵词。持衍音说者认为,单音词通过衍音而成为双音节单纯词,即"衍音联绵词"。又分加字衍音说和缓读衍音说。两者在文字表述上各有侧重。

先看加字衍音说。其颇具代表性的说法是:"一个单音词加上一个与之双声或叠韵的字,使其成为双声或叠韵的联绵词,这是产生联绵词的一个途径。"(徐振邦1998:74)①又说:"衍音联绵词有双声、叠韵之别,又有在前在后之分",细分为"衍音在前,双声联绵""衍音在后,双声联绵""衍音在前,叠韵联绵"和"衍音在后,叠韵联绵"四类(同上:75~85)。就近而言,加字衍音说当来自章太炎的"一字重言说"②。如果不是近二三十年间问世的该类著作中反复强调"衍音"论,认定加字来自衍音,完全可以专文考察加字衍音说

---

① 衍音说由来已久,讲的人也比较多,但显得比较乱。只有到了徐振邦(1998),才整合众说,显示出条理性来,为后来信守派所宗,也给我们讨论问题带来了方便。因此,本节的考察讨论不是针对徐先生的。

② 章氏"一字重言说"虽然影响较大,但那主要是因为章氏声望。实际上其说没有靠得住的语言事实做依据,充其量还停留在想象阶段。特别章氏"一字重言说"所举例均系想当然,已有学者提出批评(孙德宣1942),更令人不敢轻信。但其间情况,包括其影响问题,似需专文考察讨论,兹不赘言。

问题。但持论者多认定加字是衍音的结果,就放在本节与缓读衍音说一起考察讨论。并且,该类著作比一般的缓读衍音说著作更有独到之处;不放在一起考察讨论,或许有避难就易之嫌。其独到之处如论到"衍音"的成因,论者大多喜欢补充说:"衍音的目的除了用双音节区别词义外,也用共鸣的声韵使听者更清楚,减少误听。"(同上:85~86)以上观点反映了加字衍音说共识,不是徐振邦先生自己的发明,只是徐先生对同道共识做了归纳罢了。这种归纳近年被人反复称引,据以说解结构不明的双声词或叠韵词。但是,如果信守派学人从事联绵字研究不是从观念出发,甚或有一点反思精神,试照既有理论"衍"一句话给别人听听,或者把某句话中某个音节衍成两个音节,或者把某几个音节分别衍成两个音节,看一看听话的人们能不能顺利理解"衍音"之后的句子。为了弄清事实,本书作者曾把《孟子》中"天时不如地利,地利不如人和"根据加字衍音说的理论依今音衍成下面几个"句子",不出"谜底",而请受试者说说它们分别表达了什么意思:

  (1)a. 推天社时版不弱如黛地类利,黛地类利版不弱如热人海和。
    b. 天推时社不版如弱地黛利类,地黛利类不版如弱人热和海。
  (2)a. 勉天尺时胰不主如米地比利,米地比利胰不主如沉人车和。
    b. 天勉时尺不胰如主地米利比,地米利比不胰如主人沉和车。

实验结果表明,即使坚执衍音说的学者也无一人说出它们到底是什么意思。为什么连他们也不懂呢?这(1)a 是照加字衍音说所谓"衍音在前,双声联绵"的观点在孟子原句的每个字前面衍出个同声字,(1)b 则是在原句的每个字后面衍出个同声字,(2)a 是在原句的每个字前面衍出个同韵字,(2)b 则是在这本句的每个字后面衍出个同韵字,为什么听不懂了? 其中推天、社时、版不、弱如、黛地、类利、热人、海和或天推、时社、不版、如弱、地黛、利类、人热、和海都是照加字衍音观点衍出的"双声联绵词",勉天、尺时、胰不、主如、米地、比利、沉人、车和或天勉、时尺、不胰、如主、地米、利比、人沉、和车都是照加字衍音观点衍出的"叠韵联绵词",起到"区别词义"或"减少误听"的作用了吗?但他们并没有马上认输。他们有人说古汉语里的句子没有这么衍的;有联绵字的话,一句话里面也只有一个,至多不过两个,哪有整句话都是联绵字的?

  于是再以"责颤善则离""家之本在根身""君正坡莫不正"①等句请

---

  ① 以上三句分别是《孟子·离娄上》"责善则离""家之本在身""君正莫不正"中某字"衍音"而成。

教,结果同样没有人能明白它们的意思。但有人却说:"现代人不懂,是因为没有那样的语境了。古人不一定不懂!"这么说,实验就没法再进行下去了。

但是,我们还是很纳闷:是什么样的语境能让古人理解这些"话"呢? 或者说,古人是怎么顺利理解"衍音词"的呢? 我们站在不同角度反复考察发现,论者所谓"衍音的目的除了用双音节区别词义外,也用共鸣的声韵使听者更清楚,减少误听"云云,不过想当然耳。否则,谁能在古书中找到论者所谓"区别词义"或"用共鸣的声韵使听者更清楚,减少误听"的实例? 一定要找,也只能像此前信守派著作那样,举一些论者不明其语素构成情况的双音词,又有什么说服力呢? 而今再换个角度说,如果古人能顺利理解,校勘家就不会一力删衍了。如《墨子·兼爱上》:"盗爱其室,不爱其异室。"王念孙《读书杂志·墨子第二》"不爱其异室"条下曰:"下句不当有'其'字,盖涉上下文而衍。"其、异之职对转,王念孙却没有把"其异"看作"衍音在前,叠韵联绵"而成的衍音联绵词。《墨子·非乐上》:"其说必将与贱人,不与君子。"王念孙《读书杂志·墨子第三》"不与"条下说:"不"字是"后人不晓文义而妄加之"。不、与之鱼旁转,照今之衍音说,也可释"不与"为"衍音在前,叠韵联绵"的衍音联绵词,但王氏却批评"不"字是"妄加"。然而,一代硕学王念孙不知"衍音",并且一力删衍,又该怎么解释? 如果不怀现代联绵字观念之成见,不迷信衍音说,答案其实是明摆着的。

然而,古人不能理解"衍音联绵词",论者所谓"衍音联绵词"又是怎么产生并流传的? 其实,古汉语里没有"衍音联绵词",加字衍音说文章里所举例词均靠不住(参看本节第三部分)。如果衍音说家否定这一结论,就请照自己的说法造几个靠得住的"衍音联绵词"吧。若语文学家评论加字衍音说,至此足矣。而今还需考其所以然。

原来,衍音说只是由证明应时而作的"联绵字—双音单纯词"说而来(沈怀兴2007a、b,2010a)。后世(指近30年)学者阐发衍音说,也总是与"联绵字—双音单纯词"说形影不离。只是前者意在证明联绵字是单纯词,以反对"汉语单音节幼稚落后论";后者以"联绵字—双音单纯词"说为背景,带挈衍音说,并以之解释某些不明其结构方式的双音词:前者与后者在信守派内部恰构成循环论证。一篇文章中的循环论证容易被人看出,一个学派内部,特别数十年间形成的循环论证,往往人皆习焉不察。学术史上一些谬论而成了"定论",往往与此有关。衍音说与"联绵字—双音单纯词"说都成了"定论",其间循环论证是一个不可忽视的因素。因此,我们必须加强中国现代语言学史的研究,不宜过分迷信"现代语言学的科学观点",动辄抬出"现代语言学的科学观点"吓人。①

考察结果表明,如果历史上没有语言阶梯论,没有"汉语单音节幼稚落后论",没有20世纪三四十年代部分青年学者对这"理论"的反驳,"汉语自古就不是单音节语"之类的观点就不会出现,支持这一观点的"联绵字—双音单纯词"说就不可能产生(详见沈怀兴2007a、b,2010a),人们就没有为证明"联绵字—双音单纯词"说而创衍音说的必要,衍音说也就不会产生。然而现实却恰恰相反,于是创说者因双声、叠韵现象想象上古汉语有一种衍声构词法。起初表述这一想象时并不是那么肯定,后来追随者却信以为真(这又与20世纪社会政治文化之巨变等因素有关),积极为之搜寻依据,但至今未寻得可靠的证据(详见后面第二、三部分)。换句话说,如果不迷信"联绵字—双音单纯词"说,衍音说的臆测性并不难判定:它既无造词理据,因而没有可验证性,又得不到语言实践的支持,不过臆说而已。话语是用来表情达意的;汉语里一般情况下一个音节就是一个语素。如果说话人"衍"出的音节没有意义,那便首先违背了语言经济原则;同时,说话人所衍之音没有意义,有违汉语"音节—语素"特点②,使受话人无法照常式理解话语含义,这便违反了语言效率原则。然则这样的话语行为如何进入交际领域并实现交际目的?所以汉语史上不会有"衍音构词法"。这又可在文献校勘中得到旁证。上面举了王念孙校书的例子,其实这类例子太多了。翻开历代学者整理的古籍,校勘语中多见"衍""衍文""误增"等术语。他们为什么从来不管所删衍文与前后字是否有双声或叠韵关系?对此,今主衍音说者要么证明校勘者删"衍"本属多事,要么做出两全的解释,这可能吗?然则为了言语交际的顺利进行,历史上无人创造"衍音联绵词",历代校勘者力删衍文,文献中容不得"衍音联绵词",今所论"衍音联绵词"必不是古人用所谓衍音构词法创造的,汉语史上不会有"衍音构词法"明矣。

对此,几乎所有的持衍音说的学者都喜欢傍汉语词汇双音化发展说,认定衍音构词法是汉语最早的构词方式之一,它的施行是汉语词汇双音化发展的必然。他们认为汉语词汇双音化发展是为了避免单音词不断增多而造成同音混淆;为了避免单音词过多而致同音混淆,汉语里就产生了"一种特殊的构词法",创造出双音单纯词。其实,这是靠不住的(详见第八章)。特

---

① 这个问题很重要,后面有关章节有实例,《现代联绵字观念的负面影响》中还会重点讲。这不是有意诋毁中国现代语言学,只想现代语言学研究能够更有利于人才培养,更好地为社会服务,而不能不对它说点"不"。其实,即使今天不说"不",后人也会说的,因为中国现代语言学的研究问题太多,不少地方误导教育,更不能满足社会发展需要。

② 有些学者依据民族语文学家的研究称史前汉语中有非拟声的双音节单纯词,这里面有些问题还需要继续研究,本书暂时根据比较通行的说法。

别著名语言理论家徐通锵先生(1997:340~355;277~283)在此基础上用了约两万字的篇幅证明其"联绵字的'2'是'1'的分化,是'1'分为'2'的结果"(徐通锵 1997:348)、"联绵字的'2'是形成双音字的中介和桥梁"(徐通锵 1997:355)的观点,但给读者的印象是还仅仅出于想象层面,证明无力,问题较多,这就更是从反面证实了衍音说不可信(参看本章第一节)。

再看缓读衍音说。持缓读衍音说的著作中认为单音词可通过缓读而成双音节单纯词,但没有像加字衍音说那样"前加""后加"之别,因此也没有那么多尴尬。然而,我们每一个人都可以做个实验:不管把一个字音拖多么长,实际上都仍然是一个音节。这说明基于缓读所创造的衍音说是无法成立的。如果说有特殊需要时要把一个音节读成两个音节,那种特殊需要是什么?那种特殊需要如果被后人接受而流传下来,一定体现为一种语理,这种语理是什么?如果说古人将单音词"衍成"双音词,而不考虑受话人是否理解和接受,又怎么流传开来?连流传的可能都没有,后人所谓"衍音联绵词"究竟是哪里来的?于是缓读衍音说家寻求古人的缓言说等和今之分音词说作证。其实,这是未做深入考察,不明白它们都无益于衍音说的证明(沈怀兴 2008。余参看本节第二、三部分)。

另外,缓读衍音说还缺乏语法现实性的支持。说话拖长音主要在主语后面和句末,其次是在状语等被读为语法重音的场合。古汉语不是"主—谓"型语言,单音词做主语"衍成"联绵词的情况即使有,也不会多,更不知能否定型。而王力(1958:45)、魏建功(1935/1996:58)等先生都说"汉语自始就不是单音节语",所据其他理论均不成立(沈怀兴 2009a、2011a),单靠这种不可能存在的现象又怎么能够支撑起他们的观点呢?至于句末单音词缓读而成"衍音联绵词"的情况,更不会存在。因为句末多为语气词,即使衍音说文章里也未举出语气词的"衍音联绵词"例;即使句末词非语气词,也兼表语气,结束全句语气,而语气的表达总是直接的,明确的,不能拖泥带水地"衍"出个无义音节,迷惑受话人。至于做状语的单音词在说话人需要读语法重音时会拖长一些,但单音词做状语时多与其后单音节谓词形成一个标准音步,绝不会再"衍"出一个无义音节,分裂状中关系,破坏受话人对话语的正确理解的。因此,状语位置上的单音词也没有衍成"联绵词"的可能。其实,不管哪个词读语法重音或逻辑重音,都要通过增强其响度以凸显其含义,这不是通过衍出一个音节可以实现的。从这个角度上讲,单音词缓读成双音词的现象也不会出现。如果说古汉语实际情况不同于上述分析,则请举个例子看。缓读衍音说家文章不考虑上述根本性问题,但不能忘记:古汉语里一般情况下一个音节就是一个词或一个语素,其含义由一个响度来表达;人们习于这种表达,如果有人硬是"一分为二",用两个响度表达原单音词含义,则难免造成受话人理解障碍,就不止破坏语言经济原则了。其实,语言是表情达意的,话语是说给人听的。这是个常识,但只要承认它,就不会轻信衍音说了。

至于缓读衍音说所举例词,或为所谓分音词①及切脚语,或为说者不明其内部结构方式的双音词。后者主要是根据其上下字语音联系认定它是衍音联绵词。偶或进行考察,亦不求本字,想象的成分多,致使其观点无以成立。前者只是立足后世之共时角度做了点不切实际的想象,未对所谓"分音词"进行深入研究,确切点说并不真正了解其成因,因而同样没有说到点子上(参看下面第二部分的相关论述)。至于切脚语,其运动方向是切不是衍,就更不该举以为证了。

二、衍音说的理论依据靠不住

由于历史的原因,五四运动以后数十年间坚持反对帝国主义,语言研究也多带有一定的政治色彩,批判"汉语单音节幼稚落后论"成为部分学者的自觉行动。在薛祥绥(1919)发表了第一篇驳斥"汉语单音节幼稚落后论"的重要文章之后,在20世纪二三十年代有几位青年学者相继撰文批判"汉语单音节幼稚落后论",同时萌发了"联绵字—双音单纯词"的意识。数年后,又有人提出"衍声复词:联绵"说来证明"联绵字—双音单纯词"说(详见沈怀兴2007a、b,2010a)。至20世纪50年代以后,由于受社会政治的影响,同时也由于受学术发展水平的限制,有人在语言研究与教学或词典编纂中继续坚持"联绵字—双音单纯词"说及衍声联绵说,"文化大革命"之后他们的书进入大学课堂,而且那时候其他可读的学术著作很少,以至于以"联绵字—双音单纯词"说为核心理论的现代联绵字观念师生相传,不断发挥,渐成"定论"(沈怀兴2009a)。因此,研究现代联绵字观念问题,无论如何不能忘记这样的历史背景。否则,不仅不会得出正确的结论,而且对今天看来那时一些学者发表的不够负责任的观点根本无法理解。

所谓"不断发挥",指后人不知"联绵字—双音单纯词"说及衍音说产生的历史背景,一再为它搜寻理论依据,更换词例,证明它,进而依据"联绵字—双音单纯词"说做研究。但是,搜寻的理论依据越多,漏洞越多;例词则

---

① "分音词"只是在感性认识基础上贴的个标签,特别在其成因问题上众说纷纭,而至今未见可信的论述。给人的印象是,"分音词"问题甚是可疑,自身还亟待深入研究。然而用它来证明衍音说,证明"联绵字—双音单纯词"说,其说服力怎样,似无需多说。本节下文还将有多次论及分音词问题,可参看。

是误举其不明造词理据的双音词。这在少数学者的反思性著作中多有辨正。如白平(2002:172~208)对一部"古代汉语"统编教材举以证明"联绵字—双音单纯词"说的例词集中考辨了21个,证明它们都是合成词;胡正武(2005:52~80)也对一些典型"联绵词"进行考辨,恢复了它们合成词的名分①;笔者近年发表的文章中也考辨了大量被人误认作双音单纯词的"联绵字",证明它们都是合成词。下面先择要辨析衍音说之追随者所补充的理论依据。

追随者或从语文学史上寻得缓言说等来支持衍音说,给人的印象是衍音说本古人所创;或用今人之分音词说、复辅音裂变说等有很大争议的认识作证。其实,这些似是而非的证据是没有什么说服力的。如拙作《语文学史上的"长言"说及相关理论》(2008;又见本章附录二)曾经考察古人长言说、缓言说、缓读说、迟之又迟说、徐言说、徐呼说、徐读说、慢声说、二文一命说、分音说等理论分别由谁创立,其立说依据与具体内涵是什么,发现古人诸说均与现代联绵字观念无关(具体情况见本章附录二);有的即使看似可以拿来比附今之衍音说,那也只是想象。特别古人习惯把"长言"与"短言"、"缓言"与"疾言"、"慢声"与"急声"放在一起,轻言"长言为二,短言为一"云云②,不免循环论证,而被信守派学人举以证明今之衍音说,就更不够审慎了。同时,古人多借切音原理论长言与短言,而不区别隐语与常言,也表明他们的理论不能拿来比附今之衍音说。

至于有些人拿今之分音词说或复辅音裂变说来证明衍音说,同样没有说服力。如今之分音词说问题很多,研究者大都局限于对历史积淀的共时描写,找不出令人信服的"分音词"成因(参看第三部分相关论述)。再如上古汉语有无复辅音问题尚无定论,信守派学者总爱说汉语古有复辅音之说不容置疑,然而庞光华(2005)56.3万字的考辨力证上古汉语没有复辅音,所以复辅音裂变说也不能证明衍音说。退一步说,即使上古汉语确有复辅音,一个音节只有一个响度,"复辅音'裂变'为两个音节"之说也缺乏音理的支持③。

---

① 胡正武的情况较为特殊。他理论上大致在维护信守派学人的结构凝固说等,但所做的最实在的工作却是反派的。他长于考辨,著有《同义复词是联绵词—大来源例说》《同义复词是联绵词—大来源例说续》等文,使人清楚地看到,通常被信守派学人举为"联绵词—双音单纯词"说之例词的"联绵词",都是由同义语素联合构成的双音节复合词。

② 古人长言、短言对举者有二:一是"不可→叵"类;一是"不丁→兵"类。前者形成于语言使用的省时省力,后者形成于语言表达的隐秘性或游戏性,均与 A→AB 的"衍音"运动方向相反,故不能证明今之信守派学人所持的衍音说。

③ 常见有人列举由复辅音裂变而来的"联绵词",但未见当其说者。如《实用古汉语知识宝典》(复旦大学出版社,2003)在"古有复辅音声母说"条下据"骨碌""螟蛉""部娄"拟出[kl][ml][bl]三个复辅音,认定"骨碌""螟蛉""部娄"分别来自[kl][ml][bl]之裂变。其实,动词"骨碌"先由拟车轮等物体滚动之声而来,再经换喻而成;名词"螟蛉"先由拟土蜂鸣声而来,再经换喻而成。"部娄",照《广雅·释邱》"……冢也"条下王念孙疏证,本是联合式合成词。其他著作中的例子暂不讨论。

一般人也知道,规范的英语里听不出复辅音被读成两个明显的音峰、音谷的。同理,古人自然语言中也不会将某音节中的复辅音分读为两个音峰和两个音谷。如果有人把某音节的复辅音分开读成两个音峰两个音谷,则必然造成交际障碍(请来自有复辅音语言的留学生做个试验,很容易得出这个结论),那又是什么原因促使他付出这样的代价呢?另外,有人拿分音词说或复辅音裂变说证明衍音说,而被另一部分持衍音说或倾向衍音说者否定(李兰 2002、王洪君 1994、张振林 2007),也发人深省:同执衍音说,为什么他们反对分音词说或复辅音裂变说?

也有人创造新理论支持衍音说。如一篇"探讨联绵词跟单字词音近义同现象的本质"的文章,先认定上古汉语有"联绵词单字形式的事实",然后从"大凡联绵词,都会强调其单词素性质"出发,认为"在古汉语中,许多双声叠韵的联绵词都可看作是由单音节词延长声母或韵母而成的",并且认为"具有音近义同关系的单音词与联绵词同源则是无疑的"(详见詹鄞鑫 2005)。① 但是,逐个考察其例词,如麻木、战栗、辗转等,则都是作者不明其语素构成情况的合成词,而不是单词素的"联绵词"。如果读者误信其说,也许连"颈项""观看"之类都要判为单纯词。颈、项见匣旁纽,耕东旁转;观、看见溪旁纽,元部叠韵:它们上下字古音都相近。并且,"颈—颈项""看—观看"均前后同义。如果有人不了解其结构关系,而据衍音说判它们为双音单纯词,不知创说者是否同意。须知:(1)汉语里双音词与单音词义同者太多了,如某些由同义互注构成的联合式合成词都与其同根单音词义同,我们却不能把自己明其结构方式者判为合成词,反之则判为单纯词。(2)词的结构是历史上形成的,它与造词者的认识分不开;古人造词时的认识不会因今人对该词结构的不同理解而变化。(3)还没有人能够证明汉语史上曾有用来创造双音单纯词的"特殊的构词法"!(详见沈怀兴 2004、2007c、2009a)

再举个创复韵尾衍化说以证衍音说的例子。其基本观点是:"古代的许多叠韵联绵词可能是带 -s 的复韵尾的一种衍音形式。"文章说:"上古汉语的入声韵字中,可能存在带 s 尾的复韵尾-ps、-ts、-ks 等。稍后……ps 等失去 s 尾成了-p、-t、-k,变为古代的入声韵。"(李新魁 1991)文中选用北方话的"一巴"作为"汉语方言中存在的某些单音词衍化为双音词"的例子:

---

① 这个意见有点像缓读衍音说,却更进了一步:缓读衍音说还是幻想一个音节通过缓读而变成两个音节,这里却说"许多双声叠韵的联绵词都可看作是由单音节词延长声母或韵母而成的"。但读者不明白的是,拼音的基本原则是"前音轻短后音重,声韵相连猛一碰",这轻短的声母竟可延长成一个(或两个?)音节?那样的话,谁还听得懂啊?

北方话（或北京话）的口语中，有些原来收-p、-t、-k 韵尾的字，它们通过一种衍音形式而保存了原来的韵尾。如收-p 尾的"眨""杂""龄""掐"等字，它们在口语中保存有各种词语的特殊读法：涩→涩巴、眨→眨巴、杂→杂巴凑儿、龄→龄巴、掐→掐巴。这些词中的 pa（巴），其声母原是韵尾-p 的遗留，它通过在-p 之后再加上元音节的韵母形成"叠韵联绵词"而保存原来的入声韵尾。

这段话使人想到以下问题：第一，常言"入声短促急收藏"，急收藏者却衍出一个音节，在音理上讲不通。换言之，语音学常识告诉我们，-p 等清塞音韵尾只表示发音方向，音值含混，不可能变成声母且带上前一音节的韵母。第二，在北方话口语里，几乎所有表具体动作的单音节动词都可加"一巴"缀（如："把菜给耪巴了。""小树被砍巴了。""把绳子缠巴起来。"），一些单音节形容词也可后加"巴"（如紧巴、俊巴、蔫巴等）。其例中"眨巴""掐巴"即表具体动作的"眨""掐"后加"巴"而成，"涩巴"即形容词"涩"后加"巴"而成。如果一定坚持"眨巴""掐巴""涩巴"三例中的"一巴"由入声韵尾-p"衍化"而来，耪巴、砍巴、缠巴、紧巴、俊巴、蔫巴等，其词根均非入声，则不好解释。第三，其例中"杂巴凑儿"，北方话不说，通常说"杂八凑儿"。"杂八凑儿"表意明确，而"杂巴凑儿"却令人不知所云。许宝华等主编的《汉语方言大词典》和李荣主编的《现代汉语方言大词典》都收有"杂八凑儿"，且都查不到"杂巴凑儿"，可为一证。特别后者释"杂八凑儿"，只举了东北官话和北京官话的例子，证据尤力。第四，北方话不说"杂巴"①，这又从反面证明原作者观点不成立。第五，衍音说著作认定所衍出的音节无义，而北方话里的"一巴"却并非无义。如单音节动词后加"巴"，则增加"随意"义（田佳佳 2003）。如"她狠狠地掐了他一下。""谁把这盆花掐巴了？"在老派北方人语感里，这两句中的"掐""掐巴"不能互换。还有，某些单音节形容词加后缀"巴"，表程度加深，一般北方人也能明显感觉到。这些都证明北方话里的"一巴"是一个词缀，而不是一个衍音节。换个角度讲，也只有把"一巴"看作词缀，才不存在将"一巴"作衍音节看所产生的上述问题。这样说来，这篇文章为证明"古代的许多叠韵联绵词可能是带-s 的复韵尾的一种衍音形式"，在关键时候

---

① 如李荣主编的《现代汉语方言大词典》中未见"杂巴"，许宝华等主编的《汉语方言大词典》虽有"杂巴"，释曰："〈动〉砸，打。官话。《中国农村的社会主义高潮》上：'不能乱～牲口。'"但"杂"无"打"义，故例中"杂"乃"砸"之误。《汉语大词典》词目中有"砸巴"而无"杂巴"，可为一证。北方话"砸"义同"打"（也可说"打 dǎ 巴"），"砸巴"即表具体动作的"砸"加后缀"巴"，指随便打。

"下路"了①! 这种情况在衍音说文章里很不少。上面举了文字学家的例子,这里又举了音韵学家的例子,只是略见一斑罢了。

现行衍音说既没有语言实践之基础,又没有得力的理论支持,如果要证明,论者之间必多抵牾,从而反映出衍音说的臆测性。例如,论者总爱拿方言中"嵌 1 词"(或称"分音词")证明衍音说,而所谓"嵌 1 词"又是怎么形成的?赵秉璇(1979)说来自复辅音演变,徐通锵(1981)说来自儿化,王洪君(1994)另有说法,其实均属推测。他们大致是立足共时对研究对象进行想象,并不知道"嵌 1 词"是怎么产生的。现象描述在发生学上有个视角问题,站在不同角度观察同一语言现象常有不同的认识,不同认识前提下的原因猜测势必歧见迭出。有鉴于此,有些人猜测"嵌 1 词"来自切脚语,并且这一观点至今仍占上风。殊不知,即使果真来自切脚语,也不能证明衍音说,因为切与衍的运动方向完全相反(参看下文第三部分中相关的论述)。总之,"嵌 1 词"说不能证明衍音说。又如,论者总爱说"衍音构词法"是汉语中最早的构词法之一,上举音韵学家及其他部分论者都认定衍音构词法出自上古汉语,而一般衍音说著作中举的例词却主要是宋人笔记、元杂剧和现代汉语方言中的切脚语;凡举上古汉语中的例词,也只是把自己不明其造词理据的双声词或叠韵词拿来贴上个标签,根本不能证明衍音说。更有甚者,连衍音说学者内部对切脚语结构特点的认识也截然相反。如梁玉璋(1982)等认定切脚语都是复合词,并被《中国语言学大辞典》接受(详见该辞典第 184 页"切脚语"条之释),但也有人把切脚语说成单纯词。由于他们不了解切脚语特点,只是为了证明汉语里有衍音构词法,这就很难保证其研究的客观性和理论的科学性了。衍音说著作中像上面所指出的问题很不少,充分反映了现行衍音说的臆测性。

衍音说还牵扯着相关的一些理论,已有专文讨论(沈怀兴 2011c),可参看。

三、衍音说的例词不支持衍音说

持衍音说者的例词不支持其观点,也让人怀疑衍音说的可靠性。由于种种原因,20 世纪 50 年代后期现代联绵字观念已经写进教材和词典。"文

---

① 其文中也为-t、-k 举了例,但或误举,或误判,或非北方话例。如为-t 共举了四例:嘎→嘎搭、迣→趷跌、瞎→瞎搭、抹→抹搭。其"嘎搭"是拟声词,属误举;"趷跌"在北方话里说"喋咧";"瞎搭"是偏正式合成词;"抹搭"是联合式合成词。为-k 共举了三例:恶→恶格、得→得颏、酋→酋壳。北方话里无"恶格""得颏","酋壳"当是"酋刻"之误,本是联合式合成词。总之,其文中为-p、-t、-k 共举了 11 个例词,其中 10 个例子不支持其衍音说观点。至于"龁巴",也是错举的例子,因为它也是"动素+巴缀"而成的派生词。总之,其所举 11 例均与其观点相左,只能说明其观点是从现代联绵字观念出发得来的。

化大革命"后一般人从学生时代就接受了现代联绵字观念,而不具备深入考察某些双音词之造词理据的主客观条件,往往用不明其语素构成情况的双音词证明"联绵字—双音单纯词"说,或根据"联绵字—双音单纯词"说把某些双音词判为单纯词,贴上"双声联绵词"或"叠韵联绵词"的标签,所以这类文章总是例词先出破绽。对此,笔者在已发表的文章里也多有考辨。如有人认定"慷慨"是衍音联绵词,说"慷"是"慨"的前衍音,更有数不清的文章举"慷慨"为双声联绵词例,均因迷信"联绵字—双音单纯词"说,不求本字,未考察"慷"字来历,不知"慷慨"本是联合式合成词(沈怀兴 2007d)。被信守派学人举为叠韵联绵词例的"从容"也属这类情况(沈怀兴 2006)。只是讨论这类问题过于费辞,下面姑且在已有研究的基础上进行分类概述。

衍音说著作中所举"衍音词"主要有三类:一是上古汉语词例,多见于春秋战国文献。这类词都是引之者未能考其造词理据的双音词。论者通常根据其上下字语音联系,从现代联绵字观念出发,谓之双声联绵词或叠韵联绵词。这类例子同道多有考论,本书前面对这类词也考辨了不少,这里不再举例。二是宋元以降近代汉语词例,主要是切脚语。三是现代汉语方言的"分音词",也有人叫"嵌 l 词"。至于晋代以后数百年间的汉语,则很少举例,更无人举出殷商汉语词例。这种现象颇令人生疑:第一,既然衍音构词法是汉语最早的构词法之一,持论者为什么不去殷商汉语语料里找实例?如果找了但未找到,汉语里为什么会在殷商之后产生衍音构词法?汉语里早从殷商时期就已有复合式构词法,至迟到周初就已有派生构词法,既有复合法构词之利又有派生法构词之便的语言里,为什么会产生违反语言经济原则与效率原则的"衍音构词法"?第二,为什么到《诗经》时代涌现出那么多"衍音联绵词"?(实际上他们所举《诗经》中的例子也都不是"衍音联绵词",都不支持"联绵字—双音单纯词"说。参看李添富 2009)此前所谓词汇双音化发展的需要、绘景状物的需要云云,靠得住吗[①]?第三,为什么晋代以后数百年间衍音构词法接近"休眠状态"?如果衍音说真的反映了汉语实际,所谓衍音构词法一个阶段活跃,一个阶段消沉;再活跃[②],再消沉,其原因何在?这些问题长期困扰着读者。下面对上言后两种衍音说词例略陈管见。

---

① 谓创造衍音联绵词是绘景状物的需要,只是想象。景、物无声,有声的语言只能模拟有声之物;人类语言要表述无声之物,一是采用重叠法、复合法或派生法创造合成词,二是通过隐喻或换喻的方法,最终离不开已有的拟声词、音译词或合成词,人们找不到汉语例外的原因。

② 如果不计论者误将切脚语算作"联绵字"的情况,照正统的信守派著作中的论述是汉魏以前汉语中联缀两个音节构成"联绵字"之法活跃,汉魏以后消沉,那样的话同样找不到可靠的依据(参看第八章)。

衍音说著作中所举切脚语主要见于宋元语料（其实可从春秋时期的语料中举例。详见傅定淼 2003），特别多见于元杂剧或世俗隐语。切脚语的本质是"切"，不是"衍"，不是由本字衍出一个音节，与论者说的"衍"运动方向相反，因而不应该举以证明衍音说。同时，切脚语产生于语言表述的隐秘性或陌生化要求，而所谓衍音联绵词，起初只是为证明联绵字是双音单纯词的想象（参看沈怀兴 2007a、2010a），后来被用来说解某些结构不明的双音词，至今没有找到可信的成因；切脚语具有明显的地域性、游戏性、隐秘性和有限性，所谓衍音联绵词，除了上下字有"双声"或"叠韵"关系而被说成双音单纯词之外，却未见有什么特点，至少从结构上看不出它与一般双音词有什么不同[①]。并且，研究者至今没有给它划定界域；一个双声词或叠韵词，只要研究者不明其语素构成情况，就可能举作衍音联绵词例。上述种种本质性区别，都要求研究者不能把切脚语混同于尚未证实的"衍音联绵词"。

论者所举元杂剧中其他"衍音词"例也不支持衍音说（沈怀兴 2011c）。

衍音说者举"分音词"为证，可疑之处较多。白平（2002：92～102）的研究基本上否定了"分音词"说，上文也略有讨论。概括地说，持分音词说者的问题首先表现在研究方法上。他们习惯把他们说的"分音词"与合音词放在一个平面上，忽视了合音词来自说话人省时省力，是语言经济原则与效率原则共同起作用的产物，而所谓"分音词"却不具备这样的现实基础，硬把它们拉扯在一起，势必陷入循环论证。其次，论者大多现代联绵字观念之成见在胸，以共时眼光判定历时变化的语言事实，勇于假设，而不能证实，遂使"分音词"众说纷纭，而均属臆测。对此，时贤已有觉察，上文的考察讨论也可参考，兹不赘言。再次，持论者很少立足语言主体及其生活世界考察语言现象产生的原因，习惯立足被人误解的"双声""叠韵"加以臆断，而且大多偏执索绪尔语言符号"音义结合任意性"理论，片面地理解命名的约定俗成规律。这是"分音词"研究者深陷臆测而不自知的根本原因。不过，这种现象不限于"分音词"研究者，在持现代联绵字观念做研究的其他学者文章中也经常表现出这样的特点。笔者讨论现代联绵字观念问题的数十篇文章中多有论及，本书前面亦有论析，后面还有更多考辨，为避枝蔓，兹不赘言。

读过上文，有人或许会问：那么多衍音说著作里举了那么多"衍音联绵词"，当然免不了有错举的例子；你没有尽考其所举衍音联绵词，怎可贸然否定衍音说？特别那些连你自己也弄不清楚其语素构成情况的双声词或叠韵词，不是用衍音构词法创造的，是怎么来的？其实，这个问题我们在发表的

[①] 至于被研究者误判为"联绵字—双音单纯词"，那不是它们自己的事情。

文章中已经从多个角度反复讨论交代过了,本书前面第二章第一节中也有交代,本节后面所列参考文献中也有两篇,把它们拿来和本节参看,也许没有疑问了。

《荀子·正名篇》讲到命名的原则:"名有固善。径易而不拂,谓之善。"①意思是说:名称本来就有好的。直接、平易而不违反现实的名称就是好的。衍音说家所谓把一个音节"衍"成两个音节构成双音单纯词云云,正与这"径易而不拂"的命名原则背道而驰。即使有,也由于不能直接、平易地反映具体事物而不能顺利被人接受。因此,持衍音说者举不出合适的例词乃是其创说之初就注定了的。

综上所述,汉语史上不存在衍音构词法;所谓"衍音联绵词",主要是持论者不知其语素构成情况,但受"联绵字—双音单纯词"说影响,而凭所见词上下字语音联系误判的结果,也有的是由于研究的浮泛而称切脚语和某些拟声词为"衍音联绵词"。因此,面对一些内部结构关系不很分明的双音词,只能继续深入考察,而不能让某种理论主宰语言研究。坚持论从史出,论从可靠的材料来,而不是从观念来,应该是语言研究的基本原则。这个道理看似很简单,但衍音说的出现和流行正是由于忽视了这个基本原则。

参考文献

白　平　　2002　《汉语史研究新论》,太原:书海出版社。
傅定淼　　2003　《反切起源考》,上海:上海古籍出版社。
胡正武　　2005　《训诂阐微集》,北京:中国社会科学出版社。
李　蓝　　2002　《方言比较、区域方言史与方言分区——以晋语分音词和福州切脚语为例》,《方言》第 1 期。
李添富　　2009　《〈诗经〉中不具音韵关系的联绵词研究》,《先秦两汉学术学报》总第 11 期。
李新魁　　1991　《从方言读音看上古汉语入声韵的复韵尾》,《中山大学学报》(社会科学版)第 4 期。
梁玉璋　　1982　《福州方言的"切脚词"》,《方言》第 1 期。
庞光华　　2005　《论汉语上古音无复辅音声母》,北京:中国文史出版社。
沈怀兴　　2000　《汉语词汇复音化新探》,《中国语文通讯》第 4 期;又见许威汉编著的《训诂学读本》,451~458 页,上海:上海交通大学出版社,2010。
————　　2004　《双声叠韵构词法说辨正》,《汉字文化》第 1 期。
————　　2006　《"从容"释略》,《汉字文化》第 3 期。
————　　2007a　《现代联绵字观念的来历》,《中国语研究》总第 49 期。

---

①　荀子这话从未被信守派学人引用过。他们常引这句话前面的"名无固宜,约之以命,约定俗成谓之宜",同时引索绪尔语言符号音义结合是任意的之说证明他们的观点。这里面有不少问题需要讨论,请待来日。

—— 2007b 《中国现代语言学早期的联绵字观念》,《语文建设通讯》总第88期。
—— 2007c 《〈联绵字典〉的收词及相关问题》,《辞书研究》第4期。
—— 2007d 《由"慨而慷"看"慷慨"构成——兼论现代联绵字理论》,《汉字文化》第2期。
—— 2008   《语文学史上的"长言"说及相关理论》,《中国语学研究开篇》总第27期;又见本章附录二。
—— 2009a 《王力先生联绵字观念的变化及其影响》,《宁波大学学报》(人文科学版)第4期。
—— 2009b 《王筠"连语"说与现代联绵字理论》,《汉语史学报》总第八辑。
—— 2010a 《"联绵字—双音单纯词"说产生的历史背景——兼及先秦汉语构词方式问题》,《汉字文化》第4期。
—— 2010b 《现行联绵字语素判断方法的局限性》,《宁波大学学报》(人文科学版)第3期。
—— 2010c 《试用历史考证法判断联绵字语素》,《语言教学与研究》第5期。
—— 2011a 《双声叠韵说问题辨疑》,《宁波大学学报》(人文科学版)第5期。
—— 2011b 《现代联绵字观念贻误学子例说》,《汉字文化》第2期。
—— 2011c 《与衍音说相关的几个问题》,《语言研究》第3期;已收作本章附录一。
孙德宣 1942   《联绵字浅说》,《辅仁学志》第十一卷第一第二合期。
田佳佳 2003   《北方方言中的语缀"巴"》,《上海大学学报》(社会科学版)第6期。
王洪君 1994   《汉语常用的两种语音构词法》,《语言研究》第1期。
王 力   1958   《汉语史稿》,北京:科学出版社。
魏建功 1935/1996 《古音系研究》,北京:中华书局。
徐通锵 1981   《山西平定方言的"儿化"和晋中的所谓"嵌l词"》,《中国语文》第6期。
——   1997   《语言论——语义型语言的结构原理和依据方法》,长春:东北师范大学出版社。
徐振邦 1998   《联绵词概论》,北京:大众文艺出版社。
薛祥绥 1919   《中国言语文字论略》,《国故论衡》第4期。
詹鄞鑫 2005   《联绵词与单字词音近义同现象的思考》,《浙江大学学报》(人文社会科学版)第5期。
张振林 2007   《试论缓读析言在上古汉语发展中的历史作用》,《学术研究》第1期。
赵秉璇 1979   《晋中话"嵌l词"汇释》,《中国语文》第6期。

附录一　与衍音说相关的几个问题

考察结果表明,衍音说①所以较为流行,原因之一是它被研究者同其他

---

① 认为汉语古有衍音构词法的一种观点。衍音构词法初谓"衍声构词法",简称"衍声法",被认为是古汉语中用来创造双音单纯词的一种特殊方法。《中国语言学大辞典》释"衍声法"曰:"利用重言和双声叠韵一类手段来构词的方法。"

一些未经证实但却为部分人信奉的说法联系在一起,形成了一个较大的"理论联盟"。在这个联盟中,理论成员多了,势力大了,各成员理论都较容易被人认可。笔者在提交第九届全国古代汉语学术研讨会、浙江省语言学会第十四届年会的会议论文《衍音说平议》中否定了长期流行的衍音说,而引起一些反响。与会代表提出了一些支持衍音说的理论依据,限于水平,即席作答不够充分。特别其中有些未必靠得住的理论早与衍音说形成了"理论联盟",如增字构词法之说、语音造词法之说、语词羡余成分说等,不同观点碰撞的结果表明它们亟待研究,故不揣简陋,试对这些说法做点考察分析,坦陈一点粗浅认识,就教于方家。

一、增字构词法之说问题

有些学者以增字构词法之说证明汉语古有衍音构词法,认为此二者名异而实同。讲到增字构词法,又多引蒋礼鸿先生观点为证:

> 一个字(词)加上一个与之为双声或叠韵的字为头或尾而变成双音词,拿去头尾,依然成词。如古代吴地称"勾吴",勾与吴为双声;越地称"於越",於与越为双声;春秋时的邾国称"邾娄",邾娄古音为叠韵。①

蒋先生这段话起初没有要证明汉语古有增字构词法的意思,但如果这一观点靠得住,时贤据以证明汉语古有增字构词法之说则不为无力,只是这段话中对例词的分析判断可疑。这段话大概用了明代杨慎的例子,又参考了近人章太炎的说法,只是基本观点不同于杨、章二人。杨慎《丹铅余录》卷十三云:"越曰於越,吴曰勾吴,邾曰邾娄,本一字而为二字,古声双叠也。《庄子》云'离朱之目',《孟子》云'离娄之明',娄、朱本二字而二声,足以为证。"这话是说:"於越、勾吴、邾娄"三词本来各是一个字(即单音词),所以"为二字",是由于读音发生变化,后世用不同的字标记变化了的音,又合成一词,这种变化可从其上下字有双声或叠韵关系看出。杨慎重点考察了"邾娄":娄、朱二字分别记录了同一单音词不同的音变形式;邾,朱声,故邾、娄也分别记录了同一单音词不同的语音形式。然则"邾娄"乃联合式合成词。如果依增字构词法之说,杨慎的话则不容易解释:人名"离朱/娄"也是"增字联绵词"?是"离"衍增"朱/娄"呢,还是"朱/娄"衍增"离"?如果是"朱、娄"之

---

① 蒋礼鸿《怀仁斋文集》93页,上海古籍出版社,1986年。又,《蒋礼鸿集》第四卷99页,浙江教育出版社,2001年。

间有音变关系或记录了不同的方言读音,会不会恰恰同衍增"离"? 如果说"离"衍增"朱",又说"邾"衍增"娄",到底是谁衍增谁?

"邾娄"为联合式合成词,盖无疑义。唐林宝《元和姓纂》卷五"娄"下曰:"《风俗通》:邾娄国之后,子孙以'娄'为姓。《左传》:齐大夫娄裡。"照增字构词法说家的观点,衍增的字无义,不能脱离本词而存在,邾娄人子孙怎么会以"娄"为姓了? 唐陆德明《经典释文》卷十一《礼记音义之一·檀弓第三》于"邾娄"下释曰:"邾人呼'邾',声曰'娄',故曰'邾娄'。"陆德明之释同样说明"邾""娄"之间有音变关系。依陆氏之说,"邾娄"也是联合式合成词。以陆德明、杨慎之见,林宝所引《风俗通》所谓邾娄人子孙以"娄"为姓则不难解释:邾娄人子孙以国为氏,"邾人呼'邾',声曰'娄'",用"娄"是本邾人语言习惯。这样说来,"邾娄"只能是联合式合成词。至于"勾吴""於越",杨慎未予证明①,古人说者甚众,而无一与今之衍音说合者,这里不再展开讨论。

上述事实也许不难考见,所以蒋先生看了杨慎的文字之后,可能还有其他依据,并且有可能是同时受了章太炎的影响,才提出上面观点的。章太炎《国故论衡》中《一字重音说》说:

> 大抵古文以一字兼二音,既非常例,故后人旁跗本字,增注借音,久则遂以二字并书。亦犹越称於越,邾称邾娄,在彼以一字读二音,自鲁史书之,则自增注於字、娄字于其上下也。

这段文字没谈构词法问题,近年却有人据以证明古有增字构词法。因此,我们推测蒋先生既用了杨慎的例子,又参考了章太炎的意见;②且仅是参考,因为蒋、章二人观点并不完全相同。章氏"古文以一字兼二音",照魏建功的理解也许是说这个词本来就是双音词③,只是初用一个字标记,后来增注一字;蒋氏却是"一个字(词)加上一个与之为双声或叠韵的字为头或尾而变成双音词",亦即他心目中的这个词(如"邾娄"等)最初是单音词。他们的共同特点是站在后世共时角度臆测史事,而忽视了语言的功能。总之,上

---

① 其实,即使杨慎对"勾吴""於越"意见有误,也不影响他对"邾娄"的考察,更不影响"邾娄"是联合式合成词。

② 蒋氏观点也许是受了魏建功的影响提出的。魏氏《古音系研究》(1935)第三章第八节《连绵词及古成语》中所谓"也许最初是'字单而音复'"之说与章氏"一字重言说"所指基本相同(至少在信守派学人看来是这样的,因为他们为证明自己的观点经常同时援引章、魏二氏之说),迟章氏之说20年,有可能是受章氏之说影响所致,故本文举章氏之说可赅魏氏之说。

③ 也许这样理解并非章氏本来的意思,也许章氏之说与杨慎之说差了太多,但是信守派学人不那么理解。为了避免无谓的争论,这里姑且从信守派学人的理解来讨论问题。

引蒋先生的观点靠不住,用它证明汉语古有增字构词法无力,证明当前流行的衍音说无效。

至于持论者所谓古人用增字构词法创造"联绵词",使词语更具音乐性,或造成新词以荷载不断分化的词义云云[12],如果有语言事实的支持,当然可以支持增字构词法之说,同时也就可以证明衍音说了。可惜,那只是想象,只是成见在胸的附会,根本找不到语言事实来证成其说。道理很简单,语言的功能在交流思想,说话不是唱歌,任何人说话都不会为了"音乐性"而让人听不懂;用"增字构词法"创造的"联绵词"如果有的话,只能是表意不明的生造词,除非所增字与已有字有同义互注关系。有同义互注关系就是联合式合成词,否则就是生造词。如有异议,请造几个"更具音乐性"的词,用于日常口语交际或书面语表达,看谁能理解,看它们如何推广开来、流传下去。至于造成新词以荷载不断分化的词义云云,就更是想当然了。试看任何一部语文词典:哪个多义单音词通过创造"联绵词"分化词义了?为什么它们不需要"更具音乐性"或荷载不断分化的词义?

二、语音造词法之说问题

一般著作多用"构词法",但讲"语音造词法"的著作多不用"构词法",故本节论后者用"造词法",否则用"构词法"。语音造词法,指所谓联缀两个音节而构成一个单语素词的造词方法。汉语古有语音造词法之说也促使人们相信衍音说。有些人认为衍音法是语音造词法的一种,有的还直接把衍音说与所谓双声造词法、叠韵造词法联系起来,认为这两种语音造词法同属衍音法。因此,要弄清衍音说问题,不能不考察汉语古有联缀两个音节而成单语素词的语音造词法之说。

讨论语音造词法之说离不开魏建功的《古音系研究》[11]、王力的《汉语史稿》[10]和任学良的《汉语造词法》[5]。魏氏之书于1935年出版,是特定历史背景下写成的[11]。书中想象"连绵词"的成词方式,已被指出:"想象之辞溢于言表,'也许最初是……'、'暗示给我们'、'我总以为……'之类缺乏必要的论证,'也许'、'暗示'、'总以为'云云是不能说明什么问题的。"[6]特别"连绵词的音读,我们不应当做单字的音的连读,中间至少有几种事实可以设想的"[11],"对于连绵词,我想假设一条原则来求古复声的痕迹,与前面(1)(3)(5)(6)的设想相表里"[11],这种事实靠设想、原则靠假设的研究尽管对后世影响较大,70多年以来据以横议者不乏其人,但却始终未得证实,也许需要专文考辨了。

语音造词法之说得以广泛流行,王力先生的《汉语史稿》起了重要作用。如"汉语的双音词有一种特殊的构词法;它们多数是由双声叠韵构成的"[10],"这种构词法上的双声叠韵,比较等韵家所谓双声叠韵,范围要广些"云云[5],观点鲜明,但论据无力[6]。

讲语音造词法之种类最多的是任学良先生的《汉语造词法》。书中第五章《语音学造词法》大致总括了现代学者已有的说法,至今已影响了两代学人。书中分别列专节详细讲述"双声式造词法"和"叠韵式造词法",对现代联绵字观念之信守派来说虽有继往开来之功,但却不符合汉语实际。如其讲述"双声式造词法":"采取双声造词的,就叫做双声式造词法。双声造词法是典型的语音学造词法。"[5]强调指出:"双声词是复音节的单纯词。"[5]并且列举了55个例词。但是,在这55个例词中,至少有45个词明显不支持其观点。如:含胡、含混、秋千、琵琶①、枇杷、蒹葭、吩咐、匍匐、流连、挣扎、辗转、荏苒、唐突、游弋、彳亍、踯躅、踟蹰、踌躇、犹豫、伶俐、忸怩、惆怅、恍惚、蹊跷、陆离、参差、崎岖、坎坷、仿佛、嘹亮、流离、拖沓、倔强、磊落、慷慨、仓促、凛冽、褴褛、黾勉、容易40个例词都是合成词,"辘轳、玲珑、忐忑、澎湃"四个拟声词和一个来自梵语的音译词"琉璃",虽然都是双声词,但它们的造词理据都是很清楚的,是可以验证的,不像采取"双声造词法"创造的"词"那样没有造词理据,而不可验证。这样说来,其绝大多数例词明显不支持双声造词法之说。至于剩下的10个待考的例词,也不会是采取"双声造词法"创造的没有客观依据的双音单纯词。道理很简单:语词因反映人对现实的认识而有理据,因有理据及其现实基础而可验证,可为受话人理解和接受。如果由两个无义的音节联缀成一个音串,其所指完全是音串联缀者规定的,连最初的受话人也体会不出它的命名理据及应有的现实基础,就无法理解和接受,它便不会被传播开来和流传下来。② 换一句话说,既然那些待考的例词流传下来了,便肯定是有造词理据的,可验证的,至少是能为最初的受话人理解和接受的合成词(或拟声词、音译词、切音词)。至于经过漫长历史的音变和形变,一般人一下子看不出其造词理据了,便误举它来证明想象中的造词法,以至于结论与事实不符,那不是它们的事情。

书中讲述"叠韵造词法",情况与讲"双声造词法"相同,也不能证明汉语里有用叠韵式造词法创造的单纯词。如其例词"汪洋、放荡、伶仃、徘徊、浪荡、仓皇、仓黄、慌张、苍茫、彷徨、徜徉、盘桓、盘旋、汹涌、唠叨、号啕、怂恿、

---

① "琵琶"及下面所录"枇杷、辗转、荏苒、唐突、彳亍、踯躅、踟蹰、踌躇、犹豫、伶俐、陆离、参差、仿佛、慷慨、黾勉、窈窕、苗条、从容、逍遥、崔嵬"等也是同类著作常用的例词,但实际上它们都是合成词。

② 这么说,有人曾经提出质疑:其他民族语言有存在大量双音单纯词者,这些词并不是拟声或音译而来,很有可能由语音造词法创造的,那样的话上古汉语中未见得没有语音造词法。这个问题,在还没有解决语素判断之难题以前,只能留待考察清楚相关著作的语素判断方法之后再做讨论。

蹉跎、荡漾、窈窕、苗条、从容、迷离、惝恍、逍遥、缤纷、潦草、潦倒、灿烂、绚烂、胡涂、蜿蜒、飘渺、葱茏、萎靡、婉转、连绵、腼腆、堂皇、依稀、杂沓、突兀、陆续、崔嵬、尴尬等也都是合成词，轱辘、喇叭、咆哮"等拟声词和来自匈奴语的音译词"骆驼"也不支持作者观点。至于少数待考的例词，情况同上面讨论的双声词，也不会支持作者观点。

上面只以《汉语造词法》为例，说明主张汉语古有联缀两个音节而构成一个单语素词的语音造词法之说没有可靠的语言事实。它们的例词都是作者不明其造词理据的一般双音词。这一点，就连《现代汉语词典》《汉语大词典》也不例外①，可见问题的普遍性和严重性。其实，如果没有汉语古有语音造词法之成见，一些双音词的语素构成情况其实并不难做出合理的解释。就像白平[1]172—208、胡正武[3]52—80等所考察的那样，一些被误举为双音单纯词的双声词或叠韵词其实多是由同源词通过互注说明或并举出新等方式，以求相辅相成之效果而构成的。也就是说，同源词因同源而具有同义、近义或类义关系，且读音相近或相通；语言使用者为实现某种语用目的而采取互注说明等方式将两个同源词组成一个双音词，这个词就是双声词或叠韵词或双声兼叠韵词。因此，不能因为它们内部结构方式一时看不出，就判它们为单纯词，更不能以此想象汉语古有联缀两个音节而构成一个单语素词"联绵词"的语音造词法。

如果肯换个角度看，也许会更加怀疑汉语古有联缀两个音节而构成单语素词"联绵词"的说法。大家知道，语法是人类认知思维规律在语言中的反映。殷商金文语料中已有偏正、联合、动宾、主谓等结构类型的复合词[13]，表明那时汉语构词法已较完备，同时也说明那时的人已经具有比较鉴别的认识能力和连类而及的思维能力，且早已养成由此及彼的认知思维习惯。另一方面，殷商甲骨文中单字4600多，那时的汉字就当前比较通行的说法而言都是记录词或语素的，没有丰富的语素则不会产生这么多汉字。一种语言中有这样丰富的语素和较完备的构词法，表达比较鉴别的认知思维新成果可继续使用偏正式构词法创造新词，②表达其连类而及的认知思维新成果可继续使用联合式构词法创造新词，表达由此及彼的认知思维新

---

① 它们坚持现代联绵字观念解释"联绵字"，而所举例词都是编写者不明其造词理据的双音词，后面第七章第二节中有具体考辨，可参看。

② 偏正、联合、动宾、主谓等均属句法范畴，当然也可用它们造句来表达新的认知思维成果或思想感情，实际上人们也是这么做的。但是，只要承认这一事实，所谓汉语古有衍音构词法的说法就更不可信了。须知：词欲进入交际领域，必得有可验证性；要有可验证性，必得有其造词理据；要有造词理据，必得含有造词者与大众相通的认知理路。而不管什么"特殊的构词法"创造的"联绵字—双音单纯词"都不具备这样的先决条件，所以语言中绝不会有正统的信守派学人说的"联绵字—双音单纯词"。

成果可继续使用动宾式构词法或主谓式构词法创造新词。人们不管有怎样的认知思维新成果都可以用已有的构词法创造新词来表达，又有什么原因促使联缀两个音节而构成一个单语素词的构词法产生呢？再说，所谓联缀两个音节而构成一个单语素词的构词方法又是在怎样的认知思维方式的作用下产生的？特别到了周初，产生了派生构词法（如"有—""—如"等），表明那时汉人已有很强的概括能力和类推能力，更不会产生那种严重损害语言经济原则与效率原则的"语音造词法"了。不错，持论者大多认为语音造词法所以产生是为避免单音词过多而造成同音混淆，其实这只是想象，如赵元任《施氏食狮史》通篇91字均音 shi，并未造成"同音混淆"。从这个角度讲，那种所谓联缀两个音节而构成一个单语素词的造词方法也不会产生。

三、语词羡余成分说问题

拙作《衍音说平议》认为：如果哪种语言里用衍音构词法创造新词，势必会违背语言经济原则和效率原则，因而所创造的"词"必然无法理解，不能流传。从这个角度看，汉语里不管什么时候都不可能出现衍音构词法，因而今之衍音说只能是脱离语言事实的想象。对此，有人问：那该怎么解释语言的羡余性？是的，近年确有文章在谈一些复音词的"羡余成分"。但他们只凭想象，并没有可靠的理论依据；考察其例词，却发现所谓羡余成分其实都是作者站在共时角度看其历史变化的结果之所得。面对历史变化的结果，研究者成见在胸，多不探讨其历史变化的原因，故判断未必与实际相符。而语言经济原则与效率原则是就言语交际说的，这与其所见"羡余成分"不相矛盾。再说，羡余性不能违反可理解性，不似衍音说所衍之词不可解。以羡余论者所举北方话的"您们"为例。"你们→您→您们"："你们"变为"您"是合音，与"衍音"运动方向相反；且表敬，是语言经济原则与效率原则共同作用的结果。二变为"您们"，其"们"被说成羡余成分。其实加"们"是对受话人全体表敬，是语言效率原则使然。在北方话里"你—您""你们—您们"对应整齐，各适应不同语境。对方一人时不尊称"您们"，非一人时多尊称"您们"，少称"您"。

有的文章举"哗啦—稀里哗啦""扑咚—劈丢扑咚"等，认为"稀里""劈丢"都由衍音而来，均无义，也是臆断之辞。毫无疑问，如果持论者没有成见，则可对这种语言现象做出更合理的解释。比如，从人模拟声响的规律看，只听到哗啦、扑咚，就说"哗啦""扑咚"；听到变化的声响：先稀里后哗啦、先劈丢后扑咚，就说"稀里哗啦！""劈丢扑咚！"。客观声响千差万别，但一种音系中音位数量有限,而且人们模拟声响的能力有限,每个人感受及模拟声音不尽相同,因而不同的人模拟同一种声音,所产生的拟声词有时有所不同,并且都与所拟之声有一定的差别,由于汉字不能准确标音,用汉字把所拟之声标记出来则与外物之声差距更大,如"稀里""劈丢"之类。但只要有所拟之声与它对应,理据昭然,就不影响听话人的理解。如果有人把稀里哗啦之声拟成"当里哗啦",或把"劈丢扑咚"拟成"喀嘎扑咚",则可能没人认可,因为人们没有听到过先当里后哗啦或先喀嘎后扑咚的声音。这样一比较,就不会认为"稀里""劈丢"之类是由衍音而来的羡余成分了。因此,它们的存在既不"羡余",又不违背语言经济原则和效率原则,是语言准确性的基本要求和正常表现。而从语言的职能看,语词中不可能存在什么羡余成分;研究者所判"羡余成分"未必羡余。

四、余论

语言研究靠证据。没有可靠的证据,观点不管怎样新颖,都难免空中楼阁。上文考察结果表明,看似可以支持衍音说的增字构词法之说、语音造词法之说和语词羡余成分说都缺乏有力的论据支撑。因此,在持论者未拿出更有力的证据证明它们符合汉语实际之前,它们都不具备做理论依据的条件,都不能证明衍音说。然则衍音说理论上讲不通,实践中行不通,[①]自身先天不足,又无其他靠得住的理论支持,虽已广泛流行,并写进了词典,但仍然可疑。

当然,看似可以支持衍音说的理论还有一些,如方言研究中的分音词说、汉语上古音研究中的复辅音声母裂变说、复韵尾衍化说[4]、联绵字不可分训说以及切脚语问题等,有的于讨论中也有人提到。但如果深入实际做点考察,可知它们同样不能证明衍音说。分音词说问题在《衍音说平议》中已有简单的讨论,更为详细的讨论请待来日。复辅音声母裂变说与复韵尾衍化说问题,《衍音说平议》中也已简单论及,认为它们也都不能支持衍音说,现在观点没有变化,不再重复。联绵字不可分训说问题较为复杂,笔者已发表专文讨论[7],并在其他文章中做了补充,现在也不说了。

切脚语现象比较特殊,联系着几个研究领域,这里无法展开,但有一点是可以肯定的,即它也不支持衍音说。第一,切脚语成词的方式是切,不是衍;而衍音联绵词——如果有的话——成词的方式却是衍,不是切:二者运

---

① "衍音说理论上讲不通,实践中行不通"这句话是《衍音说平议》一文的基本结论。《平议》摘要是:"学界流行的衍音说由证明应时而作的'联绵字—双音单纯词'说而来。其实,它得不到语言实践的支持,在汉语史上也不可能存在。论者勇于假设,而不能证实,其理论依据与'衍音联绵词'例均靠不住。"

动方向完全相反。第二,切脚语的隐秘性、游戏性证明切脚语的产生有其必然性,所以不为汉语所独有。如梵语中有,早已为宋沈括《梦溪笔谈·文艺二》、高承《事物纪原》卷四《切字》、郑樵《通志》卷二十五《氏族序》等所揭示,后人论之者更多。曾受梵语影响的语言中多有切脚语,至今其他民族语言中仍有切脚语(或称"反语")[2][9]。而所谓衍音联绵词,至今没有人能够证明其产生的必然性,且不见于其他语言。由于上述两个本质性区别的存在,由切音法而成的切脚语现象也不支持衍音说。

总之,久已广泛流行的衍音说看似有不少理论支持,但这些理论大多自身尚不成立,所以都不能支持衍音说。只有切脚语现象具有坚实的生活基础,但与衍音说无相通之处,也不能用来证明衍音说。衍音说只是附会"联绵字—双音单纯词"说的产物。

参考文献

[1] 白　平　2002　《汉语史研究新论》,太原:书海出版社。
[2] 曹广衢　1959　《布努语的反语》,《中国语文》第3期。
[3] 胡正武　2005　《训诂阐微集》,北京:中华书局。
[4] 李新魁　1991　《从方言读音看上古汉语入声韵的复韵尾》,《中山大学学报》(社会科学版)第4期。
[5] 任学良　1981　《汉语造词法》,北京:中国社会科学出版社。
[6] 沈怀兴　2007　《中国现代语言学早期的联绵字观念》,《语文建设通讯》总第88期。
[7] ——　2008　《"联绵词不可分训说"辨疑》,《汉字文化》第5期。
[8] ——　2009　《王力先生联绵字观念的变化及其影响》,《宁波大学学报》(人文科学版)第4期。
[9] 王敬骝　1983　《佤语的反语》,《民族调查研究》第1期。
[10] 王　力　1958　《汉语史稿》,北京:科学出版社。
[11] 魏建功　1935　《古音系研究》,北京大学出版组;北京:中华书局,1996。
[12] 詹鄞鑫　2005　《联绵词与单字词音近义同现象的思考》,《浙江大学学报》(人文社科版)。
[13] 朱歧祥　2004　《论殷商金文的词汇》,《古文字研究》总第25期。

(附录一曾发表在《语言研究》2011年第3期,
附录于此,补本章第三节之不逮)

附录二 语文学史上的"长言"说及相关理论①

信守派学者常拿语文学史上的长言说或迟之又迟说、徐言说、徐呼说、徐读说、慢声说、二文一命说、缓言说、缓读说及分音说等支持20世纪三四十年代产生的"联绵字—双音单纯词"说。这样说的人多了，就成"常识"了。这些"常识"被编进词典、写进教材，推广开来，便成了"定论"。然而，至今未见有人系统地考察语文学史上的这些说法。它们到底说了些什么？本文试做考察。

一、长言说

历史上各家长言说所指多不相同，今择要简述于下。

（一）"长言"本义为"拖长音唱；歌唱"。如《礼记·乐记》："故歌之为言也，长言之也。说之故言之。言之不足，故长言之；长言之不足，故嗟叹之；嗟叹之不足，故不知手之舞之足之蹈之也。"郑玄注："长言之，引其声也。"宋戴侗《六书故》卷八："歌，古何切，长言也。"明王樵《尚书日记》卷二："咏者谓之讽，长言谓之歌，配歌谓之乐。"②

（二）语文学中的"长言"最初由上述本义隐喻而来，后又因不同作者不同用法而有不同含义。下面是较有影响的几种。

1. 汉何休笔下的"长言"指"拖长音高声说/读"。《公羊传·庄公二十八年》："《春秋》伐者为客。"汉何休注："伐人者为客，读'伐'长言之，齐人语也。"唐徐彦疏："谓伐人者必理直而兵强，故引声唱。'伐'长言之，喻其无畏矣。"这个"长言"含义与其本义"拖长音唱；歌唱"有较为明显的联系，可理解为"拖长音高声说/读"。只要想让人听得懂，单音节词拖长音高声说/读是无法变不成两个音节的。

2. 清初顾炎武笔下的"长言"颇不同于何休，凡两见。一在其《日知录》

---

① 今人常以其缓读说支持衍音说或衍声说，又以传统语文学史上的缓言说、长言说、迟之又迟说等支持其缓读说。衍音说名目多，追随者所说均凭想象，故内容繁杂。这种现象倒是不难理解：一种理论没有坚实的客观基础，却先入为主，论者各自尽力穿凿附会，很难不出现这种名目多、内容繁杂的现象，因而考辨起来只好先分解成不同的专题，一个一个地考察讨论。本文是其专题之一。最初发表在日本《中国语学研究开篇》2008年总第27期，国内不容易看到，附录于此，与本章相关研究做个对照，或做点补充。信守派在"一种特殊的构词法"问题上还有一些想象和说法，不很流行，有必要的话，日后择要考察。

② 依据不同的语法分析理论，"长言之"有不同的理解，即或理解为"长/言之"，或理解为"长言/之"。本研究参照这里所引宋戴侗与明王樵的解释，暂理解为"长言/之"。

卷六"肃,肃敬也"条下:"肃,肃敬也。雍,雍和也。《诗》本肃、雍一字,而引之二字者,长言之也。《诗》云'有洸有溃',毛公传之曰:'洸洸,武也;溃溃,怒也。'即其例也。"另一处在同书卷三十二"奈何"条下:"《左传》:华元之歌曰:'牛则有皮,犀兕尚多,弃甲则那。'直言之曰'那',长言之曰'奈何',一也。"这两个例子所指各有不同:前者是用固有单音词为词根语素,配以同义语素,或将固有单音词作词根重叠,构成双音节合成词,表示原单音词所表示的概念义。这大概是受标准音步双音节之语感的影响,朦胧地意识到了汉语词汇双音化发展趋势吧,只是由于没有现代词汇学的理论,只谈现象,未能揭示出规律性的东西。后者则是反映了一种合音现象。用现代语言学的话说,这里的"那"是"奈何"的合音词,"奈何"说成"那"是说话人省时省力的结果,是语言经济原则的表现形式之一。这种现象在现代各语言或方言里都很多。如现代汉语晋方言邯新片里,"底下"说快了是[diʌ];"拿下"说快了是[niʌ];"没有"说快了是[mou];"那个"平常说[nekuo],说快了就是[nuo];等等。

是的,顾氏"一字,而引之二字"说如果不做上述考察,只看字面意思,确实很容易让人拿来证明今之"一分为二"说(或分音说。下同)。但是,顾炎武的长言说与今之"一分为二"说毕竟有本质性区别:今之"一分为二"说本为证明"上古汉语有一种特殊的构词法"的臆测而创,认为那时语言社会常将一个单音节词缓读而成两个音节,由此而来的双音节词仍是单纯词;顾炎武长言说分明不是这个意思,并且他所举的例词全部是合成词。如其"肃敬""雍和"都是复合式合成词;"洸洸""溃溃"都是重叠式合成词①。至于"直言之曰'那',长言之曰'奈何'","长言"与"直言"对举,又与前者不同,倒是颇似宋郑樵慢声说中所举的"慢声为'蒺藜',急声为'茨'"(详见下文第四部分)。总之,今之"一分为二"说等与顾炎武"一字,而引之二字"说貌合神离,二者不能相提并论。今引之者只引顾氏"一字,而引之二字"以证明自己对分音说的个人理解,而不管顾炎武为证其说所举的例证,这是不能真正解决问题的。值得注意的是,信守派学者引古人片言只语以证其说时一例照此办理,大多隐去古人例词,偶有例外也是由于不明古人例词的结构方式。这样一来,其负面影响就可能是多方面的,而不仅仅是穿凿其说了。

3. 清王筠的"长言"与"短言"相对。指一物有单字名和二字名两个名字,二字名正切单字名,"短言"为单,"长言"为双。很明显,王筠的长言说是以切音理论为基础,同时又受郑樵慢声说等(详见下文第四部分)影响而形

---

① 参看宋项安世《项氏家说》卷四"有洸有溃"的考论。其文字较繁,不录。

成的。他在《说文释例》卷十二《双声叠韵》的题解里说:"吾儒有二合音,又有二字分寄其音,是以沿袭而不觉也。双声叠韵非乎?茨,蒺藜也;茨、蒺双声,茨、藜叠韵。之于,诸也;诸、之双声,诸、于叠韵。"后每据此说解,就有了"长言""短言"相对说。如卷十二:"'窊'下云'污衺'者,污、窊双声,衺、窊叠韵也。窫'下云'污窬',放此。与《尔雅》'茨,蒺藜'同。此反切之祖也。……'卢'下云:'饭器也。'……盖二字叠韵,短言之为单,长言之为双名也。"卷十五:"'葑'下云:'须从也。'盖即《释草》之'须,葑苁也'。彼文误倒。郭注云:'未详。'盖不察其为写倒也。葑、须双声,葑、从叠韵;短言之为'葑',长言之为'须从'也。"又如《说文句读》卷二"芄,芄兰,莞也"条下云:"芄、兰、莞三字叠韵,长言则芄兰,短言则莞。"王筠《说文释例》《说文句读》中这类例子很不少。单看王筠的长言说,有很多值得深入讨论的地方,特别把"长言"与"短言"放在一个平面上,一定程度上掩盖了"二"与"一"之间谁产生谁的事实,则难免引人误入循环论证之途。但是,王筠长言说是以传统的反切理论为基础,同时又受郑樵慢声说、黄生缓言说及顾炎武的徐言说影响形成的,即使不误也不过在讲切音词问题,因此也与信守派著作中所谓"一分为二"说或分音说不是一回事,对证明今之信守派学人相关认识也没有任何意义。至于慢声说等将在下文予以考察讨论,王筠长言说问题已在前面第二章第二节做了简要的考察讨论,这里不再重复。

二、迟之又迟说

这是顾炎武 30 岁时在其成名作《音论》中创立的,至今仍有一定的影响,故需稍予讨论。《音论》卷中《古人四声一贯》说:

> 五方之音有迟疾轻重之不同。《淮南子》云:"轻土多利,重土多迟。清水音小,浊水音大。"陆法言《切韵序》曰:"吴楚则时伤轻浅,燕赵则多伤重浊;秦陇则去声为入,梁益则平声似去。"约而言之,即一人之身而出辞吐气,先后之间已有不能齐者。其重其疾,则为入为去为上;其轻其迟,则为平;迟之又迟,则一字而为二字,茨为蒺藜,椎为终葵是也。(亦有二字并为一字者。《旧唐书》云:"吐谷浑,俗多谓之退浑。"盖语急而然)故注家多有疾言徐言之解,而刘勰《文心雕龙》谓"疾呼中宫,徐呼中徵"。夫一字而可以疾呼徐呼,此一字两音三音之所由昉已。

顾炎武这段话后来为《皇朝通志》等书所袭用,影响着一代代学人的研究;今又为持现代联绵字观念研究联绵字者所发挥,一定程度上促进了现代联绵字观念的广泛流行。其实,这段文字可商之处很不少,如果联系顾氏在其他地方的观点,可议之处更多。第一,迟之又迟说有没有靠得住的语言事实做依据?何以知道口语词"蒺藜"是从书面语词"茨"迟之又迟而来、古代齐方言词"终葵"是从雅语词"椎"迟之又迟而来的?第二,如果像顾氏后来所说,"蒺藜""终葵"分别是"茨""椎"的反切之语①,那又与"迟之又迟"有什么关系呢?如果以前者为准,则不当让后者混在里面纠缠不清;如果以后者为准,则前者无以成立;如果两者兼顾,则不免陷于循环论证之泥沼。看来,顾炎武自己对"茨"与"蒺藜""椎"与"终葵"的关系并没有弄清楚。第三,由于出于省时省力的需要,"二字并为一字者"到处都有,此乃语言经济原则的重要表现形式之一;这"一字而为二字"者直接违背了语言经济原则,而且如果真像顾氏所言,其由迟之又迟而来,则人不知其所云,更违背了语言效率原则。既违背了语言经济原则又违背了语言效率原则的话语形式严重破坏了语言之交际工具的作用,即或产生,又怎么能够流传下来呢?第四,如果其二字所记录的两个音节与拟声或音译无关,又各不表义,则导致 0+0=1 的怪论产生②;一定强调所谓音义结合任意性理论而让 0+0=1,语言社会会不会"俗成"?如果均表义,那便是他后期所执长言说了(参看上文),他为什么没有继续坚持迟之又迟说,后来尽改前例并改称长言说了呢?第五,如果注家之"疾言""徐言"即顾氏所举《文心雕龙》中的"疾呼""徐呼",亦即其所谓"一字两音三音之所由昉",那又与"茨"迟之又迟而成"蒺藜""椎"迟之又迟而成"终葵"有什么关系?如果不是其所举《文心雕龙》中的"疾呼""徐呼",便是郑樵的"急声""慢声",那又有什么必要立此迟之又迟说呢?③ 另外,顾氏"故注家多有疾言徐言之解"的注家是什么时代的?尚未发现宋代以前的文献中有支持他这一说的用例。郑樵的"急慢声谐"是现有文献中能够支持他这一认识的较早说法,却又被他有意无意地忽略过去了,尽管引以为证也只能同归于谬。总之,表面上看顾氏迟之又迟说新颖且简单易懂,但它归根结底还只是认识不清的臆说,因而经不起考辨。

三、"徐言""徐呼""徐读"诸说

今持现代联绵字观念研究联绵字而援引徐言说者多言及颜之推,但在现有文献中,颜之推只在《颜氏家训·音辞》里一用"徐言":"古语与今殊别,

---

① 顾炎武《音论》卷下《反切之始》中有"蒺藜正切茨字""终葵正切椎字"之说。
② 拟声或音译而来的双音词虽然是单纯词,但它们是有造词理据的,都是可以推源验证的,因而都不属于 0+0=1 问题。
③ 顾氏在此问题上一生数易其称,而始终不采用郑樵"急慢声谐"之说,并非其说迥异郑说,亦非不知郑氏之说,盖以郑樵人品不为后人所首肯故也。

其间轻重清浊,犹未可晓,加以外言、内言、急言、徐言、读若之类,益使人疑。"我们从这段话中很难看出其"徐言"与现行"联绵字—双音单纯词"说有什么联系。

再看其他文献。《吕氏春秋·精谕》:"廷小人众,徐言则不闻,疾言则人知之。徐言乎?疾言乎?"《韩诗外传》卷四:"客曰:'疾言则翕翕,徐言则不闻,言乎将毋?'"《资治通鉴》卷二百二十六:"夫安行徐言,非德也;丽藻芳翰,非才也。"《宋史》卷四百四十六《李若冰传》:"吾亲老,汝归勿遽言,令兄弟徐言之可也。"此数例中"徐言"多指慢声细语地说,最后一例则指慢慢地告诉。不管是否与"疾言"对言,均与现行"联绵字—双音单纯词"说沾不上边。考宋元以前其他文献,也未发现与今之"联绵字—双音单纯词"说沾边的"徐言"用例。即使明清文献中,看似沾点边的用例也不多。《周礼·士师》:"以五戒先后刑罚,毋史罪丽于民。一曰誓,用之于军旅;二曰诰,用之于会同;三曰禁,用诸田役;四曰纠,用诸国中;五曰宪,用诸都鄙。"顾炎武《音论》卷下引此段文字后曰:"徐言之则为'之于',疾言之则为'诸',一也。"顾氏这里的"徐言""疾言"说与他晚年的"长言""直言"说中的"奈何→那"相类,即其合音原理是一致的,与宋郑樵的"慢声"说义同。句中"之于"是两个相邻的单音词,而不是一个语素,与今之信守派学人说的"联绵字"有本质的区别。

以徐言说证明现代联绵字观念者或曰"徐言"又谓"徐呼"或"徐读",而查阅现有文献资料发现"徐呼"在古代文献中一般见于声律领域,语言文字学领域则未见用例。如《韩非子·外储说右上》:"教歌者先揆以法:疾呼中宫,徐呼中徵。"南朝梁刘勰《文心雕龙·声律》引之曰:"古之教歌,先揆以法:使疾呼中宫,徐呼中徵。夫商徵响高,宫羽声下。"照《现代汉语词典》的解释,古代五音宫、商、角、徵、羽相当于现行简谱上的1、2、3、5、6。那么,用今天的话说,"徐呼中徵"就是拖长音,以合于简谱"5"音。然则不管音拖得多么长,都仍是一个音,即使施于语言文字领域,也与联绵字的双音节截然不同。

"徐读"在语言文字学领域里也少见使用,我们只发现了一例。《易·说卦》:"艮为山,为路径,为果蓏,为阍寺。"宋冯椅《易外传》卷十五释曰:"阍声昏,寺如字,徐读作侍。"侍,从亻,寺声。《广韵·志部》:"寺,祥吏切。""侍,时吏切。"寺、侍二字同韵部且同声调,只是声母不同,而冯椅曰"寺如字,徐读作侍",可以肯定他的"徐读"不支持今之"联绵字—双音单纯词"说。至于"徐读"的其他用例,则多指慢慢读。如宋杨万里《与长孺共读东坡诗》:"急读何如徐读妙,共看更胜独看奇。"

四、慢声说

慢声说为南宋郑樵所创,对后世影响很大。他创此说举了不少例子,有的是双音节复合词急读而合音为一个音节,上文所引顾炎武长言说中的"奈何→那"例与之相类;有的只是两个相邻的单音词,上文所引顾炎武徐言说及王筠长言说中的"之于→诸"例与之同。这两类例子均见于《通志》卷三十五《论急慢声谐》。书中说:

> 急慢声谐者,慢声为二,急声为一也,梵书谓二合声是矣。……慢声为"者焉",急声为"旃";"旃"为"者焉"之应。慢声为"者与",急声为"诸";"诸"为"者与"之应。又如慢声为"而已",急声为"耳";慢声为"之矣",急声为"只";慢声为"者也",急声为"者";慢声为"也者",急声为"也";慢声为"呜呼",急声为"呜";慢声为"噫嘻",急声为"噫":皆是相应之辞也。……又如语言之中慢声为"激搏",急声为"郭";慢声为"中央",急声为"张"者亦是也。

同样的材料,郑樵以前的人则不这么说。如北宋沈括《梦溪笔谈·文艺二》:"古语已有二声合为一字者。如'不可'为'叵','何不'为'盍','如是'为'尔','而已'为'耳','之乎'为'诸'之类,以西域二合之音,盖切字之原也。"

比较沈括、郑樵两家的说法,最明显的不同是:沈括抓住了语流音变中的合音现象,正确地揭示出"二"与"一"谁产生谁的事实,二者关系一目了然,绝无疑义;郑樵却未揭示出这一事实。他把"二"和"一"放在一个平面上,一定程度上掩盖了谁产生谁的事实,让后世部分读者做出错误的理解,以致拿来证明现代联绵字观念左右下的缓读说、衍音说、长言说、分音说。然而,我们必须清楚地看到,郑樵的慢声说与今天信守派学人的缓读说、衍音说、长言说、分音说有着本质的不同:第一,他将"慢声"与"急声"对言,同时不仅比以梵书的"二合声",而且认定急声之"旃"是慢声之"者焉"之应,急声之"诸"是慢声之"者与"之应,等等,因此并没有完全抹杀"二"与"一"谁产生谁的事实;今天信守派学人的缓读说、衍音说、长言说、分音说之创造者脑子里先有了"上古汉语有一种特殊的构词法"之观念,完全颠倒了"二"和"一"谁产生谁的关系。第二,郑樵所举慢声的"者焉"等均非单纯词,今天信守派学人的缓读说、衍音说、长言说、分音说的创造者没有谁再用郑樵的例证,他们所举的"二"都是他们心目中的双音节单纯词,即主要是他们因不明其结构方式而误作单纯词举出的合成词,只是这些合成词之上字声母与下字韵母可以拼出他们所谓的"一"罢了。

顺便考察一下郑樵的"二文一命"说。这也是包括汉语语言学词典在内的今人著作中照"联绵字—双音单纯词"说做解的重要概念。其实,文者,字也;命者,名也。"二文一命"就是用两个汉字表记一个名称。反映到语言中,这个名称既可能是单纯词,也可能是合成词,并且绝大多数情况下是合成词。如果持"联绵字—双音单纯词"说者不是成见在胸,则不可能做出现有的解释。现在来看郑樵"二文一命"之事实。《尔雅·释诂》:"虺颓玄黄劬劳咎顇瘏痡鳏戮瘽瘀恫瘁痒疧疵闵逐疚痗瘥痱瘵瘿瘆病也。"郑樵注:"虺颓、玄黄、劬劳,皆二文一命也。咎,罪病也。瘽音勤。痡,力专反。疧音祁。痗音妹。鳏即瘝也。戮,郭云:'相戮辱。'亦耻病也。逐,《卫风》云:'硕人之轴。'笺云:'轴,病也。''轴'通作'逐'。"很明显,郑樵这里的"二文"是对后面的"咎"等"一文"说的。"虺颓、玄黄、劬劳,皆二文一命也"的意思是说:虺颓、玄黄、劬劳都是二字一名,分别表示一种疾病。用今天的话说,郑樵这话是站在词义的整体性角度说的。然而,词义的整体性与其语素构成的非单一性正是合成词这张"纸"的两个方面。仍就病名说,感冒、咳嗽、肠炎等各是一种疾病,与之相应的"感冒"等词都是"二文一命"(二字一名),但都是合成词,而不是单纯词。换个角度看,800多年以前的传统语文学家郑樵与其他语文学家一样,他也不可能去做现代词汇学者对词的语素构成进行分析研究这类的工作(参看第一章)。因此,从这个角度说,拿郑樵二文一命说或慢声说证明"联绵字—双音单纯词"说也是靠不住的。

五、"缓言""缓读"诸说

在非语文学领域里,"缓言"有"不忙说""放慢速度说"等含义。此无须举例。在语文学领域里,明代以前的"缓言"主要用以提醒读者读某字注意延长其读音。如元程端礼《读书分年日程》卷三:"始,式氏切。初也,对终之称。式志切,缓言。有初。"这里作者已经注明"始"的"式志切"读音,又加"缓言",就是告诉读者:"始"作"有初,亦即好的开端"讲时要拖长其"式志切"的读音。这里可以看出汉何休长言说的影响。

"缓言"有时可作"委婉地说"讲。如《春秋·昭公二十五年》:"九月己亥,公孙于齐,次于阳州。"杜预注:"讳奔,故言孙,若自孙让而去位者。"明熊过注:"亟言之曰奔,缓言之曰孙,讳奔言孙而已。孙于齐以求援;次阳州,待齐命也。"例中"亟言之曰奔,缓言之曰孙"的意思是:直截了当地说(昭公)"出逃",委婉地说(昭公)"让出位子"。

至清初,"缓言"在语文学领域里出现了新的用法和含义,而首见于黄生《义府》。是书卷上"勃鞮"条曰:"《左传·僖二十五年》:'寺人勃鞮。'注:'即寺人披。'按:披即勃鞮二合音,缓言之则曰勃鞮,急言之则曰披,由语有缓急,非人有二名。卫将军文子名木,《檀弓》作弥牟,与此同。"同书"终葵"条下曰:"终葵二字即椎字之切音,急言之曰椎,缓言之则曰终葵。"现存黄生著作中所用"缓言"只此两处。略加比较,可知黄生缓言说的理论观点与郑樵慢声说略同,因而所存在的问题也基本相同;所不同的是黄生所举的"勃鞮"等对"披"等都只起切音作用。然而,不管郑樵和黄生怎样把"二"和"一"放在一个平面上,一定程度上掩盖了谁产生谁的事实,也不管他们分别举了哪些例子,但是他们都是立足切音、合音角度创说的,与今天的分音说运动方向恰恰相反,所以二者有本质的区别。

黄生缓言说传到后世有时被改了一个字,变成了缓读说。如《四库全书总目·〈中原音韵〉提要》:"然如《檀弓》称:'子辱与弥牟之弟游。'注谓'文子名木'。缓读之则为'弥牟'。"又,《〈音韵阐微〉提要》:"国书十二字头,用合声相切,缓读则为二字,急读则为一音,悉本乎人声之自然。证以《左传》之丁宁为钲,句渎为谷,《国语》之勃鞮为披,《战国策》之勃苏为胥,与三代古法,亦复相协。"对照上引黄生缓言说,《总目》中的这两段文字基本是对黄氏之说的因袭,所不同的主要是把黄生的"缓言"改作"缓读",同时又补充了三个例词。

读者可能会问:上引《四库全书总目》两个《提要》中的文字并不相同,《〈中原音韵〉提要》中只讲"缓读",未讲"急读",这是怎么回事?答曰:第一,《〈中原音韵〉提要》的例子是黄生《义府》中的原例,黄生此例本其上例"勃鞮→披"。第二,《〈音韵阐微〉提要》中"缓读"与"急读"相对言之,馆臣说话的立足点在"合"不在"分",事实上是以"合声相切"解释合音现象,认为合"二"为"一""悉本乎人声之自然",并举古书中"丁宁→钲""句渎→谷""勃鞮→披""勃苏→胥"等例作证,不容后人做出不同的理解。

六、分音说

语文学领域中的确多见"分音"这一术语,但没有哪一家与今之"一分为二"说的"分音词"沾上边儿。如宋郑樵《夹漈遗稿》卷二《寄方礼部书》:"今世有韵书虽多,学者不达声音之意;字书虽多,学者不知制作之意。樵于是为韵书,每韵分宫、商、徵、角、羽与半徵、半商,是为七音,纵横成文。盖本浮屠之家作也,故曰分音。"这个"分音"就是分类标音,声、韵相拼。郑樵此说直到清代仍有影响。如清李光地等《音韵阐微·凡例》说:"按韵分音,在于字母。每音上所表见、溪等字,乃字母也。"大家知道,《音韵阐微》分韵112部,各韵分开、合、齐、撮四呼,每呼分三十六字母,然后列字。因此,这里的"分音"就是分声、介、韵三拼之,与郑樵的"分音"相比,其析音更加精细更合于实际读音了。

明梅鼎祚的"分音"则不同于郑樵的"分音"。他在《释文纪》卷二十八《梵汉译经音义同异记》里说:"经言异论咒术,言语文字,皆是佛说。然则言本是一,而梵汉分音,义本不二。"例中"分音"即分别有自己的读音。

明方以智的"分音"又是一种含义。《通雅》卷一《免读为媢之原》:"推其原,盖汉时事变义起,不得不分别,故未分字,先分音,取其易记耳。"例中"分音"指通过变读以别新义。

清人的"分音"多与郑樵"分音"含义相去不远,但有的也有自己的含义。如《四库全书总目·〈音韵源流〉提要》说:"(作者潘咸)以其禽音辟音谓之谐字,以其本音转音谓之分音。"例中"分音"指某字本音、转音不同,转音是从本音分化而来。

通过上面的考察,可得出以下结论:第一,传统语文学史上一些形式上看似支持"联绵字—双音单纯词"说的说法,如郑樵的慢声说、黄生的缓言说等,它们都是创说者着眼于切音立论的,今天信守派学人的"缓读"等诸说的"一分为二"却是着眼于"分音"立论的,二者运动方向完全相反,所指有着本质的不同。第二,在传统语文学史上,同一术语往往被不同的学者用来指称不同的现象,从而有不同的含义。如上引郑樵、梅鼎祚、方以智、潘咸等语文学家笔下的"分音"就各有所指。第三,在传统语文学史上,不同的术语在不同学者那里所指也可能基本相同,如郑樵的慢声说、顾炎武的徐言说、黄生的缓言说含义大致相同。第四,有的传统语文学家术语使用显得比较随便,这很可能是由于他对所研究的词汇现象还不是十分清楚。如顾炎武先立迟之又迟说,后仿前人而立徐言说,最后又立长言说,此三者并无严格的区别。第五,语文学史上的长言说、徐言说、徐呼说、徐读说、慢声说、二文一命说、缓言说、缓读说及分音说等,均不支持当前流行的"联绵字—双音单纯词"说。这一条也是本节的结论,是考察汉语言文字学史得出的结论,欢迎读者找出例外。至于顾炎武的迟之又迟说看似例外,但他的"茨为蒺藜,椎为终葵"例,后来又说成"蒺藜正切茨字""终葵正切椎字",这至少可以说他术语使用不够严谨,否则就是他对"蒺藜"与"茨"、"终葵"与"椎"之间的关系认识不清。然而,不管出于哪种原因,结果都一样,都不能用来证明今天信守派学人所持缓读说、"一分为二"说或分音词说。至于有人拿今之晋语研究中的"分音词"理论证明"联绵字—双音单纯词"说,那是不知道前者本来是以后者为理论基础建立起来的,更不计以今之臆测律古之史事的危害,故不足为训。

参考文献

顾炎武　1982　《音学五书·音论》,北京:中华书局。
黄承吉　1984　《字诂义府合按》,北京:中华书局。
王　筠　1983　《说文释例》,武汉:武汉市古籍书店影印。
徐云天　2000　《联绵词研究的历史观与非历史观》,《古汉语研究》第2期。

(附录二曾发表在《中国语学研究开篇》2008年总第27期)

第五章 相关理论问题辨疑

"联绵字"上下字有语音联系说始终是信守派学人既反复强调又深感无奈的一个突出问题。所以一再强调联绵字上下字有语音联系的特点，是因为语言中有一些双声词或叠韵词，他们看不出其造词理据，不明其内部结构关系，受共时论思想的影响，而没有进行历史的考察的想法，不意误蹈语音形式决定论之泥沼，就其语音联系推测古汉语里有一种可以用来创造双音单纯词的双声构词法、叠韵构词法，借以解释所遇到的疑难问题。但是，这样做又无法解释那些上下字没有语音联系且不了解其造词理据的双音词。另一方面，一个显而易见的事实是，只是幻想汉语古有创造双音单纯词的双声构词法、叠韵构词法还不行，还必须找到其他有助于立论的依据，于是持论者从一开始就积极到古人著作中搜寻理论根据，用古人的双声叠韵说来证明他们的双声叠韵说。其实，他们忽视了传统语文学家与他们论及双声叠韵时的目的、视角均不相同。他们的双声叠韵说是为了支持"联绵字—双音单纯词"说而提出的，"联绵字—双音单纯词"说又是20世纪三四十年代部分青年学者为驳斥汉语单音节幼稚落后论的外来诬蔑而提出的。这些问题，前面相关章节间或论及，本章第一节则通过对一些代表性著作所做的考察，揭示现代双声叠韵说的提出虽有其历史必然性，但没有可靠的语言事实支持，所以越来越深陷困境之中。

持"联绵字—双音单纯词"说者总爱说联绵字不可分训。在他们看来，既然联绵字是单纯词，那便不能拆开来解释。如果到此为止，从理论上讲是没有问题的。但是他们却常常反过来，把不可分训的词判为单纯词，特别是把他们自己认为不能分训的词判为"联绵字—双音单纯词"，这就不可以了。这里面的原因很复杂。既有语言和文字方面的原因，又有分析者学术观念、语文功底、认识水平、研究态度等方面的原因，还有研究方法、研究目的以及所用标准等方面的原因，更有资料是否齐全等方面的原因，一方面出了问题，都不可避免地影响着考察判断的结果。而信守派学人一般不管这些，在汉语古有一种联缀两个音节创造一个双音单纯词的特殊构词法之成见的主导下,一旦发现他们不能拆解的双音词,统统判为"联绵字—双音单纯词"。但这么做毕竟底气不足,于是举王念孙连语不可分训说、方以智䛐语说或王国维联绵字说等来作证。殊不知这"不可分训"等训诂学术语原是从词义的整体性角度说的。词义的整体性与单纯词语素构成的单一性是两码事,不是一个问题的两个方面,不能互证。本章第二节"联绵字不可分训说辨疑"具体讨论了这个问题。但有些内容已在前面有关章节中交代过,这里从略,读者能够参看前面的考察讨论,自会有更全面的了解。

信守派学人中古汉语功底较为深厚者经常发现被同道用来证明"联绵字—双音单纯词"说的某些例词以及依据现代联绵字观念判定的某些"联绵字—双音单纯词"实际上都是合成词,本可由此对"联绵字—双音单纯词"说提出质疑,但由于理论上不过硬,同时又不知道流传甚广的"联绵字—双音单纯词"说本来自特定历史条件下的虚构,竟引进并非确论的语素融合说为"联绵字—双音单纯词"说保驾护航,并且很快赢得了广大信守派学人的响应,甚至有人冠以"历史发展的眼光"之名,于是问题变得更加复杂了。本章第三节列举了几位学者的联绵字语素融合说,从不同角度提出质疑,证明联绵字语素融合说本身就是一种悖论:既然它是单语素词,怎么好说它本来是双语素词?或者反过来说,既然明知它是由两个语素构成的,为什么和凭什么说它已经融合为一个单语素词了?那融合为一个单语素词的过程是怎样的?标准又是什么?所谓"结构不明"云云,是指谁说的?谁看它"结构不明",它就是语素融合了?

持"联绵字—双音单纯词"说者总爱无限拔高索绪尔的"语言符号能指与所指的联系是任意的"之说,把它奉为不刊之论。他们对国际上近百年以来否定索氏理论的意见视而不见,对国内批评索氏理论者则斥为"不懂语言学常识"。这样一来,联缀两个音节构成"联绵字—双音单纯词"没有造词理据、缺乏可验证性的问题就不是问题了,现代联绵字观念也就不容置疑了。这种风气其实一定程度上影响了国内语言学的健康发展。本章第四节"索绪尔理论与'联绵字—双音单纯词'说问题"重点对索氏语言观之基石"语言符号能指与所指的联系是任意的"之说提出了质疑,从根本上否定了它对"联绵字—双音单纯词"说的支持作用。与此同时,还不可避免地论及索绪尔语言观问题。

第一节 联绵字语音联系说问题辨疑

联绵字,《现代汉语词典》第 5 版释曰"旧时指双音节的单纯词"。这一解释大致反映了现代联绵字观念的核心内容。其"旧时"实指1949年以前的一二十年,且那时这样理解和使用"联绵字"这一术语的只限于研究语言本体的极少数的青年学者。这是上面各章节考察所得重要结论之一。那时及其以前出版的传统语文学著作中凡用"联绵字"者,多指双音词,没有指双音单纯词的。传统语文学家的这种认识是符合汉语实际的。同时,讲联绵字问题往往离不开双声叠韵现象,但古今学人对汉语中双声叠韵现象的理解也有本质性区别。本书把现代信守派学人以双声、叠韵支持"联绵字—双音单纯词"说的观点谓之现代双声叠韵说,据双声、叠韵判联绵字为单纯词的做法是执行现代双声叠韵说,也暂归现代双声叠韵说。本节只就现代双声叠韵说本身的问题略做讨论,辨明其可疑之处。鉴于联绵字问题研究中的某些说法和做法,下面须先辨明古今双声叠韵说之别。

一、古今双声叠韵说的区别

论及双声、叠韵问题,传统语文学家与现代语言学家的目的、视角均不相同。传统语文学家或就诗文语言技巧论双声、叠韵的表达效果,其所论多见于文学评论著作;或循双声、叠韵特点求得某隐语(如突栾→团、葫芦提→糊涂)含义,其所得多见于考察某些隐秘语境及陌生化语境的著作;或循着双声、叠韵之规律识别通假字,主要见于训诂著作;或以双声、叠韵为据训释某字,是古人声训常用之法;或用来切字音,即所谓双声叠韵法,《广韵》后面有说明;或据双声、叠韵辨某字声旁及字音之关系,如清人邓廷桢《说文解字双声叠韵谱》就是这方面的代表性著作;或循双声、叠韵之途探讨某声旁之字源,常见于研究《说文》中"X省声"的著作;或说明联绵字上下字之间的语音联系,主要见于部分文字学著作。上述种种,无一涉及联绵字语素判断,故与现代词汇学对单纯词、合成词的论述无相通之处。不错,有些训诂学著作也可能说明联绵字上下字之间的语音联系,指出某某双声,某某叠韵,但这种说明往往是要证明其上下字同义,更与现代联绵字观念无可通之处。另外,还有六朝人利用双声叠韵手段调笑的,多见于杂记、野史,正史中也有记载。

纵观中国语文学史,传统语文学家多论及双声、叠韵现象,多是从语文应用角度说的,没有人着眼于双音词的内部结构方式讨论问题。只有王筠似从造词角度臆测过,但王筠臆想不足信(详见第二章第二节)。

在现代学人研究语言本体的部分著作中,"双声""叠韵"常被说成创造"联绵字—双音单纯词"的构词法(也有的著作称"造词法"。详见本节第三部分)。如有人说:"古人把纯粹的双音词(不能再分析为两个词素者)叫做联绵字,联绵字当中,十分之九以上都是双声或叠韵的词","双声叠韵是汉语的特点之一。有许多双声叠韵的现象也就是语法、词汇方面的现象","汉语的双音词有一种特殊的构词法;它们多数是由双声叠韵构成的"。此后越来越多的人遇到结构不明的双音词,只要其上下字有语音联系,就认为是由"特殊的构词法"构成的,即称之为"联绵字—双音单纯词",如"慷慨""窈窕"等联合式合成词就是信守派学人著作中常举的双声联绵字或叠韵联绵字例①。而遇到多数双声词或叠韵词,如"大道""观看"之类,由于它们的语素构成情况一望而知,则径归合成词。考察数十年来的信守派学人著作,一个不争的事实就是联绵字语素判断是以论者语素辨认能力为据的。但论者并不认为他们的判断有什么错误,因为他们深信汉语古有"特殊的构词法",即联缀两个双声或叠韵音节构成"联绵字—双音单纯词"的方法②。

其实,认为汉语古有联缀两个双声或叠韵音节构成"联绵字—双音单纯词"的方法,至今还只是一种推测,论者从现代联绵字观念出发做研究所举的例词,实际上都是他们不明其语素构成情况的双音词,并不是真正由两个双声音节或叠韵音节联缀而成的单纯词。这种双音词,有的著作报称4070多个,有的著作报称二三百个,但从来没有人列出清单,只是临时列举几个或几十个作者不明其内部结构关系的双声词或叠韵词,却不料无一经得起考辨,就连一些辗转抄引的例词实际上也是合成词。如白平(2002:172~208)一口气考察了21个,就多是持现代联绵字观念者误认作双音单纯词的"联绵字"。胡正武(2005:52~80)也考察了许多"联绵字"词例,透露出它们合成词的身份。笔者11年以来于国内外语言学期刊发表讨论现代联绵字理论问题的文章中,也考辨了信守派著作中大量的"联绵字"例词,发现它们都是合成词。这些事实都说明,汉语古有联缀两个双声音节或叠韵音节构成单纯词之方法的观点还需要继续证明。希望研究者在联绵字问题研究过程中能够让靠得住的事实说话。像那种"联绵字—双音单纯词"说之成见在胸,从现代联绵字观念出发,用研究者个人不明其语素构成情况的双音词来证明汉语古有特殊构词法的做法,其实是行不通的。这在后文还有具体考察与讨论。同时,那种拿传统语文学家立足语文应用讲双声叠韵问题的话来证明现代联绵字观念,证明汉语古有创造双音单纯词的双声构词法、叠韵构

---

① "慷慨""窈窕"都是联合式合成词。前者详见沈怀兴《从"慨而慷"看"慷慨"的结构——兼及现代联绵字理论问题》,《汉字文化》2007年第2期。后者详见刘毓庆《"窈窕"考》,《中国语文》2002年第2期;白平《汉语史研究新论》第180~181页,书海出版社,2002年。

② 其实,即使被证明他们判作"联绵字—双音单纯词"者是合成词,他们也可对以语素融合了,变成单语素词了。因此,他们研究联绵字,不管得出怎样的结论,都没有错。"联绵字—双音单纯词"说所以盛行,也有这方面的原因,倒不是它反映了汉语实际。

词法的做法,也是不够严肃的,因为此二者本来就没有可比之处。试看上面所述传统语文学家讲双声叠韵的各种情况,除隐语(或称切脚语)之外,其实没有哪种情况可以构成双音单纯词。明乎此,遇有像《汉语大词典》之释"联绵字"曰"旧称由两个音节联缀而成的单纯词"之类,则可推知其"旧称"(或"旧时指")与古人之说没有关系。进一步讲,即使隐语的情况,一是正统的信守派学人多不认为它是"联绵字",二是隐语现象非汉语所独有,为今天所谓"联绵字是汉语特有的语言现象"的流行观点所不容,也不能据以证明现代联绵字观念。另外,我们长期致力于联绵字问题研究,至今未发现传统语文学著作中有哪种理论可以证明现代联绵字观念(沈怀兴 2007a、2008、2009a),也说明不宜拿古人双声叠韵说证明现代联绵字观念。

有人问:王念孙"大氏双声叠韵之字,其义即存乎声,求诸其声则得,求诸其文则惑矣"这话,常被人用来证明汉语古有双声构词法、叠韵构词法,用来支持"联绵字—双音单纯词"说,你怎么理解王氏此言?答曰:王氏此言对证明现代联绵字观念实无帮助。这话是《广雅疏证》卷六上"扬搉、嫥㩲、堤封、无虑:都凡也"条之疏证的结束语。该条疏证1927字,先疏证"都凡":"《释诂》云:'都,大也,聚也。'《说文》:'凡,最括也。'合言之则曰'都凡',犹今人言'大凡'、'诸凡'也。"继而疏证扬搉、嫥㩲、堤封、无虑四词之"都凡"义;不仅分别疏证各词单字,明其"都凡"义,而且兼辨或体及众说。我们从其疏证中可以清楚地看到此四词都是有着多种变体的合成词。如"扬搉,双声字也。……扬搉者,大数之名,故或言'大搉'。……字亦作'较'。……又谓之'商搉',即'扬搉'之转。……单言之则曰'搉'";"嫥㩲,犹'扬搉'也。……'嫥'与'㩲'皆总括之意,故《释言》云:'嫥,㩲也。'";"'提封'为'都凡'之转。其字又通作堤、隄,则亦可读为都奚反。凡通假之字,依声托事,本无定体,古今异读,未可执一";"无虑,叠韵字也。或作'亡(妄)虑'。……妄,犹'凡'也。……虑,大凡也。……合言之则曰'无虑'。"王氏疏证完毕而总结说:"扬搉、嫥㩲、堤封、无虑,皆二字同义。后人望文生训,遂致穿凿而失其本旨,故略为辨正。"此后才是学者常引来证明古有双声构词法、叠韵构词法之说的"大氏双声叠韵之字,其义即存乎声"云云。这里,王氏先疏证每词各字,后总结说"扬搉、嫥㩲、堤封、无虑,皆二字同义",用今天的话说即此四词都是同义语素联合构成的合成词。他的"大氏双声叠韵之字,其义即存乎声,求诸其声则得,求诸其文则惑矣"云云,只是针对后人不明"通假之字,依声托事,本无定体",而"望文生训",提出辨通假而因声求义的训诂理论罢了,实与汉语里是否古有双声构词法、叠韵构词法无关。今人以"大氏双声叠韵之字,其义即存乎声"之说证明古有双声构词法、叠韵构词法之臆测,其实是受了"联绵字—双音单纯词"说影响,成见在胸,而误解了王念孙的话。

另外，王念孙《读书杂志·汉书第十六·连语》所谓"凡连语之字，皆上下同义，不可分训。说者望文生义，往往穿凿而失其本指"之说，也常被信守派学人引来证明其信仰"联绵字—双音单纯词"说，《汉语大词典》的有关解释充分反映了这一事实，但那同样是靠不住的，详见本章后面第二节以及第六章第三节。

二、现代双声叠韵说的产生及尴尬

现代双声叠韵说产生 70 多年了。现代双声叠韵说产生的原因是多个方面的，但主要是为了支持"联绵字—双音单纯词"说，驳斥"汉语单音节幼稚落后论"，其次是受语言学理论水平的限制。考察结果表明，如果历史上没有驳斥汉语单音节幼稚落后论之需要，"联绵字—双音单纯词"说就不会产生，双声、叠韵现象则没有可能被看成创造双音单纯词的构词方式。但当语言阶梯论泛滥，汉语被诬蔑为幼稚落后的单音节语，现代双声叠韵说的产生就有了很大的可能性。上述事实在前面相关章节中已反复提及，第三章附录又有简要的概括，可参看。

另外，语词结构分析始自结构主义语言学，但一方面，那时结构主义语言学在世界范围内还处于初始阶段，理论方法还不够完善[①]，另一方面，那时驳斥汉语单音节幼稚落后论的青年学者只是刚接触结构主义语言学知识，即使初始阶段的结构主义语言学知识，也不一定像哈里斯、霍凯特弄得那样清楚。特别对语素分析法之认识还十分朦胧，应用还不够自觉，种种迹象表明其语素分析能力也许还不及当今现在语言学专业的一般博士生[②]，确切地说他们很难胜任其所从事的工作，很难在联绵字语素辨认及汉语类型证明两个方面得出确能反映汉语实际的结论[③]。在这种情况下，勉力进

[①] 完善只是相对的。结构主义语言学也许永远改变不了它自身带来的缺憾，除非它改变语言观。基于这点认识，笔者曾撰《语言观更新是 21 世纪汉语学发展的必由之路》在第二届中国社会语言学国际学术研讨会（澳门，2003 年 12 月）发表，其基本观点在本书不少地方有所流露（参看本章第四节和第八章）。

[②] 正如前面有关章节反复指出的那样，联绵字语素辨认是一项理论性与实践性都很强的工作，需要较高的理论水平和深厚的专业功夫，特别需要深厚的古汉语功底，所以即使现在的博士生，从事联绵字语素辨认也不是个个在行。否则，"联绵字—双音单纯词"说早就成为历史了。

[③] 更确切地说，对于这样两个方面的工作，直到今天仍未做好，特别联绵字语素判断问题。理由很简单，如果联绵字语素判断问题已经解决，一些双音词，如慷慨、窈窕、蝴蝶等等，就不会那样聚讼纷纭，令后学莫衷一是。然而，正是由于汉语复音词语素辨认这一基础性的工作没有做好，汉语在类型学上的归类还延续着一百七八十年前洪堡特的认识，而洪堡特是语言阶梯论的支持者，他一再强调汉语是单音节孤立语。在洪堡特的书里，人们找不到"联绵字—双音单纯词"的描述。换个角度说，如果洪堡特承认汉语里有"联绵字—双音单纯词"这种怪东西，大概是不会认定汉语是孤立语的典型的。

行语素辨认、构词法考论等基础性工作,筚路蓝缕,认识很难一步到位,更不会形成不刊之论。今天了解到这些事实,不仅有利于正确地评价他们的研究,而且有利于促进汉语语言学健康发展。具体点说,后人应该发扬他们锐意进取的开创精神,而不应该发扬他们的错误。不讳地说,他们在联绵字问题研究上,结论不合语言事实,只有失败的教训,尽管里面不只是学术的原因(参看第三章各节及附录)。为了避免泛泛,下面试举影响深远的代表性著作为例说明之,类似的情况参看前面第三章第一节中对郭绍虞研究的考察以及对程秀(即陈独秀)研究的简单介绍。

1935年,魏建功《古音系研究》问世[①],书中第三章第八节《连绵词及古成语》里说:

> 世人都说中国语是单音的,其实现在的活语言以及古书记载的文字中间存留不少复合的词。这些复合的词的音的组织还没有系统的整理,也许最初是"字单而音复",孳乳变化形成"字多而音单"。(见58页)

很明显,这话是出于驳斥"世人都说中国语是单音的"之需要说的。其"最初是'字单而音复',孳乳变化形成'字多而音单'"的设想如果得到证明,或许一通而百通。但70多年来不断有人证明这一推测,并生发出许多新说,而至今未见服人的证据。书中接下来继续推测,也更令人费解:

> 字单而音复是异音同义的原因。字多而音单是异字同义的原因。这两种事实固然还有其他的关系造成,不过由复音的词分化却是一种重要来源。(见58页)

在这段话中,"字单而音复是异音同义的原因"是什么意思?"复音的词分化"也没有令人信服的证明。试看其例:

[①] 该书出版以来,一直被推为汉语研究者必读书,《中国语言学大辞典》在介绍该书时也称它"对初学者和有相当研究能力的研究者,都具有重要的指导意义"。由于该书颇具代表性,影响广泛,下面为避博而寡要之嫌,将重点考察其有关见解。不过,应该说,魏先生此时还没有成熟的现代联绵字观念,他的书里还没有语素辨认的意识是其证,尽管他的想象在后来现代联绵字观念产生和发展过程中发挥了重要作用。另外,该书讨论联绵字问题均写作"连绵字"或"连绵词",本书若非引文,仍从众而写作"联绵字"。

孟浪—荒唐　科斗—活东　黾勉—文莫　龃龉—支吾　蹢躅—彳亍
鹍鸠—鹘鸼　蘆蕍—权舆　鹔鹴—留离　晨风—鹯　鸤鸠—鸤
鸋鴂—鸰　蚰蜒—螾　蒺藜—茨　芄兰—藋　芙蕖—荷　蘮蒘—薿
挈贰—蜕　蝃蝀—虹　蟓蛛—雩　扶摇—猋　不律—笔①

这些相同的词，有两字对一字的，有两字对两字的，其字不同而义同，现在多数不能知道他的声音相同了。……我们无从肯定却也无从否定许多单字的词不是复音或是复音。（见58～59页）

这后面对其例词的议论体现了这样的认识：因其两种形式义同，故本同词，故本音同；正因为其同词同音，所以古有复音字，特别那些"两字对一字"者。然而，词有音、义、造词理据、结构方式和语法功能等方面的不同，这里只是"义同"，就说是"相同的词"，认为原来"他的声音相同"，推测单字的词本是复音等，这似嫌牵强。具体到上举21例，两字对两字者8例，虽然多有语音联系，但它们有的本来不是一个词，有的本是一个合成词的两个转语，有的虽为单纯词，但由拟声而来，它们都不能证明作者的观点②；两字对一字者13例，也都是把两个词误认作一个词，有的甚至把指称不同事物的两

---

① 原本26例。其余5例有冷僻字：次蟗—蜘蛛、鼁𪓰—蟾诸、蛞𧌠—蝎、芫蒣—蔈、厘屦—萃。不过，照李海霞（2005:629）的解释，蜘蛛是个偏正式合成词。依据《说文》的解释，"蟾诸"是个拟声词。《说文·黾部》："鼁，䵞鼁，詹诸也。其鸣詹诸，其皮䵞䵞，其行𪓰𪓰。"它们也不支持魏先生的观点。其他三例待考。

② 这8个例子可分3类。第一类是误将二词作一词看者，共3例。(1)孟浪—荒唐、龃龉—支吾、蘆蕍—权舆。孟浪，《庄子·齐物论》："夫子以为孟浪之言，而我以为妙道之行也。"成玄英疏："孟浪，犹率略也。"荒唐，《庄子·天下》："以谬悠之说，荒唐之言，无端崖之辞，时恣纵而不傥，不以觭见之也。"成玄英疏："荒唐，广大也。"在现有文献中，孟浪、荒唐最早用例同在《庄子》，而含义迥然不同，可知它们不是同一个词。(2)"龃龉—支吾"也不是一个词，具体考察见下文。(3)"蘆蕍—权舆"亦非一词。蘆，《尔雅·释草》："蒹、薕、葭、芦、菼、薍，其萌蘆。"郭注："今江东呼芦笋为蘆，然则萑苇之类，其初生者皆名蘆。"据此，蘆本指芦苇嫩芽，亦泛指芦荻类嫩芽。嫩芽乃初生者，故"蘆"有始义。又，《尔雅·释草》："蕍、芛、葟、华，荣。"郭注："蕍，犹敷蕍，亦花之貌。""犹敷蕍"即"蕍"指开花，是"蕍"亦有始义。蘆、蕍不同条，联合而成的"蘆蕍"只能是合成词。权舆，《尔雅·释诂》："初、哉、首、基、肇、祖、元、胎、俶、落、权、舆：始也。"这条解释，有人将"权""舆"作一词看。可是，"权"字前面10个字都是单音词，怎么会在这10个单音词之后忽然缀上个双音词呢？《一切经音义》（上海古籍出版社，1986年，229页）释"权"曰："何注《公羊传》：称也，所以别轻重也。"《尔雅》：始也。""舆"《集韵·鱼韵》："《说文》：车舆也。一曰：始也。"这样说来，"权舆"是由均有"始"义的权、舆联合构成的合成词。蘆蕍、权舆虽同义，并曾通用，但不是同一个词。再看上引材料，同是《尔雅》，"蘆""蕍"和"权""舆"不同条，也说明它们不是同一个词。第二类共3例：科斗—活东、黾勉—文莫、蹢躅—彳亍。都是联合式合成词，是因时移地易发生了音变，易字记音而成一组的。"科斗"的情况下文考察，其他两例已有考察，不再重复。第三类有两例：鹍鸠—鹘鸼、鹔鹴—留离，都是拟声词，且后者是异体词。

个词认作一个词,所以也都不能证明作者的观点①。

接下来,书中又引作者自己《读〈帝与天〉》(1926)一文中的观点以明其说:

> 花蒂又有花柄的名称,"柄""不"双声。鄂不是萼柄。这"柄"、"蒂"之间,声音上怕也足以给我们研究,形体已经有吴大澂的证明。"帝"、"天"和"蒂"、"不"两方的关系能得到结论,"天"、"不"的关系也许可以解决。关于这点,我以为应该从研究连绵字的语音着手。我总以为中国语言,除去"重言"、"双声"、"叠韵"的原则而外,连绵字的构成还有几条方法,其中的一个便是发音相近的声或韵的连缀。(见59页)

随后,作者遵循上引观点列举了吞并、承平、钝笨、特别等复合词,虽然形式上合乎批判"世人都说中国语是单音的"的原则,但它们却不支持其"最初是'字单而音复'"的观点。特别其引文中除去"'双声'、'叠韵'的原则而外,连绵字的构成还有几条方法,其中的一个便是发音相近的声或韵的连缀"云云,不过想象而已。第一,人类语言构词均有拟声法、词根复合法、词根重叠法、派生法、音译法,有些语言中还有切音法,汉语"连绵字的构成还有几条方法",是哪几条方法?为什么会有这些方法?不错,后世学者的确又据此想象出许多方法,但那仅仅是想象而已,因为他们不知道每一种构词法的产生总是有原因的,并且要有靠得住的语言事实支持,同时还需要说明为什么汉语中独有此构词法而其他语言中没有,而他们并没有对这些最基本的问题稍有解释。可以说,在这些问题未解决之前,"还有几条方法"之说不可轻信。第二,"发音相近的声或韵的连缀"最令人困惑。语言是表情达意的,说话人连缀两个声近或韵近的音节,如果它们都有义,连缀而成的新词受话人听得懂,则必是合成词;反之则没有可验证性,因而受话人听不懂,又怎能流传下来?然则持论者所举例词会是古人连缀两个无义音节构成的单纯词吗?(参看第三章第二、三节和第四章各节及附录)这种臆测之言透

---

① 如"蟥"指蚯蚓,蛐蟮、蚯蚓是不同的物种,"蛐蟮"与"蟥"不是同一个词。其他12例,每组的两个词虽然均指同一事物,但两词造词理据不同,色彩各异,自非一词。对现代读者而言,一般词例无需多说,只有"不律"等所谓切脚语容易被误解。不过,它们是由切音而来,不是由复音的单字词"孳乳变化"而来,所以与被切字也不是一个词。换个角度说,如果一定在"蟋蟀—虹—雩"之间寻找语音联系,以证明其"最初是'字单而音复',孳乳变化形成'字多而音单'"的观点,语言研究就只剩下主观想象了。

露出说话人反对汉语单音节幼稚落后论的热情,同时也反映出当时普通语言学知识不很全面①,且对造词规律不够了解的特点。明乎此,就不会迷信后来翻版的"汉语的双音词有一种特殊的构词法"之说了。

接下来,书中讲王国维《联绵字谱》的双声叠韵问题,亦言及戴震有序无书的《转语》以及程瑶田《螺蠃转语记》、王念孙遗稿《叠韵转语》,认为"其篇名为'转语',显然启示我们这后来所谓'连绵字'就是前人所谓的'转语'了"(见60~61页)。其实不然。如戴震的"转语"虽然没有列出,但照他的《转语二十章序》看,似乎只限于单音词。程瑶田的"转语"则指相类之物的相近之名,是双音词;从发生学角度说,其间多数有个隐喻造词问题,尽管这只是就其现象表征说的,200年前的程瑶田可能注意力没有集中在这里。王念孙的"转语"只是以声为纲列了部分双音词,如见溪:具区;见群:沟渠、车渠;见疑:句吴;端见:诋谋;等等。其中合成词居多。里面需要研究的现象不少,但都不支持魏先生之说。"联绵字"则古今义殊。正如前面各章节反复指出的那样,在传统语文学家笔下,"联绵字"一般指双音词;在现代信守派著作中,"联绵字"则指双音单纯词。只是"连绵字"即"转语"之言既出,同样对后世影响很大。后世持现代联绵字观念者也都这么说,把前人讨论音变及文字通假现象或隐喻造词问题与他们论双音词内部结构问题等同起来,让前者证明后者,不知道前者之察音变、辨通假、因声求义等等与今之"联绵字—双音单纯词"说无可比之处。至于王国维的《联绵字谱》,亦备受后世持现代联绵字观念者垂青,但同样是误会,因为王氏《联绵字谱》不过是把从先秦两汉部分典籍中采集来的包括某些异体词在内的2718个复音词按其双声、叠韵、非双声叠韵之特点分列了一下,注明出处罢了。其所谓"联绵字"不仅绝大多数是合成词(沈怀兴2007b、c),而且还有一些四字词组。今人据以证明"联绵字—双音单纯词"说,大概是现代联绵字观念之成见在胸而未亲读《联绵字谱》,人云亦云吧。因此,如果真想解决联绵字问题,首先是通观中国传统语文学史,老老实实地弄清楚古代每位语文学家到底是怀着怎样的目的、站在什么角度考察其研究对象的,又是用什么方法进行考察的。读魏先生的书,发现作者没有注意到这一点。遗憾的是,这一点也被后世信守派学人无保留地继承和发扬了。回顾数十年以来的现实,现代联绵字观念所以日益盛行,此其重要原因之一。

其后,书中讲联绵字问题始终离不开想象。如其《连绵词及古成语释

---

① 但这是可以理解的,因为那时普通语言学正处于初级阶段,并且有限的知识也才刚向国内介绍。

音》一节中说：

> 连绵词的音读，我们不应当作单字的音的连读，中间至少有几种事实可以设想的。(1)双声连绵的可以有复韵和复声随的存在。(2)双声连绵的可以有对转或通转的异字重言的存在。(3)叠韵连绵的可以有复声的存在。(4)叠韵连绵的可以有同音的异字重言的存在。(5)非双声叠韵连绵的可以有复声的存在。(6)非双声叠韵连绵的可以有复韵和复声随的存在。(7)非双声叠韵连绵的可以有自双声叠韵方面变来的。(8)双声连绵与非双声连绵一词两音之间，可以证古代声随的遗迹。(9)叠韵连绵与非叠韵连绵的两词相互间，可以证古代韵变的枢纽。(10)无论何种连绵的词经过以上的检讨，可以推定其语根所指及所属，也就是从而推定古语的状况，假设古语之音的组织。（见153～154页）

"连绵词的音读，我们不应当作单字的音的连读"这话大概少有人想得通，故作者列出10个方面的设想予以疏解。然而，设想毕竟只是设想，所以作者接下来说：

> 我平常注意到的些个表示中国语很早的语言而是连绵词，并且这些连绵词是语根的中心，从其声音组织说，有许多合于以上的设想的。如，凡舌根、舌头爆发音的连绵词是事物突起或沸涌椭圆成锥的形况语根，语根代表词"科斗"、"骨朵"、"疙瘩"。（见154页）

这话至今仍指导人们从事联绵字问题研究。然而此说可疑。第一，照目前流行的说法，人类语言产生五至十万年了，为什么直到殷商甲骨文或金文里还见不到"科斗""骨朵""疙瘩"之类的"语根的中心"？能说"科斗"等产生之前，数万年的汉语里没有"语根"或"语根的中心"？又是什么原因促成"科斗"等成为"语根的中心"的？第二，汉语中舌根、舌头爆发音的词太多了，那些不反映"事物突起或沸涌椭圆成锥的形况"者该怎么解释？第三，照理说，作为典型孤立语的汉语，如果有"语根"，则必是单纯词；而屡被人引来支持"联绵字—双音单纯词"说的所谓"语根代表词"科斗、骨朵、疙瘩却都是合成词，又该做何解释？宋罗愿《尔雅翼》卷三十"科斗"条下释曰："科斗，虾蟆子也。……崔豹《古今注》：一名悬针，一名玄鱼，以其状如鱼，其尾如针，又并其尾言之则似斗也。"宋戴侗《六书故》卷二十八："科，斗类。"据此，"科斗"乃联合式合成词。照李海霞(2005:346)的考释,"科斗"也是合成词。至于"骨朵""疙瘩",照白平(2002:98~99)的考察,则都是偏正式合成词。另外,照宋李衎《宋景文笔记跋》"盖櫨字古作'朵',尝饰以骨,故曰'骨朵'"的观点,"骨朵"也应该是合成词。另外,这里的"语根"说似乎容易理解,但却不容易证明。照一般的说法,语根就是根词,而汉语里的根词一般都是单音节的,"科斗""骨朵""疙瘩"也是根词?但如果魏先生这里的"语根"不指根词,又指什么呢?①

其实,语音形式的有限性和语义内容的无限性决定了古汉语研究者不能仅凭双声、叠韵、准双声、准叠韵等现象与旁转、对转、旁对转、通转之类的泛说立论,否则没有不能证明的观点。如果研究者心存成见,其结论就更可怕了。如上引文同一页里又说:

> "龃龉"之于"支吾"本是一根,今音前者成为叠韵的文言,后者成为口语,而随音变为不叠韵,可知"且"声为舌叶音拼舌叶韵的音变而转为"支"的,于古音支鱼部的音素可以窥晓其通转的关系。

说"龃龉"与"支吾"本是一根,如果只看语音,一"转"可证。并且,其中只要确定一个是单纯词,另一个也无须证明了。后世信守派学人研究联绵字,大多喜欢这么做。但是,词不只是语音形式。语音上转出的"一根"并不能说明什么问题。就语义内容看,"龃龉"与"支吾"是两个没有任何关系的合成词。龃龉,《汉书·东方朔传》:"龃者,齿不正也。"龉,《说文·齿部》释曰"齿不相值也"。然则"龃龉"乃联合式合成词,指上下齿不对应。"支吾"即"枝梧"。明陶宗仪《说郛》卷八十五下引晋吕忱《字林》:"枝梧,支吾通。""枝梧"本义"支柱",引申为抵抗②。《史记·项羽本纪》:"当是时,诸将皆慴服,莫敢枝梧。"《史记集解》:"瓒曰:小柱为枝,邪柱为梧。今屋梧,邪柱是也。"枝和梧都是起支撑作用的,故"枝梧"又有支撑义。宋司马光《乞进呈文字第四札子》:"况今已立秋,兼臣自体当得,筋力差胜于前,可以枝梧。"由"支撑"引申为应付、应对是很自然的,例子颇多,无须烦言。同时,既然支吾、枝梧通用,文献中两种书写形式互见亦不言而喻。然则"龃龉"与"支吾"

---

① 魏先生的"语根"有可能是 kl、gl 之类,但这里面的问题也比较复杂。有的学者拟 kl、gl 之类是想表达汉语古有复辅音:kl、gl 等,有的学者则想表达以 k、l 等为声母的语素常联合构成双音词。魏先生书里既有"汉语古有复辅音"的推测,又有后一种情况(参看《古音系研究》第59~60页,中华书局,1996年)。如果这里是后一种情况,则表明魏先生也认为"科斗"等是合成词。参看李海霞(2005:346~347)。

② 确切地说是"隐喻义为抵抗"。这里为了交流的方便采用了不太科学但比较传统的说法。下同。

(枝梧)本来没有多大关系,却被说成"本是一根",即使一"转"可证,也不可能有什么积极意义。我们必须牢牢记住哲学上的一个简单道理:是内容决定形式,而不是形式决定内容。

上引著作中,这类例子还有,由于作者的社会地位与声望,书中论述联绵字问题的观点、方法影响了几代人。现在要弄清现代联绵字观念,特别要弄清现代双声叠韵说的实质,为避免流于泛泛而不能不追根溯源,便有了上面的考察。

三、现代双声叠韵说的发展及困境

现代双声叠韵说发展的重要标志是双声、叠韵被看成汉语所独有的一种构词法,得到越来越多人的认可,乃至成了"定论"。这个标志反映在文献中,就是要看什么时候有一定代表性的著作问世,并在学界产生较大的影响。下面仍以这样的著作为例,进一步探讨现代双声叠韵说问题。

在论证双声、叠韵为特殊构词法的过程中,王力先生《汉语史稿》发挥了重要作用。其"汉语的双音词有一种特殊的构词法;它们多数是由双声叠韵构成的","双声叠韵是汉语的特点之一"云云,对现代联绵字观念的发展具有重要的理论意义。此书由于长期作为汉语言文字学专业研究生和本科高年级学生教材,更兼出版后 30 年间同类著作较少(确切地说,研究汉语通史的著作至今较少),特别 1976 年后 10 年间可读的汉语语言学著作不多,致令书中所论影响广泛。① 但该书中讨论联绵字问题的理论观点,前面第三章第三节已经考察讨论过了,不再重复。

第一部明确用"双声""叠韵"为造词法命名的是任学良先生的《汉语造词法》。这部书建树颇多,即使直到今天,仍称得上阐述汉语造词法最全面的著作。该书问世 30 多年以来,影响了无数中青年学人。但由于受现代联绵字观念影响,该书第五章《语音学造词法》中内容颇多可商,也不可避免地产生了一些负面影响。书中(238 页)说:"语音学造词用的造词原料是不表义的音节。"把其所谓双声式造词法、叠韵式造词法分别立专节论述,与拟声式造词法、音译式造词法并列,认定由它们创造的词都是双音单纯词。如书中讲述"双声式造词法"时说:"采取双声造词的,就叫做双声式造词法。双声造词法是典型的语音学造词法。"(见 246 页)并列举了 55 个例词,强调指

---

① 王力先生直到晚年仍持现代双声叠韵说。如《王力古汉语字典》中收"联绵字"1526 个,其中非双声非叠韵的只有 6 个。只是该字典所收"联绵字"一个用王力先生所谓"一种特殊的构词法"构成的也没有。如《王力古汉语字典序》阐明该字典八个特点,第五个特点是突出"联绵字",所举 4 个例词一例强调其上下字之间的语音联系,但它们无一例外都是合成词。这个问题比较重要,将在《现代联绵字观念的负面影响》第七章第三节中进行考察讨论,这里暂从略。

出:"双声词是复音节的单纯词。"(见250页)同时认为:"凡是可以明显地看出来是凭意义结合起来的词就不是双声造词,而是句法学造词。"(见250页)然而,这个"可以明显地看出来"却不好把握:是何种语文水平的人"可以明显地看出来"才算数?又是到什么程度才算"明显"?换个角度说,那些不能"明显地看出来"的双声词就是用所谓双声式造词法创造出来的单纯词吗?怎么知道它们是或不是?无法判断研究者不明其内部结构方式的双声词是否由所谓双声式造词法创造出来的单纯词,却用它来证明双声式造词法,只能是先有了"双声式造词法"之成见;然则只是拿一些研究者自己不明其语素构成情况的双声词来证明其所谓双声式造词法的存在,就无法确保其例词支持其观点。因此,作者所举55个双声式造词法所造的"联绵词—双音单纯词"在今天看来至少有45个明显不支持其观点,余下的待考者也不会支持其观点。该书中所举叠韵联绵词的例子在今天看来同样绝大多数明显不支持其观点。上述情况详见前面第四章第三节附录一。

其实,如果研究者脑子里没有双声式造词法与叠韵式造词法之成见,一些双声词或叠韵词的内部结构方式是不难考见的。如同上文所举白平(2002:172~208)、胡正武(2005:52~80)等所考察的那样,一些被误举为双音单纯词的双声词或叠韵词其实多是由同源语素通过互注说明或类举出新等方式,以求相辅相成之效果而构成的。也就是说,同源语素因同源而具有同义、近义或类义关系,且读音相近或相通;语言使用者为实现某种语用目的而采取互注说明等方式将两个同源语素组成一个双音词,这个词就是双声词或叠韵词或双声兼叠韵词,并且一定是合成词。因此,我们不能因为它们的内部结构方式不能"明显地看出来",就判它们为双音单纯词,像《现代汉语词典》试印本(1960)释"联绵字"曰"旧称双音的单纯词"而误举"匍匐"为叠韵类例词那样[①]。《说文》:"匍,手行也","匐,伏地也";《广雅·释诂》"匍,伏也。"王念孙疏证:"匍者,《释言》云:匍,匐也。'匐'与'伏'通。"据此,"匍匐"只能是联合式合成词,而绝非单纯词。不知《现代汉语词典》的编写者后来是否了解到这一事实,到1965年出版试用本,用"阑干"换掉了"匍匐",以后各版沿用"阑干"。殊不知,"阑干"也是合成词。这个例子很有典型意义。它说明其试印本、试用本都是把词典编写者自己不明其内部结构方式的"联绵字"视作单纯词了。岂仅"匍匐""阑干"?确切地说,《现代汉语词典》释"联绵字"所举例词始终无一当其说,即全部是编写者不知其造词理

[①] 这个例子最早是吕叔湘先生1942年出版的《中国文法要略》上卷第一章第五节初证"联绵字—双音单纯词"之观念的例子,《要略》确是"旧时"著作,由吕先生主编的《现代汉语词典》试印本采用其说其例可能不是偶然的原因。但是,词典必须遵循通释语义的原则解释词条,不能只出一家言,所以这里仍从《现代汉语词典》的角度讨论问题。

据、不明其语素构成情况的合成词。《现代汉语词典》解释"联绵字"所举的六个例词被《汉语大词典》抄了五个,是《汉语大词典》的编者也在拿编写者自己不明其内部结构方式的双音词证明现代联绵字观念。然而,连《现代汉语词典》《汉语大词典》等著作也用编写者不明其语素构成情况的双音词证明"联绵字—双音单纯词"说,则充分反映了问题的普遍性和严重性。要遏制这一事态继续蔓延,则要求我们遇有不明其语素构成情况的双音词,一定要用历史考证法考其原委,让事实说话;如果材料暂时不足,就暂列入待考类,搜集资料,继续考察,而不可依据现代联绵字观念硬贴上个"联绵字—双音单纯词"的标签了事。

如果我们没有"双声式造词法""叠韵式造词法"之成见,《汉语造词法》中的绝大多数例词只要稍加考证,就不会认作单纯词的。特别像"灿烂",在《汉语造词法》第171页举作并列式合成词例词,说是由"句法学造词"而来的合成词;而到第255页又举以证明叠韵式造词法,说它是由"语音学造词法"创造的单纯词。同一作者,在不允许或此或彼的知识问题上却亦此亦彼,如果不是心怀现代联绵字观念之成见,不曾受"叠韵造词法"之说的影响,当不至于此。

换一个角度说,如果我们不是心怀现代联绵字观念之成见,不迷信汉语古有双声造词法、叠韵造词法之类的说法,一些被信守派著作误举以证明"联绵字—双音单纯词"说的例词其实是很容易考见其本来面目的。如信守派某些著作中辗转抄引的双声叠韵联绵字之例词"琵琶",本作"批把"。《释名·释乐器》:"批把,本出于胡中,马上所鼓也。推手前曰批,引手却曰把,像其鼓时,因以为名也。"然则"批把"乃联合式合成词。换以"琵琶"二字记之,其内部结构方式并未发生变化。又,枇杷树是汉武帝建元年间进植的。《西京杂记》:"初修上林苑,群臣远方各献方果异树,……枇杷十株。"《续通志》卷一百七十七:"枇杷树高丈余,肥枝,长叶大如驴耳,形似琵琶,故名。"枇杷树因其长叶似琵琶而得名,故此"枇杷"即彼"琵琶—批把",仍是联合式合成词,尽管记录该词的字又一次发生了变化①。再如信守派学人辗转抄引的其他例词如"参差、辗转、窈窕、崔嵬、尴尬、从容、匍匐、徘徊、逍遥"等等,

---

① 字形发生变化的原因很多。但是,不管字形发生了怎样的变化,所记录的语词之结构关系并没有发生变化。词语就如同一个人,记录词语的文字就是他的衣服。这个人先前在学校穿着校服表现出学生特点,后来到部队穿着军装表现军人特点,再后来转业到工厂穿上工作服表现出工人特点,而这个人不管在哪里还是这个人,其基本"结构"并没有发生变化。信守派学人所以经常误举一些不明其语素构成情况的双音词证明其成见,客观上主要是因为他们所举的例词改变了书写符号(如批把→琵琶)或因义变而变记之(如琵琶→枇杷)。这么一换了"衣服",他们见新形而不知某词之本义及其造词理据了,再加上共时论的干扰和相关知识的欠缺,就在现代联绵字观念的误导下说了错话。信守派学人从事联绵字问题研究绝大多数走了这条路,所以通常只辨其例词就可以了。

还是被白平(2002:178～193)考见它们本来是合成词,关键是学术研究须从事实出发,而不是从观念出发。

近30年来,双声造词法、叠韵造词法是上古汉语创造双音单纯词之特有方式的认识已经为一般人所坚信不疑了。一般研究者遇到不明其语素构成情况的双音词,只要发现它具有双声或叠韵关系,就认作"联绵字—双音单纯词"。因此,现代双声叠韵说看似汉语疑难词研究的通途,实为陷阱。它使信守派学人不自觉地走上了掩耳盗铃的道路,使他们的研究不可避免地偏离了客观实际。

上面只是就有双声或叠韵关系的双音词说的。而双声、叠韵不是孤立的和不变的;在历史发展中,它与非双声非叠韵又是相互转化的。所以讨论"联绵字"的语音联系总离不开非双声非叠韵者。在非双声非叠韵的双音词中,信守派学者也有一些不明其语素构成情况的词,又是用哪种造词法创造的呢?通常论者只是将它们归入非双声非叠韵的"联绵字",很少有人说它们是用什么方法创造的。如吕叔湘《中国文法要略》将"联绵字—单纯的复音缀词"分成双声的、叠韵的和非双声叠韵的三类,那非双声叠韵的10个例词就不知是用什么方法创造的了。在信守派学人著作里,这种现象很普遍。不错,也有著作猜测那些非双声非叠韵的联绵字是双声联绵字或叠韵联绵字在历史发展过程中失去了语音联系。这话只要不排除复合词、拟声词、音译词、叹词的情况,是可以找到证据的。但如果坚持现代双声叠韵说,一定要排除复合词、拟声词、叹词和音译词,则很难举出可靠的例子。否则,像上文所引魏建功《古音系研究》所谓"'龃龉'之于'支吾'本是一根"云云,就只能算是不太负责任的想象了。这是现代双声叠韵说不可避免的又一大困境。

还有人设想"非双声叠韵连绵的可以有复声的存在",认为非双声叠韵的"连绵字"来自复辅音声母分立(魏建功1935/1996:153)。然而古汉语里是否有复声母,直到现在仍处在讨论阶段。有些人总爱说汉语古有复辅音声母的观点已成定论,而庞光华(2005)56.3万字的《论汉语上古音无复辅音声母》对这类观点进行了全面辨正,至少可以说"复声"问题并未成定论,还不能作为立论的依据。退一步说,即使古汉语里真的有复辅音声母,也不会分裂出什么"联绵字—双音单纯词"来。前面第四章第三节及其附录一的考察表明,受言语交际任务的制约,即使一个音节也不会"衍"出两个音峰两个音谷而成为双音词,而复声母又怎么可能"衍"成双音节词而不影响受话人理解呢?我们每个人都可以做这样一个实验:把汉语里某个单音词拆分成两个音节,或把受话人熟悉的某种外语里某单音词中的复辅音拆分成两个音节,看有没有人听得懂它的意思?所以归根结底,复辅音声母分立而产生"联绵字—双音单纯词"的观点缺乏发生学的依据,至今还处于想象阶段。

再看其例词,同样是作者不明其语素构成情况而在现代联绵字观念之成见的主导下误举的双音词,并且这个特点也保持至今。如某统编教材《现代汉语》,从1991年增订一版到2012年增订五版,讲到非双声非叠韵的联绵字,均举蝴蝶、芙蓉、鸳鸯、蛤蚧、蝙蝠五词为例,同样是不知其造词理据而误举的词①。

总之,我们没有发现信守派学人所举双声联绵字、叠韵联绵字或非双声叠韵联绵字可以支持其观点者。它们都是论者不明其语素构成情况的双音词。然而,双音词不是有语音联系的,就是无语音联系的,照这"规矩",向后不管谁遇到不明其内部结构方式的双音词,有语音联系的就说它是双声(或叠韵,或双声兼叠韵)"联绵字—双音单纯词",无语音联系的就说它是非双声叠韵的"联绵字—双音单纯词"②,就没有必要研究了。

顺便说一句,上言统编教材《现代汉语》所举蝴蝶、芙蓉、鸳鸯、蛤蚧、蝙蝠等,作为非双声非叠韵联绵字的例词,大概都是按现代汉语普通话语音说的,因为如果按古音,蛤蚧、蝙蝠都是双声词。如果照这部统编教材的做法,一般不懂古音的人遇到不明其语素构成情况的双音词也可以照今音直接谓之双声(或叠韵,或非双声叠韵)"联绵字—双音单纯词"了,复音词的语素构成情况问题真的谁爱怎么解释就怎么解释了。特别"鸳鸯"二字,在《广韵》音系里都属影母字,即"鸳鸯"是双声词;"鸳鸯"二字在现代汉语普通话里都

---

① 如"蝴蝶"乃偏正式合成词,详见沈怀兴《试论研究现代汉语也需要历史观点——从"蝴蝶"、"凤凰"结构说起》(《河南师范大学学报》哲社版第1期)、《"蝴蝶"考献疑》(《中国语文》2002年第2期)。"芙蓉"即"敷荣",也是合成词。《广雅·释草》:"菡萏,芙蓉也。"王念孙疏证:"芙蓉之言敷蕍也。"敷蕍即敷荣。《尔雅·释草》:"蕍、芛、葟、华,荣。"郭璞注:"蕍,犹敷蕍,亦花之貌。"高步瀛疏:"杜宗玉曰:敷训花开,取铺花义;蕍训荣,犹敷荣,亦敷花义。""菡萏"所以又叫"芙蓉",就是因为它花始开——敷荣。"鸳鸯"也是合成词。宋罗愿《尔雅翼·释鸟·鸳鸯》:"雄名为鸳,雌名为鸯。"宋陆佃《埤雅》卷七"鸳鸯":"俗云:雄鸣曰鸳,雌鸣曰鸯。"在古代文献中,凡解释"鸳鸯"者,大多这么说。据此,"鸳""鸯"均拟声而来,"鸳鸯"是联合式合成词。"蛤蚧"是拟声词。《太平御览》卷九百五十一"蛤蚧"条下引:"《岭表录异》曰:蛤蚧首如虾蟆,背有细鳞如蚕子,土黄色,身短尾长,多巢于树中。……暮则鸣,自呼'蛤蚧'。"各家对"蛤蚧"的解释大致如此。这表明"蛤蚧"虽然是单纯词,但由拟声而来,也不支持作者拘泥于现代联绵字观念的做法。蝙蝠,《甲骨文续编》(乙3468)有"蝠"字,像飞鸟,翼上有钩爪,叶玉森释曰"古文象形蝠字"。闻一多《古典新义·〈尔雅〉新义》曰:"蝠读为蹼,下文'凫雁丑,其足蹼',注:'脚指间幕蹼属相著。'蝙蝠之足亦有膜蹼相著,故谓之蝙蝠也。"据此,"蝙蝠"乃偏正式合成词。

② 即使按古音,也一定程度上会出现这种情况,并且已经出现了这种情况。本节上面对部分词的考辨略可说明这一点。这是因为本来没有"一种特殊的构词法",硬说有,不举例则已,一举例便错。

属于零声母字,零声母不等于零,实际上都是半辅音,所以严格说来它仍是双声词。上面讲的那部统编教材《现代汉语》举"鸳鸯"为非双声非叠韵联绵词例词,其负面影响就更是多方面的了。然而,出现这样的问题,连续数版得不到纠正,其根本原因就在于现代联绵字观念先把主编和一大群编写者给弄糊涂了。上述矛盾的存在,就是他们在现代联绵字观念的困扰中朝着教条化幻觉努力挣扎的结果。而这部《现代汉语》统编教材发行量早已逾数百万套,现在还在继续大量印刷,其负面影响之广远,则常人无法估量。

至此,笔者作为一个追随现代联绵字观念二十余年后才致力联绵字理论问题研究的人,一个站了30多年讲台的人,深深体会到与无知相比,虚假的知识更具危险性,于是很想呼吁学界改变从观念出发做研究的习惯[①],以便给教材编写者提供一些可靠的资料。否则,如果继续照此前的样子,从现代联绵字观念出发给一些不明其语素构成情况的双音词贴贴标签,则很难避免歪曲事实、贻误后学的现象发生。那样的话,我们的研究就不只是没有积极意义了。同时还想呼吁教材编写者,我们的教材不仅要对事实负责,而且要对后学负责。只有对事实对后学同时负责,我们的语言学事业才可能有其未来。

参考文献

白　平　2002　《汉语史研究新论》,太原:书海出版社。
胡正武　2005　《训诂阐微集》,北京:中国社会科学出版社。
李海霞　2005　《汉语动物命名考释》,成都:巴蜀书社。
李如龙　2009　《论汉语的单音词》,《语文研究》第2期。
吕叔湘　1942/1982　《中国文法要略》,北京:商务印书馆。
庞光华　2005　《论汉语上古音无复辅音声母》,北京:中国文史出版社。
任学良　1981　《汉语造词法》,北京:中国社会科学出版社。
沈怀兴　2005　《〈汉语大词典〉"连语"释义补正》,《辞书研究》第3期。
——　2007a　《"联绵字"与语文学史上的相关名词》,《古汉语研究》第3期。
——　2007b　《现代联绵字观念的来历》,《中国语研究》总第49期。
——　2007c　《中国现代语言学早期的联绵字观念》,《语文建设通讯》总第88期。
——　2008　《语文学史上的"长言"说及相关理论》,《中国语学研究开篇》第27期;又见本书第四章附录二。

[①] 这话不只是说联绵字问题研究的,也包括汉语语法、词汇等有关方面的研究。这样说注定是不讨人喜欢的。但既然是这么认识的,又找不到太多例外,就只好我口言我心了。读者如果不同意这么说,请批评本书与拙著《汉语商论》以及其他一些文章中的论述好了。如果能够促进汉语研究更好地为教育服务,为社会服务,更好地促进汉语语言学健康发展,笔者个人实际上没有什么好说的。

―――― 2009a 《从王筠连语说看现代联绵字理论》,《汉语史学报》总第八辑。
―――― 2009b 《王力先生联绵字观念的变化及其影响》,《宁波大学学报》(人文科学版)第 4 期。
王　力　1980　《汉语史稿》,北京:中华书局。
魏建功　1996　《古音系研究》,北京:中华书局。

第二节　联绵字不可分训说辨疑

信守派学者都认定联绵字是"联缀两个音节而成的单纯词",又误引王念孙的连语不可分训说为证①,于是有了"联绵字/词不可分训说"。广泛流传开来,便成了"定论"。这种"定论"不可避免地要反映到词典的立目释义里,于是为我们讨论问题提供了方便。本节拟借词典解释词目"联绵词不可分训说"的文字讨论问题。词典的解释力求概括,借它讨论问题可以避免大量引书的麻烦,讨论起来也相对自由一些。当然不是讨论所借用的词典,更无意批评词条撰写者。如一部古汉语知识词典中有下面的词条及其解释:

【联绵词不可分训说】1.(按:序号为引者所加。下同)词汇学学说。2.联绵词是只含一个词素的双音节单纯词,构成联绵词的两个音节(表现在书面上就是两个字)必须合在一起才能表现出词义,两个音节中的任何一个都没有独立的意义。3.因此联绵词的两个音节是不能分开解释的,尤其不能拘泥于两个字的字面意思来解释。4.清代王筠《毛诗双声叠韵说》云:联绵词"皆合二字之声以成一事之意,故泥字则其义不伦,审声则会心非远,但当用《公羊传》之耳治,不可用其目治也。"王筠所谓的"目治"、"泥字",就是望文生义;王筠所谓的"耳治"、"审声",就是因声求义。5.例如《汉书·高后记》:"计犹豫,未有所决。""犹豫"是联绵词,意指踌躇不决。但是唐代颜师古注曰:"犹,兽名也。……此兽性多疑虑,常居山中,忽闻有声,即恐有人且来害之,每豫上树,久之无人,然后敢下来,须臾又上,如此非一,故不决者称'犹豫'焉。一曰,陇西俗谓犬子为'犹',犬随人行,每豫在前,待人不得,又来迎候,故云'犹豫'也。"清代王念孙《广雅疏证》卷六"踌躇,犹豫也"条批评说,"犹豫"

---

① 王念孙在《读书杂志·汉书第十六·连语》提出"连语不可分训"说,意为对构成连语的两个同义语素不可做出不同的解释,与现代信守派学人所持"联绵字―双音单纯词"说没有什么关系,不能互证。参看下文论述。

又作"犹与、夷犹、容与","夫双声之字,本因声以见义,不求诸声而求诸字,固宜其说之多凿也。"6.联绵词不可分训说是从"联绵词上下同义,不可分训"的说法发展而来的。清代王念孙《读书杂志·汉书第十六》"连语"条云:"凡连语之字,皆上下同义,不可分训。说者望文生义,往往穿凿而失其本指。"王念孙的意思是,组成联绵词的两个字字义相同,不能作不同的解释。如:《汉书·严助传》:"今闽越王狼戾不仁。"唐代颜师古注:"狼性贪戾,凡言'狼戾'者,谓贪而戾。"王念孙指出:"案师古以'狼'为'豺狼'之狼,非也。'狼'亦'戾'也,'戾'字或作'盭',《广雅》曰:狼戾,狠也。'又曰:'狼,狠盭也。'①是'狼'与'戾'同义。《燕策》曰:'赵王狼戾无亲。'《淮南·要略》曰:'秦国之俗贪狼。''狼戾'、'贪狼',皆两字平列,非谓如狼之戾、如狼之贪也。……'狼戾'乃双声之字,不可分为二义。若必谓如狼之戾,则'乐岁粒米狼戾'又将何说乎?"
7. 王念孙从双声叠韵的角度观察联绵词,采用以音韵通训诂的办法来解释联绵词的词义,这是正确的;但是他所谓的"上下同义"是指由两个同义词素合成的双音节联合式复合词,而从现代词汇学的观点看,这一类词本不应该置于联绵词之中,因此后代学者把"联绵词上下同义,不可分训"的说法加以改变,形成了更加科学的理论。

下面依引文中所标序次略做讨论。

1. 后说"联绵词不可分训说"是词汇学学说。可是,"词"在20世纪以前的中国传统语文学里只指虚词,在现代语言学里不仅指虚词,也指实词。"联绵词"这一术语至今只有70多年的历史(参看沈兼士1941、孙德宣1942、魏建功1935②),是现代语言学家就语言本体角度说的;"不可分训"却是清代训诂学家王念孙的话,与训诂学家之反对"拆骈为单"的思想是一致的,是就语言理解角度说的。上引词典释"训诂学"说:"专门研究古代书面语的语义和关于这种语义的诠释方式、方法的一门学科。……训诂学是一

---

① 此处的断句可商。"《广雅》曰:'狼戾',狠也。'又曰:'狼,狠盭也。'"江苏古籍出版社1985年出版的王念孙《读书杂志·汉书第十六》第410页作:"《广雅》曰:狼、戾,很也。'又曰:'狼、很,盭也。'"参以1983年上海古籍出版社出版的王念孙《广雅疏证》卷三上"……很也"条和卷四下"……盭也"条及王念孙的疏证,可知江苏古籍版的断句、文字是对的。

② 确切地说,沈兼士的联绵字观念不支持"联绵字—双音单纯词"说,他(1941)文章中的"联绵词"与信守派著作中的"联绵词"含义不同。孙德宣(1942)的联绵字观念接近现代联绵字观念,但他文章中的"联绵词"例词也不是正统的信守派学人说的"联绵字—双音单纯词"。魏建功(1935)书中不作"联绵字"或"联绵词",而作"连绵字"或"连绵词"。这在前面有关章节中曾经交代过,可参看。

门综合性的学科,对于文字学、音韵学、词汇学、语法学、修辞学、校勘学,乃至文学、哲学、史学等都有不同程度的涉及。"而释"词汇学"说:"专门研究语言中的词汇的一门学科。具体研究词的内部构造、词的形成和发展、词义的系统和演变、词和概念之间的关系,以及词语之间的语义关系等。"应该承认,该词典对"训诂学"与"词汇学"的解释都是对的。但是,王念孙是一位训诂学家。他不懂词汇学,也从来没有研究词的内部结构,他的话肯定不支持后人虚构的"联绵字—双音单纯词"说。然则信守派学者说"联绵词不可分训说"是词汇学学说,是先把训诂学与词汇学混同起来,然后移王念孙的"花"接自己的"木",最后只打词汇学的旗号,让王念孙来证明"联绵字—双音单纯词"说。这是信守派著作在证明、守护或宣传"联绵字—双音单纯词"说时最常用的方法。他们这样做可能不是有意的,只是没有对两个基本概念做必要区别的情况下无意中进行的移花接木,但是拉郎配的事实却是明摆着的。这样做很能误导多数年轻人,因而本书在不同场合不厌其烦地一再指出这一现象。

  2. 后面的话反映了信守派学者的"共识"。但是,虽然这话越说越绝对,其中多数文章还举了一些似是而非的例证,不少例证更是辗转抄引,好像颠扑不破,实际上是钻进了自己设置的套子拼命挣扎,却无济于事。那些被信守派学者反复列举了来证明"联绵字—双音单纯词"说的"典型例证",实际上多是他们未考其造词理据、不明其语素构成情况的合成词,少数是拟声词或音译词。这在前面各章节中已有大量考辨,可参看。同时,前面第三章和第四章各节考察发现,汉语里没有信守派学人说的那种"特殊的构词法","联绵字—双音单纯词"说是20世纪三四十年代部分青年学者为反对"汉语单音节幼稚落后论"而虚构出来的。这些事实,现在的信守派学人中大多不清楚了。他们只是在辨别能力不强的时候接受了现代联绵字理论,心存成见,自觉跟风。其中有些人后来功夫深了,看到现代联绵字理论不少地方尚存疏漏,本当进一步求真,冲破束缚,但却为定势思维所左右,不是反思这一理论怎么来的,是否自身有问题,而是企图补漏,以使现代联绵字理论臻于"完善"。于是你补一笔,他补一笔,日积月累,就编制出"联绵词是只含一个词素的双音节单纯词,构成联绵词的两个音节必须合在一起才能表现出词义,两个音节中的任何一个都没有独立的意义"之类既绝对又绝无客观基础的"理论"。这一点,不要说拿今天的现代联绵字理论与20世纪三四十年代虚构出的"联绵字—双音单纯词"说相比,可以看出粗疏与"缜密"的不同,就是与20世纪80年代的现代联绵字理论相比,也明显地复杂多了,而且更加绝对化了。这种现象有点像讲中国历史的,先秦的学者对尧、舜之事还比较模糊,所以说的也不是很多;可是到了汉代,连黄帝、炎帝乃至盘古氏也讲得活灵活现了。托古言事是我们这个民族中文化人的传统,现代联绵字理论的产生、发展,直到今天的状况,也像是被这一"规律"左右了。

3. 后面的观点是在 2. 后观点的基础上提出的。2. 后面的观点既然不成立,3. 后面的观点也就不攻自破了。但是,3. 后的话可能对部分读者仍有一定的"说服力",因此还应该指出两个事实。第一,信守派学人之"联绵词的两个音节是不能分开解释的"与王念孙之"不可分训"不是一回事,王念孙的"不可分训"是站在"连语"词义的整体性角度说的,是说连语——用今天的话说即联合同义语素而构成的部分词语——上下字不可做出不同的解释。如果一定要站在现代词汇学角度说,王念孙是在认定连语为双语素词的前提下言"不可分训"的①,而今信守派学人却是认定"联绵词"为单语素词的前提下说"两个音节不能分开解释"。古今人研究角度及目的截然不同,不能混为一谈。第二,"不能拘泥于两个字的字面意思来解释"这话,站在训诂学角度说主要是强调识通假、辨或体,不可望文生义而"失其本指",站在现代语言学角度说则主要是把握词义的整体性,立足语境对"二字词"做出恰当的解释。如"慷慨",只要辨得"慷"是"忼"的后起字,就不难理解了。又如"婆娑",辨得"婆"是"媻娑"之"媻"的后起字(详见第二章第一节),也不难理解了。信守派学人知道"不能拘泥于两个字的字面意思来解释",却一般不辨通假,文字与语词的关系分不清,习惯上让"慷慨"做他们心目中"双声联绵词"的例词,让"婆娑"做他们心目中"叠韵联绵词"的例词,本该解决的语文理解问题没有解决,又铸成大错,这样的研究就只能有负面作用了。更有甚者,信守派学人在现代联绵字观念的左右下解释他们眼里的"联绵字/词"不免似是而非,如前面第三章第三节辨正的"披靡""辟易",就更不只是语词变体研究之误了。进一步讲,这种理论和做法一旦左右了字典编纂,使错误的学术思想和似是而非的解释广泛传播,代代承谬,其后果就更不堪设想了。这个问题将在《现代联绵字观念的负面影响》一书中做重点介绍,这里就不展开了。

4. 后举王筠的观点作证,也是站在现代联绵字理论的立场上理解王筠的话。我们如果没有"联绵字—双音单纯词"说之成见,只要读完王筠《毛诗双声叠韵说》一文,就不可能相信信守派学人所引王筠的话可以支持"联绵字—双音单纯词"说了。王筠于《毛诗双声叠韵说》后文说:"凡右所引者,以

---

① 详见王念孙《读书杂志·汉书第十六·连语》中所考辨的 23 条连语。后面第六章第三节对此有简单的考察讨论,可参看。

义借者其偶也,以音借者其常也,知古人经皆口授,取其入耳即通也。……字无假借,不可以成文;苟非双声叠韵,无以成为假借。从此观其会通,引申触类,庶不至刻舟求剑,以致穷老尽气而归于不通也。"王筠的话继承并发扬了明代方以智直至清代戴震、王念孙、段玉裁等一脉相承的因声求义思想,本是从训诂角度讲音近义通,强调读"古人经"当善破通假,而不是从词的结构分析角度说的,与今人所持"联绵字—双音单纯词"说沾不上边,是不允许后人移花接木的。

那么,怎样理解王筠"皆合二字之声以成一事之意,故泥字则其义不伦,审声则会心非远,但当用《公羊传》之耳治,不可用其目治也"云云?其实,王筠这话是说:两个字表达一个意思,由于"非双声叠韵,无以成为假借",所以要注意破通假。因此,如果拘泥字面意思,则其含义对不上号;如果辨通假而因声求义,则差不多能够正确理解古人文义,因而读古书应该像理解《公羊传》,注意审音,不可望文生义,只看字面意思。所谓"合二字之声以成一事之意",本是站在双音词之词义的整体性角度说的。然而,词义的整体性与其语素构成的非单一性正是合成词一个问题的两个方面。这一点,我们在前面各章节已经站在不同的角度反复讨论过,不再重复了。

5. 后所举"犹豫"也是信守派著作中最喜欢举的例词。也许颜师古的解释算不得确论,但并不能因此证明"犹豫"是单纯词。颜师古观点和当今信守派意见之间不存在非彼即此的关系。"犹豫"是联合式合成词,前面第二章第二节相关脚注中已有简单的考察分析,后面第六章第四节还引录了王念孙的考释,这里姑且从略。

那么,怎样理解王念孙的"夫双声之字,本因声以见义,不求诸声而求诸字,固宜其说之多凿"呢?其实,这话与上文王筠的话观点是一致的——王筠观点来自王念孙等前人一脉相承的训诂学思想,也不支持"联绵字—双音单纯词"说。首先,我们必须承认,王念孙是站在训诂角度而不是站在联绵字内部结构分析角度说这番话的。王念孙是个研究语文理解与应用问题的语文学家,不是研究语词内部结构方式的现代词汇学家;并且,他那个时代还没有对联绵字进行内部结构分析的意识,也没有必要考察联绵字的语素构成情况。明乎此,我们即使笃信"联绵字—双音单纯词"说,也不会拿王念孙的话来做"联绵字—双音单纯词"说的理论依据了。其次,王念孙这话是以他的"义存乎声""双声叠韵之字无本字"为依据说的,而"义存乎声""双声叠韵之字无本字"是基于文字通假提出的训诂理论。但是,即使基于文字通假问题说的,也因其失于绝对化,致令黄侃在《〈广雅疏证〉笺识》中提出批评:"双声叠韵之字诚不可望文生训,而非无本字,谓其义即存乎声,不悟单文觭语义又未尝不存乎声也。自王君而来,世多谓双声叠韵之字无本字,则其所误者大矣"。黄侃此言是有见地的。所以公道地说:王念孙此说有合理的一面,也有把问题绝对化的一面(详见第二章第二节)。明乎此,可知一个联绵字有多种书写形式与它是否单纯词毫无关系。信守派学人常说"由于联绵词是单纯词,最初大多没有本字,记录联绵词的两个字大多是纯粹的记音符号,所以同一个联绵词往往有多种文字形式"云云,乃是受现代联绵字观念影响过深,而一意穿凿附会"联绵字—双音单纯词"说所致。如果人们没有现代联绵字观念之成见,当不会说出这类话的。否则,如果有人问:明代方以智《通雅》所考辨的 534 组謰语中 91% 以上是合成词或词组,而都有多种书写形式,连 37 组派生词也不例外,该不该因为它们有多种书写形式而把它们判为单纯词?近人朱起凤《辞通》所收双音词中同样 91% 以上都是合成词,也都有多种书写形式,这又该怎么解释?能说把人们认作单纯词的判为单纯词,因为它们都有多种书写形式,把人们认作合成词的判为合成词,因为它们的多种书写形式没有参考价值吗?本世纪初,上海辞书出版社接受一位教授建议,以现代联绵字观念为指导,以《辞通》为蓝本,由建议者牵头编一部"新联绵词典",而 10 年过去了,那部"新联绵词典"至今未见问世,原因大概是因为那份计划无法执行而落空了吧。可以肯定地说,那部"新联绵词典"即使编出来,也只能是《新编联绵词典》的情况①,不可能是由"特殊的构词法"创造的双音单纯词词典。看来,即使坚持现代联绵字观念的人,一旦走出想象的圈子,着眼于语言事实,也不能不承认长期以来广泛流行的"联绵字—双音单纯词"说是靠不住的。这一事实不止反映出"联绵字—双音单纯词"说在实践中行不通,同时还给我们这样一个启示:与"联绵字—双音单纯词"说相关的其他理论也可能靠不住。

6. 后说"联绵词不可分训说是从'联绵词上下同义,不可分训'的说法发展而来的"云云,亦不妥。第一,当今信守派学人的"联绵词"与清代王念孙的"连语"是两个截然不同的概念:联绵词,信守派学人用它来指称联缀两个音节构成的双音节单纯词,尽管汉语中这样的"联绵词"一个也没有;连语,王念孙用它来指称"上下同义"的二字词,所以王念孙的连语全部是联合式合成词。这从其后面引录的王念孙连语观及其例词"狼戾"以及王氏的考辨

---

① 《新编联绵词典》(河南人民出版社,2001 年)是竭力执行现代联绵字观念编写的一部词典,但该词典中所收主要是复合词,其次是重叠词、拟声词、音译词和个别切音词,一条正统的信守派学人说的由"特殊的构词法"创造的双音单纯词也没有(详见沈怀兴 2012)。

也可以清清楚楚地看出。如此把两种截然不同的思想混在一起,所产生的"理论"不可能体现出什么发展。第二,不要说王念孙那个时代找不到"联绵词上下同义,不可分训"的说法,直到 20 世纪 30 年代之前根本找不到这种说法,连"联绵词"这个概念也没有。归根结底,这"联绵词不可分训说"只能是从信守派极少数人想象中的"联绵词上下同义,不可分训"的说法发展而来的①。可是,如果只是自己想象的东西,却硬要托古言之,这只能说明信守派学人对自己的信仰底气不足。第三,既然知道王念孙的意思是说,组成连语的"两个字字义相同,不能作不同的解释",所举王念孙对"狼戾"的考辨也恰恰证明了这一点,又怎么好拿来比附"联绵词—双音单纯词"说呢?对此,唯一的解释是:即使最纯正的信守派学人,只要接触到历史事实,一不小心也会拆"联绵字—双音单纯词"说的台。前面不少地方论及信守派学人援引古人理论以证其说而事与愿违的做法,这也从一个侧面反映出"联绵字—双音单纯词"说只能证伪而不能证实的特点。

7.后的表述既让人看到了王念孙的连语观不支持现代联绵字观念的事实,同时也看到了信守派学人是怎样强古人以就我的。实际上,王念孙所考辨的"连语"只包括部分联合式合成词,因而既不同于一般传统语文学家所谓的"联绵字",更不同于现代联绵字观念中的"联绵字/词"(详见第一章与第六章第三节),而且汉语史上不曾有过除了双音节拟声词与音译词或切脚语以外的所谓"联绵词"(参看第一章第二节),然则王念孙怎么会"从双声叠韵的角度观察联绵词"?既然知道王念孙"所谓的'上下同义'是指由两个同义词素合成的双音节联合式复合词",所引王氏例证也恰合王氏之说,并且又明明知道"从现代词汇学的观点看,这一类词本不应该置于联绵词之中",为什么还要把王氏"凡连语之字,皆上下同义,不可分训"的说法"加以改变"呢?② 改变了王氏的说法,还是王氏的说法吗?不是王氏的说法,却视作王氏的说法而拿来证明信守派学人自己的臆说,又有什么说服力呢?再说,即使改变了王氏的说法,奈王氏例证与其论证过何?如此强古人以就我,而存在着这么多问题,却说"形成了更加科学的理论",这可能吗?还有,这里批评王念孙不应该把上下同义的连语"置于联绵词中",是王念孙观点既被

---

① "联绵词上下同义,不可分训"的说法非王念孙所出,已如上言。但也不是信守派中一般学人创造的,因为信守派中一般学人都让"联绵词"指双音节单纯词,不可能再说出"双音节单纯词上下同义"之类的话。这"联绵词上下同义,不可分训"的说法究竟是谁先提出来的,待考。

② 如果是王念孙的观点及其论证过程错了,需要改,那也得首先证明汉语里不存在互注说明创造出的联合式合成词,同时还必须证明同源词没有语音上的联系。否则,把王氏"凡连语之字,皆上下同义,不可分训"的说法"加以改变"来证明今人臆说的做法不可能为无成见者所接受。

用来做立论依据,而又错了,于是也就只好挨批了。然而,到底是王念孙说错了呢,还是论者把王氏的话给理解错了？或者本不该把王氏不能证明"联绵字—双音单纯词"说的理论拿来证明这一理论,待到发现矛盾,而转批王念孙？真是王念孙活该倒霉！其实,上述看似奇怪的现象都不奇怪,因为整个现代联绵字理论群的产生、发展及全部论证过程都是这个路数,笔者在《现代联绵字观念贻误学人例说》(2011)等文中曾借助同类事实多角度考察了这类现象,可参看。上引词典客观而简要地把这些事实表述出来,使我们能够用较短的篇幅有效地讨论问题,功不可没。至于其他个别地方虽不无可商,但似乎算不得信守派多数人的认识,也没有多大的代表性,就不予讨论了。

总之,所引某古汉语知识词典"联绵词不可分训说"条的解释客观地反映了信守派学人共识,同时也反映了信守派学人的行文路数,但其"共识"归根结底是靠不住的,其行文特点也在一定程度上透露出这一点。它告诉人们,非真知的东西有可能三人成虎而进入知识词典,但仍然经不起事实的检验,仍然是苍白无力的。

另外,还有一点似乎值得一提,即有些学者盲目鼓吹现代语言学,把现代联绵字理论奉为不刊之论,却没有让读者看到必要的证据。如一部词汇学著作第55页认为:"对联绵字的研究,必须以现代语言学的科学观点为依据。"就大致反映这一点。再如上引古汉语知识词典最后所谓"后代学者把'联绵词上下同义,不可分训'的说法加以改变,形成了更加科学的理论"云云,虽然反映了部分学人的认识,但也很令人纳闷儿:现代联绵字理论究竟"更加科学"在哪里？能不能拿点服人的证据出来给读者看一看？看来,要想真正解决联绵字问题,必须先从现代迷信中解放出来。

参考文献

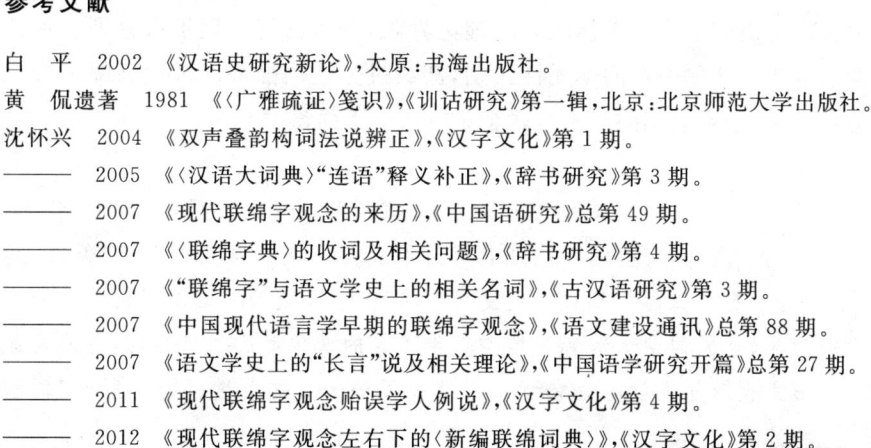

白　平　2002　《汉语史研究新论》,太原:书海出版社。
黄　侃遗著　1981　《〈广雅疏证〉笺识》,《训诂研究》第一辑,北京:北京师范大学出版社。
沈怀兴　2004　《双声叠韵构词法说辨正》,《汉字文化》第1期。
────　2005　《〈汉语大词典〉"连语"释义补正》,《辞书研究》第3期。
────　2007　《现代联绵字观念的来历》,《中国语研究》总第49期。
────　2007　《〈联绵字典〉的收词及相关问题》,《辞书研究》第4期。
────　2007　《"联绵字"与语文学史上的相关名词》,《古汉语研究》第3期。
────　2007　《中国现代语言学早期的联绵字观念》,《语文建设通讯》总第88期。
────　2007　《语文学史上的"长言"说及相关理论》,《中国语学研究开篇》总第27期。
────　2011　《现代联绵字观念贻误学人例说》,《汉字文化》第4期。
────　2012　《现代联绵字观念左右下的〈新编联绵词典〉》,《汉字文化》第2期。

沈兼士　1941/1986　《联绵词音变略例》(1941年12月在辅仁大学语文学会上的演讲),收入《辅仁大学语文学会讲演集》,又收入《沈兼士学术论文集》,北京:中华书局。
孙德宣　1942　《联绵字浅说》,《辅仁学志》第十一卷第一第二合期。
魏建功　1935/1996　《古音系研究》,北京:中华书局。
杨剑桥　2003　《实用古汉语知识宝典》,上海:复旦大学出版社。
赵克勤　2005　《古代汉语词汇学》,北京:商务印书馆。

第三节　联绵字语素融合说辨疑

信守派学人所持联绵字语素融合说与上一节考察讨论的"联绵字不可分训说"有着密切的联系。他们讲联绵字不可分训除了引王念孙"连语不可分训"、段玉裁"绵联字不可分释"、王国维"联绵字,合二字而成一语,其实犹一字也"等做依据以外,不少人也拉上联绵字语素融合说。而持联绵字语素融合说者,几乎同时以其不可分训为据。但它们两者依据并非完全相同,也不是一个事物的两个面,只是为证共同的信仰才有了"盟友"关系,所以本书将它们分在两节里先后予以考察讨论。

信守派学人至今没有让人们看到"联绵字—双音单纯词"说可信的立论依据。他们举以证明"联绵字—双音单纯词"说的例词,实际上多是持论者不明其语素构成情况的合成词。这一点,只要肯深入实际做点考察,即使信守派学人也会清楚地看到。只是他们从事学术研究的心理比较复杂,因而坐失反思的机会,仍从现代联绵字观念出发,认定它们已经语素融合,变成"联绵字—双音单纯词"了。这就是所谓联绵字语素融合说。信守派学人中还有一些古汉语功底比较深厚的学者,一眼就可以看出"联绵字—双音单纯词"的创说者及追随者所举例词本是合成词,但由于理论上不过硬,分不清语文理解研究与语言本体研究的理论界限,分不清复音词不可分训与单纯词语素构成的单一性的本质性区别,甚或过分迷信强势的现代联绵字观念的科学性,于是也倒向了语素融合说一边。下面试举几例。

(1)在语言发展过程中,由于一些词和词素消亡了,或者形、音、义发生了演变,有的词可能跟它所由形成的词失去语义联系而"孤立"起来,从而它的内部形式也就变得暧昧不明,以致为人们所遗忘。……有时候,合成词由于语音和结构发生了大的变化而成了单纯词,它的内部形式也就从人们的语言意识里消失了……。这个过程就是所谓"词素的溶合"。

(2)"琵琶"本作"批把",我们是否可以依据"推手前""引手却"(《释名》),把"琵"和"琶"都看作语素呢?从"批把"到"琵琶",字形的变化实际上反映了人们语感的变化。在现代汉语中,"琵琶"这两个音节已经成为囫囵一团,依依不可分割的单语素词了。

(3)今人便悟出了同义或近义的并列复合词由于长期连用而结构凝固,形成了联绵词。

(4)合成词(包括合成词和词组)组合之初,其词源结构对音义的指示作用是很显著的,通过其逻辑语法关系就可了解其表达的内容。但这种指示作用不能永久保持下去,所指的改变,语音的变异等都可能使词源结构指示意义的作用不同程度失效。……词源结构模糊的极致会造成非联绵结构理据的完全失落,从而与其他词失去联络,完全孤立起来,变为单纯性的联绵词。

(5)有一些联绵词来自于同义或近义语素联合构成的双音节复合词。这种同义近义单音词连用构成的复合词,由于在历史语变的发展中,各自独立的词素义逐渐融合成一个词素义,这个词素义又逐渐与词形分离,或者两个用通假方法"上下同义"构成的复合词,由于通假义因形义的分离而逐渐脱离,这些都使得构词理据变得模糊不清,词源失落而不可考证,因而便成为一个不可分训的联绵词。

(6)如果复音词的语素义能够直接体现词义,语素义与词义具有"表层"的联系,应视为合成词;如果语素义不能够直接体现词义,构成的语素已经融合成一个整体,语素义与词义仅仅有"深层(或语源)"上的联系,如那些字面意义隐没的所谓"联绵词(字)",应视为单纯词。①

上引六例都是从信守派学人同类文字中选出来的。例(1)作者著文向守现代联绵字观念,这里却没举汉语的例子。向后追随者倒是举了些例子,只是无一当其说②。试问:汉语里究竟有没有当其说的例子?其实,例(1)的理论也只是引进。其所谓"合成词由于语音和结构发生了大的变化而成

---

① 上引例(1)见《语言研究》1981年创刊号《关于词的"内部形式"》,例(2)见《语言文字应用》1994年第3期《索绪尔的语言观在中国的传播与中国现代语言学的发展——"现代语言学在中国"座谈会纪要》,例(3)见《联绵词概论》第65页(大众文艺出版社,1998),例(4)见《古汉语研究》2000年第2期《联绵词研究的历史观与非历史观》,例(5)见《玉林师范学院学报·哲社版》2005年第1期《"联绵词"辨》,例(6)见《中国语文》2007年第3期《论语素的大小与层级、融合与变异》。按:这里只就信守派学人"共识"讨论问题,不针对任何个人,因而不出作者名讳。

② 联绵字语素融合说存在悖论,实际上无法举出当其说的例子。详见下文。

了单纯词"云云,观点明确,但明确的观点却充分暴露了认识上的问题。因为读过例(1)的文字,读者不禁要问:合成词语音发生了大的变化,怎么就会变成单纯词了？从先秦到现代,那个合成词语音没有发生很大的变化？又有哪个合成词变成单纯词了？不错,结构如果发生了的变化,特别合成词两个语素如果真的融合成一个语素了,就的确变成单纯词了。但那只是"如果",研究汉语而执此说总该拿出个汉语的例子吧？实际上,汉语中却不见其例。仅就现象看,汉语中有单纯词变成合成词的例子,也有甲种结构关系的合成词变成乙种结构关系的合成词的例子,就是没见合成词变成单纯词的例子。30年来,信守派学人多有寻求这"镜中花"者,但无不以失败告终,因为汉语里没有"合成词由于语音和结构发生了大的变化而成了单纯词"的例子。人们迷惘了这么多年,现在再回过头来读例(1),可能会清楚地看到它两个方面的问题:一是立足语言发议论而只有假设,且假设中反映出认识上的混乱,表明其假设仅仅停留在想象层面上;二是混淆了客观存在与人的认识之间的界限,以毫无可操作性的"人们的语言意识"为标准,一起步就下路了。现在暂不讨论这些问题吧,因为我们研究联绵字理论问题不针对任何个人,例(1)的思想被用于汉语研究会相应地暴露出一些问题,将在后面各例考察分析中具体谈到的。

例(2)是利用例(1)理论解决汉语研究中所见具体问题的例子,但要成立,尚须回答以下问题:第一,为什么不能依据"推手前""引手却",而把"琵""琶"这两个汉字记录的语言单位看成语素①？第二,何以见得"从'批把'到'琵琶',字形的变化实际上反映了人们语感的变化"？能不能把历史上用分化字表记某义造成的古今字形之异简单归因于语感问题？第三,判断复音词的语素构成情况能不能凭语感？一个词,如果一部分人凭语感说它是单纯词,另一部分人凭语感说它不是单纯词,能不能说它既是单纯词又不是单纯词？第四,合成词之为合成词,能因为研究者感觉不到它为合成词就变成单纯词了？客观存在能否以人的意识为转移？第五,吕叔湘(1979)说:"辨认语素跟读没读过古书有关系。读过点古书的人在大小问题上倾向于小,在异同问题上倾向于同。"赵元任则指出:辨认语素,"比较可取的办法是采用读书识字的人的最大限度的分析"②。因为,"采用语文修养较高的人最大

---

① 照吕叔湘汉语史分期观点讲,不仅古汉语中"琵""琶"各是一个语素,它们在近代汉语中仍然各是一个语素。如《新唐书·李珙传》:"(珙)又闻康昆仑奏琵琶,曰:'琵声多,琶声少,是未可弹五十四丝大絃也。'乐家以自下逆鼓曰琵,自上顺鼓曰琶。"宋周紫芝《琵琶二绝》诗之一:"捍拨难传不尽情,琵声裁尽继琶声。"《续通典》卷一百二十《刑·峻酷》:"(汪)直即捕(杨)昱、(董)玙拷讯,三琶之,骨节皆寸解。"并且,今天的器乐师仍将自下逆弹谓之琵,自上顺弹谓之琶。

② 见赵元任著、吕叔湘译《汉语口语语法》第79页,商务印书馆,1979年。

限度的分析比较容易取得一致的结果",否则便"答案大有分歧"①。如果判定语素仅凭语感就可以了,吕叔湘和赵元任怎么会这么说? 第六,"在现代汉语中,'琵琶'这两个音节已经成为囫囵一团,依依不可分割"就是"单语素词"了? 确认某词"两个音节已经成为囫囵一团"的标准是什么? 哪个复音词不是"囫囵一团"的? 合成词词义具有整体性特点,如"道德"不是"道路品德","道地"不是"道路土地",是"道德""道地"也"囫囵一团,依依不可分割"了,能否因此判它们为"单语素词"?

例(3)只讲"并列复合词"变成"联绵词"(单纯词),且说是"今人悟出"的,这就显得谨慎一些了。但仍有疑点:"同义或近义的并列式复合词由于长期连用"固然会"结构凝固",然而,结构凝固怎么就成了单纯词呢? 汉语里结构已经凝固了的并列复合词何止千万,都已变成单纯词了? 否则,又以什么标准分清其中哪些已经凝固成单纯词,哪些尚未凝固成单纯词? 其实,促进复合词结构凝固的因素不止时间。如用两个非成词语素创造的词,一成词结构就"凝固"了,该怎么算? 又如,用借喻法创造的双音词,大多一成词,结构因词义转移而凝固了,又该怎么算? 特别那些用了通假字标记的双音词,字面上不能显示词语含义了,在信守派学人看来或许更是"结构凝固"了,能判它们为"联绵字—双音单纯词"? 不错,作者书中所举联绵字例词多较难辨,但能不能以其难辨与否作为判定标准呢? 不错,作者还照同类著作的做法讲了所举联绵字的语音联系、多种书写形式等特点,然而,词的结构方式是由造词理据而来的,这些特点又与造词理据有什么关系? 与所论联绵字是否单纯词有什么关系? 如果不是囿于成说,谁会为证明联绵字是单纯词而强调这些"特点"呢? 信守派学人总爱拿联绵字的这些"特点"来证明其信仰,哲学家要说那是"形式决定内容",而一般人则要说那是"乱点鸳鸯"了。话再说回来,结构凝固完全是合成词的问题。一般认为,语素组合而结构凝固者是词,结构松散者是词组。② 而论者将结构凝固者判为单纯词,是真的被现代联绵字观念给扭曲了。

例(4)与例(1)大同小异,却使人产生了以下疑问:第一,照例(4)的观点,"背飞、初妹、拆小、接驳、零和、驴友、闷骚、猛料、面霸、情治、缩微、秀逗、云吞、作女"等近年流行的或近年曾经流行的词当不难理解。其实不然。能否判它们为单纯词? 第二,有些方言词进入普通话后,不能照普通话理解其

---

① 见赵元任著、吕叔湘译《汉语口语语法》第94页,商务印书馆,1979年。
② 其实,这也只是个大致的说法。也就是说,结构凝固与否充其量只是理论上的。否则,如果有人问:何以判断两个语素的组合是否结构凝固了? 那就真的不好回答了。看来,如果坚执结构凝固说,落实到实践上,就连最基本的问题也不能解决。

字面意思,如拍拖、拥趸、走光等,能说它们在方言里合乎例(4)观点是合成词,而在普通话里不合例(4)观点是单纯词吗?第三,所谓"这种指示作用不能永久保持下去"是在多大范围内说的?许伟建《上古汉语词典》中收的"上下、上帝、下民、人民、公子、曾孙、先王、先后、北土、左右、士女、嘉宾、寿考、大水、大事、天子、天命、夫人、兄弟、吉日、四方、后人、宗庙、宾客、子孙、来日、正月、日夜、父兄、朝夕、黄牛、社稷、百工、白金、鳏寡、鬼神、长子、丰年、万民、听命"等词,多有3000年左右的历史了,它们的"这种指示作用"为什么至今清清楚楚?第四,汉语词汇史上双音词所指的改变,一旦改变了原词结构,就变成另一个词了,且一定是合成词,谁能举出汉语合成词真正变成了单纯词的例子,哪怕只举一个?至于语音的变异,那是常事。如上举"上下"等,隋唐音已不同于上古音,今音又不同于隋唐音了,然而它们"词源结构指示意义的作用"失效了吗?第五,认为部分单纯词来自合成词的学者,所举例词果真词源结构模糊了,又怎么知道这些词来自合成词?既然已经知道它们本为合成词,又为什么一定要屈从现代联绵字观念而硬说是单纯词?联绵字语素融合说自身存在的这种矛盾谁能克服?第六,所谓"词源结构模糊的极致会造成非联绵结构理据的完全失落,从而与其他词失去联络,完全孤立起来,变为单纯性的联绵词"云云,令人费解处更多。词源结构及"非联绵结构理据"乃是历史的客观存在;历史的客观存在也会自行模糊?所谓"模糊"是不是指后世一般人弄不清其词源结构及所谓"非联绵结构理据"了?是的话,那是研究者的问题呢,还是词源结构及所谓"非联绵结构理据"的问题?再说,一个词即使"非联绵结构理据"完全失落,就"与其他词失去联络,完全孤立起来"了吗?所谓"单纯性的联绵词"就是"与其他词失去联络,完全孤立起来"的词吗?上述问题其实不在作者。作者是有水平的,也是尽了力的,所以还存在这么多可商之处,归根结底在只能证其伪不能证其真的"联绵字—双音单纯词"说,是没有靠得住的客观事实支撑的"联绵字—双音单纯词"说害苦了信守派中的一流学者。这些学者误蹈现代联绵字观念之泥沼,而竭尽全力附会"联绵字—双音单纯词"说,却不料凿之愈深,失之愈甚,这大概是他们始料不及的吧。

例(5)继承并发挥了例(4)观点,走上了极端,因而可疑之处最多。第一,那"各自独立的词素义逐渐融合成一个词素义"的动因是什么?标志又是什么?第二,到底是它融合了呢,还是研究者辨不清?如果是后者,那就老实承认,暂付阙如,为什么偏要说人家"融合"了呢?第三,"词素义"怎么会"逐渐与词形分离"?是怎样分离的?讲"分离",则无如词义转移者;它会不会令合成词变成单纯词?第四,对于某些词,多数人看不出其构词理据了,且懒得考察,便说它是单纯词,而少数人却考得它是合成词,能不能让他们少数服从多数？第五，"词源"怎么会"失落"？既成的事实怎么后人说它"失落"它就失落了？原历史教科书上说中华民族有四千年的文明史，后来说五千年，说那一千年原来未考出可以，说失落了则不可以。同理，研究词的语素构成而动辄讲"词源失落"亦不可。第六，常见研究现代汉语者说"蝴蝶"等是单纯词（"词源失落"？），而研究古汉语者却说它是偏正式合成词（词源尚未"失落"？），能否全不同学者之说而定它个"多样性身份"？这样的词太多了，到底该怎么处理好呢？第七，这段话中的"不可分训"四字本出自王念孙笔下。差不多所有信守派学人都引王氏连语"不可分训"说为证，但人们错误地理解了王氏的连语"不可分训"说。王氏原话是"凡连语之字，皆上下同义，不可分训。说者望文生义，往往穿凿而失其本指"（见王念孙《读书杂志·汉书第十六·连语》）。王氏这番话本是在反对颜师古等古代注家"拆骈为单"的情况下说的。他接下来举了23条连语例词，照他的分析全部是合成词。而人们举王氏"不可分训"之语证明其所信守的现代联绵字观念，不仅不看王氏是怎样分析其所举23条例词的，而且连原话中"皆上下同义"之语也给有意无意地忽略了。更令人吃惊的是，几乎所有信守派学者在引古人之说以证其成见时，统统用了强古人以就我的论证方法！至于说"两个用通假方法'上下同义'构成的复合词，由于通假义因形义的分离而逐渐脱离"云云，则是把用字现象和构词问题混为一谈，让用字现象来说明构词问题，就更是乱点鸳鸯更让人不敢苟同了。至此，联系上面几例的情况可以看到，一种理论如果只是主观的东西，论者越想论证全面，就越是捉襟见肘，漏洞百出。这一事实也充分暴露了附会之途的危险。谚云：男怕入错行，女怕嫁错郎。信然！学术研究不可不慎。

例(6)的疑问。第一，复音词的语素义能否直接体现词义云云，是以什么标准和什么手段测定的？对于某复音词，会不会出现有人说它语素义直接体现词义，而有人认为相反的情况？那样的话，该判它为合成词呢还是单纯词？第二，如果一个复音词有两个意思，一个符合例(6)分号前面的标准，一个符合其后面的标准，该怎么办？如"吃树皮，嚼草根"中的"草根"很好理解，说它"语素义能够直接体现词义"当不会有什么异议，这样说来它便是一个合成词。然而，近年流行的"草根意识""草根情结""草根民主""草根经济""草根银行""草根文学""草根运动"等话语中的"草根"是什么意思？其语素义能直接体现词义吗？是否又该判"草根"为单纯词了？第三，"那些字面意义隐没的所谓'联绵词(字)'，应视为单纯词"，而那些"语素义不能够直接体现词义"但又不是"字面意义"完全"隐没"的词，如"背飞、初妹、拆小、零和、缩微、秀逗、云吞"等，又该怎么处理？如果把它们判为单纯词，人们要问：这些用复合法创造的新词,怎么一产生就变成单纯词了?或者说复合法也可用来创造单纯词?如果不把它们视为单纯词,它们"构成的语素已经融合成一个整体"了,至少要比例(6)文章之下文讲"语素的融合与变异"时所举的例子(如"救火"等)更融合了,又当怎么解释?第四,有的复音词,其"语素义不能够直接体现词义",我们却可以断定它是合成词。这一类的双音词如"跛扈、蹭蹬、措大、出落、拍花"等,可谓举不胜举,恕不详析。进一步讲,不仅双音词,三音节或三音节以上的词,其"语素义不能够直接体现词义"者,又该怎么处理?为了节省篇幅,这里只举一个三音节词的例子。唐代来俊臣造了十种大枷,第三种名曰"突地吼",这个"突地吼"不可能有谁认作单纯词。《汉语大词典》释之曰:"唐代的一种残酷刑具。"而这一解释用于其他九种刑具行不行?看来,"突地吼"的语素义不能直接体现词义了。然而,能判它为单纯词吗?由此看来,尽管语言片段越长语义越显豁,可是连某些三音节复合词的语素义也不能直接体现词义了,何况两音节的呢?然则以语素义能否直接体现词义判断复音词是否合成词怎么可以?第五,如果语素义与词义仅有深层上的联系者为单纯词,字面意义未隐没者为合成词,这与所谓替代法相比,不仅没有提高科学性,而且没有替代法的可操作性,而替代法尚不足恃,何况等而下之者?

还有一个十分重要的事实:例(6)所在的那篇文章上文持语素融合说判定复音词语素构成,下文用了不少篇幅讲"语素的融合与变异",而考证的所有例词如救火、养病、违暇、哀思、忧劳等都算不得单纯词。看其行文,非不用力,而终悖于例(6)观点者,这表明持"联绵字一双音单纯词"说者认定合成词语素融合就变成了单纯词的观点只能证其伪。

还有人说:"联绵词既然是一种单纯词,那么它和同义合成词的性质完全不同。即使有一部分联绵词上下字存在同义关系,分开训解似乎也讲得通,如《诗经》中的'辗转、曲局、跋涉'等,但它们并不等于两字意义的简单相加。如'辗转'指反复不定貌,不是简单的转动义。'曲局'是卷曲的样子,不是一般的弯曲。'跋涉'形容旅途辛苦,也不等于一般的跋山涉水。因此,不管是单纯式的联绵词,还是联合式的联绵词,都具有表义单一、不可拆释的本质特征。任何分拆训释联绵词的做法都是错误的。"这段话首见于《河南师范大学学报》(哲社版)1999年某期,时过八年又为《中国语文》2007年第3期文章所引用(见其第267~268页),在同类文字中也很有代表性。它传达出以下信息:第一,作者在"联绵词既然是一种单纯词"的思想规定下,既要附会流行的"联绵字一双音单纯词"说,又要照顾语言实际,于是创造出"单纯式的联绵词"和"联合式的联绵词"这样两个概念,从而反映出极其无奈的心态。一方面,学界绝大多数人认为"联绵词"是一种单纯词;另一方面,很难找到正统的信守派学人想象中用"一种特殊的构词法"构成的"联绵词—双音单纯词",而既然同道中多有人借王念孙连语不可分训说证明其信仰,就顺水推舟造个"联合式的联绵词"以济其穷吧!第二,这是正在向传统语文学家"联绵字—双音词"的观念回归。待到人们发现正统的信守派学人说的用"一种特殊的构词法"构成的"联绵词—双音单纯词"汉语里一条也没有时,或者说"联绵字"不包括联合式者根本找不到时,就只好另谋出路,创个"联合式联绵词"了。再待到人们发现所有复音词都具有词义的整体性时,"联绵字"就与现代词汇学里的"复音词"所指相同了。到那时,一个复音词,从传统语文学角度说叫它"联绵字",从现代词汇学角度说叫它"复音词",或者统统坚持中国特色叫它"联绵字",或者与国际接轨叫它"复音词",就再也没有糊涂账算了。这也许是初创"单纯式的联绵词"和"联合式的联绵词"两术语者想不到的事情,但却是任何人阻挡不了的事情,因为汉语里毕竟没有正统的信守派学人说的用"一种特殊的构词法"构成的那种"联绵词—双音单纯词"。第三,上录《中国语文》转引《河南师范大学学报》的话有很多可商之处,或者说站在传统语文学家或现代语言学家角度上可能会有不同的理解。所以至此,其原因是多个方面的,但主要原因在于作者对"联绵字—双音单纯词"说理解不到位,似乎不清楚正统的信守派学人判断"联绵字—双音单纯词"的标准不是看某词"表义单一"与否,而是看某词是否只含一个语素。这一点,几乎所有持联绵字语素融合说者都注意不够。所以这里特别提出,以免对本节的考察讨论产生不必要的争论。

  本节上面的观点几年前已刊出(沈怀兴2008),是反思派在这个问题上的唯一声音。近来受命审阅一部题为《汉语语素学通论》的书稿,该书稿第11章第11节小序说:"连绵词,也叫连绵字,对古今词汇学或语义学来说,它都是一个难题,尤其是结构,更是各种学说长期争鸣的焦点。分歧主要围绕分合问题展开,即能分析为两个或更多个语素,实质在于其意义可否再行分解;归结到方法论上,就是分析时应采用共时还是历时标准。"这话客观而准确地概括了学界在联绵字问题研究上的现状,估计作者不会再做改动,且这部书很快会问世,现在抄在这里,就有关问题略申管见。第一,说联绵字问题研究是一个难题,是对的,但似乎还不够。因为要知道联绵字问题研究难在哪里,就笔者十余年来的观察研究情况看,必须首先分清传统语文学家语文理解研究与现代语言学家语言本体研究的区别,不能笼统地说"对古今词汇学或语义学来说"。只有明白了这一点,才能进一步发现古今人研究联绵字问题难点不同。具体点说古人研究联绵字问题难在辨通假,因声求义,难在如何避免区分本义、隐喻义或换喻义,等等;而现代人却难在怎样区分传统语文学的语文应用研究与现代人的语言本体研究(可惜一般人对此尚未意识到),难在怎样抛开偏见,下点真功夫,让靠得住的语言事实说话,难在独立思考,避免人云亦云,难在怎样避免以今律古,不强与古人搞联盟,难在弄清语言究竟是什么,语言发展的内外因关系究竟是怎样的(详见第八章),等等。弄清了上述问题,人们会较为清楚地看到近70年以来信守派在联绵字问题研究上进入了一个怎样的误区,继而又钻进了哪些怪圈儿,在此基础上再进行联绵字问题研究,就不会有那么多"争鸣"了。第二,说联绵字问题研究在结构分析上"更是各种学说长期争鸣的焦点",也是对的。更可贵的是在此基础上进一步指出问题出在语言研究方法论,认为"归结到方法论上,就是分析时应采用共时还是历时标准"。这话十分公允。给我们指明了继续深入研究的问题是什么。也就是说,研究联绵字结构、进行联绵字语素分析,究竟应该采用共识标准呢,还是应该采用历时标准?还是既可以采用共时标准,又可以采用历时标准?在笔者看来,研究方法是为研究内容服务的,必须视研究内容而定,否则就会跌入方法决定论的泥沼,其后果是不堪设想的,就像信守派习惯用同型替代法判断联绵字语素那样(沈怀兴2010a,b)。本书前面采用的是历时标准,确切地说是坚持用历史考证法判断联绵字语素,并多次对"共时标准"提出批评,认为采用所谓共时标准判断联绵字语素归根结底是反历史的,是于理论上讲不通、实践中行不通的。后面不少地方对这个观点还要进行多角度的申述,这里为了避免枝蔓之嫌,暂不展开。

上文给读者的印象可能是不少地方语焉不详,甚至是挂一漏万。这的确需要向读者道歉,但也的确是不得已的事。第一,现代联绵字理论的核心理论本属特定历史背景下的虚构(详见第三章各节及附录),从一开始即土洋交混,不可避免地认识荒唐,观点诡诞,方法悖谬。① 到后来,臆说纷呈,内容庞杂;三人成虎,愈演愈烈;影响广泛,危害严重。这是本书讨论的重点,本节只能略道其一。第二,笔者已经从不同角度对现代联绵字理论问题发表了一些粗浅看法,一些观点已被写在本书其他章节,本节无须重复。

参考文献

白 平 2002 《汉语史研究新论》,太原:书海出版社。
陈瑞衡 1989 《当今"联绵字":传统名称的"挪用"》,《中国语文》第4期。

---

① 所谓"从一开始……"云云,仅仅是从学术上评价,并且认为在当时的历史背景条件下那是不可避免的,没有批评创说者的意思。这样评价,是以前面各章节的考察为依托的,是力求客观地反映事实,启发人们注意现代联绵字理论存在的问题。

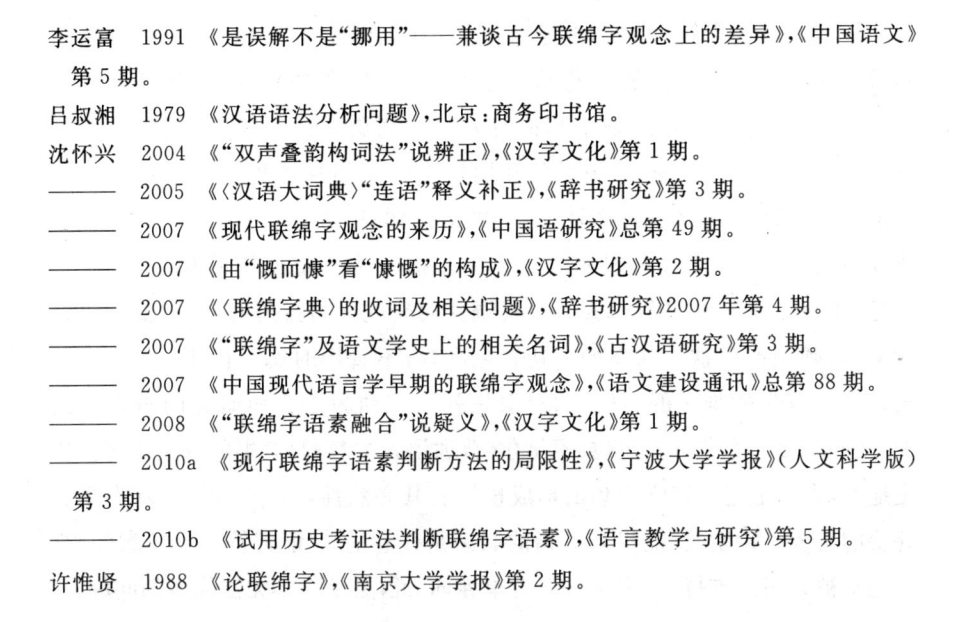

李运富　1991　《是误解不是"挪用"——兼谈古今联绵字观念上的差异》,《中国语文》第5期。
吕叔湘　1979　《汉语语法分析问题》,北京:商务印书馆。
沈怀兴　2004　《"双声叠韵构词法"说辨正》,《汉字文化》第1期。
──────2005　《〈汉语大词典〉"连语"释义补正》,《辞书研究》第3期。
──────2007　《现代联绵字观念的来历》,《中国语研究》总第49期。
──────2007　《由"慨而慷"看"慷慨"的构成》,《汉字文化》第2期。
──────2007　《〈联绵字典〉的收词及相关问题》,《辞书研究》2007年第4期。
──────2007　《"联绵字"及语文学史上的相关名词》,《古汉语研究》第3期。
──────2007　《中国现代语言学早期的联绵字观念》,《语文建设通讯》总第88期。
──────2008　《"联绵字语素融合"说疑义》,《汉字文化》第1期。
──────2010a　《现行联绵字语素判断方法的局限性》,《宁波大学学报》(人文科学版)第3期。
──────2010b　《试用历史考证法判断联绵字语素》,《语言教学与研究》第5期。
许惟贤　1988　《论联绵字》,《南京大学学报》第2期。

第四节　索绪尔理论与"联绵字—双音单纯词"说问题

由虚构而来的"联绵字—双音单纯词"说颇多先天不足之处,最致命的地方是其"联绵字"没有造词理据,缺乏可验证性,而无法进入言语交际领域。但信守派学人却发现,荀子早有"名无固宜,约之以命,约定俗成谓之宜"之说可以作"联绵字—双音单纯词"说的力证,而且又看到被奉为现代语言学之父的索绪尔力主"语言符号能指和所指的联系是任意的",于是其所谓用"一种特殊的构词法"创造的"联绵字"就可以没有造词理据,其成词就完全可以是造词者任意约定的了。因此,荀子、索绪尔之说就成了"联绵字—双音单纯词"说的两张底牌。这样一来,讨论"联绵字—双音单纯词"说问题也就不能不考察荀子之说和索绪尔语言学思想理论了。现在先考察索绪尔语言学思想理论。

索绪尔语言学思想是以他的语言观"语言是一种符号系统"为核心的一整套理论。本节重点考察索绪尔语言学思想理论中与本书研究内容有关的理论——索绪尔语言观及其理论基石"语言符号是任意的"之说问题。

"语言是一种符号系统"的观点是索绪尔继承和发展前人之说提出并加以论证的。这一观点的提出既有时代的原因,也有索绪尔学术主张的原因。19世纪历史比较语言学一统天下,而它研究的却"不是同一集体意识所感觉到的相连续要素的关系",缺乏系统性(详见索绪尔1980:143)。索绪尔不满意这种"原子主义"的研究。认为语言是一个严密的系统,像任何其他系统一样,使一个符号区别于其他符号的一切就构成该符号(同上。详见168页);"把一定数目的音响形象和同样多的思想片段配合就会产生一个价值系统",即特定的语言符号系统(同上。详见167页)。并且认为,语言研究只有"集中在某一状态才能把它加以描写或确定使用的规范"(同上。详见117~121页)。因此,索绪尔强调共时研究而力排历时研究,要求语言学家"必须把产生这一状态的一切置之度外,不管历时态"(同上。详见120页)。"语言学的唯一的、真正的对象是就语言和为语言而研究的语言"(同上。详见323页)[①],这是贯穿索绪尔《普通语言学教程》全书的基本思想。历史地看,索氏上述语言学思想的形成也许有其必然性,但今天看来,却有重新评价的必要。特别其"能指和所指的联系是任意的""语言符号是任意的"之说经常被人用来支持"联绵字—双音单纯词"说,更是本书无法回避的问题。

一、索氏学说的机械唯物主义认识论和形而上学方法论

认为"语言是一种符号系统","语言学的唯一的、真正的对象是就语言和为语言而研究的语言",必须把产生语言之共时状态的一切置之度外,不管语言的历时态,这就认识论而言,基本上是机械唯物主义的,当然其中也不乏唯心主义的因素,以致在具体研究中时常出现想当然的表述。具体点说,索绪尔此言是把语言看作纯自在的东西看了。其实,语言是人的语言,人是社会的人、历史的人。正是由于人、社会与历史的原因,语言才有变化,并且无法不变化。就语言本体而言,笔者(2000)曾经把它比作孩子的身影之素描,那孩子就是人与生活世界互动作用的力。没有孩子就没有孩子的身影,没有孩子的成长变化就没有其身影的变化,也就没有孩子身影之素描的变化;同理,没有人与生活世界的互动作用,哪里会有语言的变化?文章通过分析,否定了语言变化的内因在语言的机械唯物主义观点,认为语言不

[①] 索绪尔"必须把产生这一状态的一切置之度外,不管历时态""语言学的唯一的、真正的对象是就语言和为语言而研究的语言"等观点屡遭人质疑,同时也屡有人为之辩护。辩护者的意见是:索氏之书是学生们整理其笔记而成,索绪尔讲义中并没有这话。质疑者则认为:第一,上引观点主张乃是贯穿索绪尔《普通语言学教程》全书的基本思想;只要我们不否认索绪尔《普通语言学教程》(中译本,1980年)基本反映了索绪尔语言学思想,索绪尔原讲义中是否有这话并不重要。第二,批评者是就所见文本之思想质疑的,是所见文本之思想对语言研究的误导作用迫使人们不得不提出质疑,这与索氏是否说过这话是两回事。第三,一般认为,索绪尔学生巴利和薛施霭整理笔记时所加的只是"语言学的唯一的、真正的对象是就语言和为语言而研究的语言"一句,这与索绪尔"语言是一种自足的结构系统"的认识是一致的,因而巴利和薛施霭并未妄加。

是有机体,语言变化的内因在使用这种语言的人,外因在人的生活世界——自然环境和社会环境。所以从本质上说,语言是非自在的,更没有自为的性质。语言研究果真把产生语言之共时状态的一切置之度外,即使在最严谨的研究者那里也只能见流不见源,见枝叶不见根干,见现象不见本质,这便不可避免地使语言研究流于浮泛。而在一般的研究者那里则只会从观念出发,甚至一味跟着感觉走,使语言研究朝着科学的反面滑落。比如,上面各章节的考察讨论证明数十年以来,主流派的联绵字问题研究基本上是跟着感觉走而且走到了科学的反面,这里不再举例分析了。

就方法论而言,机械唯物主义本来是形而上学唯物主义的典型形式,上文既然说索绪尔语言学思想是机械唯物主义的,就不能不肯定它的形而上学性质。形而上学,《辞海》释曰:形而上学是与辩证法相对立的世界观或方法论,它的特点是用孤立、静止、片面、表面的观点去看世界,认为一切事物都彼此孤立,永远不变①。试比较:索绪尔(1980:144)所谓"一种语言可能长时间差不多没有什么改变",读者不难看出索绪尔语言学思想之形而上学的本质特点。并且,本节小序引录的索氏之书的最后两处:"必须把产生这一状态的一切置之度外,不管历时态"(详见索绪尔 1980:120)、"语言学的唯一的、真正的对象是就语言和为语言而研究的语言"(同上。详见 323 页)也充分体现了索绪尔语言学思想的形而上学特点。索绪尔在其形而上学的表述里面还加进了较多的主观性成分。如索氏书中凡举汉语为例的地方,多有可商。像 184 页说"不可论证性达到最高点的语言是比较着重于词汇的",而"超等词汇的典型是汉语"云云,其证据究竟是什么?我们读索绪尔《普通语言学教程》通行本,始终未发现索氏对汉语有什么真切的研究,"不可论证性达到最高点的语言是比较着重于词汇的",而"超等词汇的典型是汉语"云云是怎么来的?我们相信凡懂汉语、说汉语的人都不可能承认汉语具有不可论证性,就不要说它"不可论证性达到最高点"了。然则索绪尔那没有坚实的研究做基础的理论观点又有多大的可信度呢?因此,索绪尔之言虽然对证明其学说看似有力,但其论据的虚假终让人怀疑其理论学说的可靠性,所以一旦用于指导语言研究,其后果自然不仅仅是脱离客观实际。如果期待这种脱离客观实际的语言研究服务社会发展,甚至说它是一门领先的科学,就真的令人不知如何是好了。纵观数十年以来的汉语研究,我们在这方面的教训太多了。特别索氏所发明的与其"语言是一种符号系统"说相应的"语言符号是任意的"之说,更经不起考辨,其于学术研究的负

---

① 这里在忠实《辞海》解释的前提下略有节略,特别注出,以便核实。

面影响也更为明显。

二、索氏之说在实践中行不通

对一种陌生的语言进行初步调查和描写,需要以共时研究为主。但是,一旦完成了这一初步的调查和描写,就不能不通过必要的历时研究对这种描写进行验证,否则就不能确保描写的可靠性。我们的汉语语言学著作里为什么那么多无根之说?① 为什么会有那么多本来可以避免但却未能避免的低层次争论?无根的"联绵字—双音单纯词"说为什么广泛流行?其原因之一就在于某些结论缺乏历时研究的验证。

坚持"语言是一种符号系统"的观点,认为语言学的唯一对象是所谓静态中的语言符号系统,具体论述中避人若仇,势必多浮说。不得已论及人,也只是抽象的人,没有任何特点,了无生气;不得已论及社会,也只是抽象的社会,缺乏活力,没有变化;而不得已论及语言的变化,则只能仅就语言自身找原因,误以为语言变化的内因在语言,而不知道身影变化的原因并不在身影,以致缘木求鱼,所得与事实不符,却作确解看。如研究汉语词汇复音化发展规律问题,大多照搬高本汉以来的语音系统简化说,习惯倒果为因而不察②,其深层原因还是在于受了"语言是一种符号系统"说的片面影响。特别其间有学者认定汉语词汇复音化发展的根本原因在汉语符号系统内部的矛盾运动,完全把语言看成有机体,不仅体现出研究者受索绪尔思想误导之重,而且对索绪尔错误思想又有所发展。对以上两种认识的分析与汉语词汇复音化发展的探讨工作,留待后面第八章完成。

坚持"语言是一种符号系统"的观点,对语言进行共时研究,一定程度上要靠削足适履和无视事实之方法的帮助。例如,包括索绪尔在内,谁都不否认语言是变化的,而"语言是一种符号系统"说成立的前提却是语言有静止状态。对这样一对不可调和的矛盾,创者无法做出两全的解释,只好求助于"相对"——相对静止状态。而"相对"是一个十足的模糊概念,所以通融的方法就是给语言史分期,如把汉语分为上古汉语、中古汉语、近代汉语和

---

① 现代语言学界唱惯了赞歌,也听惯了赞歌,却很少有整体上自我批评的声音。笔者不识时务,认为没有自我批评精神的学科是脆弱的学科,不可能健康发展的学科,因而不会是成熟的学科,所以批评现代语言学的地方多了些。这注定是不受欢迎的。然忝列语言学工作者之末,希望语言学更有作为,略陈管见而已。

② 对于汉语词汇复音化发展的原因,高本汉、张世禄、王力等都主语音系统简化说,而主语言内部矛盾说者认为那样说是倒果为因。这里也认为那是倒果为因,但与主语言内部矛盾说者角度不同,认为汉语词汇复音化另有原因。这个问题比较复杂,将在后面第八章考察讨论。

现代汉语四截儿或古代汉语、近代汉语和现代汉语三截儿①。给语言史分期看上去是个解决问题的好办法,它既承认了语言之变化的一面,又肯定了语言有相对静止状态。但不管怎么分,其客观性都不强,亦即都只是个笼统的说法,都不敢较真儿,因为不仅难以找到服人的客观依据证明到底该分几期,而且勉强分期后各期间的分界很不容易确定,只好请"过渡时期"来收场。依据什么标准来确定某时期是不是过渡时期?论者似乎还没有考虑,实际上也难以拿出个具有可操作性的标准,所以过渡时期从什么时代到什么时代,各家意见无法统一。以致各期分界都只是姑妄言之。而分期、分界问题不解决,语料取舍就有很大的随意性,所得结论就不可能一致。这样在不同的研究者那里,如果不事抄袭,则所描写的某个时期的"语言符号系统"必然有一些差异。以时间跨度最小的现代汉语为例,且不说有人拿《红楼梦》里的语料来研究现代汉语语法,即使其上限可以规定为五四时期,不同研究者的著作里也会描写出不同的"现代汉语"②。通常人们总爱说这是由于语言的复杂性决定的,其实这只是以静止的眼光看问题。如果我们肯换一个角度看问题,不是先验地认为"语言是一种符号系统",不是借口索绪尔所谓"一种语言可能长时间差不多没有什么改变"(索绪尔 1980:144)之说而简单地看待研究对象,而是不折不扣地承认语言变化的绝对性,承认语言系统的开放性,从而注意对动态语言进行考察,做到具体问题具体分析,则汉语语言学将会有更多的生气,同时也会为教育、为社会发展做出更多的贡献。否则,索绪尔语言学思想就不仅仅"给 20 世纪的语言研究带来了灾难"了(详见潘文国 2001)!

三、索氏理论基石"能指和所指的联系是任意的"说辨正

语言相对静止状态的时限不好确定,通过削足适履的方法勉强划定了,着手研究"语言符号系统"时仍困难重重。例如,"语言符号"是怎样实现音义结合而成为"符号"的?理论上需要说它们的结合是任意的,否则就需要证明,而要证明就无法排斥历时研究,不排斥历时研究就影响对静态语言学

---

① 将汉语史分为四截儿者,其主要依据是中国社会发展史。分三截儿者,认为给汉语史分期而依据中国社会发展史是说不过去的。但他们在具体论述中并没有能够排除社会史分期因素的"干扰",事实上也无法排除其"干扰"。汉语史分期问题至今未能解决。然则一流学者遵循索绪尔语言学思想给汉语史分期而不果,恰恰暴露了索绪尔理论的弱点。

② 至于平时看到的一些语法书所描写的"现代汉语"差别没有想象的那么大,其原因是多方面的,这里无法展开。这里可以说的是,它们的"同"一定程度上与索绪尔学术思想的影响分不开,而整体说来与语言实际还有一定的距离。

的信念，就会动摇"语言是一种符号系统"的理论。所以索氏出于理论建构的需要，只能说"能指和所指的联系是任意的""语言符号是任意的"（索绪尔1980:102）。如果事实真是这样，即使真的排斥了历时研究，也不会显出索绪尔语言学理论的臆断性。然而事实却不支持索绪尔的想象。不用说复合词的产生不支持索氏的观点，即使单纯词的产生，其能指和所指的联系也不是完全任意的。否则，就没有可验证性，因此就不能进入交际领域。就拿被索氏说成音义关系最不可论证的汉语（索绪尔1980:184）来说，先民以喜鹊声如"错错"而谓之"鹊"、以乌鸦声如"亚亚"而谓之"鸦"、以大雁声如"岸岸"而谓之"雁"，等等①，前贤谓之"肖声"，诚有征也，何谓"任意"云云？一个十分朴素的道理就是：语言是用来表情达意的，表情达意是要别人理解的；说话人"任意"了，受话人知道他任的什么意？这时说话人的"任意"岂不是搬起石头砸自己的脚？然则一个正常人在言语交际中可能出现音义结合"任意"的现象吗？这一点，不仅汉族人如此，大概世界各族人民都不例外，因此反映到语言中，世界各民族语言中都不存在索绪尔想象的那种任意性。

至于索氏拿拟声词"汪汪"和感叹词"唉！"为证，说它们同一事实在不同的语言里语音形式不同，亦为"能指和所指的联系是任意的"之证，就更把问题绝对化了。诚如索氏所言，狗叫声在法语里作 ouaoua，而在德语里作 wauwau，确有细微差别，但即使排除时空变化因素，后世的它们仍然比较接近狗叫的声音，而看不出绝对的任意性。否则，为什么不是[teitei][popo]之类？索绪尔所举的感叹词"唉！"也一样。它在法语里作 aïe!，而在德语里作 au!，虽然也有差别，但即使排除时空变化因素，现在的它们仍然比较接近人的叹息声；为什么不是[mi][lie]之类？

至于索氏说，由于音变而使某些词在创造之初所具有的音义关系已不可考（详见索绪尔1980:105），这也许是事实。但如果拿这一事实来证明"能指和所指的联系是任意的"就不对了。因为音义结合是造词之初的事，而音变却是后来的事，此时此景已非彼时彼景，流与源不同，二者不能混为一谈。如果一定要以"流"为据，也必须首先对拟用的"流"进行必要的历史考察，找到它"源"的本来面目，以便对号入座。如果只是从共时的平面上说话，对拟用的"流"不加辩证，那只是似是而非的比附，算不得科学的证明，因而其所得结论多经不起推敲。

能指和所指的关系问题，学界向来没有达成共识。20世纪著名语言学

---

① 详见章太炎《国故论衡·语言缘起说》。另外，黄侃《声韵略说·论字音之起源》亦主此说，可参看。

家 Emile Benveniste(1901~1976)就曾经指出:"符号根本没有日内瓦学者所设想的那种任意性","语音形式,如果不与某一概念相对应,便不可能为理智所接受"(兹维金采夫 1981:33)。这话无疑是对的。为什么呢?其实道理很简单:不与某一概念相对应,就不具备可验证性,自然"不可能为理智所接受"了。

近二三十年间,能指和所指的关系问题又曾一度是国内学者争论的热点。随着研究讨论的不断深入,结论也日渐明确,索绪尔的拥护者也越来越少。不过,直到现在仍有人极力为索绪尔观点辩护,并大骂批评者"无知","根本不懂索绪尔","连一点语言学常识也没有"。笔者从前曾对索绪尔"语言符号是任意的"说深信不疑,讲课做研究均恪守之,后来书读得多些了,慢慢发现索氏之说虽然论据不少,但经得起推敲的却不是很多,便不得不改正过来。现在暂且就自己过去学习索绪尔《普通语言学教程》而说过并且现在仍然有人在说的类似的话举个例子,坦言一点粗浅的看法。

有学者文章说:即使"我们找到某种语言的全部根词是怎样约定俗成的,然而一旦跳到其他语言中,这种约定性就又不成立了。只要站在普通语言学这个高度上,语言符号的任意性原则就会发生作用"。这话立论的前提是,世界上几乎所有的语言都存在音义结合的任意性之规律这一假设是成立的。然而,这一假设至今无人证明,今后也不可能有人证明,因为它根本无法证明。对"语言符号是任意的"这一观点的证明,此前只满足于抽样儿比较,且仅仅是现代共时的经不起考辨的"样儿",似是而非却自以为是的"样儿"。如 2003 年问世的一部书第 194~206 页从八个方面竭力证明索氏观点"不可颠覆",却无一处言之成理,无一处经得起推敲或考辨,亦即无一处对证明索氏观点有积极意义。① 就目前情况讲,人们有限的时间和精力

---

① 所以至此,原因也是多方面的。但是,一个不可忽视的事实是,从事这类研究的学者大多没有中国传统语文学的功夫。一个以汉语为母语的人,不曾或者说不能对汉语进行深入研究,甚至很少读国学著作;以外语研究和教学为职业,但大多对外民族历史文化所知较少,因此他们大多还不具备正确地分析评价某些外国理论的能力。他们中的多数人能够做的,充其量只能是一些介绍性的工作。至于部分普通语言学理论研究者,既不深知中,也不深知外,读了几种外国语言学著作的汉译本而已。在这种情况下,有些人怀着民族虚无主义之"近世积淀"的心态,自觉不自觉地用放大镜看着国外语言学理论的"先进",有时把自己不太切合实际的认识报告出来,实际上无法言之成理,自然经不起推敲,因而也就无益于证明索绪尔(或者其他外国学者)观点。这样的学者,如果能够下意识地读一些中国古今书,有点国学功夫,真切地看到中国传统语文学博大精深而且注重实用之处,并且在此基础上不带任何成见地将中国传统语文学与国外语言学全面比较比较,看看各自为民族文化的繁荣和社会的发展做出了怎样的贡献,他们或许不会再用企足仰望的目光看外国理论,也就不会有上面提到的那样的著作了。很明显,这里面也有现代教育的问题。上面这些话,并未否定有学贯中西的学者,但是毋庸讳言,能够真正学贯中西的学者不是很多,而且似乎越来越少,半知西而不知中的学者越来越多,文从字顺的汉译本越来越少是其证。

也许只能证明有限的语言中语词之音义结合是有理据的,尽管其理据不尽相同。并且从语言的职能角度看,依据这不同的理据、结合人类共同的认知规律可以断言,人类所有语言中词的音义结合都是有理据的,可验证的。然则照上引索绪尔追随者的话推断,却只能得出这样的公式:

非任意性+非任意性+非任意性+……=任意性!

  再看那位学者的文章为证明其观点所举的例子:"例如'猫'在汉语中的声音似乎与猫叫有关,然而其他语言却并不是这个声音;'猪'在俄语中是拟声词,但在汉语中则不是拟声词。"其实,"猫"在其他语言里的音义结合也不可能是任意的。如在英语里现作 cat,则可能是最初由模拟猫打呼噜之声并且所拟之声后世又发生些许变化的结果。切记:拟声并不一定要拟所拟之物的叫声。汉语世界拟猫叫声而得"猫",英语世界拟猫呼噜声而得 cat,都是拟声,都因为拟声而使"猫"或 cat 有着显而易见的造词理据,具有可验证性,因而有了进入言语交际领域的许可证。可是,那音义结合任意的"联绵字—双音单纯词"没有造词理据可言,无法验证,又怎么用于言语交际活动呢?至于汉语里的"猪",上古端母鱼部,大致可拟作 tA,当系先民模拟猪猛烈进食之声而来,至今山东临沂方言里老人们仍把猪吃食说成"thA 食",只是声母变成送气音了。而浙江衢州、开化等地方言里仍呼猪为 tA,如衢州人将"猪栏"说成 tAlan。"猪"读 tA,较好地保存了上古音,就是有力的证明。这样说来,不管英语里的 cat,还是汉语里的"猪",它们的音义结合也都是有理据的,可验证的,也都不是任意的,尽管其理据不尽相同。须知:词的流传总是离不开特定社群的共需或共喻。如果没有这样的客观基础,只凭造词者拿一个与既定概念无关的语音形式跟人打哑谜,不管造词者想表达怎样的意思,都将因为同社群中其他人的无法理解和接受而不得流传。

  至于客观世界物音无限而人们拟声能力有限,加之同一种语言中音位有限,反映到语言中则是对人们所拟之音进行了强制性改造和归类,使语言中的某些物名与所拟之音有了一定的差别,并且随着时空的变化其差别越来越大;加之不同语言音系不同,各自的拟声命名反映到各自的语言中受其不同音系音位之强制性改造和归类也有差别,拟声而来之名字的读音与所见被拟的某物之声差别就更大了;加之一种事物往往有几个特点,不同的语言社会为之命名只取其一点两点,于是同一事物在不同语言中所见名称多有不同。如上面所说猫的汉语名由拟其叫声而来,其英文名可能是拟其呼噜声而来。这一切因素造成同一事物在不同语言中有着各不相同的名称本是不奇怪的,但却都不支持索绪尔"能指和所指的联系是任意的"之说。因此,索绪尔所以不计较这些因素,笼统地讲"能指和所指的联系是任意的"

"语言符号是任意的",只能是其语言学理论建设的需要,尽管他的理论并非毫无价值。上面只考察了一个例子便用掉千余字。其实,这类例子在索绪尔的追随者著作里很不少,统统是从观念出发的产物,举一例而见其他,没有必要繁例详析了。

至此,有人可能会说,上文所讨论的都是拟声词,而索绪尔早就明确指出,拟声词从来不是语言系统的有机成分。其实,索绪尔此言仅是就语言之流立论的,李葆嘉(1994)对此早有有力的批评,故索氏之说已不足为训。

综上所述,"语言是一种符号系统"的观念是浮泛的,它的理论基石"能指和所指的联系是任意的"说是不成立的。这浮泛的观念,不成立的理论,一旦普及开来,对包括汉语研究在内的语言研究之负面影响必然是严重的[①]。

四、"语言符号是任意的"说之于"联绵字—双音单纯词"说

索氏理论对汉语研究之负面影响是多方面的。笔者(2011)曾经说:现代语言学思想方法"不可避免地影响了汉语研究的科学性和实用性,并且也决定了在它的基础上产生的其他学说均带有遗传性功能障碍,以至于看上去花里胡哨,但对人们现实生活意义不大,对社会发展起不到应有的作用,致使人称'现代语言学是现代科学中最没用的科学',说'现代汉语研究是把明明白白的问题说得让人不明白'。从前最爱听的一句话是'语言学是一切科学的火车头',事实上这句话只说出了我们的奋斗目标。要实现这个目标,现在看来第一步也许是对以结构主义语言学为根柢的现代语言学进行反思,看看它究竟对社会发展做出了多少贡献,并在此基础上认真总结经验教训,努力使今后的语言研究'展现出它应有的人性化的一面'[②]"。现在需要补充一句:在现代语言学诸多负面影响中,最不可忽视的是索氏"语言符号是任意的"之说在汉语词汇研究和教学方面造成的负面影响,而且在联绵

[①] 这一点,近20年以来不乏论之者。潘文国(2001)说得更是直截了当,且要言不烦。潘氏指出:索绪尔语言学思想"给本世纪的语言研究带来了灾难,它使语言研究脱离了使用它的母体——人,及使用它的环境——社会,成为实验室供解剖的标本"。不过,如果从索绪尔角度说,其理论的负面影响当不是他能够想到的。索绪尔是一位严肃的学者,具有开拓精神的学者。学者著书立说,仅仅是表述其思想认识,希望有助于促进学术发展,不是官方颁布法规政策,没有要求后人将其理论教条化的想法。所以即使有负面影响,责任主要在追随者,在甘心接受影响者。即使其说如鸩,后人只要独立思考,明辨是非,也就没事了。所以关键是后人养成独立思考的习惯,面对任何一种理论都不忘用可靠的事实验证一下,而不是不加分析,自觉从观念出发,被鸩后却不知道从自己角度找原因,下次遇上鸩,还可能被鸩。其实学界这样的教训很不少。所以本书讲索氏理论的负面影响都不是站在索绪尔角度说的。

[②] 这是曹志耘《走过田野——一位方言学者的田野调查笔记》(商务印书馆,2010年)《后记》中的一句话。曹先生《走过田野》一书成功地实践了他的学术主张。

字问题研究与教学方面表现尤为突出。这大概也是索绪尔始料不及的。

任何一种学术思想都需要不断完善。一旦成为教条，就僵化了，同时其负面影响也越来越大了。索绪尔语言学理论被用来支持联绵字问题研究的情况又一次印证了这个道理。然而，从信守派角度说，除了将索绪尔"语言符号是任意的"之说教条化，让它来做个保险箱，也许没有更好的办法。因为照一般规律看，语词的产生总是有理据的，可验证的，否则无法进入交际领域发挥表情达意的作用。然而，"联绵字—双音单纯词"却不具备这个条件，于是索绪尔"语言符号是任意的"之说就被招来看家护院了。所以持"联绵字—双音单纯词"说者欲倡其说，必举索绪尔"语言符号是任意的"说之大旗。笔者曾多次和信守派学人讨论"联绵字—双音单纯词"说问题，在关键时候对方总是近乎本能地举起索绪尔"能指和所指的联系是任意的""语言符号是任意的"之说这一"尚方宝剑"，不同场合之不同讨论者几乎没有例外。例如，讨论过程中大多有这样一段对话：

问：你怎么知道联绵字两个音节均不表义的？

答：用同型替代法检验一下就可以了①。

问：如果联绵字是两个音节联缀成义，单个音节都不表义，两个音节合在一起才表示一个语素，那不就是0+0=1了吗？

答：语文不是数学，不能机械比照！

问：那么，你怎么知道联绵字是"无义+无义=有义"的？

答：语言符号音义结合是任意的，单纯词的创造是不需要什么理据的。

问：言语交际是双方的。说的一方"任意"了，听的一方不知道他任的什么意，无法应答，语言交际怎么进行下去？

答：有具体语境，还有约定俗成的规律啊。

问：那么，"约定"可以任意？"俗成"者会不会明白并听任约定者任意的"约定"？就让咱来约定一句试试吧：Bata laga minmi dendang! 照"联绵字—双音单纯词"说，这句"话"是由两个叠韵联绵字和两个双声联绵字组成的。请您说说这句话是什么意思？② 再请把这四个

---

① 这样回答者基本上都是现代汉语研究者，其实靠不住。后面第七章第一节有具体讨论，可参看。

② 曾有人争辩说：汉语是用汉字记录的，不是用拼音文字记录的。我便把上面那句"话"用汉字写作："坝塔 喇噶 泯泌 扽挡。"并且每个"联绵字"上下字同形符，请争辩者说出它的意思。争辩者讲不出，却以"联绵字主要是上古诗文中的"为由继续争论。我问：古代读书人有什么办法理解作书人联缀两个无义音节而创造出的"联绵字"？对方答曰：靠上下文语境。我请争辩者给上面约定的那句"话"设计一个语境，并且说出它的含义。对方又以"古代文献中没有一句连用四个联绵字的"为由继续争辩，于是我请他从上述四个"联绵字"中任意选择一个，设计一个语境，解释它的含义，对方语塞。

"联绵字"推广开来,——"俗成"之!

答:你说的啥呀?都把人给弄懵了!①

其实,不是我把他们弄懵了。他们是先被"联绵字—双音单纯词"说弄懵了,却自以为很明白,拿索绪尔"语言符号是任意的"说来证明他们的"信仰",却不料又被索绪尔"语言符号是任意的"之说给彻底弄懵了。至此,读者已经不难理解:本来就靠不住的索绪尔"能指和所指的联系是任意的"之说、"语言符号是任意的"之说被教条化之后用于汉语联绵字问题研究,其结果是怎样的了。

现在简单考察一下信守派学人在坚守现代联绵字观念的过程中,常配合索绪尔"能指和所指的联系是任意的"说、"语言符号是任意的"说而援引的荀子"名无固宜,约之以命,约定俗成谓之宜"之说。其实,荀子这话与索绪尔"能指和所指的联系是任意的"说、"语言符号是任意的"说不是一回事,甚至找不到它们之间有什么联系。只是信守派学人对荀况这话理解不够确切,误拉它来助阵罢了。这也许不需要做过多的考辨,只要把荀子的话引全一些就可以了。《荀子·正名》:"名无固宜,约之以命,约定俗成谓之宜,异于约则谓之不宜。名无固实,约之以命,约定俗成谓之实。名有固善,径易而不拂,谓之善。"现在,读者只要拿这后面的"名有固善,径易而不拂,谓之善"与前面的"名无固宜,约之以命,约定俗成谓之宜"对照一下,就不会误认为荀子思想与索绪尔"能指和所指的联系是任意的"说、"语言符号是任意的"说是一致的了,也不会误引荀子之言做"联绵字—双音单纯词"说的理论靠山了②。只是信守派著作中从来不引荀子"名有固善,径易而不拂,谓之善"等句,更不引孔子的正名说,在他们省了许多麻烦,而不求甚解的读者就那么跟着走,久而久之,无人不知荀子早就支持"联绵字—双音单纯词"说了。但是,遍读《荀子》全书,不见有可证"联绵字—双音单纯词"说的片言只句,而信守派著作以荀子"名无固宜,约之以命,约定俗成谓之宜"之说支持

---

① 也有人不这么说,而以"联绵字—双音单纯词"是汉语词汇复音化发展的产物来争辩,并批评上面拟造的四个"联绵字"不是古人造的"联绵字",因为那时候的语境现在已经没有了。其实这也站不住脚。但这里无法展开讨论,详见第八章的考察、讨论。

② 作为儒家,荀子之学宗孔子,荀子之"正名"亦大致如孔子之"正名"。《论语·子路》:"子路曰:'卫君待子而为政,子将奚先?'子曰:'必也正名乎?'子路曰:'有是哉?子之迂也。奚其正?'子曰:'野哉由也!君子于其所不知,盖阙如也。名不正,则言不顺;言不顺,则事不成;事不成,则礼乐不兴;礼乐不兴,则刑罚不中;刑罚不中,则民无所错手足。故君子名之必可言也,言之必可行也。君子于其言无所苟而已矣。'"孔子这话虽然不是从语言学角度说的,但其理可通。而且,荀子之"正名"与孔子之"正名"一脉相承,从孔子之"正名"也可以推知荀子之"正名"与索绪尔"能指和所指的联系是任意的"说、"语言符号是任意的"说不相通,不能举以证明"联绵字—双音单纯词"说。

其信仰，不过一厢情愿而已。

参考文献

岑运强、吴 洁 2003 《关于索绪尔符号任意性原则的争鸣和探讨》，《语文建设通讯》总第 75 期。
〔德〕洪堡特著，姚小平译 1997 《论人类语言结构的差异及其对人类精神发展的影响》，北京：商务印书馆。
李葆嘉 1994 《论索绪尔符号任意性原则的失误和复归》，《语言文字应用》第 4 期。
潘文国 2001 《语言的定义》，《华东师范大学学报》（哲学社会科学版）第 1 期。
裴 文 2003 《索绪尔：本真状态及其张力》，北京：商务印书馆。
沈怀兴 2000 《汉语词汇复音化新探》，《中国语文通讯》第 4 期。
—— 2002 《汉语商论》，郑州：河南人民出版社。
—— 2011 《唯真处和如诗——〈走过田野——一位方言学者的田野调查笔记〉读后》，《语文建设通讯》2011 年 12 月总第 99 期。
〔德〕索绪尔著，高名凯译 1980 《普通语言学教程》，北京：商务印书馆。
杨信彰 1994 《评索绪尔的语言符号任意性》，《外国语》第 6 期。
周光庆 2004 《汉语命名造词的哲学意蕴——兼论任意性和可论证性的争议》，《语言文字应用》第 1 期。
周志锋 2002 《读〈现代汉语词名探源词典〉札记》，《辞书研究》第 5 期。
〔苏〕兹维金采夫著，伍铁平等译 1981 《普通语言学纲要》，北京：商务印书馆。

第六章　从词典学角度看现代联绵字观念问题

现代联绵字理论广泛地影响着词汇学、训诂学、词典学、语法学、方言学、汉语史等各领域里的研究。因此，立足受它影响的各学科研究状况，可反观现代联绵字理论的是非真伪。这项研究本身就是一个重大的课题，较为全面的交代将另书完成。本章只从词典学角度择其一二，稍加叙述，不过为全面认识现代联绵字理论多个视角而已。

本章共分四节，都只是"点"的研究，希望管中窥豹，可见一斑。词典释义一般要求准确地反映常识或"定论"，因此这项考察也是本研究不可缺少的工作。前两节主要考察各家词典对"联绵字"的解释。第一节选出较有代表性的10种辞书，引录它们对"联绵字"的解释，通过简单的分析比较，从面上交代现代联绵字观念存在的一些较为明显的问题，同时也重点揭示《现代汉语词典》在辞书领域里宣传现代联绵字观念所起的作用。第二节通过重点考察语文词典《汉语大词典》、百科辞书《中国大百科全书》（语言文字卷）和语言学专科词典《实用古汉语知识宝典》对"联绵字"的解释，换角度观察现代联绵字观念之谬，同时印证前面各章节重点论述的内容。第三节考察《汉语大词典》错释"连语"问题。信守派学人认定"联绵字—双音单纯词"就是王念孙说的"连语"，《汉语大词典》解释"连语"客观地反映了这种思想。然而第三节的考察发现，王念孙的连语观与现代联绵字观念没有相同之处。总之，本章前三节的考察讨论有以下两个方面的作用。第一，可以检查验证本书前面各章节对研究对象描述是否客观真实。事实证明，本书前面五章认为以"联绵字—双音单纯词"说为核心理论的现代联绵字观念久已成"定论"，这个观点在中国大陆近30年来出版的各家词典对"联绵字"及相关术语的解释中得到了证明，二者完全一致。① 第二，考察现代联绵字理论在词

---

① 这表明本书对现代联绵字观念的描述是客观的，对现代联绵字观念的讨论批评不是无的放矢。只要这最基本的一点落实了，本书的考察讨论幸可免去某些物议。对于现代联绵字观念，众皆捧之，且流行已久，本书独非之，岂可无忧？ 所能做的，只能是从基础做起，多方印证，用一分证据说一分话。

典中的反映，辨明正误，避免现代联绵字观念通过词典释义继续误导后人。这是不得已而为之的事情。因为一种错误的理论，特别像广泛联系着汉语研究方方面面的现代联绵字观念，不幸成了"定论"，其错误观念一旦为各家词典所收载，如果不予辨正，任其误导后人，其后果将不堪设想。

第四节通过考察符定一《联绵字典》之收词情况及相关问题，对信守派学人带着"联绵字＝双音单纯词"说之有色眼镜盲目贬斥《联绵字典》的一些言论加以辨正，也是不得已的事情。符定一《联绵字典》问世六七十年以来，前后评价截然相反：前 40 年一片赞扬声，近二三十年以来常被斥为"名不副实"、"体例芜杂"，连叫"联绵字典"的资格也没有了。这是怎么回事呢？另外，即使近 30 年以来，即使同持现代联绵字观念者，对符定一《联绵字典》的评价也可能截然相反。比如，尽管信守派学人中评价符定一《联绵字典》者大多持否定态度，但也有极力推赞者。同一部书，同持现代联绵字观念做评论，而褒贬截然不同，且无一家不误，这又是怎么回事呢？这些现象不容汉语研究者视而不见，漠然置之。于是便有了本章第四节的考辨，就有了对符定一《联绵字典》的重新评价，就有了对错判符定一《联绵字典》的相关依据的考察与分析。因此，这第四节的写作，不是仅仅为符定一《联绵字典》讨个公道，更重要的是有助于我们进一步认清现代联绵字观念的性质特点及其危害。

本章第四节的主要内容曾为单篇发表（2007）。它的考察讨论使我们发现，现代联绵字观念在词典学领域里的影响是严重的，有选择地考察词典内容是研究现代联绵字观念之本质性问题的一个"捷径"。得了这点启示，本书姊妹篇《现代联绵字观念的负面影响》中将重点考察这方面的事实。

第一节 从词目"联绵字"的不同解释看现代联绵字观念问题

笔者为了研究联绵字理论问题而查阅了不少辞书，发现各家辞书对词目"联绵字"的解释多有不同。现在先把一些较有代表性的解释摘录出来，然后探讨造成它们释义同与不同的原因。需要首先交代一句，本节只是通过比较，简单介绍现代联绵字观念之面上一些显而易见的问题，较深入的考察分析安排在下面第二节。

（1）旧版《辞海》（中华书局，1936）：字之联缀成义者曰联绵字。约可分为数种：一、双声之字，如"踊跃、伊威、鸳鸯"等是；二、叠韵之字，"童蒙、纵送、汹涌"等是；三、非双声叠韵之字，如"鹦鹉、郁陶、淹留"等是。宋张有《复古编》别立联绵字为一类，曹本《续复古编》亦收联绵字，近人王国维有《联绵字谱》。

(2)《辞海·语言文字分册》(修订稿,上海人民出版社,1977)：也作"连绵字"。指由两个音节联缀成义而不能分割的词。或有双声、迭韵的关系，如"玲珑"(双声)、"徘徊"(迭韵)。或没有双声、迭韵的关系，如"蜈蚣、妯娌"。或同音相重叠，如"匆匆、津津"。

(3)《现代汉语词典》(商务印书馆,1960年试印本)：旧称双音的单纯词，包括：a.双声的，如"仿佛、伶俐"；b.叠韵的，如"匍匐、逍遥"；c.非双声非叠韵的，如"凤凰、珐琅"。

《现代汉语词典》(试用本,商务印书馆,1965)：旧称双音的单纯词，包括：a.双声的，如"仿佛、伶俐"；b.叠韵的，如"阑干、逍遥"；c.非双声非叠韵的，如"妯娌、玛瑙"。

《现代汉语词典》(第1版,商务印书馆,1978)：同试用本。

《现代汉语词典》(第5版,商务印书馆,2005)：旧时指双音节的单纯词，包括：a.双声的，如"仿佛、伶俐"；b.叠韵的，如"阑干、逍遥"；c.非双声非叠韵的，如"妯娌、玛瑙"。也叫联绵词。

(4)《汉语大词典》(汉语大词典出版社,1991)：旧称由两个音节联缀而成的单纯词。包括：双声的，如"仿佛、伶俐"；叠韵的，如"阑干、逍遥"；非双声叠韵的，如"玛瑙"等。

(5)《四角号码新词典》(商务印书馆,1982)：旧指用两个字构成的单纯词，如"仿佛、逍遥、蜈蚣、匆匆"等。也叫联绵词。

(6)《中国大百科全书·语言文字》(中国大百科全书出版社,1988)：两个字联缀在一起不能分开来讲的双音节词。从语言的角度来说，就是"联绵词"。联绵词在汉语里起源很早。在先秦以前上古时代，除了单音词以外，就是复合词和联绵词，不过联绵词所占的数量不是太多而已。联绵的名称见于宋代张有所著的《复古编》。联绵字可以分为三类：一类是双声字，一类是叠韵字，一类是非双声叠韵字。例如"犹豫、留连、憔悴、荏苒"是双声，"彷徨、烂漫、叮咛、徘徊"是叠韵，"淡漠、翱翔、颠沛、滂沱"既非双声，也非叠韵。在这三类之外，有人把"叠字"(或称重言)也列入联绵字之内。如王国维所作《联绵字谱》。联绵字在有些古书中写法也不尽一致，例如"烦懑"或作"烦闷"、"逶迤"或作"委移"、"逍遥"或作"消摇"之类，虽然字不同，但是音同和音近，仍然是一个词。

(7)《中国语言学大辞典》(江西教育出版社,1991):也叫"连绵字""谜语"。由两个音节联缀表达一个整体意义、只含一个词素的词。联绵字中两个音节绝大部分具有双声、叠韵关系。如"参差"为双声;"蹉跎"为迭韵;"顑颔"则为双声兼叠韵。也有的没有双声叠韵关系,如"鹦鹉、芙蓉"。由于古今之变或方言、习惯不同,一个联绵字常有若干不同词形。如"仓猝"又作"仓卒、苍卒、悤卒"等。

(8)《语言学百科词典》(上海辞书出版社,1993):也作"连绵字""绵连字",又称"謰语(连语)""连言""连文""联语"。指由两个音节联缀成义而不能分割的词。吴文祺《关于〈辞通〉和〈辞通补编〉》指出,联绵字可分为四类:(1)双声,如"玲珑、辘轳";(2)叠韵,如"逍遥、朦胧";(3)重言,如"关关、绵绵";(4)三者以外的不可分割的单纯词,如"权舆、伯劳"。联绵字的名称,首见于宋张有《复古编》。清段玉裁提出"绵连字不可分释"(《说文·系部》"綊"字注)。王国维也认为"联绵字合二字以成一语,其实犹一字也"(《联绵字之研究》)。

(9)《古汉语知识详解辞典》(中华书局,1996):也称"连语""謰语""联语""骈词""连绵字""二文一命"。汉语最早的构词方式之一。由两个音节(汉字)联缀成义而不能分割的单纯词。特点有五:一、两字构成一个词素。二、两字间多有某种语音联系,或是一字缓读而成,如:孔→窟窿,蝴→蜈蚣、知了;或双声、叠韵,如:淋漓、龙钟。三、义存乎声,故书写形式不定,如:委蛇有委他、逶迤、委移、遹迤、威迟等数十体,有时上下字可互易,如:濛顸—顸濛,莽沆—沆莽。四、上下字形有同化趋势,如:阢陧(按:陧,当为"陧"字之误)、倪伈、虺尵。五、词类分布广泛,如名词:鸳鸯、蟛蛛,形容词:参差、栗烈,叹词:於乎、猗嗟。王国维《联绵字谱》、王力《中国语法理论》将重言词归为此类。蒋礼鸿、任铭善《古汉语通论·謰语》认为由发声词十单音词组成的"於越、勾吴"等亦属此类。学界于"葡萄、离黄"等两字无语音联系者是否联绵字,尚有分歧。《尔雅》已辑录、训释。宋人张有《复古编》首标"联绵"而发其例,凡五十八条。元人曹本《续复古编》又辑录一百零七条。《骈雅》、《通雅》广加收集。清陈奂、郝懿行、程瑶田、王念孙父子多有发明,指出此类词义存乎声,应求诸声,不当求诸形。符定一《联绵字典》、朱起凤《辞通》等集其大成。符书论述十六条转语条例,多涉联绵字。沈兼士有《联绵词音变略例》辑入《沈兼士学术论文集》。《宁夏大学学报》1987年1期冯蒸《古汉语同源联绵词试探》对同源联绵词的理论和研究现状作了简明论析,可参看。①

(10)《大辞典》(三民书局股份有限公司(台北),1985):二字连成的同义复词。也称联绵词。约可分为三类:一为双声之词,如"参差、留连、鸳鸯"等便是。二为叠韵之词,如"牵连、扶疏、装潢"等便是。三为非双声、叠韵之词,如"羞恶、浸渍、缠绕"等便是。

对一般词语的解释,各词典基本相同;即使有些差别,也不是本质性的。而从上引诸例看,各家辞书对"联绵字"的解释却多有不同。有的不同还是本质上的,如中国大陆近30年以来的各家词典释"联绵字"曰双音节单纯词,台湾《大辞典》释"联绵字"曰"二字连成的同义复词",也就是通常所谓同义语素联合构成的合成词;这就反映了两地语言学界对联绵字之认识截然不同。仅此而言,也蛮值得探讨其所以然。另外,各家词典解释"联绵字"表现出的其他差异也反映出联绵字研究中存在的一些理论问题,也需要弄个明白。同时,读过前面各章节的读者,还会发现中国大陆近数十年以来的各家词典解释"联绵字"而逐渐趋同,问题更大。总之,不管从哪个角度看,这里面值得探讨的问题都不少。下面只做点面上的比较分析。

一、多数释义明确,但也有的释义较含混

对"联绵字"释义是否明确很大程度上反映出彼时或彼地之学界对联绵字的研究和认识情况。仅就字面而言,例(1)的释义较为含混:什么是"字之联缀成义"?哪个复音词在书面上不表现出"字之联缀成义"的特点?大家知道,包括一切复合词在内的复音词,其含义都不是字面意思的简单相加。从这个意义上讲,不仅一切复音单纯词是"字之联缀成义"的,而且所有合成词也都是"字之联缀成义"的。仍就例(1)所举例词看,就都是"字之联缀成义"的合成词,特别其中踊跃、纵送、汹涌、淹留等,即使在一般语文水平人的眼里,也都是明显的合成词。这样说来,从现代语言学角度看,例(1)的释义就显得不够明确了。所以出现这种情况,大概是当时现代联绵字观念正处在酝酿阶段,编写者既参考了传统语文学家王国维的联绵字分类法,又接受了"联绵字—双音单纯词"之创说者的一种不确定性的认识。例(1)解释"联

---

① 此条到2004年该词典出修订本一仍其旧。该词典解释"联绵字"而杂糅古今,混淆异同,从一个侧面反映出信守派著作的基本特点。其中问题前面各章节大多讨论过了,这里不再一一分析讨论。但需要指出的是,这一基本特点的存在虽然使现代联绵字观念内容庞大,从而扩大了现代联绵字观念的涵盖范围,提升了它的影响力;但物极必反,同时也正是因为这一基本特点的存在,才容易暴露现代联绵字观念的破绽,从而为人们正确地认识现代联绵字观念提供了方便。

绵字"表现出20世纪30年代联绵字研究现状。其他各例则大多释义"明确"(但多数基于臆断),特别例(3)(4)(5)(7)(9)五例,或肯定联绵字是单纯词,或强调联绵字只含一个词素,更不会让人做出其他解释;例(10)认定联绵字是同义复词,不属于单纯词之类,也十分明确。但是,它这种解释也只代表了20世纪七八十年代台湾地区部分学者的认识(参看沈怀兴2011)。

  不过,词典的释义总是以词汇特别是词义的研究为基础的。回顾此前汉语词汇学界和训诂学界对联绵字的研究,我们又不能不承认例(1)对"联绵字"的释义不够明确是有客观原因的。上面的推测只就《辞海》编纂期间的情况说的。再朝前看,语文学史上对联绵字的研究总的说来还处于感性认识阶段,对联绵字的认识也还比较模糊。他们大多不给"联绵字"下定义,只是照各自的认识和需要使用"联绵字",赋予术语"联绵字"的含义从不明示,只靠读者自己领悟,所以从宋代张有《复古编·联绵字》到近人符定一《联绵字典》约九百年间,认定联绵字的标准不很相同,各辑录联绵字的著作收词范围也不太一致,因而我们只能说语文学史上各家笔下的"联绵字"大致相当于现代语言学里说的"双音词"。这样的研究状况不可能让词典编纂者对"联绵字"做出一致而确切的解释。这样说来,倒是那些对"联绵字"做出明确解释的词典令人生疑了。如例(3)释"联绵字"为"双音的单纯词",例(4)例(5)直接因袭例(3)的说法,都说联绵字是单纯词,并且三例都说"旧称(或旧指)";其他例(7)(8)(9)三例表述稍异,但其基本观点也和例(3)一致。然而,这在语文学史上是找不到证据的。宋代张有《复古编》最早研究联绵字,所录58个联绵字而以合成词为主,如左右、坎坷、怀抱、踪迹、儋何(即担荷)、鬢髭、襁褓、千秋等。单纯词也有,即令(即鹡鸰)、加沙(即袈裟)、橐佗(即骆驼)、琉离(即琉璃)等,但它们都不出拟声词和音译词范围,都不是正统的信守派学人说的用"一种特殊的构词法"创造的"联绵字—双音单纯词"。至于元代曹本《续复古编》收联绵字107个,情况同此。后来一直到民国时期王国维《联绵字谱》、姜亮夫《诗骚联绵字考》、符定一《联绵字典》等,各书所收联绵字都包括各类复音词,就是没有《汉语大词典》所说的"由两个音节联缀而成的单纯词"、《古汉语知识详解辞典》所说的"汉语最早的构词方式之一。由两个音节(汉字)联缀成义而不能分割的单纯词"。因此,可以肯定地说,以例(3)为代表的各家辞书在对"联绵字"的解释上虽然表述明确,但却与客观实际不符①。当然,原因在现代学界对联绵字研究的现状,

---

① 这话只是站在词典学角度说的,并不排除例(3)等对"联绵字"的释义有其依据,并且在前面第三章第二节已经考察了它的依据。只是它释"联绵字"没有遵循通释语义的原则,没有正确地反映旧时学界多数人对联绵字的认识,所以站在词典学角度只能说它们的解释不符合客观实际。

亦即语素判断能力不足,理论水平受限,其他还有历史的原因,学术风气的原因等。

顺便说一句,上引例(8)以段玉裁和王国维的话证明联绵字都是单纯词,乃是对传统语文学家段、王之言误解的结果。如此乱点鸳鸯,也反映了信守派学人证明其观点的基本风格。这在前面各章节每每论及,可参看。

二、在是否将重言列入联绵字问题上意见分歧

在上引各例中,将重言列入联绵字的是少数,只有例(2)(5)(8),所以例(6)《中国大百科全书》只在讲过三类联绵字之后提到"有人把'叠字'(或称重言)也列入联绵字之内"。照理说,重言最合"联绵"之义,并且历史上所有"雅"类书和某些非"雅"类书如王国维《联绵字谱》、朱起凤《辞通》、符定一《联绵字典》等都收重言,所以站在传统语文学角度上说,将重言列入联绵字之内才是最应该的。然而,为什么上引辞书大多数不把重言列入联绵字呢?其主要原因是,多数持"联绵字—双音单纯词"说者都像例(9)《古汉语知识详解辞典》那样,认定"汉语最早的构词方式之一。由两个音节(汉字)联缀成义而不能分割的单纯词",认定"联绵字—双音单纯词"是用汉语里"一种特殊的构词法"创造的,是汉语里特有的一种语言现象。在他们看来,重言不是用这种"特殊的构词法"创造的,不是汉语里特有的语言现象,自然不能算作"联绵字"。这一现实反映到词典之释"联绵字"中,就是我们看到的遵循现代联绵字观念解释"联绵字"的大多数辞书不把重言列入"联绵字"。可是,同是信守派学人看联绵字,其范围大相径庭,深层原因在于是否承认古汉语中有"一种特殊的构词法",或那种"特殊的构词法"具体有哪些功能,在这个基本问题上意见尚不统一。至于例(10)不把重言归入联绵字,那只不过反映了当时台湾地区部分学者的意见。台湾地区学者联绵字观念向来纷繁多歧,已有专文考察讨论(沈怀兴2011),不再重复。

三、在联绵字是否同义复词问题上意见相反

前引各例中,大多数辞书都认定联绵字是双音单纯词。然而上面说过,前人著作辑录联绵字,没有谁只限于双音单纯词①。现在需要再补充一句,

---

① 确切地说,至今没有纯收双音单纯词的"联绵字"词典问世。如2001年,河南人民出版社出了一本《新编联绵词典》,拙文《现代联绵字观念左右下的〈新编联绵词典〉》(《汉字文化》2012第2期)考察发现,该词典中所收多是编写者不明其语素构成情况的合成词,其余的都是拟声词、音译词和切音词,正统的信守派学人说的用"一种特殊的构词法"创造的"联绵字—双音单纯词"一个也没有。还有,王力先生力主联绵字是上古汉语中用一种特殊的构词法创造的双音单纯词,但是考察发现,《王力古汉语字典》中明确标出的"联绵字"中却没有"一种特殊的构词法"创造的双音单纯词。该项考察结果拟在《现代联绵字观念的负面影响》中发表。

也没有哪部辑录联绵字的著作不收双音单纯词,尽管它们所收的双音单纯词都不是正统的信守派学者所说的用"一种特殊的构词法"创造的"联绵字—双音单纯词"。也就是说,前人辑录的联绵字,就其语素构成情况而言,大多包括现代词汇学分析复音词所见的各种类型。那么,例(10)为什么又说联绵字就是"二字连成的同义复词"呢?什么是"二字连成的同义复词"?例(10)《大辞典》释"复词"曰:"文法名词。由二字或多字构成的语词。也称为复合词。"然则"二字连成的同义复词"就是由两个同义语素联合构成的合成词。从结构上看,这类词都是联合式的。例(10)释"联绵字"举了九个例词,全部是联合式合成词,也证明了这一点。例(10)的解释来自王念孙的连语说。其所言"联绵字"就是王念孙说的"连语",或称狭义联绵字。它的解释至少是有所本的,是王念孙语文学思想在台湾地区部分学者中的反映。这样说来,站在传统语文学角度上说,狭义的"联绵字"就是王念孙的"连语"。但是,站在现代联绵字观念说,信守派学人的"联绵字"与王念孙的"连语"是两个完全不同的概念,因为正如前面各章节考察到的那样,汉语里没有例(4)《汉语大词典》说的那种"由两个音节联缀而成的单纯词"、例(9)《古汉语知识详解辞典》说的那种"汉语最早的构词方式之一。由两个音节(汉字)联缀成义而不能分割的单纯词"。

四、对联绵字其他"特点"的解释

就上引各家词典对"联绵字"的解释看,是否将写法的不一致看作"联绵字"的特点也是个不可忽视的问题,只是这个问题在前面不少地方已从不同角度或针对不同说家做过分析讨论,已经说明这只是信守派学人在极力倡导现代联绵字观念之初期的拼凑,对证明"联绵字—双音单纯词"说没有什么帮助,这里不再重复。

前引例(9)还讲了"联绵字"作为单纯词的其他一些"特点",如认为联绵字"或是一字缓读而成""有时上下字可互易""上下字形有同化趋势""词类分布广泛"等。这些说法也都是信守派学人喜欢讲的。它们牵扯的问题很多,大多在前面第二章第二节中已有简单讨论,缓读说问题在前面第四章各节中多有讨论,可参看。至于例(9)中其他文字,虽然也有一定的代表性,但也只是部分信守派学人多多益善的拼凑,说到底是认识不清的古今杂缀,这里就没有必要展开讨论了。

五、结语

本节上面的内容反映出以下事实。第一,近七八十年间出版的各种辞书对"联绵字"的解释分歧较多,是由于不同的时地因素造成的。在中国大陆学界,总的趋势是越来越统一于现代联绵字观念。并且,中国大陆学界所信守的现代联绵字观念在围绕着其核心理论不断添加新理论、新内容,到1996年问世的例(9),已经变得相当复杂(参看第二章第二节),并且越向后内容越复杂,越不靠谱儿(参看本章第二节)。第二,最早宣传并且一直坚持宣传"联绵字—双音单纯词"说的是《现代汉语词典》。它在数版中基本观点不变,只做了几点局部修改。值得注意的修改有两点。一是从试用本开始更换例词,暴露了它解释"联绵字"从观念出发而不是从语言事实出发的特点,或者说它反映了信守派学人研究联绵字一开始就是从观念出发而不是从语言事实出发的特点。二是到第5版最后加了"也叫联绵词"五个字,但没有说从什么时候开始"也叫联绵词"。这一点十分重要。如果是从旧时就开始了,那么,它说的"旧时"只能指1949年之前的一二十年。也就是说,它从一开始解释"联绵字"曰"旧称双音的单纯词",就是指1949年之前的一二十年间极少数创说者对联绵字的认识,因为现有文献中最早使用"连绵词"这个名称的是魏建功(1935)的《古音系研究》,其次是沈兼士(1941)的《联绵词音变略例》,但沈兼士那篇文章实际上不是遵循"联绵字—双音单纯词"说写的。再次是孙德宣(1942)的《联绵字浅说》。但用正统的信守派学人的眼光看,孙氏这篇文章中还有一些非现代联绵字观念的内容。或者说孙德宣《联绵字浅说》还没有表现出成熟的"联绵字—双音单纯词"说观点。掌握了上述事实,人们就可以对信守派学人用此前语文学家的观点支持其信仰的做法持怀疑态度了。如果《现代汉语词典》的这个"也叫联绵词"是就20世纪50年代以来的情况说的,考察其"旧称双音的单纯词"的观点就更不需要去传统语文学著作中寻找理论依据了,因为在20世纪五六十年代,传统语文学曾被斥为"经学的附庸",是受到否定的。如果这个"也叫联绵词"是指近30多年的情况,则与其前面的"旧时指……"云云没有任何联系,同时也就更突出了它从观念出发的特点。第三,《现代汉语词典》的"权威地位"使它解释"联绵字"的观点在现代联绵字观念定为一尊的过程中起了重要的作用。这可以从例(10)和例(4)例(5)以及其他各例情况的比较中得到证明。例(10)问世时,现代联绵字观念还没有传到台湾地区(详见沈怀兴2011),所以它观点有本,例词恰切。而例(4)《汉语大词典》等紧跟《现代汉语词典》,却未举出当其说的例词(详见沈怀兴2010);再结合前面各章节的考察讨论,可以看到在大陆学界已经定为一尊的现代联绵字观念某种程度上说是与《现代汉语词典》误导、众皆跟风的努力分不开的(至少词典编写领域里是这样),实际上并没有坚实的语言基础。而这种理论先行(参看第三章第二节),研究从观念出发的创造与跟风,乃是学术精神丧失的一种表现,是欲促进中国语言学健康发展及实现语言学为社会发展服务者不可不引以为戒的。

参考文献

白　平　　2002　《汉语史研究新论》,太原:书海出版社。
沈怀兴　　2001　《汉语词汇复音化发展续探》,《汉字文化》第1期。
————　2007　《现代联绵字观念的来历》,《中国语研究》总第49期。
————　2010　《试用历史考证法判断联绵字语素》,《语言教学与研究》第5期。
————　2011　《现代联绵字观念对台湾学者的影响》,《汉字文化》第6期。
沈兼士　　1941/1986　《联绵字音变略例》(1941年12月在辅仁大学语文学会上的演讲),收入《辅仁大学语文学会讲演集》,又收入《沈兼士学术论文集》,北京:中华书局。
孙德宣　　1942　《联绵字浅说》,《辅仁学志》第十一卷第一第二合期。
王　力　　1958　《汉语史稿》(修订本),北京:科学出版社。

第二节　从各类词典错释"联绵字"看现代联绵字观念问题

　　读过前面各章节的读者大概不会否认下列事实:现代联绵字观念的核心理论"联绵字—双音单纯词"说来自特定历史背景下的虚构,其附庸理论来自认识不清的拼凑;其论证方法主要是误解古人之说以证臆说[①],其次是再造臆说以证信仰,其次是把持论者不明其造词理据的双音词举为例词;其论据都不支持其观点;其负面影响是多方面的,也是严重的。本节从各类词典错释"联绵字"来看现代联绵字观念之谬,也可以大致看到现代联绵字观念的上述问题。所以借词典对"联绵字"的解释来讨论问题,是因为词典释义大多反映"定论",具有普遍意义,同时也可以看到现代联绵字观念对词典的影响,从而启发读者使用这些词典时留点儿心[②],当然不是批评所借用的

---

　　① 古人观点不支持"联绵字—双音单纯词"说。今人引古人话语证明"联绵字—双音单纯词"说者多因误解,但也偶有曲解者,如王念孙连语说被引以证明"联绵字—双音单纯词"说的情况。王氏明明说"凡连语之字,皆上下同义",且举同义语素联合构成的23例合成词连语为证,而信守派著作仍引王氏连语说不可分训说明其信仰"联绵字—双音单纯词"说,就不仅仅是误解了。参看第五章第二节相关考察分析。

　　② 笔者在几篇考察语文字典词典(如《汉语大字典》《王力古汉语字典》《新编联绵词典》)解释其所谓"联绵字/词"的文章里都曾提醒读者:由于无根的"联绵字—双音单纯词"说的误导,新修语文字典词典对部分双音词的解释很不可靠。

词典。这是笔者一贯的认识和做法。另外需要交代的是,本章第一节已经借考察各家辞书之释"联绵字"从面上简单介绍了现代联绵字观念反映在词典中一些显而易见的问题,本节将分类选出较有代表性的辞书,通过考察分析它们误释"联绵字"的情况,进一步了解现代联绵字观念问题之所在。

一、从语文词典对"联绵字"的解释看现代联绵字观念问题

词典中最早接受现代联绵字观念而解释"联绵字"的是《现代汉语词典》。但如第三章第二节所考,《现代汉语词典》释"联绵字"曰"旧称双音的单纯词",前后所举九个例词中,没有一个可以支持其观点。其"旧称"的"旧",实指20世纪三四十年代。其"旧称"的"称",只是20世纪三四十年代"联绵字—双音单纯词"说之首倡者那么称,同时期更多的语文学著作中是不把联绵字作双音单纯词看的,甚至那时候传统语文学家还不知道"双音单纯词"这个概念。确切地说传统语文学家的研究用不着这个概念,也不需要知道这个概念。因此,《现代汉语词典》释"联绵字"曰"旧称双音的单纯词",完全违背了通释语义的原则,确有以小偏赅大全之嫌。前面有关章节言之甚详,可参看。

在语文词典中,解释"联绵字"而追随《现代汉语词典》最紧的是《汉语大词典》。它解释"联绵字"说:

> 旧称由两个音节联缀而成的单纯词。包括:双声的,如"仿佛"、"伶俐";叠韵的,如"阑干"、"逍遥";非双声非叠韵的,如"玛瑙"等。

不难看出,《汉语大词典》追随《现代汉语词典》的表现有二。其一,就其释义语而言,《现代汉语词典》说"旧称双音的单纯词",《汉语大词典》以《现代汉语词典》之说为基础,说"旧称由两个音节联缀而成的单纯词"。这"由两个音节联缀而成"是从词源学角度说的。它着眼于造词之初,紧跟《现代汉语词典》且多出个联绵字造词方式①,说得比《现代汉语词典》更"到位"了。其二,给联绵字分类也和《现代汉语词典》一样,即也分为双声的、叠韵的和非双声非叠韵的三类;就连其全部例子都是抄了《现代汉语词典》的。

---

① 这说明此时上古汉语有"一种特殊的构词法"的观点已成"定论"。因此,确切地说,《汉语大词典》在追随《现代汉语词典》解释"联绵字"时还吸收了信守派其他认识,一定程度上体现了现代联绵字观念的发展,体现了20世纪八九十年代多数人对"联绵字"成词方式的认识。

即使已经知道《现代汉语词典》非双声非叠韵的例词"妯娌"是个合成词,只抄它一个"玛瑙",也不避孤证之嫌而再补上个例词。然而,照一般的规律,追随者又总是表现出正反两个方面的作用。就《汉语大词典》追随《现代汉语词典》解释"联绵字"而言,它可能会使一般人觉得《现代汉语词典》对"联绵字"的解释不容置疑,连其用例也不可或易,从而有效地帮助《现代汉语词典》宣传"联绵字—双音单纯词"说。但在不那么迷信现代联绵字观念的人那里,《汉语大词典》的追随则恰恰暴露了《现代汉语词典》解释"联绵字"不可信,暴露了现代联绵字观念问题严重。第一,所谓"联绵字"这种双音单纯词"由两个音节联缀而成",是根据什么说的?如果根据学者所谓"一种特殊的构词法"(或曰"双声叠韵构词法"什么的)说的,那么,汉语里为什么会产生这种"特殊的构词法"?如果不是根据所谓"特殊的构词法"说的,那又是根据什么说的?第二,如果汉语里真有"由两个音节联缀而成的单纯词"的联绵字,那些没有现代词汇学知识、不懂同时也不需要语素分析法的旧时人是用什么方法辨认出来的?又为什么要做这样的辨认工作?他们绝大多数人研究联绵字只是为了通经致用,通经致用也需要对联绵字进行内部结构分析?第三,如果汉语里真有"由两个音节联缀而成的单纯词"的联绵字,大概不会只是《现代汉语词典》所举的那六个吧?又为什么不另举几个以避抄袭之嫌呢?特别"双声的"和"叠韵的"各两例,而"非双声非叠韵的"只有一例,为什么不能给它补上一个?是补不出呢,还是怕补错了?追随者的尴尬到底说明了什么?第四,即使追随者袭用的五个例词,或为联合式合成词,或为偏正式合成词(详见第七章第二节),又有哪个是真正"由两个音节联缀而成的单纯词"呢?这些问题的存在,充分透露了现代联绵字观念的核心理论"联绵字—双音单纯词"说不可信的信息,同时也反映了广大信守派学人习惯从观念出发做研究的"时代性特点"。

二、从百科词典对"联绵字"的解释看现代联绵字观念问题

近二三十年以来出版的百科词典解释"联绵字"也都一力宣传现代联绵字观念,而其中最有代表性、影响最大的是《中国大百科全书·语言文字》。下面就以它为例,借以观察现代联绵字观念所存在的问题。它释"联绵字"曰:

1.(序号为引者所加。下同)两个字联缀在一起不能分开来讲的双音节词。2.从语言的角度来说,就是"联绵词"。3.联绵词在汉语里起源很早。在先秦以前上古时代,除了单音词以外,就是复合词和联绵

词,不过联绵词所占的数量不是太多而已。4. 联绵的名称见于宋代张有所著的《复古编》。联绵字可以分为三类：一类是双声字,一类是叠韵字,一类是非双声叠韵字。例如"犹豫"、"留连"、"憔悴"、"荏苒"是双声,"彷徨"、"烂漫"、"叮咛"、"徘徊"是叠韵,"淡漠"、"翱翔"、"颠沛"、"滂沱"既非双声,也非叠韵。5. 在这三类之外,有人把"叠字"(或称重言)也列入联绵字之内。如王国维所作《联绵字谱》。(下略①)

《中国大百科全书·语言文字》立足现代联绵字观念解释"联绵字",比较客观地反映了信守派学人"共识",但却多有可商。下面依引文中所标序次略陈管见。

1. 后面的一句话是把小学家的语文学思想和部分现代语言学工作者的一种臆测糅在了一起。"两个字联缀在一起"(构成一个双音节单纯词)是以今人所谓汉语有"一种特殊的构词法"为依据说的,"不能分开来讲"则好像是王念孙的连语"不可分训"或段玉裁的绵联字"不可分释"②。而事实证明,汉语里绝不会有那种"特殊的构词法"(详见前面相关章节);语文学家王念孙等人的"不可分训/释"其实是强调词义的整体性,而与某双音词是否单纯词没有多大的关系。可以这么说,任何一个合成词,都具有词义的整体性,其含义都不是其语素义的简单相加,因此都"不能分开来讲",或者说都"不可分训"。这样说来,《大百科》把"联绵字"界定为"两个字联缀在一起不能分开来讲的双音节词",可能会让中国传统语文学家和现代语言学家做出截然不同的理解。

2. 后面的话是从现代联绵字观念的立场出发,将中国传统语文学中的"联绵字"混同于现代联绵字观念下的"联绵词"。这是信守派著作中的习惯做法。联系其下文讲宋人张有著作与近人王国维著作,这个问题就更显而易见。可是,纵观中国传统语文学史,没有人像现代语言学家那样考察某双音词的内部结构方式及语素构成情况,张有没有这么做,王国维也没有这么做,传统语文学家都没有这么做,怎么能说"联绵字"就是"联绵词"呢？中国传统语文学里的"联绵字"大致相当于现代词汇学里的"双音词",而"联绵

---

① 《大百科》以下还讲了联绵字多种书写形式问题。虽有其代表性,但这在前面各章节中已多有讨论,故略而不论。其实,一个双音词是否有多种书写形式,与它是否单纯词毫无关系。

② 如果不是王念孙等人的"不可分训/释",那"不能分开来讲"就是废话,因为既然"两个字联缀在一起"(构成一个双音节单纯词),其"不能分开来讲"就已经包含在里面了。从另一个方面看,信守派学人总是把现代联绵字观念与王念孙的连语观等同起来,习惯让王念孙的观点来证明他们的信仰"联绵字—双音单纯词"说,也表明这里的"不能分开来讲"就是照他们误解的王念孙的连语"不可分训"说的。

词"这个术语从产生到现在只有70多年,基本上是信守派学人移花接木,加进现代词汇学中,让它专指除了双音节叹词、拟声词、音译词、切音词以外而实际上并不存在的双音节单纯词。《大百科》之前,信守派学人已经习惯把自己对联绵字的认识说成古人的认识①,自《大百科》之后,更是如此,实际上并不清楚他们所引古人语录的真实含义。前面各章节多有考察讨论,兹不赘言。

  3. 后面的话可疑之处有三。其一,说"联绵词在汉语里起源很早",早到什么时候?会不会殷商以前?如果是殷商以前,其证据是什么?文献无征的观点能有多大的说服力?如果是殷商时期,殷商甲骨文、金文里为什么都找不到作为双音节单纯词的"联绵词"?如果是殷商以后,则是用信守派学人所臆测的"一种特殊的构词法"创造的。然而,通过前面有关章节的考察,我们已经看到此前信守派著作所有证据都不能证明汉语里曾用什么"特殊的构词法"创造双音节单纯词,此后谁又能证明汉语里曾有"一种特殊的构词法"?退一步看,即使有人用什么"特殊的构词法"创造双音节单纯词,没有造词理据,缺乏可验证性,别人无法理解,又怎么流传下来?流传不下来,后人无缘看到,凭什么创"联绵字—双音单纯词"说?其二,将"复合词"和"联绵词"对举,是认定"联绵词"就是双音节单纯词。但是,这双音节单纯词的"联绵词"包括不包括双音节拟声词、叹词、音译词?如果不包括,那种"联绵词"产生的必然性是什么?此前信守派学人所认定的原因有哪一点不是"联绵字—双音单纯词"说之成见在胸的臆测?哪一点原因认定有靠得住的语言事实支撑?如果包括,怎样区分双音节拟声词、叹词、音译词和"联绵词"?看来,只有让"联绵词"仅指双音节拟声词、叹词、音译词才没有这么多麻烦。然而,那便干脆叫"拟声词、叹词、音译词"好了,为什么又叫它"联绵词"呢?其三,所谓"联绵词所占的数量不是太多",又是为什么?会不会是研究者不明其语素构成情况的双音词不是太多,就像《现代汉语词典》和《汉语大词典》解释"联绵字"误将合成词做单纯词的例子举出来那样?再说,"联绵词"数量不是太多的依据是什么?谁曾有过统计?

---

  ① 这倒不是说他们有意识这么做。所以这么做,主要原因是没有深入研究传统语文学家的联绵字研究目的、研究视角、研究方法,不知道传统语文学家在这些方面都与他们截然不同。他们往往出于理论构建的需要(后来者则主要是跟风),或者受崇古思想的影响,在现代联绵字观念的主导下这么做了,后来同观念的人也这么做了,就形成了一种传统了。另外需要补充一句:纵观中国思想史,崇古思想时起时落,但总有那么一部分人崇古而不真知古。如果学者如此,后果就严重了。不料这又是信守派中部分学者的特点或习惯,具体事例见本书前面各章节的考察。

4.后说"联绵的名称见于宋代张有所著的《复古编》",但却不知道张有的联绵字观念不支持现代联绵字观念。张有《复古编》卷六《联绵字》共收联绵字58条,但没有给"联绵字"下定义,我们只能从张有书中考订联绵字的情况了解张有的联绵字观。下面试举其二例。

(1)左右:左右手相助也。左,从ナ工,则个切。右,从右口,于救切。别作"佐佑",非。

(2)裹回:宽衣也。裹,从衣非。薄回切。回,转也。从口,中像回转形。户恢切。别作"徘徊",非。

读上录二例,大概谁也不会相信张有的联绵字观念会支持现代联绵字观念。《四库全书总目》说它:"是书根据《说文解字》以辨俗体之讹,以四声分类诸字,于正体用篆书,而别体、俗体则附载注中,犹颜元孙《干禄字书》分正、俗、通三体之例。"这样说来,结合上引各例,张有的"联绵字",是指有待规范其书写形式的二字词。如果一定要考察其语素构成情况,则绝大多数是合成词,如凹凸、陘阰、怀抱、屯亶、担荷、踪迹、髻龀、提携、襁褓、千秋、左右等,少数是由拟声而来的单纯词(如鹈鸰)或音译而来的单纯词(如苜蓿),一个用"特殊的构词法"构成的双音节单纯词也没有。

至于原释4.后面给"联绵字"分类,那是信守派著作共同的分类,没有什么特殊之处。一定要做点评判的话,可以说这种分类充其量不过是贴标签,因为持论者对任何一个不明其语素构成情况的双音词都可以归入这三类中的某一类。其所举例词存在的问题也是信守派著作中共有的。具体点说,在这12个例词中,除"叮咛"之外11个例词都是合成词。"叮咛"有人说是拟声词,有人说是切脚语,姑且列入待考。

5.后举王国维的《联绵字谱》做联绵字著作的典型,并于"《联绵字谱》"条下盛赞它"是研究联绵词语很有用的一本资料书"。但遗憾的是,《联绵字谱》一书中不仅至少3/4的联绵字是合成词,而且还收了一些四字词组。第一章第二节和第三章第一节言之甚详,并且分别摘录了王国维《联绵字谱》中300个合成词的联绵字,这里无须再多说了。需要指出的是,信守派学人著作中像《中国大百科全书》的上引文字随处可见。这绝不是它们的作者水平不够,根本原因是现代联绵字观念的核心理论"联绵字—双音单纯词"说本来自虚构(参看前面各章节有关考察讨论),而一定要予以证明,就不能不写出这类文字。

三、从语言学词典对"联绵字"的解释看现代联绵字观念问题

近20多年以来,国内出版了不少语言学词典。它们解释"联绵字"口吻一致,都是立足现代联绵字观念解释"联绵字"。但是,详略不同。如《中国语言学大辞典》(江西教育出版社,1991)释"联绵字",用了160多字(包括标点符号。下同),《语言学百科词典》(上海辞书出版社,1993)释"联绵字"用了250多字,《古汉语知识详解辞典》(中华书局,1996)释"联绵字"用了约600多字,《实用古汉语知识宝典》(以下简称《宝典》。复旦大学出版社,2003)释"联绵字/词"用了1000余字。很明显,越往后,用字越多,解释越详细。最后一部,远不及前面任何一部部头大,释"联绵字"所用字数约是前三部的总和。其间主要原因之一是现代联绵字理论越来越受质疑[①],信守派学者不肯放弃自己的信仰,越受冲击,便越想方设法卫道。这一事实反映到词典对"联绵字"的解释中,便出现了一个后出而不大的本子解释"联绵字"用字约是前面三个大本子解释"联绵字"用字之总和的现象。然而,只要是不科学的思想理论,信仰者钻皮出其毛羽的工作做得越多,暴露该思想理论之问题的可能性就越大。这是人类思想文化史上的一条普遍规律。由虚构而来的"联绵字—双音单纯词"说和在此基础上拼凑起来的整个现代联绵字理论群也不例外。上文借对《汉语大词典》和《中国大百科全书·语言文字》之释"联绵字"的讨论已经初步证明了这一点,现在再借对《宝典》之释"联绵字"的讨论来做些补充。为了较好地说明问题,特抄录《宝典》对"联绵字/词"的解释如下:

【联绵字】1.(序号为引者所加。下同)同"联绵词"。如清代王国维有《联绵字谱》一书。

【联绵词】2.词汇学术语。也叫"联绵字"、"连绵词"、"连绵字"、"连语"、"謰语"、"连字"、"骈字"、"骈语"、"二文一命"等。除叠音词、象声词和叹词以外的汉语固有的双音节的单纯词。3.组成联绵词的两个音节大多具有双声、叠韵或既双声又叠韵的关系。如"陆离、踌躇、萧

[①] 继陈瑞衡(1989)李运富(1991)批评"旧称"于史无征之后,不断有人撰文对宣传"联绵字—双音单纯词"说者所举例词进行辨正。特别白平《汉语史研究新论》(2002)第152~208页更是集中批判了"联绵字—双音单纯词"说。作者先是考察历代语文学家笔下的"联绵字"到底是什么意思,接下来探讨双声词产生的原因,最后对经常被用来支持"联绵字—双音单纯词"说的"披靡、辟易、参差、辗转、窈窕、崔嵬、沲隤、栗烈、鬐发、从容、岂弟、匍匐、徘徊、薜荔、憔悴、婉娈、蟋蟀、天阏、翱翔、逍遥、鹦鹉"21个联绵字进行——考辨,证明它们都是合成词。

瑟、磅礴、倜傥、蜘蛛"为双声联绵词,"崔嵬、灿烂、葫芦、妖娆、峥嵘、须臾"为叠韵联绵词,"辗转、顾颉"为既双声又叠韵。也有一些联绵词的两个音节既非双声也非叠韵,如"浩荡、跋扈、颠沛、滂沱、蜈蚣、鹦鹉"。4.联绵词的两个音节是否双声或叠韵,必须以汉语的上古音来鉴别,不能以现代的读音来判断。如"萧瑟"的现代普通话读音为 xiāo sè,两个音节的声母并不相同,但是在上古音中,两字同为心母,即都读为 s-,因此是双声联绵词;"峥嵘"的现代普通话读音为 zhēng róng,两个音节的韵母并不相同,但是在上古音中,两字同属于耕部,即都读为-eng,因此是叠韵联绵词。5.联绵词是单纯词,只包含一个词素,因此其意义是由组成联绵词的两个音节共同来表示的,记录联绵词的两个字不能拆开来解释。如《庄子·秋水》:"于是焉河伯始旋其面目,望洋向若而叹。"联绵词"望洋"不能解释为"望着海洋",而应解释为"仰视貌"。6.由于联绵词是单纯词,最初大多没有本字,记录联绵词的两个字大多是纯粹的记音符号,所以同一个联绵词往往有多种文字形式,如"望洋",又作"望羊、望伴、望阳、茫洋、盳洋"。而到后来,许多联绵词逐渐有了通行的写法,除了印刷、引用古籍等以外,一般不能写成其他字样,如成语"望洋兴叹"中的"望洋"现在没有其他写法。7.联绵词用两个音节来表示一个词素,因此联绵词的两个音节一般不能拆开来用,不过古人为了押韵或追求行文变化,也有把两个音节拆开来用,甚至颠倒使用的。如《诗经·周南·卷耳》:"陟彼高冈,我马玄黄。"联绵词"玄黄"未拆开,而《诗经·小雅·何草不黄》:"何草不黄,何日不行,何人不将,经营四方。何草不玄,何人不矜,哀我征夫,独为匪民。"则"玄"和"黄"两字拆开使用了。又如东汉王充《论衡·知实》:"眇茫恍惚,无形之实。"联绵词"恍惚"两字未拆开,而《老子》:"道之为物,惟恍惟惚。惚兮恍兮,其中有象;恍兮惚兮,其中有物。"则"恍"和"惚"两字不但拆开,而且第二句中颠倒使用了。8.古人所谓的联绵词,其范围比现在大,往往还包括其他双音节合成词,如清代王国维的《联绵字谱》就收有"踊跃、和谐、艰难、刚强、穷困、变化"等。9.此外,现代学者也有把双音节的音译词,如"葡萄、苜蓿、玻璃"等作为联绵词的。10.参"联绵词不可分训说"。

《宝典》对"联绵字"(或"联绵词")的解释客观地反映了信守派学人的基本观点,为我们有效地讨论问题提供了方便。其"典"的文字代表了主流派的意见,所以具有普遍意义和较强的说服力。下面依引文中所标序次略做讨论。

1. 后说"联绵字"同"联绵词",这个观点产生至今已经 70 年了(参看孙德宣 1942),早已成信守派学人"共识"。所存在的问题我们在上文已经指出。看了《宝典》的解释,又生两点疑问:其一,既然"联绵字"同"联绵词",并且举王国维《联绵字谱》为证,那么,王国维为什么没有把他的书叫做《联绵词谱》? 这本《联绵字谱》成于 1921 年,当时还没有"联绵词"这个概念,而且王国维是个语文学家,是讲"字"的,因此当初他大概不会把这本《联绵字谱》叫做《联绵词谱》吧。信守派著作中宣传现代联绵字观念,总喜欢拉上王国维助阵,殊不知王国维"身在曹营心在汉",起不了什么用的。其二,既然"联绵字"同"联绵词",都是双音单纯词,而后面又说"王国维的《联绵字谱》就收有'踊跃、和谐、艰难、刚强、穷困、变化'等",这算不算前后矛盾? 其实,这类矛盾是信守派著作中永远摆脱不了的,除非什么时候放弃了"联绵字—双音单纯词"说。否则,只要想证明"联绵字—双音单纯词"说,并且想增强其理论的说服力,就必须去历史上寻找根据,与古人搞联盟,而任何古人的研究都与信守派学人观点不合,所以信守派学人从现代联绵字观念出发著文,如果不出现上述矛盾倒是很奇怪了。

2. 后的话也是信守派学人最爱说的话。但是,如果这话是站在传统语文学角度说还勉强凑合的话①,站在现代词汇学角度说就完全错了。考察结果表明,在 20 世纪 30 年代年以前,"联绵字""连绵字""诓语""连字""骈字""骈语""二文一命"等术语没有哪个曾指双音节单纯词(参看第一章第一节)。"连绵词"是信守派学人创造的一个新词,用来指双音节单纯词即使从魏建功先生(1935)算起,也只有 70 多年。至于"连语",1935 年以前只在王筠那里有时像是指双音节单纯词,比如他说"圣人正名百物,大物皆一字为名,小物乃两字为名,其尤不足道者乃以双声叠韵为名"云云②,但那分明是探索者的想象,本书前面第二章第二节已有考察讨论。至于"除叠音词、象声词和叹词以外的汉语固有的双音节的单纯词"云云,也只是想象,没有事实依据,理论依据至多也不过王筠的"圣人正名百物"之类和信守派学人奉为圭臬的索绪尔语言符号音义结合任意说,这在前面各章节从不同角度予以考察讨论过,答案是否定的,这里也不重复了。

---

① 确切地说,站在传统语文学角度上说也只是对了那么一点点,因为传统语文学著作中确实有"联绵字"与"连绵字""诓语"与"连语"混用者,所以说"勉强凑合"。但是,即使传统语文学著作中,也不是这么多术语都混用(参看第一章第一节)。它们大多各有所指,而且有时不同学者使用它们同一术语而赋予了不同的含义。

② 说王筠这话有点像指双音节单纯词说的,也只是站在当今信守派学人角度勉强这么看。实际上王筠并没有这个意思。因为没有文献材料能够证明王筠时代已有语素分析事例,王筠不可能超越时代,说出他之后近百年的人才能说出的话。

3. 后面的话也是信守派著作中反复宣讲的内容,但它也不能证明联绵字是单纯词。至于《宝典》所列举的 20 个例词,辗转、崔嵬二词,白平(2002:179~180、181~182)通过考证,已认定是联合式合成词;由引者加了下划线的 15 个例词也可以肯定是合成词。另外,"鹦鹉"一词,照白平(2002:206)、李海霞(2005:188~189)的考证,当为偏正式合成词,但也许还不是确论。它与剩下来的陆离、须臾等总共三个"联绵字"待考。但是,它们肯定不是用今人臆测的"一种特殊的构词法"创造的,即不是《宝典》所谓"除叠音词、象声词和叹词以外的汉语固有的双音节的单纯词",因为至今只见有人想象或信守"一种特殊的构词法",而未见有人为这种想象拿出服人的证据,《宝典》所举例词也不例外。信守派学人总是爱把自己不明其语素构成情况的双音词认作"一种特殊的构词法"构成的"联绵字—双音单纯词",那是没有说服力的。

顺便一提,考辨联绵字的语素构成情况只懂得文字是记录语言的书写符号的道理还不行,还必须善于求本字。信守派学人所谓"由于联绵词是单纯词,最初大多没有本字,记录联绵词的两个字大多是纯粹的记音符号,所以同一个联绵词往往有多种文字形式"云云,乃是想当然之辞,没有人证明他们这种说法,因为被他们误举的合成词都有多种书写形式,在他们眼里也都是没有本字。而信守派学人所以误列大量合成词充当单纯词的例子,受现代联绵字观念之成见的左右只是其原因之一,另外一个很重要的原因就是他们忽视了历史上语文使用中音变字易规律和同音、近音通假之事实,不注意或者不愿意考求本字。例如看到《宝典》所举例词中的"葫芦(蘆)",而知道它是由"壶卢(壺盧)"俗写而来,葫芦形如壶与盧,故名,就不会误判它为单纯词了。

4. 后面说鉴别联绵字是否双声或叠韵,要看其上古音。这的确是信守派中大多数人的意见①。可是,上古音是个什么样子?现在并不很清楚。比如上古声母,《宝典》117 页说 28 个,王力(1985:18)说 33 个;部分学者认为上古汉语有复辅音声母,另一部分学者却持相反的观点。认为古有复辅音声母者,所拟复辅音也很不相同,起初有人拟了 3 个复辅音声母,后来有人增加到 6 个,又有人拟了 10 个,到 20 世纪 80 年代有人拟了 240 个,还说

---

① 他们所以强调以上古音为标准,是因为正统的信守派学人都认定上古汉语里有一种联缀两个有语音联系的音节构成单纯词的构词法。事实证明,坚持"联绵字—双音单纯词"说而强调以上古音为标准,不过给其信仰罩上了一层神秘的面纱罢了。这一点与传统语文学家(如王国维)的以上古音为标准分联绵字为双声之部、叠韵之部、非双声叠韵之字三类不同,因为传统语文学家讲联绵字是不分单纯词与合成词的。

"不止这些"。而庞光华(2005)认定上古汉语没有复辅音声母,并对部分学者共同拟定的复辅音声母做了一一辨正。这些事实告诉我们,上古汉语有无复辅音声母问题目前还不是很清楚。而这个问题不清楚,上古汉语声母问题就还需要继续探讨。韵母的情况好一些:《宝典》120页说上古韵部31个,王力(1985:33)说29个。然而,即使上古汉语韵母已经弄清楚了,大家没有疑议了,声母不清楚,判断联绵字的语音联系又怎么遵照上古音?

退一步说,即使将来把现在正在研究的"上古音"弄清楚了,也只是弄清了春秋战国秦汉音,春秋以前的汉语语音呢?要知道,在春秋战国时期的汉语中,复合构词法与派生构词法已经十分成熟,加上最早的拟声法,只要什么时候需要,没有什么词不能创造的,绝不可能另用什么"法"去创造没有理据、无法验证、不可理解的"双音节单纯词"。因此,在鉴别联绵字是否双声或叠韵之标准问题上,同是信守派学人,意见也大不相同。如张斌等(2002:166)说:"所谓双声、叠韵都是以现代汉语语音为标准的。"这里所以举出张斌先生的观点,只是说在这一最基本的问题上,信守派内部意见也不统一,暴露出现代联绵字观念由于先天不足而于实践上行不通的一面,倒不是我们同意张斌先生的意见。坦白地说,只要他们站在现代联绵字观念角度上说话,哪一方的意见也不可取,因为他们共同的问题是都偏离了汉语实际,只是偏离的表现不尽相同罢了。事实证明,只要把双声叠韵作判定"联绵字—双音节单纯词"的标准,就是不合适的,不可信的,因为汉语史上不曾有什么双声叠韵构词法(或曰"一种特殊的构词法"等)创造"联绵字—双音单纯词"的事情。

5. 后面的内容也是信守派学人反复强调的基本观点。如果汉语里确有除了双音节拟声词(包括音译词、叹词)以及极少的切音词以外还有别的双音节单纯词,这话可能是对的。但是,持论者至今没有举出一个当其说的例子。至于《宝典》所举的"望洋",虽然是信守派著作最常举的一个例词,并且它也的确不能讲成"望着海洋",但它的确也不当说,因为它是一个地地道道的动宾式合成词。这只要看看清桂馥《札朴》卷四《望羊》和汉刘熙《释名·释姿容·望羊》及清王先谦《释名疏证》中的相关疏语就可以了,恕不赘言。其余问题,可参看第五章第二节的讨论。

6. 后面的观点也是信守派学人共有的看法,但也是不成立的。本书第二章第一节和其他章节里都有对这个问题不同角度不同材料的讨论分析,另外在这一部分的"3."里也谈及此事,可参看。

7. 后面的观点是改造清王筠《毛诗双声叠韵说》里的相关说法而来。王筠又说"此秘发于王怀祖先生"。考王念孙父子著作,于《经义述闻·毛诗上》"我马玄黄……"条下有说。概括地说,就是依照他们自己对《尔雅》之释的理解而非毛传、郑笺和否定孙炎《尔雅音义》、郭璞《尔雅注》。今信守派学人未审王筠、王念孙父子之说不无可商,却进而移其花来接自家之木,其间涉及的问题很不少,为避枝蔓,暂不展开讨论。但必须指出的是,信守派要想把"联绵字—双音单纯词"说贯彻到底,必须给"例外"一个说法,于是就有了7.后面改造前人的话。殊不知,由于"联绵字—双音单纯词"说本来自虚构,谁也找不出当其说的例子。因此,遇到这种说法,只考察它的例子就可以了。"恍惚"是联合式合成词(沈怀兴 2007)。现在来看"玄黄"。玄、黄均颜色词。《易·坤·上六》:"龙战于野,其血玄黄。"《坤·文言》:"天地之杂也,天玄而地黄。"宋倪天隐《周易口义》卷一:"玄,天之色;黄,地之色。以其上下相敌,必有相伤,故玄黄之色杂于其间。"《宝典》所举《诗经·小雅·何草不黄》的"玄""黄",就分别用了它们的颜色义。其所举《卷耳》:"陟彼高冈,我马玄黄",毛传:"玄马病则黄。"这首诗一般认为是周幽王时的作品,距毛亨只有500年,像今人读明代人诗作,他的注释应当是可信的,故后世说家多宗之。如宋段昌武《毛诗集解》卷一:"朱曰:病极而变色也。"元刘瑾《诗传通释》卷一:"玄黄,玄马而黄,病极而变色也。"尽管王引之《经义述闻》、王筠《毛诗双声叠韵说》非之,但其说未为确论,所以直到 20 世纪,注家仍多从毛传、郑笺、孔疏。即使今天,不遵毛传、郑笺、孔疏者仍是少数,大致说来只限于语言学界的现代联绵字理论信守派,而在目前所见文学界、文献学界及史学界不知道现代联绵字理论者则没有不遵毛传、郑笺的。如果我们一定要推翻毛传、郑笺,仅凭依王筠等一面之词之花接自家之木肯定不行,还必须拿出服人的证据证明《文言》作者读不懂早他几百年的爻辞、一代经师毛亨读不懂《毛诗》。否则,只能承认《卷耳》中的玄、黄用了其颜色义,它们各是一个单音词。

另外,7.后的表述中还有一个令人不可思议的现象:同是《诗经》语料,《卷耳》中的"玄黄"就是"联绵词—双音单纯词",《何草不黄》中的"玄""黄"就是固有的"联绵词"被拆开使用了。如果没有现代联绵字观念之成见,为什么不能说《诗经》时代既有"玄""黄"单用者,也有连用作"玄黄"者?特别"恍惚",看到王充《论衡·知实》里连用作"恍惚",连在它五六百年前的《老子》单用"恍""惚"也被说成是拆"恍惚"二字的结果。这是什么逻辑?一定请信守派学人回答,他们大概只能拿"玄黄""恍惚"二词不可分训来搪塞。那样的话,前面各章节已从不同角度反复证明"不可分训"不是复音词语素判断的标准,这里就不再重复了。

8.后说"古人所谓的联绵词,其范围比现在大,往往还包括其他双音节合成词",这话表明,即使坚守现代联绵字理论之营垒者,一不小心,也可能说出反现代联绵字观念的话来。但这类说法明显不到位。首先,古人从来不说"联绵词"。"联绵词"这一术语产生至今只有 70 多年,是信守派学人的发明。信守派学人习惯把"联绵词"这一术语强加到古人头上,是不合适的。其次,古人笔下的"联绵字"大致与现代词汇学中的双音词相当,只有王国维的《联绵字谱》里收了一些四字词组,算是例外。再次,古人的"联绵字"与信守派学人的"联绵字/词"完全不同,这是因为他们整理联绵字或为订误,或为明通假,或为强调词义的整体性等目的决定的。他们只是为了语文应用而论及联绵字——双音词的,而双音词中绝大多数是合成词。明乎此,如果还要问他们笔下的"联绵字"指单纯词呢还是合成词,只能答曰:绝大多数是合成词,符定一《联绵字典》中所收联绵字中合成词占 97% 以上,就是较有说服力的证据。其余参看第一章和本章第四节。可惜,这样简单的一个问题,被现代联绵字理论给搅成了迷魂阵,让千千万万的研究者和教师晕头转向,让亿万学子习非成是,由这种"学术研究"所造成的危害在人类历史上似乎并不多见。更可怕的是这种危害不知还要持续多少年。须知,语文学史上一个小小叶音说也曾流传千余年!

9. 后面的话只说对了一半。把双音节的音译词归为联绵字者,可能不是正统的信守派学人,因为音译词不是用"一种特殊的构词法"创造出来的,人类任何语言中都有音译词。

10. 后面所举"联绵词不可分训说"共用 986 字,也客观地反映了信守派学人观点,所以问题也很多,具体讨论见前面第五章第二节。

为了讨论起来自由一些,上面借各类词典之释"联绵字"讨论现代联绵字理论问题,而无意批评所借用的词典。因为不管哪类词典,释词多是努力反映"定论"。换个角度说,即使我们编词典解释"联绵字",最多也只能这样解释:联绵字,中国传统语文学史上一般指双音词。现代联绵字理论之信守派著作里的"联绵字"与语文学史上的"联绵字"完全不同,只指由两个音节联缀而成的单纯词,是由 20 世纪三四十年代反对"汉语单音节幼稚落后论"而虚构出来并流传开来的说法。

参考文献

白　平　2002　《汉语史研究新论》,太原:书海出版社。
陈瑞衡　1989　《当今"联绵字":传统名称的"挪用"》,《中国语文》第 4 期。
李运富　1991　《是误解不是"挪用"——兼谈古今联绵字观念上的差异》,《中国语文》
　　　　　　第 5 期。
庞光华　2005　《论汉语上古音无复辅音声母》,北京:中国文史出版社。
沈怀兴　2004　《双声叠韵构词法说辨正》,《汉字文化》第 1 期。

―――― 2006 《"语言是一种符号系统"说疑义》,《宁波大学学报》(人文科学版)第 5 期。
―――― 2007a 《现代联绵字观念的来历》,《中国语研究》总第 49 期。
―――― 2007b 《〈联绵字典〉的收词及相关问题》,《辞书研究》第 4 期。
―――― 2007c 《"联绵字"与语文学史上的相关名词》,《古汉语研究》第 3 期。
―――― 2007d 《中国现代语言学早期的联绵字观念》,《语文建设通讯》总第 88 期。
孙德宣 1942 《联绵字浅说》,《辅仁学志》第十一卷第一、第二合期。
王 力 1985 《汉语语音史》,北京:中国社会科学出版社。
张 斌等 2002 《新编现代汉语》,上海:复旦大学出版社。

第三节 《汉语大词典》错释"连语"

连语,本来是中国传统语文学常用术语,与现代联绵字观念中的"联绵字"毫不相干。可是,受现代联绵字观念误导,《汉语大词典》释"连语"曰:"指联绵字。清王念孙《读书杂志·汉书十六》:'凡连语之字,皆上下同义,不可分训。说者望文生义,往往穿凿而失其本指。'(下略)"释"连语"曰"指联绵字",而"联绵字"呢?《汉语大词典》释曰:"旧称由两个音节联缀而成的单纯词。(下略)"上引《汉语大词典》对"连语"等的解释虽然准确地概括了信守派学人的观点,但却完全不符合客观实际。第一,王念孙的话不支持《汉语大词典》的解释。因为他那话的意思是说:所有构成连语的两个字,上下字都是同义字(同义词素),不能给它们做出不同的解释;解释连语的人望文生义(给它们做出不同的解释),往往穿凿附会而不得真诠。这话显然不能证明连语是单纯词,只能证明连语是合成词,具体点说是联合式合成词。第二,王念孙为证明其"连语"理论所举的例词全部是联合式合成词。将王念孙《读书杂志·汉书第十六·连语》从头至尾读过,可知其书中所释"连语"凡 23 条中一条单纯词也没有。这和他对"连语"的理论概括完全一致。现试举他对"辜榷"和"惊鄂(愕)"两条连语的解释为例。

辜榷,《陈万年传》:"没入辜榷财务。"师古曰:"辜,罪也。榷,专固也。"《翟方进传》:"多辜榷为奸利者。"师古曰:"榷,专也。辜榷者,言已自专之,他人取者辄有辜罪。"念孙案:辜榷,或作辜较,又作嫴榷。《一切经音义》二十引《汉书音义》曰:"辜,固也。较,专也。谓规固贩鬻,专略其利。"分辜、榷为二义,已失之迂。师古乃训辜为罪,训榷为专,又云"已自专之,他人取者辄有辜罪",则其谬滋甚。今案:辜榷,双声字也。《广雅》曰:"辜榷,都凡也。"故总括财利谓之辜榷,略陈指趣亦谓之辜権。《孝经》:"盖天子之孝也。"孔传曰:"盖者,辜较之辞。"刘炫曰:"辜较,犹梗概也。孝道既广,此才举其大略也。"梗概与辜榷一声之转。分言之则或曰辜,或曰榷。《武帝纪》:"初榷酒酤。"韦昭曰:"以木渡水曰榷。谓禁民酤酿,独官开置,如道路设木为榷,独取利也。"《王莽传》曰:"豪吏猾民辜而榷之。"《广雅》曰:"辜,榷也。"是辜、榷二字分而言之亦都凡之义也。

惊鄂,《霍光传》:"群臣皆惊鄂失色,莫敢发言。"师古曰:"凡言鄂者,皆谓阻碍不依顺也。后字作愕,其义亦同。"念孙案:鄂亦惊也。若以为阻碍不依顺,则上与惊字不相比附,下与失色二字不相连属矣。《广雅》曰:"愕,惊也。"《燕策》曰:"群臣惊愕卒起,不意尽失其度。"今人犹曰惊愕曰愕然,岂阻碍不依顺之谓乎?凡若此者皆取同义之字。而强为区别,求之愈深,失之愈远,所谓大道以多歧亡羊者也。

"惊鄂(愕)"是王念孙所解释的最后一条连语。他随后总结说:"凡若此者皆取同义之字。"用现代词汇学的话说,即"辜榷""惊鄂(愕)"等连语都是同义词素联合构成的合成词。它们既然已经成为一个合成词,表示一个特定的概念,当然不允许"说者望文生义"而"强为之别"了。所以,从王念孙对"连语"的理论概括里,我们只能体会到王氏已经认识到了合成词词义的整体性及结构的凝固性,无论如何也不能从他的解释里得出"连语"就是"联绵字—双音单纯词"的结论。至此,迷信替代法者可能会说,它们现在都不能全方位通过替代法检验,因此在现代汉语里已经是单纯词了,尽管它们在古汉语里都曾经是合成词。然而,这种反现实的方法决定论,在哲学上是讲不通的,付诸实践也只是乱点鸳鸯谱,对语言研究有害无益,注定行不通(参看第七章第一节)。

《汉语大词典》释"连语"而举王念孙(1744~1832)书中用例作证,是仅就"连语"的语文学术语身份而言的。但即使仅从"连语"之语文学术语角度讲,其例证也晚了七八百年。宋沈括(1030~1094)《梦溪笔谈补笔谈》卷上:"凡卦名而重言之,皆兼上下卦,如'来之坎坎'是也。先儒以为连语,如'虩虩'、'哑哑'之类读之,此误分其句也。"沈括此言,说明他继承"先儒"之说,早把重言即现代词汇学中所谓重叠词、叠音词叫做"连语"了。并且,这在后世还有一定的影响,甚至直到现代仍有人这么说。如朱自清《中国文的三种型》:"连语似乎以叠字与双声叠韵为最多。"这说明,作为语文学术语的"连语"早在九百多年前就有一个义项:指重言(即朱自清所谓叠字)。这个义项看上去与王念孙的"连语"之含义没有什么联系,实则不然。二者在古人眼里都是连文而成的语词,亦即沈括等的"连语"是连结两个相同的字(音节)而构成的重言(叠音词或重叠词),王念孙的"连语"是连结两个同义词素而构成的联合式合成词。如果肯做进一步的考察,还会发现这两个义项都不是"连语"的初义,而是从其初义"连续说;连在一起说;合说"换喻而来的。

从字面看,"连语"本有"连续说;连在一起说;合说"义,且用例也应出现得很早,因为"语"之"说"义出现甚早(如《论语·乡党》:"食不语,寝不言。")。但先秦文献中未见"连语"用例。现存文献中最早的用例是汉贾谊《新书·连语》,是作为篇名出现的。该文可视为后世"连珠"体之滥觞。文中先借叙纣王之悲,讽劝人主勿背道弃义;再借述梁王请陶朱公决疑之事,讽劝人主厚赏薄罚;最后借讲上主、中主、下主之异,讽劝人主亲贤远奸。全文都是作者在提醒人主不可忽视牧民规则。但因用一连串讽喻说出,像是在连续说闲话,又像是把一些闲话连在一起说,故题为"连语"。由此说来,"连语"的本义也就是它的字面义"连续说;连在一起说"。后来,连续说一般事或把一般事连在一起说、合说相关内容等亦谓"连语"。于是"连续说;连在一起说;合说"就成了"连语"的常用义。今试举几例,以见一斑。宋杨万里《诚斋易传》卷十八:"淳于髡之见梁惠王,连语三日三夜是也,故曰'躁人之辞多'。"宋何薳《春渚纪闻》卷六:"至四鼓,某睡中觉有撼体而连语云:'学士贺喜者!'。"清冯苏《滇考》卷下:"彼知汝芳意锐,仍合揭于巡抚,以兵兴祸,连语怵之,巡抚王凝弛檄止汝芳。"以上数例中的"连语"都是"连续说"的意思。又如宋刘蒙《刘氏菊谱》:"松者,天下岁寒坚正之木也,而陶渊明乃以松名配菊,连语而称之。"明吕坤《呻吟语摘》卷上:"《大学》以傲惰同论、曾子以暴慢连语者,何哉?"明周婴《卮林》卷七:"《大明》疏之引《泰誓》与《鸿雁》注之引《书》,盖连语也。"此数例中"连语"即"连在一起说(或合说)"义。顺便交代一句:"语"的本义是"论",即使上举例中,如《诚斋易传》中"连语"的"语"仍隐含"论"义,但浑言之论亦说,说包括论,且其"连语"之"语"的"论"义多不显,为避枝蔓,不便细分。

综上所述,"连语"初为动词,义为"连续说;连在一起说(或合说)",至迟到宋代又发展出"指重言(包括叠音词和重叠词)"的名词义,到王念孙的书里则特指一部分由两个同义词素联合构成的合成词。"连语"在近两千年间的语文史上没有"联绵字—双音单纯词"义。《汉语大词典》作为一部大型历时词典,释"连语"为"联绵字—双音单纯词",完全是受现代联绵字观念误导的结果。反过来则可以说,信守派学人拿毫不相干的王念孙"连语"说比附"联绵字—双音单纯词"说,不是其理解上出了问题,就是它理论虚弱的表现。这就不是《汉语大词典》自己的事了。

应该承认,《汉语大词典》误释"连语"只是客观地反映了广大信守派学人的共同认识。它因反映这种"共识"而受害,降低了自己的使用价值。至于它的"客观反映"不可避免地促进了谬误流传,那也需要从源头上寻求治本的方法。

第四节 《联绵字典》的收词及相关问题辨疑

符定一《联绵字典》的收词与学者们对其收词的评论,不仅集中反映了学界对联绵字认识的变化,而且一定程度上反映了汉语研究特别汉语词汇研究的现状、走向及得失。现代学者对符定一《联绵字典》收词问题的评论,基于汉语双音词研究的理论水平,特别直接受着联绵字问题研究水平的制约,反过来又影响着汉语词汇的研究,影响着联绵字问题研究。同时,对符定一《联绵字典》收词问题的评论也可能影响汉语词典收词释义的科学性[①]。因此,讨论符定一《联绵字典》的收词与学者的相关评论,澄清是非,不仅是正确评价中国传统语文学著作的需要,而且也是促进汉语词汇学乃至词典学健康发展的需要。

概括地说,由于受现代联绵字观念的严重影响,近30年以来凡评论符定一《联绵字典》者,整体上说来未见有中肯者。

一、《联绵字典》"重印说明"说的不是《联绵字典》

符定一《联绵字典》1943年于商务印书馆出版,1946年中华书局重印,1983年中华书局再次重印。后一次重印本前面有中华书局编辑部1981年4月写的一篇"重印说明"。这个"说明",没有现代联绵字观念之成见者看过之后会发现它大多数文字说的不是符定一的《联绵字典》,但在信守派学人看来或许至今一字不易。现摘录如下:

  联绵字是一种由两个音节联缀成义而不能分割的词。这种词往往"上下同义,不可分训,说者望文生义,往往穿凿而失其本指"(王念孙

[①] 确切地说主要是现代联绵字观念的执行影响着汉语字典词典的收词和释义的科学性。这又涉及许多方面,是《现代联绵字观念的负面影响》一书重点考察讨论的内容,它们正在以单篇论文的方式陆续发表。本书凡涉及这方面的问题,暂且从略。

《读书杂志》)。饕餮是我们形容贪婪凶恶或贪于饮食的人常用的一个词,是一个联绵字。对于这个词我们就无法用饕或餮的单独含义去进行解释。又如,犹豫也是一个联绵字,旧注把犹释为兽之善疑者,显然也是错误的(以上参看《广雅疏证》、《读书杂志》)。

组成联绵字的两个字有时双声(声母相同),有时叠韵(韵母相同),但古人把无双声叠韵关系的双音节词也叫做联绵字。联绵字的字形往往不固定,组成联绵字的两个字有时也可以上下颠倒。

由于古代文献中有大量的联绵字,因而古人对这种语言现象早已有所注意。《荀子·正名》就说过:"单足以喻则单,单不足以喻则兼。"所谓"单不足以喻则兼",就是指联绵字而言。下及清代,乾嘉学者对联绵字更进行了充分研究,其中以高邮王念孙的成就为最大。

……本书收集了六朝以前所有的联绵字,按部首排列。每个联绵字下分类集录古书注疏中的所有解释,汉代以来的研究成果大体具备。……由于古今文字、语音的变化,同一个联绵字往往衍化出许多不同的写法,对此作者也一一罗列,详为注明。

上面摘录了中华书局编辑部1981年4月为符定一《联绵字典》撰写的"重印说明"大部分内容,只略去了与本书研究无关的少量内容。很明显,它实际上是在专心宣传现代联绵字观念,名为《联绵字典》"重印说明",而与符氏之书没有关系。上录第一自然节先给"联绵字"下定义:"联绵字是一种由两个音节联缀成义而不能分割的词。"但符氏之书中却不见这样的词。如《联绵字典》子集第1~10页共收"联绵字"34个:一二、一人、一个、一口、一介、一夫、一心、一方、一片、一半、一再、一成、一曲、一言、一定、一昔、一例、一门、一面、一乘、一眚、一级、一致、一贯、一握、一统、一朝、一等、一概、一齐、一双、一体、一袭、一一,全部是双音节合成词或词组,一条单纯词也没有。

接下来,该《重印说明》举王念孙《读书杂志》中的话证明其说,殊不知王念孙的话不能支持其观点。具体原因在前面各章节已反复论及,不再重复。这里又一次说明,信守派学人不清楚在联绵字问题研究上他们与传统语文学家的根本区别,而立足现代联绵字观念的核心理论"联绵字—双音单纯词"说讲话,却总喜欢援引王念孙的观点做立论依据,其错误的"嫁接"只能事与愿违。

再朝下,它为证其说而举的"饕餮""犹豫"两个例词,也是由于现代联绵字观念之成见在胸而误解了王氏之书。实际上照王氏的考察,它们都是联合式合成词,而不是双音单纯词。如"饕餮",《广雅·释诂》卷二"……贪也"

条下,王念孙疏证曰:"饕餮①者,《说文》:'饕,贪也。'《多方》云:'有夏之民叨懫。'叨与饕同。《说文》:'餮,贪也。'引《文十八年·左传》谓之'饕餮'。今本餮作贪。贾逵、服虔、杜预注并云:'贪财为饕,贪食为餮。'案:《传》云:'贪于饮食,冒于货贿,侵欲崇侈,不可盈厌;聚敛积实,不知纪极。天下之民谓之饕餮。'是贪财贪食总谓之饕餮。饕、餮一声之转,不得分贪财为饕、贪食为餮也。《吕氏春秋·先识篇》云:'周鼎著饕餮,有首无身,食人未咽,害及其身。'盖'饕餮'本贪食之名,故其字从食。因谓贪欲无厌者为饕餮也。"王念孙这里首先引《说文》单释"饕,贪也""餮,贪也",使人看到"饕""餮"本是一对同义词;又说"今本餮作贪";接下来列出古代注家为"饕""餮"这对同义词所作的解释,然后据《传》文提出自己的观点:"贪财贪食总谓之饕餮"。并做了进一步的证明。所谓"饕、餮一声之转",是说饕、餮二字声母相同,韵母有音转关系,可知它们本是同源字,也是同义词,而不能给它们做出不同的解释云云。信守派学人判"饕餮"为"联绵字——双音单纯词",其理由有二:一是其信仰——汉语里古有"一种由两个音节联缀成义而不能分割的词"的构词法,二是饕、餮二字双声。有这样两个理由,引王念孙之说只是拉古人来搞统一战线,所以就不去考察王氏话语的本意了。这是信守派学人联绵字研究的习惯做法,被他们经常举作"双声联绵字"例词的"犹豫"也属于这种情况。

犹豫,王念孙在《广雅疏证》与《读书杂志》两书中有着同样的解释,但在《广雅疏证》中的解释详细一些,这里只看他在《广雅疏证》中的认识。《广雅·释训》卷六"……犹豫也"条下,王念孙疏证曰:"犹豫,字或作犹与。单言之则曰犹曰豫。《楚辞·九章》:'壹心而不豫兮。'王注云:'豫,犹豫也。'《老子》云:'与兮若冬涉川,犹兮若畏四邻。'《淮南子·兵略训》云:'击其犹犹,陵其与与。'合言之则曰犹豫。"尽管后面王氏对古代注家释"犹豫"谓"犹是犬名,犬随人行,每豫在前,待人不得,又来迎候,故曰犹豫"之类的观点提出了批评,但那是因为注家望文生训。他认定"犹豫"一词"单言之则曰犹曰豫",并引古注以证之,"合言之则曰犹豫",他的观点绝不支持现代联绵字观念,亦即不支持上引《联绵字典》之"重印说明"第一自然节"联绵字一种由两个音节联缀成义而不能分割的词"的观点。信守派学人每每强调王氏批评古代注家释"犹豫"之误,殊不知他们的认识与古注之间没有彼错此对的关系,只是错误的表现形式不同而已。另外,前面第二章第二节相关脚注中也有对"犹豫"的考察分析,同样证明"犹豫"是一个联合式合成词,可参看。

---

① "饕"是"餮"的后起字。《说文》有"餮"字,释曰"贪也";无"饕"字。《广雅》亦作"餮"。

上引《联绵字典》之"重印说明"第二自然节同样似是而非。第一，分联绵字为双声词、叠韵词和无双声叠韵关系的双音词三类，其实并不能说明什么问题，因为任何一个双音词都可归入到这三类之中的某一类里去。此前被误判为"联绵字—双音单纯词"的例子都是这样归类的，并没有能够证明它们的观点。上面所举"饕餮""犹豫"二例的情况再一次证明了这一点。第二，说"联绵字的字形往往不固定"，其实任何一个双音词不计时地差别都可能有许多不同的写法①。这也是上面各章节反复说过的。所以上录第四自然节中说"由于古今文字、语音的变化，同一个联绵字往往衍化出许多不同的写法"云云，是对的。可是，在这一点上所谓"联绵字"与一般双音词乃至成语并没有本质性区别。第三，许许多多的联合式合成词都有过两个字可以上下颠倒的情况（如事物—物事、介绍—绍介、情感—感情、讲演—演讲等）。在这一点上，信守派学人说的"联绵字"与这些双音词也没有什么不同。上述问题充斥在信守派著作中，既反映了汉语言文字研究领域里的一些薄弱之处，但同时也在一定程度上反映出现代联绵字观念内容驳杂而混乱的特点。

上引《重印说明》第三自然节更是曲解荀子之言以证成见。信守派学人引用古人观点一般有两个特点：一是寻行数墨，不顾古人本意；二是将现代联绵字观念强加于古人。② 如上录《重印说明》第三自然节所引荀子"单足以喻则单，单不足以喻则兼"之言虽是信守派学人较常引用的话，但他们从没有深入考察荀子本意，只是习惯性地引来证明他们所持现代联绵字观念与古人观点一脉相承。因此，要想澄清事实，则需要多引几句。《荀子·正名》："心有征知。征知，则缘耳而知声可也，缘目而知形可也。然而征知必将待五官之当簿其类，然后可也。五官簿之而不知，心征知而不说，则人莫不谓不知。此所缘而以同异也。然后随而命之，同则同之，异则异之；**单足以喻则单，单不足以喻则兼**，单与兼无所相避则共；虽共，不为害矣。"这几句

---

① 甚至成语也不例外。《汉语大词典》中此类例子很不少，刘洁修《汉语成语源流大辞典》（开明出版社，2009年）中更多。后者甚至在一条成语的正条下面列出了几十个副条，如"守正不阿"条下列出了42个副条，"披肝沥胆"条下列出了52个副条，即使扣除部分"不标准"的副条，其副条数量仍很可观。如果照信守派的说法，这些具有许多书写形式的成语也该归入"联绵字—双音单纯词"了。不错，王国维《联绵字谱》中的确收有部分成语，但王国维的"联绵字"与信守派的"联绵字"是两个完全不同的概念。

② 公道地说，出现上述两种现象有时并不是他们有意识的，而是他们没有真正读懂其所引古人理论，由于现代联绵字观念之成见在胸而强予附会，便表现出上述形式。我们不清楚这样两种现象的具体原因，只好概言之。但我们也因此受到启发，所以本书中严格区分传统语文学与现代语言学，不厌其烦地说明信守派著作所引古人之说本来是什么意思，为什么不支持"联绵字—双音单纯词"说。

话的意思是说:心能感知事物。感知事物就是用耳朵听到声音,用眼睛看到事物的形状。然则感知事物,必须由五官应接特定事物,然后才可以实现。如果五官接触到某事物,而心中没有相应的印象,或者心里感知到了却说不出,那就是认知思维的问题了。正常情况下,所接触的事物有了相同或相异的成像,然后随着所成物象的不同而给出相应的名称,相同的物象给出相同的名称,不同的物象就命以不同的名称;单字命名可以表明某事物的就用单字名称,单字命名不能表明某事物的就用二字名称;单字名称和二字名称无须特加区别时就用通称,因为这时即使用通称也没有妨碍。其中二字名称即双音词,不是正统的信守派学人说的"联绵字—双音单纯词"。如果正确地理解了荀子之说,一定会发现荀子之说与"联绵字—双音单纯词"说扯不上关系(参看本书第八章以及沈怀兴1998),也就不会再拿荀子之说来支持现代联绵字观念了。

接下来,荀子又说:"知异实者之异名也,故使异实者莫不异名也,不可乱也;犹可同实者莫不同名也。"这就更不是信守派学人所谓联缀两个双声音节或叠韵音节可以实现的了。

随后荀子又讲到命名的原则:"名有固善。径易而不拂,谓之善。"意思是说:名称本来就有好的。直接、平易而不违反现实的名称就是好的。信守派学人所谓联缀两个双声音节或叠韵音节云云,正与这"径易而不拂"的原则背道而驰。因此如果根据荀子之说,汉语中联缀两个音节构成一个单纯词的说法很值得怀疑,甚至此前数十年的汉语词汇研究也需要认真反思一下。因为联绵字问题研究牵涉着汉语研究的方方面面,尤其牵涉着汉语词汇研究的方方面面,是汉语研究的瓶颈,更是汉语词汇研究的核心问题。

上引《联绵字典》之"重印说明"第四自然节所谓"本书收集了六朝以前所有的联绵字"云云,站在传统语文学家立场上看大致不错,因为正如前面各章节反复考察交代的那样,传统语文学家的"联绵字"这一术语基本上相当于现代语言学里的"双音词"。但是,如果站在《联绵字典·重印说明》之作者的角度看,就不是那么回事了。前面抄录了《联绵字典》子集第1~10页34个"联绵字",可见一斑,余容后叙。

综上所述,现代联绵字观念在1981年时观点已经很明确了,并且表现出以下基本特点。第一,认定"联绵字"是一种由两个音节联缀成义而不能分割的词,但所举例词与其观点不合;第二,习惯引古人话语证明自己的信仰,但寻行数墨,并不真正理解古人本意,甚至由于现代联绵字观念之成见在胸,只凭想当然,一再误解古人观点;第三,由于成见在胸,即使最靠谱儿的"联绵字"有多种写法和给"联绵字"分类之见也是以偏概全,因为任何一个双音词都可按其"联绵字"分类法归类,任何复音词不计时地之别都有多种书写形式;第四,《联绵字典·重印说明》说的不是《联绵字典》,原因在于撰文者心目中先有一个内容驳杂的现代联绵字观念,而忽视了它理应说明的《联绵字典》①。这个例子又一次反映出数十年以来信守派学人在联绵字问题研究上的基本特点②。

二、《联绵字典》以中国传统语文学家联绵字观念命名

符定一《联绵字典》问世以来六七十年间,学界对它的评价前后迥然不同。大致说来,前40多年一片赞扬声。这与本书研究内容关系不大,暂不讨论。近二三十年间少见赞扬,多见批评。虽有杨文全(2002)有些例外,但其文章只是一味唱赞歌,似与本书讨论联绵字理论问题关系不大,也可暂不讨论。上录中华书局编辑部的"重印说明"也算例外,但具体情况如上所言,至少可以说它对符定一《联绵字典》的评说还隔着一层,或者说它说的不是符定一的《联绵字典》。正因为其作者是站在现代联绵字观念角度说的,所以上文进行了必要的考察分析。除了上述两篇赞扬的文章之外,近二三十年间评论符定一《联绵字典》者,就都是批评的了。

考察批评符定一《联绵字典》的文章,可知其收词问题最为当代学者所贬斥。如张永言(1985:123)批评说:"本书所收条目除联绵词外,还包括其他双音复合词和词组。……本书明标为《联绵字典》,就名实不符了。"③并认定周法高对符定一《联绵字典》的肯定性意见为"其说不确"。又如《中国大百科全书·语言文字》(1988)"《联绵字典》"条也说:"所收以双声、叠韵词和叠音词为主,兼收一般的双音复词,如'疲劳'、'发见'、'真伪'、'神采'、'秀才'、'始终'之类,体例未免芜杂。"再如有人在《语文研究》1997年第2期发表文章批评说:"符定一的《联绵字典》更似清朝官修的《骈字类编》,以收双音节的复合词、词组为内容,确有名不副实之嫌。"著名学者蒋礼鸿先生

---

① 所以这么说,是假设《联绵字典·重印说明》的作者看过《联绵字典》说的。不过,看过《联绵字典》而作那样的《重印说明》是现代联绵字观念之成见在胸的结果,没有看过《联绵字典》而写那样的《重印说明》同样是现代联绵字观念之成见在胸的结果,在这一点上二者都是从观念出发,不问事实,所以本质上并没有什么不同。这其实也是现代联绵字观念广泛流行的根本原因。

② 或者说,这个例子只是信守派学人在研究联绵字问题中创造的大量同类例子中的一个。本研究前面各章节已经考察讨论了不少这类例子,后面有必要时还将论及,可参看。

③ 简言之,符定一《联绵字典》是一部古汉语双音词词典。这一点,只要读一下它的凡例就不会有什么疑义了。本自然节所引各家之说都忽视了这一点。他们只是从符定一不一定了解的"联绵字—双音单纯词"说出发谈论他的《联绵字典》,反映了信守派学人联绵字问题研究的一般特点。"联绵字—双音单纯词"说所以成了"定论",流传广远,与持论者这一共同特点密不可分。

《新编联绵词典序》(河南人民出版社,2001)中也说:"现代联绵词的著作有朱起凤先生的《辞通》和符定一先生的《联绵字典》两部。符先生的书里收的'联绵字'有好多是短语,如'一'部里就有'一半、一昔、一面、一朝'等条。"

批评符氏之书明标为《联绵字典》名实不符和批评其体例芜杂,意见其实是一致的,理由也基本相同。前者现代联绵字观念之成见在胸,认定联绵字是双音单纯词;既然符定一《联绵字典》中"还包括其他双音复合词和词组",甚至以"复合词、词组为内容",就不应该叫做《联绵字典》,否则就是"名实不符"。后者也先有了现代联绵字观念之成见,认为联绵字是双音单纯词,而符氏之书中兼收"疲劳""发见""真伪""神采""秀才"之类非双声非叠韵的合成词,所以说它"体例未免芜杂"。此后学者凡批评符定一《联绵字典》者意见多类此,理由亦多同此,只是措辞越来越严厉了。如有人在《中国语文》2003年第2期发表文章说:"如果把上述合成词也视作联绵词,那将重蹈符定一的覆辙。符氏在所纂辑的《联绵字典》中将大量的合成词不恰当地收录为联绵词,例如:庐舍、愚弄、感想、政事、时事、饥荒、头脑、门户。"把合成词"也视作联绵词",就是"重蹈符定一的覆辙",那符定一就是"覆"了。看来,一种错误的理论一旦被教条化了,其后果就不是一般人可以预料的了。

说符定一《联绵字典》"所收条目除联绵词外,还包括其他双音复合词和词组"或"兼收一般的双音词",无疑是承认符书以收单纯词为主,如《中国大百科全书·语言文字》就说《联绵字典》"所收以双声、叠韵词和叠音词为主,兼收一般的双音复词"。这一看法,多数批评者也是一致的,因为他们都是现代联绵字观念之成见在胸,人云亦云,谁也没有具体考察符定一《联绵字典》的内容。其实,站在现代词汇学及现代词典学角度说,符氏《联绵字典》大致是一部古汉语双音词词典。其所收双音词中97%以上是双音节合成词或词组,单纯词则不足3%,并且基本上都是拟声词。这一点,除了刘福根(1997)之外,其他批评者也许没有想到。汉语双音词中绝大多数是合成词,单纯词所占比例很小,符定一《联绵字典》的收词与这一事实是一致的。例如符定一《联绵字典》开头的一 部和丨部共收联绵字271,其中明显的单纯词和目前尚不明其结构方式者总共只有7个:丁蛭、丁宁、丁丁、中馗、丰茸、丰容、串夷,即使把它们都算作单纯词,也只占2.58%。而其中合成词或词组占97%以上。他部情况大致同此。也就是说,这个数字大致反映了符定一《联绵字典》所收"联绵字"的情况。至于《联绵字典》"所收以双声、叠韵词和叠音词为主"云云,像真有其事,但从来未见有人给出可信的证据,亦不过想当然耳。对此,读者可就近考察上面所记《联绵字典》中的两项事实——

子集第 1~10 页 34 个"联绵字"及其一部和 | 部所收 271"联绵字",亦可就《联绵字典》随机抽样调查,看是否能够得出与本节不同的结论,兹不赘言。

至此,未读前面各章节的人可能会问:既然符书所收词条绝大多数是合成词或词组,单纯词不足 3%,为什么叫《联绵字典》,而不叫"双音词典"?答曰:"双音词"是现代语言学术语。符定一编纂《联绵字典》时,中国传统语文学家还不熟悉甚至不知道"双音词"这个语言学名词,他们所熟悉的只是语文学中的"联绵字"等,并且中国传统语文学中的"联绵字"其内涵与外延大致相当于现代语言学里的"双音词",而不仅仅指单纯词。这样说来,符定一《联绵字典》就不是"名实不符"了,书中收了大量合成词或词组也不是"不恰当"了。时代在发展,认识在变化,以昔律今固然不可,而以今律昔——特别以臆说之今强行律昔——又怎么可以?符定一《联绵字典》以中国传统语文学家的联绵字观念命名,不料遭遇到现代联绵字观念的标尺,如果作者健在,恐怕也是秀才遇着兵,有理说不清吧。

三、语文学史上的"联绵字"等术语不只指单纯词

这是个需要反复强调的问题。为什么旧时"联绵字"等术语不仅仅指单纯词呢?前面第一章里已有较多的考察和证明,其他地方又有不同角度的补充,概括地说就是由有着内在联系的两个方面的事实决定的。第一,中国传统语文学家的研究很大程度上只着眼于书面上的言语,而不是从语言本体角度分析某复音词是怎样构成的,因而缺乏考察某复音词是单纯词还是合成词的动力。就像前面第一章第二节里说的那样,中国传统语文学曾被讥为"经学的附庸",就是因为传统语文学家主要为读经史而研究经史用字现象及相关的书面言语之事实。从这个角度讲,中国传统语文学家在正常情况下用不着去辨明某字串所标记的语言成分究竟是个怎样的结构。第二,中国传统语文学不像现代语言学那样严格区别语言和文字,更没有现代词汇学的知识和理念,因而中国传统语文学家没有可能涉足现代词汇学领域,去分析某字串所标记的语言成分究竟是个怎样的结构,考察其语素构成情况。

同时,我们还不能忽视这样一个事实:虽然词的语素分析是现代语言学工作者们要做的工作,但是即使现代语言学家,面对某字串所标记的语言成分,不少时候也未见得能够正确无误地说出它是个合成词呢还是个单纯词,特别"联绵字—双音单纯词"说之成见在胸者更是这样。否则,包括《现代汉语词典》在内的那么多著作误举合成词证明"联绵字—双音单纯词"说的现象就不好解释。人们没有任何根据说他们明知目前广泛流行的"联绵字—

双音单纯词"说不符合语言实际,却硬拿部分合成词做单纯词去证明它。专门研究语词结构问题的现代语言学家尚且如此,何况毫无语素分析之意识与动力的中国传统语文学家呢? 明乎此,人们无论如何也不会迷信"联绵字:旧时指双音的单纯词"之类的流行观点了,因为它充其量不过指20世纪三四十年代极少数青年学者的未经证实的臆想罢了。实际上,凡持"联绵字—双音单纯词"说者,不管语言学专著、语文词典还是"古代汉语"教材或"现代汉语"教材,我们至今没有发现有哪一篇/部所列举的"联绵字"中有正统的信守派学人说的双音单纯词①。像那部较早阐明"联绵字—双音单纯词"说而且长期被广泛使用的统编教材《古代汉语》,所举"联绵字"实际上也以合成词为多(参看第三章第三节),更遑论其他跟风之作。了解了这一事实之后,人们会发现"联绵字—双音单纯词"说的无根性,也就不会对符定一《联绵字典》的收词问题做一些不切合实际的评论了。

然而,读者可能要问:为什么所有持"联绵字—双音单纯词"说者都不可避免地要把某些合成词误判作单纯词呢? 个中原因十分复杂,甚至因人而异。但一个最根本的原因就是持"联绵字—双音单纯词"说者大多迷信源自臆说的"一种特殊的构词法",所谓双声叠韵构词法。其实,汉语史上从来就没有用来创造双声单纯词或叠韵单纯词的什么"法"(参看下文)。人们迷信那种"特殊的构词法",在学界至今还没有合适的方法辨认联绵字语素的情况下,一旦碰到不知其语素构成情况的双声词或叠韵词,不经探究或无力深究,即谓之单纯词,并谬与语文学中的"联绵字"相比附,以致其结论靠不住。

由于迷信"汉语的双音词有一种特殊的构词法"之说,部分学者发现同道或前辈学者著作中误引合成词做单纯词之例者,不是对其理论是否科学进行分析研究,而是用过渡说(或联绵字结构凝固说、联绵字语素融合说)为现代联绵字观念保驾护航,说:"古代汉语的部分双音节合成词,其结构方式到后世渐不清晰,就变成了单纯词。"为了服人,还拿同形替代法演示一番。然而,兄弟二人怎么变也变不成一个人。即使人皆辨不清他们的长相之别,误认为他们是一个人,也不能改变他们是两个人的事实。同理,由两个语素构成的合成词怎样变也变不成一个语素。词的语素合成关系是造词之初就形成了,有造词者特定的认知—表述方式在那里管着呢,不会随着后人认识

---

① 这样说并不矛盾。这话的意思是说,正统的信守派学人认定汉语里有像《汉语大词典》说的那种"由两个音节联缀而成的单纯词",但他们自己也举不出这样的例子。不管谁持"联绵字—双音单纯词"说举的例子,一旦进行考察分析,都会发现它不支持其观点,因为汉语里本来没有正统的信守派学人说的那种"联绵字—双音单纯词"。正统的信守派学人起初是先有观点后找例词,所以像《现代汉语词典》那样只换例词不改观点,是不解决问题的。趋从派接受"联绵字—双音单纯词"说之后从不知反思,所有研究都是从观念出发,所举例词只满足于表面上填个空,自然也只能举一些他们不明其语素构成情况的双音词。

的变化而变化。所以我们不要忘了一个最一般的道理：研究历史上形成的任何事物都必须坚持历史观点，研究词的语素构成只有考察造词之初的实际情况，才能得出客观公正的结论。如果企图通过同型替代法的简单操作来判断一个词的语素构成情况，势必因陷入方法决定论的泥沼而使语言科学不明不白地变成了伪科学。即使退一步说，不同的人使用同形替代法分析同一个词，也难免得出不同的结论，而使语言研究陷于混乱。这些问题，上面各章节已反复论述，后面第七章里还要举例分析，兹不赘言。

四、汉语里没有"由两个音节联缀而成的单纯词"

那么，怎样看待那些难以辨认其语素构成情况的双声词或叠韵词呢？信守派学人认为它们是用"一种特殊的构词法"创造出来的。本书前面各章节从不同角度对这种观点进行考察和讨论，发现事实不支持信守派学者的观点。现在再换个角度说，就构词法而言，除了拟声法、音译法、复合法、派生法、重叠法等人类语言共有的构词法之外①，谁能举出世界上任何一种已知的语言中又有什么"特殊的构词法"？如果说汉语例外，原因是什么？为什么只有西周至六朝千余年间的汉语例外？这样三个问题中，前两个尚未见有人提。对最后一问，持说者寻得汉语词汇双音化规律予以比附，说那是因为周代以前单音词足够语言交际使用，其实那是不知道殷商汉语中已有大量复合词，汉语早在殷商时期就展示出复音化发展倾向，他们所谓汉魏以后（甚或隋唐以后）复合词才迅速增加的观点不过想当然耳。这个问题十分重要，后面第八章《汉语词汇复音化发展问题探索》将对此进行考察讨论。

既然汉语里没有不同于其他民族语言的特殊构词法，那些被判作双音单纯词的"联绵字"就只能是用常见的构词法创造的。例如，前面各章节对大量被误判为"联绵字—双音单纯词"的考察发现，它们多数是用联合式构词法创造的，是联合式合成词（参看下文）。另一部分是由偏正式等构词法创造的合成词，余下的是由拟声法或音译法创造的单纯词。很明显，只有用拟声法和音译法创造的词才是单纯词②，但那又与正统的信守派学人说的"双声叠韵构词法"没有多少关系了。换个角度讲，由拟声法和音译法创造的词任何语言中都有，而不限于汉语，因此它们不是正统的信守派学人说的"联绵字—双音单纯词"。

---

① 有些语言中还有切音法，汉语里也有，但不是特有。
② 我本人一向把由切音法创造的双音词（如"不丁→兵"）也看作单纯词，但也有人把这类词看作合成词（参看《中国语言学大辞典·切脚词》，江西教育出版社，1991年）。

现在看联合式合成词的"联绵字"。大家知道,构成联合式合成词的两个语素一般有近义、类义或反义关系。从发生学的角度讲,它们多是从同一语源分化而来。有同源关系的语素,多有双声、叠韵或双声兼叠韵的关系。在语言使用中,人们往往为取得绵连叠复之声律美的表达效果而联用同义、近义或类义语素,从而构成双声词、叠韵词或双声兼叠韵词,《诗经》《楚辞》汉赋及骈文中这类现象大量存在,正说明了这一点。或者有时出于表意准确的需要,或出于满足标准音步双音节实施的需要,而联用近义语素构成双声词、叠韵词或双声兼叠韵词,也是很常见的现象。或者有时出于表达新概念的需要而联用类义或反义语素,从而构成双声词、叠韵词或双声兼叠韵词。由这些途径产生的"联绵字",起初合成词的身份是十分明确的。但随着岁月的迁延,两个语素本来的意思不被语言社会单用了;特别有些词的书写形式也由于音变字易等原因发生了变化,到了现代,一般人不能一下子看出其含义了,两个语素间的结构关系在一般现代人眼里不清晰了,特别在信守派学人眼里已经"囫囵一团"了,就被他们误判为"联绵字—双音单纯词"了。如联合式合成词"窈窕",在刘毓庆(2002)《"窈窕"考》发表以前的几十年里,许多信守派学人都举它为"叠韵联绵字"的例词,而且至今还有许多人表现出这种"惯性"①。再如《现代汉语词典》遵循"联绵字—双音单纯词"说解释"联绵字"所举例词被无数的著作因袭,而不知道它们无一例外都是合成词,并且其中以联合式合成词居多。至于一般著作,不管遵循现代联绵字观念解释"联绵字",还是从现代联绵字观念出发从事相关的研究,只要举例,同样未让读者看到其观点与例词相合的事实。如白平(2002:173~208)对存在于某《古代汉语》统编教材中的典型错案21个"联绵字"集中做了辨正,胡正武(2005:52~80)也做了大量类似的工作,马麦贞也曾撰文对"参差""仓促"等被人误判作双音单纯词的"联绵字"进行了分析辨正,笔者在近年发表的文章中对被公认作单纯词的一些"联绵字"亦间有考辨,同行们所考辨的"联绵字"中也以联合式合成词为多,这里就不一一举例了。

另外,由于文字通假、隐喻造词、换喻造词、语词被用了隐喻义或换喻义等情况的存在,也会让研究者一下子看不出相关双音词的语素构成情况,从而被信守派学人误判为"联绵字—双音单纯词"。上述种种现象共同告诉

---

① 这些人中,多数现代联绵字观念之成见在胸,不看相反的意见。但是也有些人不是不看相反的意见,只是惑于语素融合说等理论而"随大流"了。他们在不同程度上表现出习惯势力的强大和可怕。没有靠得住的语言基础的现代联绵字观念一边倒,久已广泛流行开来,其原因于此可见一斑。

我们,信守派学人的"联绵字"研究只是从观念出发,并且大致还停留在感性认识阶段。

五、余论

还有一些相关问题,前面讨论过的需要再强调一下,没有涉及的需要简单交代一下。

1."联绵字"之所指,中国传统语文学的理解和现代信守派学人的理解截然不同。传统语文学史上没有人给它下过定义,现代信守派学人给它下了定义,释作"双音的单纯词",但那是特定历史条件下的虚构,缺乏可靠的语言事实。历史上辑录联绵字的书所收词均以合成词为主。从宋张有的《复古编·联绵字》到近人王国维的《联绵字谱》,无不如此。信守派学者不了解这一事实,而成见在胸,对符定一《联绵字典》横加指责,那是不公正的。至于明确站在现代联绵字观念的立场上对符定一《联绵字典》大加赞赏者(如《联绵字典·重印说明》),由于其所言未曾沾边,亦不足信。

2."联绵字"在现行各语文词典、语言学词典、百科辞典里的解释差别较大,台湾地区出版的《大辞典》的解释和中国大陆各类词典的解释差别更大。这实际上从一个侧面透露出两地主流派学者对联绵字研究的不同及认识的分歧。

3."联绵字—双音单纯词"说只流行于中国大陆,台湾地区认可它的只是近十多年以来的部分青年学者(详见沈怀兴 2011)。这一分歧折射出汉语研究的多个方面的问题,颇具典型意义,值得各地同道关注。

4."联绵字"及相关名词的产生,说明数百年前传统语文学家就十分重视词义的整体性,并且这一思想观点世代相传,是中国传统语文学史上最值得称道的亮点。符定一《联绵字典》的问世,增强了这一"亮点"的亮度,这是任何一个尊重历史的现代人不能不承认的事实。

参考文献

白　平　2002　《汉语史研究新论》,太原:书海出版社。
胡正武　2005　《训诂阐微集》,北京:中国社会科学出版社。
刘福根　1997　《历代联绵字研究述评》,《语文研究》第 2 期。
沈怀兴　1998　《汉语偏正式构词探微》,《中国语文》第 3 期。
──　　 2002　《〈蝴蝶〉考》献疑》,《中国语文》第 2 期。
──　　 2004　《试析词目"联绵字"的不同解释》,《语文建设通讯》总第 78 期。
──　　 2007　《"联绵字"与语文学史上的相关名词》,《古汉语研究》第 3 期。
──　　 2011　《现代联绵字观念对台湾学者的影响》,《汉字文化》第 6 期。

严学宭　1979　《论汉语同族词内部曲折的变换模式》,《中国语文》第 2 期。
杨文全　2002　《中国现代辞书的奇葩——〈联绵字典〉平义》,《乐山师范学院学报》第 1 期。
张永言　1985　《训诂学简论》,武汉:华中理工学院出版社。
——　　1981　《关于词的"内部形式"》,《语言研究》创刊号。
周　荐　2003　《论词的构成、结构和地位》,《中国语文》第 2 期。

第七章　联绵字语素辨认方法

前面各章节多次说过,汉语复音词的语素判断问题是个至今尚未完全解决的难题。这正是"联绵字—双音单纯词"说广泛流行的重要原因之一。信守派学人先后运用朴素分析法、同型替代法、词义对照法来判断联绵字语素,但是使用这些方法判断联绵字语素产生一个共同的现象:对同一个联绵字进行语素判断,不同的人常有不同的结论。本章第一节考察用朴素分析法、同型替代法、词义对照法判断联绵字语素的问题,发现这些方法在实践中都行不通。所以行不通,主要原因在于用后世共时的眼光看后世不容易看到的语言历史之事实;同时也与施法者语文功底不同有一定的关系。为了解决这个难题,本章第二节提出用历史考证法判断联绵字语素的观点,算是为解决汉语复音词语素判断问题提供了一种参考意见,同时也为弄清现代联绵字观念的实质提供了一种思路。

所以建议用历史考证法判断联绵字语素,是因为任何一个复音词都是历史上形成的。一个复音词在创造过程中凝结了造词者的特定认识,这种认识表现为造词理据,随着词的产生谁也不能改变了。如果什么时候改变了,就可能变成了另一个词,至少词义发生了变化。因此,判断联绵字语素必须追源溯流,采用历史考证法。否则,就很难避免乱贴标签的现象发生。另外,一个联绵字在长期使用过程中,往往通过隐喻或换喻的手法改变词义,依据其新的词义往往不容易判断其内部结构方式了,而这时其原有的内部结构方式并没有改变,所以也需要运用历史考证法把它原有的结构方式弄清楚,找到源头,从源溯流,才可能弄清其历史发展变化的情况。特别那些书面上的联绵字,时移地易,读音变了,被易字记之,或者读音未变而用了通假字,这些历史上发生的事件也影响了现在从事语言本体研究者对联绵字语素的正确判断,所以也需要采用历史考证法判断联绵字语素来解决这一难题。采用历史考证法判断联绵字语素是一种追源察流的方法,是一种剥茧抽丝的方法,是一种将中国传统语文学研究与现代语言学研究融会贯通的方法①。只是要使用这一方法者首先需要树立科学的历史观,坚持历史主义,同时还要具有较为全面的知识储备。所以强调树立科学的历史观,是因为信守派学人中相当一部分追随者没有考察"联绵字—双音单纯词"说的产生与流行情况,没有看清其实质,迷信现代联绵字观念,盲目"从众",看到现有著作中误举复合词证明"联绵字—双音单纯词"说的现象不敢进行辨正,每每以"结构凝固了""语素融合了"之类似是而非的说法附会"联绵字—双音单纯词"说(参看第五章第三节),同时还冠以"历史发展的观点",而一个没有成见的研究者会发现这种以主观认识代替客观事实的做法与一般人说的"历史发展的观点"是不相容的。

在本章第二节里,还考察了《汉语大词典》解释"联绵字"所举的例词,发现它追随现代联绵字观念解释"联绵字"却未举出一个恰当的例词。这一典型事例表明现代联绵字观念值得全面反思。前面反复提到,《汉语大词典》解释"联绵字"是加工了《现代汉语词典》的观点,抄袭了《现代汉语词典》的例词。而今考察发现它抄来的例词无一与观点相合,说明两部权威词典所代表的学术群体在一起证明"联绵字—双音单纯词"说的无根性。或者说,它所代表的学术群体的"加盟"及其彻底失败充分表现出"联绵字—双音单纯词"说无法证实的一面,尽管这是两部权威词典不愿意看到的事实。

第一节　现行联绵字语素判断方法的局限性

考察结果表明,20世纪30年代始有人朦朦胧胧地用"联绵字"指双音

---

① 仅就从事联绵字语素判断而言,采用历史考证法不仅可以避免信守派著作在联绵字问题研究中所犯的某些错误,而且可以正确地理解方以智的"诞语者,双声相转而语诞逡也"、王念孙的连语"不可分训"、段玉裁"绵联字不可分释"以及王国维的"联绵字,合二字而成一语,其实犹一字也"等理论精华,促使现代语言学研究由务虚向务实转变。如果这种精神能够进一步发扬光大,从事语言本体研究而能够坚持历史观点,现代语言学研究的科学性必可不断提高。至此,不妨再多说几句。从事现代语言学研究如果能够借鉴传统语文学的研究方法,比如研究古代文献语料而懂点目录、版本、校勘的方法,基础工作就会做得扎实一些;了解古人因声求义的方法,注意文字通假问题,就不会望文生训;弄清楚传统语文学的术语及重要观点,就会正确地使用古人已有的研究成果。同时,研究古汉语如果能够既不迷信现代语言学,更好地发扬传统语文学的求实精神,完善其研究方法,又能有选择地借鉴现代语言学的某些理论方法,至少可以提高其研究的系统性,甚至可以较好地揭示汉语言文字发展变化的规律。只有实现传统语文学与现代语言学的融通,才可进一步促进汉语语言学的健康发展,促进语言学更好地实现为社会发展服务的目标。上面的认识可能会有人反对,"语言文字学在清代还只是经学的附庸"(见《现代汉语词典》第5版第427页右栏下,2005年)很能反映部分人对传统语文学的鄙夷态度,所以要实现中国传统语文学与现代语言学的融通还有许多工作要做。其间有个如何端正态度,坚持语言文字学研究为社会发展服务的宗旨,加强学术研究,逐渐达成共识的过程。在未经历这一过程之前,上面的话有人反对是正常现象。

单纯词,萌发了"联绵字—双音单纯词"说的意识(参看第三章第一节)。这里面有现代语言学在当时还处在初级阶段的原因。此时,他们的著作里没有像《现代汉语词典》解释"联绵字"那样明确的观点,没有明确提出"联绵字—双音单纯词"说,只是字里行间表现出那么一种倾向。另一方面,那时现代语言学知识还不够普及,学者的语素意识还不很自觉与清晰,因此说到底,即使说朦朦胧胧有了现代联绵字观念的意识,也只是就今天从其表述中分析出来的。直到 40 年代,才有人把这种意识上升到理论,吕叔湘先生(1942)的论述在此期间起了关键性作用。50 年代后用"联绵字"指双音单纯词者渐多,以王力先生《汉语史稿》(1958)和《现代汉语词典》(1960)[①]最具代表性。70 年代后期以来现代联绵字观念日渐流行。然而持此说者所有例词都是作者不明其内部结构方式的双音词,都不能证明其观点[②],可知"联绵字—双音单纯词"说不符合汉语实际。

时至今天,信守派学人的"联绵字"仍没有个可信的标志。什么"由两个音节联缀而成的单纯词"之类,也仅仅是理论上的。一个不争的事实是,同一个双音词,信守派学人如果不明其语素构成情况,就判它为"联绵字—双音单纯词"。因此,目前判断同一个联绵字之语素,不同的人常有不同的结论。如"窈窕",信守派著作中多举它做叠韵联绵字例词,那么它就是单纯词,而白平(2002:180~181)、刘毓庆(2002)都考见它是联合式合成词。又如"蝴蝶",研究者多举它做非双声非叠韵的联绵字例词,认定它是单纯词,似乎已成"定论",但是笔者(1993)早已考见它是偏正式合成词,后来,刘萍(1999)、严修鸿(2002)等也都认为它是偏正式合成词。近 10 多年以来,笔者研究联绵字理论问题,能够找到的信守派著作都找来读了,也没有发现他们哪篇文章或哪部专著中有那个例词是由汉语的"一种特殊的构词法"构成的,没有发现有哪个例证能够证明"联绵字—双音单纯词"说。前面不少章节也有这方面的考察,不再举例。然则现行"联绵字—双音单纯词"说找不到可靠的例证,却能引人追随,原因固然很多,但其中一个不可忽视的原因是用朴素分析法、同型替代法、词义对照法判断语素对读者起到了一定的迷惑作用。下面逐一考察讨论这些方法,看看问题到底出在哪里。

[①] 《现代汉语词典》1960 年出试印本,1965 年出试用本,似乎不宜将《现代汉语词典》遵循现代联绵字观念解释"联绵字"的时间追溯到 20 世纪 60 年代。但是,其后各版解释"联绵字"继承了试印本、试用本的观点,这就需要把《现代汉语词典》宣传现代联绵字观念的时间追溯到 20 世纪 60 年代。

[②] 至少从顶级学者,如吕叔湘(1942)、王力(1958)等所举例词以及权威词典《现代汉语词典》《汉语大词典》中所举例词的情况看是这样。另外,其他信守派著作中的"联绵字"例词也未见正统的信守派学人说的"联绵字—双音单纯词"。

一、用朴素分析法判断联绵字语素答案分歧严重

照一般的说法,分析是人脑的思维方式,也是人的一种思维能力。分析法是人类通过分析思维把事物分成各个部分并进行具体考察的方法。但是,不同的人受教育程度及社会阅历不同,分析思维能力则不同。占有的材料不同,分析的结果也可能不很一致。因此,能不能有效地把事物分成几个部分,进行科学的考察,了解各部分之间的关系,常因人而异。较早的时候,持现代联绵字观念分析联绵字语素,只凭感觉对联绵字做现代共时的分析,亦即通过内省的方式来分析,不见其分析过程,结论突兀,即所谓"朴素分析法"。用朴素分析法判断联绵字语素始于 20 世纪 40 年代。如那时有人在一本书里说:"所说单纯性的复音缀词,也就是前人所说的'联绵字'。这类词从前人给他下的定义是'合二字而成一语,其实犹一字也',照我们现在的说法就是'合两个音缀(写成两个字)成一个词,具有单一的意义'。所谓单一的意义,就是不能再分析。"到 20 世纪 50 年代后期又有人说:"古人把纯粹的双音词(不能再分析为两个词素者)叫做联绵字。"这两段话中的"不能再分析"都没说何以见得不能再分析,也没说是哪些人不能再分析[①];两位作者所举的例词在今天看来除了误举的极少数拟声词或音译词以外都不是"不能再分析为两个词素者"(详见第三章第二、三节)。所以致此,原因之一是当初为了驳斥"汉语单音节幼稚落后论"而提出"联绵字—双音节单纯词"说时,采用朴素分析法来判定联绵字语素是可以理解的,甚至可以说有其必然性[②]。如果当初不是用朴素分析法,而是用历史考证法,就只能举双音节拟声词、叹词、音译词或切脚语为例,而拟声词、叹词和音译词各民族语言里都有,切脚语也不是汉语所独有,举它们为例就不能反对"汉语单音节幼稚落后论"了。这也是我们在考察"联绵字—双音单纯词"说之形成时非不得已不言及前贤名讳的原因之一。

但是,语言学毕竟是一门科学,中国传统语文学的研究更是曾以严谨、

[①] 后者虽然说"古人把纯粹的双音词(不能再分析为两个词素者)叫做联绵字",但任何一个古人著作中都找不到"纯粹的双音词(不能再分析为两个词素者)"这样的概念。换个角度说,所有传统语文学家笔下的"联绵字"无一是"纯粹的双音词(不能再分析为两个词素者)"。但是,从"联绵字—双音单纯词"说产生之初,信守派先行者就习惯这么说,后来蔚然成风(前面各章节多有考察讨论,可参看),三人成虎,没有靠得住的语言基础的现代联绵字观念就这么流行开了。

[②] 那时现代语言学刚引进不久,学者们对语素理论还很模糊,所以提不出更好的方法。他们"不能再分析"的理论依据主要是王念孙的"不可分训",所以他们从一开始就混淆了词的结构特点与词义整体性特点的区别,用词义的整体性证明联绵字的单语素性,且传习至今,这便透露出他们联绵字研究的理论缺憾。

有用著称世界两千余年。只是近110年以来才渐与国际"接轨"了。如果说"联绵字—双音单纯词"说当初提出时需要用朴素分析法判断联绵字语素①,不可避免地要出些问题,时过境迁,后来研究联绵字的学者就不该出现这类问题了。然而,起初混乱的情况并未改变。对于这种混乱状况,吕叔湘先生曾经指出:"辨认语素跟读没读过古书有关系。读过点古书的人在大小问题上倾向于小,在异同问题上倾向于同。"(1979;1984:490)吕先生此言,无疑是就那些内部结构较为难辨的复音词亦即传统语文学著作中讲的某些联绵字的情况说的。因为如果是一般复音词,其语素构成情况一望而知,研究者意见一致,吕先生就不会这么说了。当然,如果复音词语素判断问题已经解决,吕先生更不会说这番话。但是,任何复音词的语素构成都是客观的,不会因为研究者认识不同而有所改变,更不会因为研究者古书读的多或少发生相应的变化。研究者在联绵字语素判断问题上意见分歧,在表明联绵字语素判断工作专业性强、难度大的同时,也从一个侧面透露了联绵字语素判断方法有待深入研究的信息。面对这种状况,赵元任先生说:辨识语素"比较可取的办法是采用读书识字的人的最大限度的分析"。(1979:79)因为,"采用语文修养较高的人最大限度的分析比较容易取得一致的结果",否则便"答案大有分歧"。(1979:94)赵先生此言,也是在看到判断部分复音词语素而"答案大有分歧"的情况下说的。他的认识比吕先生进步多了。吕先生只介绍辨认语素而令人为难的现象,表现出明显的无奈情绪,而没有给出解决问题的方法。赵先生在试图给出解决的方法。他认为判定复音词语素要取得一致的结果,应当"采用语文修养较高的人最大限度的分析"的办法,可以说是对朴素分析法的改良,甚至已经含有历史考证法的成分。但是,由于没有能够彻底冲出共时研究的藩篱而失之交臂。而研究历史悠久的联绵字之语素构成情况采用现代之共时分析的方法,不管怎样改良,终不能治本,因而赵先生语出数十年,而联绵字语素判断仍然"答案大有分歧"。

总之,采用朴素分析法判定联绵字语素,具体研究中不可避免地要注入主观因素。然而,词的构成是历史上的事情,是造词者认识的反映,是无法改变的一种客观存在。改变之后往往成为另一个词,就需要按另一个词的

---

① 同时,受学术视野与理论水平的限制,当时还提不出更科学的方法。即使到了20世纪70年代末,仍不能提出有效解决问题的方法,所以才有下面摘引的吕叔湘先生无可奈何的话。不过,从另一个角度看,吕先生直到1979年还没有解决复音词语素判断的好方法,却早在《中国文法要略》(1942)中已经开始证明"联绵字—双音单纯词"说,并明确提出联绵字是不能再分析的"单纯性的复音缀词"的观点。这一事实由一位顶级学者表现出来,无疑值得联绵字问题研究者思考。

情况来处理。因此它要求研究者尊重历史,判定联绵字的语素构成就是要还历史以本来面貌,而不允许研究者跟着感觉走,让自己的主观认识代替客观事实,却美其名曰"共时研究"。否则,不同的人判断同一联绵字之语素,则难免"答案大有分歧"。

二、用同型替代法判断联绵字语素抹杀历史而陷入方法决定论

同型替代法也叫"同形替换法""同形替代法""同位替代法"。现多简称"替代法"或"替换法"。本是70年前美国结构主义语言学家哈里斯(Z. Harris)所创(一说是陆志韦1938年提出的),是只服务于对语言进行共时分析的方法。由于它抹杀历史,故遭人诟病,甚至被讥为"有闲人的智力游戏"。同型替代法曾经主要被人类学家用来调查美洲印第安语或其他某些濒危语言。60年前(1951)引进到汉语研究,用来区别词和非词,由于实践上行不通,曾引起争议。大家知道,印第安诸语言多无文字记载,调查者开始只能记录土著人口语,并对所记录的内容进行分析描述;分析过程中必须区别词与非词,于是就采用了同型替代法。又由于没有历史文献查证核实,所以仅仅初步实现了对所调查语言的粗浅认识。汉语则不同。汉语社会有大量文献供研究者核实验证,汉语研究者因此也就有了进行共时研究与历时研究相结合、努力实现语言研究的客观性与科学性的有利条件。因此,区别词与非词时,如果也只是机械地套用替代法,那便真的将语言研究庸俗化了,至少是过分简单化了。所以用替代法区别词与非词的引进者陆志韦于1955年否定了这种做法。陆先生这种对语言科学认真负责的精神令人钦佩!但是,随后替代法又被人用来判定复音词语素,并且越向后越普遍。所以致此,主要原因是不清楚语言是什么,不清楚语言、人、人的生活世界三者之间的关系(参看第八章各节论述),而被共时语言学的理论方法障蔽了眼睛和束缚了手脚,次要原因则是人们清楚地看到采用朴素分析法判断复音词语素容易见仁见智,无法得出一致的结论。从这个角度说,用替代法判断复音词语素,就是对朴素分析法的否定。但是,由于上述主要原因的存在,用替代法判断复音词语素,一个明显的缺憾是抹杀历史而容易陷入方法决定论,具体实施中也无法得出一致的结论,而且容易导致复音词语素判断庸俗化。也许就是因为这个缘故吧,用同型替代法判断复音词语素一直不被高水平学者认可。如一度争论热烈的同型替代法,吕叔湘先生不会不知道,但吕先生直到1979年还在《汉语语法分析问题》中为没有好方法进行复音词语素辨认感到无奈。如果吕先生认可用同型替代法判断复音词语素,大概说不出上面引录的那段话的。并且,我们在其他高水平学者如孙常叙、朱

德熙等人著作中也没有发现他们有认可用同型替代法判断复音词语素的表述。古汉语研究的著作里一般也没有提倡同型替代法的表述。用同型替代法辨认复音词语素主要限于影响不太大的一些著作。

但是,近20多年以来情况有些变化。一个较为突出的现象是,提倡用同型替代法判断复音词语素的著作越来越多,连各家"现代汉语"教材也多采用同型替代法判定复音词语素。这说明此法已经普及,亟须加强研究。应该说,用替代法判定一般复音词语素,如应该、替代、判定、一般、复音词、语素等,当然没有问题。但是,能用替代法替代的肯定是合成词,不能证明不能用替代法替代的就一定不是合成词。这看上去是个不言而喻的事实,但却被多数研究者给忽视了。例如高等教育出版社2007年出版的一部统编教材《现代汉语》增订四版第217页写道:

> 确定语素可以采用替代法,用已知语素替代有待确定是不是语素的语言单位……须注意的是两种替代缺一不可。例如"蝴蝶"中的"蝴",虽然可以为其他语素所替代,如"粉蝶、彩蝶"等,"蝶"却不能为别的已知语素所替代,即"蝴~"不能换填其他语素。因此"蝴蝶"只是一个语素。

该教材是把"蝴蝶"作为非双声非叠韵联绵字例子举出的。该教材1991年增订一版、1997年增订二版、2002年增订三版同此。这样一来所造成的直接后果就是结论与事实不符,误导读者(沈怀兴1993、刘萍1999、严修鸿2002)。

其他"现代汉语"教材也都这么讲,并且大多举"蝴蝶"为例。如一部"'十五'规划教材"《新编现代汉语》第149~150页讲用替代法判定复音词语素问题也举"蝴蝶"为例,并作注说:"'蝴'在古代汉语中曾经是有音有义的语素,我们暂时不考虑古汉语的情况。"又说:"有两种观点,一种认为'蝶'在'蝴蝶'这个词中不是语素,而在'彩蝶'中才是语素;另一种观点认为'蝶'在'蝴蝶'中也是语素,'蝴蝶'是由黏着语素'蝶'和音节'蝴'构成的自由语素。""现代汉语"教材中这类代表性意见给人很多启示。第一,使用替代法判定复音词语素,归根结底离不开施法人的语文知识及语感。然而,人的语文知识及语感很不相同,其判断结果不会一致。第二,同样用替代法判定联绵字语素的人,在像对"蝴蝶"之类词的处理上意见分歧,且两种观点均属臆断,同样证明用替代法判定联绵字语素行不通。第三,替代法乃是一种不负责任的障眼法,用于判定联绵字语素,难免歪曲语言事实。因为任何一个联绵字都有着悠久的历史,由于本书前面多次说过的种种原因,许多本可替代的语素在一般语文水平的人那里已经无法用替代法判断了;勉强行之,势必会把某些合成词误判为单纯词。第四,用替代法判定联绵字语素,混淆了语言符号和书写符号的区别。因此,一个双音节合成词如果在古代被用了通假字标记之,并且通行开来,研究者未做考察,望文生训,这个词就有可能被误判为单纯词。这样的例子太多了。如《现代汉语词典》解释"联绵字"所举的例词"伶俐",本写作"靈利",宋代以后"靈利"与"伶俐"并行。人们用替代法判断"靈利",谁也不会得出单纯词的结论,而用替代法判定"伶俐",却只能得出单纯词的结论。第五,当前用替代法判定联绵字语素者已经陷入方法决定论的泥沼,不惜削足适履是其证。如上举教材虽知"蝴"在古汉语中是个语素,但要施行替代法,只好说"我们暂时不考虑古汉语的情况"。然而,"蝴蝶"不是孤立的现象,那些像"蝴蝶"者认作单纯词,不像"蝴蝶"者不认作单纯词,那些接近"蝴蝶"的该怎么办?并且,"像"和"接近"或"不像"的标准分别是什么?会不会因人而异?这些问题不解决,用替代法判定联绵字语素就会见仁见智。第六,用替代法判定"蝴蝶"之类联绵字的语素,结论必然是错的(沈怀兴1993、刘萍1999、严修鸿2002)。如果把"蝴蝶"还原为"胡蝶",情况可能会好一些,但用替代法判定联绵字语素一般不做还原工作。"蝴蝶""伶俐"之类遭替代法而被误判的例子太多了,上面各章节考辨的被判为"联绵字—双音单纯词"的双音词可以间接说明这一问题,这里就没有繁例详析的必要了。这样说来,当前作为常识写进教材的替代法其实是不能用来判定联绵字语素的,因为它为共时论所障蔽,抹杀了历史,是在贻误学生的同时,也为汉语研究埋下了隐患。诚可谓与无知相比,虚假的知识更具危险性。

三、词义对照法混淆了复合词词义整体性与单纯词语素单一性的区别

词义对照法是近年创造和使用的一种复音词语素判断法。主张拿复音词各成分之含义与该复音词词义对照一下,看其能否体现词义,能够体现词义者是合成词,否则是单纯词。这话如果是在明确承认坚持历史观点、采用历史考证法辨认复音词语素的前提下说的,无疑是正确的。但遗憾的是倡言用词义对照法判断复音词语素者所理解的历史观点非同于一般。他们一般认为,本为合成词的联绵字,每个语素的意义都不能体现这个联绵字的词义了,这个联绵字就变成单纯词了。在现代联绵字观念盛行的今天,这样做的结果只能是让事实服从研究者认识。研究者如果是从"联绵字—双音单纯词"说出发,采用词义对照法判断复音词语素就只能是附会现代联绵字观

念,因而对汉语复音词研究不会有什么积极意义。如有人说:"如果复音词的语素义能够直接体现词义,语素义与词义具有'表层'的联系,应视为合成词;如果语素义不能够直接体现词义,构成的语素已经融合成一个整体,语素义与词义仅仅有'深层(或语源)'上的联系,如那些字面意义隐没的所谓'联绵词(字)',应视为单纯词。"①这里,持论者以语素融合说为基础立论,却不知道语素融合说自身不成立(沈怀兴 2008)。所以这么一来,问题看似解决了,实则被掩盖了;一旦遇到肯较真儿的人,则难免处境尴尬。如有人问:试将词义对照法用于同一个复音词的语素判断,由于语文水平与分析能力不同,很可能会出现这样的情况:甲说其"语素义能够直接体现词义",就把这个复音词归入合成词;乙说其"语素义不能够直接体现词义"了,就把它归入单纯词,这可怎么办呢?然则谁又有什么办法能让具有不同语文水平和分析能力的人将词义对照法用于同一联绵字语素的判断而得出一致的结论呢?不能的话,能不能走"吾辈数人定则定矣"的老路?这个问题实际上是从另一个侧面反映出"联绵字—双音单纯词"说无法"补漏"的特点。信守派学人总想给它补漏,却不料补漏不成,连自己也陷进去而无力自拔了。

用朴素分析法与同型替代法判断联绵字语素的感性化倾向促进研究者发明词义对照法。具体点说,发明者看到用朴素分析法或同型替代法判断联绵字语素的著作里例词总是与其观点相左,认识到朴素分析法与同型替代法的不足,却又发现现代联绵字观念久已取得了绝对的统治地位,似乎只能附和"联绵字—双音单纯词"说了,便发明了词义对照法。这样的学者很不少。如 2005 年问世的一部研究古汉语词汇的著作,能够大致遵循历史观点考察复音词的构成,只要再朝前走一步,上升为理论,提出新的语素判断法,问题就有望得到解决了。可惜它没有坚持到底。该书第 55 页中说:"对联绵字的研究,必须以现代语言学的科学观点为依据。"这便功亏一篑了。试问:现代语言学的观点就一定科学吗?说它科学的依据是什么?如果作者弄清了那"现代语言学的科学观点"的来历与本质,或许就不这么说了②。又如《实用古汉语知识宝典》之"联绵词不可分训说"条下说:"从现代词汇学的观点看,这一类词本不应该置于联绵词之中,因此后代学者把'联绵词上下同义,不可分训'(按:这话是改造了王念孙的"凡连语之字,皆上下同义,不可分训"。见王念孙《读书杂志·〈汉书〉第十六·连语》)的说法加以改

---

① 详见《中国语文》2007 年第 3 期第 268 页。
② 这是本书考察讨论的中心问题。前面第三章各节及其附录、第四章各节及其附录以及第五章各节都从不同角度考察分析了这一问题。

变,形成了更加科学的理论。"明明是拿古人解决部分双音词理解问题的训诂学理论比附今人从事语言本体研究的误解,却说成"更加科学的理论",同样是思想被扭曲了(详见第五章第二节)。所以至此,理论上不过硬,而过分迷信"现代语言学的科学观点"无疑是其重要原因之一。这也是信守派中绝大多数都是跟风者的重要原因。另外,促使学者采用词义对照法判定联绵字语素还有其他一些原因。如有些研究现代汉语的人,由于在学生时代不可避免地被种上了现代联绵字观念,从此对它坚信不疑,看到有的著作用词义对照法判定联绵字语素,误以为它体现了"历史发展的观点",于是放弃同型替代法,而采用词义对照法。同时,盛传几十年的"汉语的双音词有一种特殊的构词法"之说也促使人们积极为它寻找论据,那些在他们看来各音节都不能体现其词义的双音词被举出作证,就是受了词义对照法的左右。

然而,只要人们不是十分迷信现代联绵字观念,就会清楚地看到词义对照法和朴素分析法、同型替代法一样行不通,因为"复音词的语素义能够直接体现词义"者当然是合成词,但不能直接体现词义者未必是单纯词。如教育部2007年8月16日发布《中国语言生活绿皮书》,其中断背、饭替、职粉等新词,很难通过词义对照法的检验,能不能把它们归入单纯词呢?新词尚且不能用词义对照法判定其是否单纯词,已有两三千年历史的联绵字又怎么使得?又如,不知什么时候悄然流传的"蓝颜",当前流行文学作品中多用,指已婚女子的异性知友。这"蓝颜"一词肯定不是一个语素构成的,但用词义对照法一对照,它却只能被归入单纯词。看来,词义对照法的实施是以混淆复合词词义的整体性与单纯词语素构成的单一性之别为前提的。要解决这个问题,必须首先承认词义的整体性与语素构成的非单一性是合成词两个相辅相成缺一不可的基本特点。承认了这一事实,对正确认识朴素分析法和同型替代法所存在的问题同样具有重要意义。

词义对照法的又一缺憾是模糊了多变的词义与不变或少变的语词结构的界限,且架空了后者。一般说来,对那些保持着本义本字的复音词进行结构分析、语素判断,研究者大多不会出错。但如果某复合词的词义变化了,甚至其隐喻义或换喻义行而本义废了,更有甚者连字形也变得超出了研究者的辨认能力,在这些情况下,让他使用词义对照法判断双音词语素,研究语词的结构关系,他就只能判它为"联绵字—双音单纯词"。所以至此,原因是多方面的,但最主要的原因是他使用词义对照法而忽视了上述变数。

鉴于上述事实,笔者的一个研究生曾对词义对照法提出疑义,认为用词义对照法判定联绵字语素,还不如用同型替代法或朴素分析法。因为用这两种方法虽然得不出正确的结论,但错误是明摆着的,不糊弄人;词义对照法就不同了,它看似兼顾了古今汉语,给人以可信的印象,而人们一旦走上这条路,却绕来绕去成不了"正果"。其实,词义对照法所以给人这种印象,根本原因就在于用词义对照法判定联绵字语素同样是凭对照人的语文知识和感觉,没有可操作性。但"联绵字—双音单纯词"说久已盛行,朴素分析法与同型替代法都有明显的问题,该怎么办呢?所以词义对照法是在已有的复音词语素判断方法行不通而又不能挣脱现代联绵字观念束缚的情况下产生的。

综上所述,此前学界采用朴素分析法、同型替代法、词义对照法判断联绵字语素,实际上都行不通。所以致此,其深层的原因是蔽于共时论。这三种语素判断方法的实施,不可避免地加重了联绵字研究的混乱。那么,用什么方法判定联绵字语素好一些呢?这个问题留到下一节里讨论解决。

参考文献

白　平　2002　《汉语史研究新论》,太原:书海出版社。
刘　萍　1999　《"蝴蝶"考》,《中国语文》第6期。
刘毓庆　2002　《"窈窕"考》,《中国语文》第2期。
吕叔湘　1942/1982　《中国文法要略》,北京:商务印书馆。
——　1979　《汉语语法分析问题》,载吕叔湘《汉语语法论文集》,北京:商务印书馆,1984。
沈怀兴　1993　《试论研究现代汉语也需要历史观点——从"蝴蝶"、"凤凰"二词的结构说起》,《河南师范大学学报》(哲社版)第1期。
——　2008　《"联绵字语素融合"说疑义》,《汉字文化》第1期。
——　2008　《"联绵词不可分训说"辨疑》,《汉字文化》第5期。
——　2007　《现代联绵字观念的来历》,《中国语研究》第49期。
——　2007　《中国现代语言学早期的联绵字观念》,《语文建设通讯》总第88期。
王　力　1958　《汉语史稿》,北京:科学出版社。
严修鸿　2002　《也谈"蝴蝶"命名的理据》,《中国语文》第2期。
赵克勤　2005　《古代汉语词汇学》,北京:商务印书馆。
赵元任　1979　《汉语口语语法》,北京:商务印书馆。

第二节　试用历史考证法判断联绵字语素

我们经常看到,判断同一联绵字语素,不同的人常有不同的结论。所以至此,原因之一是联绵字语素判断一直没有可行的方法。上一节考察发现,此前常用的几种语素判断法所以行不通,深层的原因是蔽于共时论,是不知道古代联绵字创造者落实在联绵字结构上的特定认识不会随着现代信守派学人不同的认识而发生变化,不知道他们判断联绵字语素而蔽于共时论则无法不落主观唯心主义之陷阱。那么,要正确地判断联绵字语素,就必须采用历史考证法,让客观事实说了算。

一、用历史考证法判断联绵字语素的根据

所谓历史考证法,就是用历史观点考察事物发生或发展变化,并借以了解其性质特点的方法。用历史考证法判定联绵字语素,就是要通过深入考察,尽可能地弄清其造词之初的情况,把握其造词理据,凭着历史事实做出客观公正的判断。这是因为,语言中一般词的产生,都是造词者对具体事物认识与称说的结果。造词者对某事物有所认识,抽象化之后反映到语言中便形成了词义;对特定事物之自身特点的认识或对该事物与他事物某种联系的认识就是特定的造词理据,反映到构词上,就使这个新词有了自己的结构特点。如长期被作为"非双声非叠韵联绵字—双音单纯词"词例争相引用的"蝴蝶",根据已有的研究,盖由模拟蝴蝶飞起来扇动翅膀的声音而谓之"蝶"[1],又因"蝶美于须",而"俗谓须为胡",故谓之胡蝶。宋代之后或写作"胡蝶",或写作"蝴蝶",今以"蝴蝶"为正体。毫无疑问,"蝴蝶"是偏正式合成词[2]。然则词的内部结构方式是其造词理据决定的,造词理据是造词者特定的认识决定的。联绵字都是古人创造的,古人早已去世,留在复合词的结构关系里的特定认识永远不会再改变了,所以早在造词之初就确定了的词的结构方式一般不会再改变了。明乎此,则不会相信什么语素融合说,就像不会相信春秋管鲍、战国羊左分别"融合"成一个人一样,更不会拿语素融合说支持"联绵字—双音单纯词"说了。明乎此,也不会拿语文学家的"联绵字/连语不可分训说"支持"联绵字—双音单纯词"说了,因为语文学史上的联绵字/连语不可分训说只是在强调词义的整体性。从现代词汇学角度说,任何一个合成词都有词义的整体性,词义的整体性与语素构成的非单一性正是合成词这张纸的两个面儿,所以一般情况下拿传统语文学家的联绵字/连语不可分训说证明"联绵字—双音单纯词"说只能是南辕北辙。明乎此,不难明白采用朴素分析法、同形替代法、词义对照法判断联绵字语素为什么得不出正确的结论,而只有采用历史考证法判断联绵字语素才是唯一

---

[1] 也有人认为"蝶形似叶,故谓之葉(蝶)"。那就是由借喻造词而来的。但不影响本书观点,暂不予辨。

[2] 详见沈怀兴(1993、2002)、严修鸿(2002)。另外,刘萍《"蝴蝶"考》(《中国语文》1999年第6期)也认为"蝴蝶"是偏正式复合词。

可行的方法。

至于某些复音词内部结构发生变化,就当前搜集到的例子看,都是复合词内部不同结构类型之间的转变,主要是由于某词被后人旧瓶装了新酒,有了新的所指。如"约言"初指约定之言,是偏正式合成词。《左传·宣公十二年》:"先君有约言焉,若大国讨,我则死之。"后指省约其言,就是动宾式合成词了。《礼记·坊记》:"故君子约言,小人先言。"孔疏:"君子约言者,省约其言,则小人多言也。"又如常被人举作叠韵联绵字词例的"蜻蜓",本是偏正式合成词。李时珍《本草纲目》卷四十"蜻蛉"条下释曰:"蜻、蟌,言其色青葱也。……或云其尾好亭而挺,故曰蟌,曰蜓。"而今"蜻蜓"至少在生物学领域里可看作联合式合成词,因为生物学家说"蜻蜓",往往概括了蜻总目和蜓总目两大类五千多种蜻蜓。合成词内部结构发生变化,主要是词形的有限性同事物的纷繁性、不同时代语言社会认识的无限性及表达的必要性之间的矛盾促成的。尚未见合成词变成双音单纯词的例子。通常所谓语素融合的词,实际上仍是合成词,因为信守派学人的"语素融合"只是先入为主的"联绵字—双音单纯词"说主导下的一种感觉,或者附会"联绵字—双音单纯词"说的一种想当然之辞,并没有什么客观标准。所以同一个复合词,如慷慨、恍惚,古汉语水平偏低的人可能会照流行的观点说它们是双声联绵字;有一定的古汉语水平的人可能大致了解它们每个字的意思,只是说不太清楚了,就可能说它们语素融合了;而古汉语功底较深的人却很清楚它们每个字是怎么来的,原来是什么意思,又是怎样近义词联用构成合成词的,便怎么也不会说它们语素融合了,更不会随波逐流地判它们为"双声联绵词—双音单纯词"了。

因此,对于那些只是研究者不明其内部结构方式却举以证明"联绵字—双音单纯词"说的双音词,正确的做法只能是继续考察,那既成的事实不允许我们从现代联绵字观念出发贴个"双声联绵字""叠韵联绵字"或"非双声非叠韵联绵字"之类的标签了事。只有了解到某词最初确是一个语素构成的时才可判为单纯词。如"鹁鸪""扑簌"等均由拟声而来,"葡萄""胡同"等均由音译而来,"不丁""突峦"分别为切"兵"或"团"之音而来。它们都只含一个语素,故今谓单纯词。但是,它们只是传统语文学里的联绵字,而不是现代联绵字观念中的"联绵字/词",因为拟声词、音译词、切音词都不是用信守派学人说的那种"特殊的构词法"创造的,均非汉语所独有,都不合正统的信守派学人所谓"联绵字是汉语中一种特有的语言现象"的观念。

用历史考证法判断联绵字语素,原则上要求考见其造词之初的情况,但如果有些联绵字是什么时候产生的已不可考,那就只能考察其各构词成分在历史上的活动情况了。如"踊跃",是某名家初证"联绵字—双音单纯词"说时所举 50 个例词中的第一个,也是后来追随者常举的一个例词,大家都说它是"双声联绵字—双音单纯词"。其实不然。踊,《说文》释曰"跳也",向后《广雅》与《玉篇》也都释曰"跳也",《现代汉语词典》释曰"往上跳",是古今一义。跃,《说文》释曰"迅也",马叙伦《说文解字六书疏证》:"'迅也'当作'卂也'。卂、飞一字。飞者,足离地而起。"《广雅》释曰"跳也",《玉篇》释曰"跳跃也",《现代汉语词典》释曰"跳",亦古今一义。仅就字、词典释义言,"踊""跃"是同义词。马叙伦《说文解字六书疏证》:"踊者,足绝地而起,似雀行也……踊、跃双声转注字。"马氏此言也证明"踊""跃"是同义词,并且双声转注而来的联绵字"踊跃"只能是联合式合成词。而从语言使用角度看,古代文献中"踊""跃"常单用,并且义同"踊跃",也证明"踊跃"不是单纯词。如《左传·哀公八年》:"微虎欲宵攻王舍,私属徒七百人,三踊于幕庭。"杜预注:"于帐前设格,令士试跃之。"杜预以"跃"释"踊",也证明"踊跃"是同义词联用造出的合成词。又如《左传·僖公二十八年》:"魏犨伤于胸,公欲杀之……(魏犨)距跃三百,曲踊三百。乃舍之。"句中"跃""踊"对文同义。再如《诗·大雅·旱麓》:"鸢飞戾天,鱼跃于渊。"这个"跃"不能换以"踊"。结合上面的考察看,"踊""跃"所表概念义是相同的,只是"跃"不止用于人,使用范围略大;"踊"只用于人,使用范围小一些。"踊""跃"单用的例子很多,《经籍籑诂》《故训汇纂》等书中引了一些,可参看。另外,"踊""跃"作为构词语素,均有较强的能产性。查《多功能汉语大词典索引》,以"踊"为词根构成的双音节合成词 70 条,以"跃"为词根构成的双音节合成词 99 条,特别那些于先秦已成词者。如果说"踊跃"是单纯词,则无法证明它的两个"无义音节"早在殷商之前就已经实现了语素化。总之,"踊""跃"既常单用,又常参与构词,表明它们都曾是自由语素,且由它们构成的"踊跃"与其各自单用时大致义同,故不可因为它们具有双声关系而判"踊跃"为单纯词。原作者不了解这些事实,不明其结构关系,而举以证明"联绵字—双音单纯词"说,只能事与愿违。

像"踊跃""蝴蝶"之类被误判的例子太多了。白平(2002:172~208)集中考辨了 21 个被误判为双音单纯词的联绵字,胡正武(2005:52~80)也集中考辨了一批联绵字,笔者近年同类的考辨更多,只是散见诸文中。本书前面各章节也多有考辨。这也说明此前判断联绵字语素而采用的各种方法统统行不通,只有用历史考证法判断联绵字语素,才可能得出符合客观实际的结论。

二、联绵字语素判断举例

为了较好地说明问题,现试以《汉语大词典》释"联绵字"所举例词为例。《汉语大词典》释"联绵字"曰:"旧称由两个音节联缀而成的单纯词。包括:双声的,如'仿佛'、'伶俐';叠韵的,如'阑干'、'逍遥';非双声非叠韵的,如'玛瑙'等。"这一解释是遵循现代联绵字观念做出的。其"旧称"的"旧"实指1949年以前的一二十年,笔者已在前面各章节不同地方反复交代过。其"两个音节联缀而成",是对汉语古有特殊构词法之说的具体化。其例词"仿佛""伶俐""阑干""逍遥""玛瑙"全部来自《现代汉语词典》之释"联绵字",也是持"联绵字—双音单纯词"说的著作常用的例子。现在看它们究竟是不是单纯词。其"逍遥",白平《汉语史研究新论》204~206页考得它是联合式合成词,是可信的。下面只考察"仿佛""伶俐""阑干""玛瑙"四个词就可以了。

仿佛,合成词。仿,《说文》释曰"相似也"。此义历经两三千年常用不衰,而且至今口语中常用。如"他二人年龄相仿"。佛,《说文》释曰"见不审也"。据此,"仿佛"是近义单音词联用构成的合成词,绝非单纯词。今人认定"仿佛"为单纯词,有的是因为古人谓"仿佛"为连语。其实,古人笔下的"连语"并不指单纯词(详见沈怀兴2005)。如朱骏声《说文通训定声》在"佛"字下释曰:"'仿佛'亦双声连语。《寡妇赋》:'目仿佛乎平素。'(李善)注引《字林》:'仿:相似也';'佛:不审也。'"朱氏虽谓"仿佛"为"连语",但他的解释却不能使我们得出"仿佛"是单纯词的结论。

还有人认为"仿佛"是由"恍惚"音变而来,而照流行观点,"恍惚"是单纯词,所以"仿佛"也是单纯词。我们首先承认这话的前半部分是有根据的。如明方以智《通雅》卷六《释诂》:"仿佛,一作'仿佛'……盖因'恍惚'而轻唇出之也","虚呼其声为'恍惚',以轻唇出之为'仿佛',实一声也"。并且在中古文献中,"恍惚""仿佛"二词也确有义通例。但是仍然不能证明"仿佛"是单纯词,因为"恍惚"实际上也是联合式合成词。"恍惚"本作"怳忽"。高田忠周《古籀篇》四十四"怳"字下释曰:"怳,从'光'亦'怳'字。……恍惚字,《史记·秦始皇本纪》作'怳忽'。"《说文》:"忽,忘也。"马叙伦《说文解字六书疏证》卷二十"怳"字下释曰:《老子》"河上本作'忽怳',王弼本作'惚怳',则'怳'或为'忘'之转注字"。"怳"是"忘"的转注字,"忽,忘也。""怳"亦"忽"的转注字,然则"忽怳""怳忽"这一对同素异序同义词都是由怳、忽转注而成的并列结构。而就上引马叙伦的考证讲,"怳"又作"恍","惚"是"忽"的后起字,可知"恍惚"本联合式合成词。再从恍(或"怳")、惚(忽)的使用情况看,它们既可单用,又常做词根参与构词,且其单用义有与"恍惚"义相通者,亦可看出"恍惚"是联合式合成词。这些,只要翻翻《汉语大词典》中相关的解释就清楚了,恕不烦言。既然"恍惚"是联合式合成词,那么"因'恍惚'而轻唇出之"的"仿佛"也一定是联合式合成词,就像某人在不同的场合身份有变,但他的身体结构并没有变化。

伶俐,合成词。本写作"靈利",本义为"聪明利落",至迟7世纪就产生了。如唐玄奘翻译的《大唐西域记》卷五:"无著菩萨,健馱逻国人也。佛去后一千年诞,靈利。""靈"字繁难,至北宋有人借同音字"伶"代之,将"靈利"写作"伶利",但多数人仍写作"靈利"。至北宋后期,文献中有写作"伶俐"者。"利"之为"俐",是义符同化,即从上字"伶"加"亻"旁。至南宋后期的文献中,"靈利""伶俐"错见。如《朱子语类》中三用"靈利",亦三用"伶俐"。它们虽书写形式不同,但含义无别。元明以后依然,如明陶宗仪《说郛》中"靈利""伶俐"各一见,明吴之鲸《武林梵志》中"靈利""伶俐"各两见,均含义无别。《汉语大词典》释"靈利"曰"伶俐",举了宋黄庭坚《两同心》、明李贽《豫约》和老舍《骆驼祥子》中的"靈利"用例为证,一定程度上反映了这一事实。它的这一解释让我们看到"伶俐"定为一尊只是部分现代人的事,老舍《骆驼祥子》中的"靈利"例,表明另一部分现代人仍写作"靈利",也透露了"靈利""伶俐"是一对异体词的信息。可是,由于《汉语大词典》卷8释"联绵字"者和卷11释"靈利"者不是同一个人,前者未考察"伶俐"之来历,也不知道即使只从后世共时角度看它也只是"靈利"之异体,而为现代联绵字观念所左右,举之为"联绵字—双音单纯词"说词例,那便忽视了书写符号与语言符号之别。否则,谁能证明"靈利"是单纯词?

阑干,即"栏杆",合成词。《辞源》于"欄"字下释曰:"本作'闌'。欄干。"又于"欄干"条下释曰"本作'闌干'。"《汉语大词典》释"欄干"曰:"见'栏杆'。"释"栏杆"曰:"亦作'欄干'。以竹、木等做成的遮拦物。"《大辞典》(三民书局,1985)于"栏杆"条下亦释曰:"本作'闌干'。"高田忠周《古籀篇》七十四:"《说文》:'闌,门遮也。从门柬声。'后世所用'欄干'字是也。"又作"栏竿",林义光《文源》卷一:"'干'实'竿'之古文。"先民做栏杆多用竹竿,故文献中每见"欄竿"字样。如唐王建《华清宫》诗:"晓来楼阁更鲜明,日出欄竿见鹿行。"宋梅尧臣《一日曲》诗:"梅花几时吐,频捎欄竿数。"《太平御览》卷三百三十七引《通典·守城篇》:"又立阁道内柱,上布木板为栈,立欄竿行于栅上。"清庄履丰、庄履铉《古音骈字续编》卷一将"欄干""欄竿"作为异体词收入书中,亦足证"阑干"为合成词。

明周祁《名义考》:"阶际木勾栏曰'栏干',亦作'闌干'。眼眶亦曰'闌干'。"眼眶遮护眼睛,犹如阑干遮护房子等,故亦谓"阑干"。又,泪流出眼眶,故文献中有"泪阑干"句。如唐白居易《长恨歌》:"玉容寂寞泪阑干,梨花一枝春带雨。"元倪瓒《对梓树花》:"梓花如雪不忍看,沉吟怀思泪阑干。"泪出眶经腮呈横斜状,特别仰面呼天痛哭时更是这样,故"阑干"又有"横斜"义。然则其本义为"护栏"的"阑干"为合成词,其比喻义为"眼眶"的"阑干"为合成词,从其比喻义引申出"横斜"义的"阑干"也只能是合成词。人们只看其"横斜"义,而未省"阑干"字形之变,未审其"横斜"义之来历,谓"阑干"为单纯词,实未允当。

玛瑙,合成词。初作"马脑"。魏文帝《马脑勒赋序》:"马脑,玉属也。出自西域。纹理交错,有似马脑,故其方人因以名之。"此说常为后人所援引[①]。文献中作"马脑"者甚多,如晋崔豹《古今注》卷下、梁简文帝《咏雪》诗中、北齐邢子才《冬日伤志》诗中等较早的文献中均作"马脑"。后世也写作"马碯"或"马瑙",变"脑"为"碯"或"瑙",是强调其所指是玉石类。又义符趋同而作"码磂",更明确了所表记事物的类属特点。《资治通鉴》卷一百七十三:"周主先以码磂酒盅遗之。"胡三省注:"马脑石似玉,宝石也。今作'码磂'。""玛""瑙"二字,直到《集韵》(1039)中才检得,"玛瑙"这一书写形式出现的时间不会太早。就上面考察的情况看,玛瑙←马瑙(或马碯、码磂)←马脑:本是偏正式合成词。虽然记录该词的书写形式屡变,其造词理据及由此而来的结构方式却不会变化。

从上面的考察情况来看,被《汉语大词典》用来支持"联绵字—双音单纯词"说的典型例词"仿佛""伶俐""阑干""玛瑙"等实际上都是合成词。所以其错误率100%,主要是由于"联绵字—双音单纯词"之成见在胸,并且蔽于共时论[②],忽视了对联绵字书写形式之变化的考察,同时又忽视了语词与文字的区别。"伶俐""阑干""玛瑙"等三个词被误举为"联绵字—双音单纯词"说的例词,就都属于这种情况。也有的甚至忽视了最起码的字义考察而致

---

① 实际上,中国南北各地也多产玛瑙。李时珍《本草纲目》卷八"马脑"条下列举颇详,可参看。
② 这一现象出在《汉语大词典》,表面上看颇具讽刺意义。《汉语大词典》是一部历时词典,怎么会蔽于共时论,而乖乖地受制于"联绵字—双音单纯词"说呢?然而,它可以说,这是没法子的事情。现代联绵字观念已经盛行数十年了,词典要遵循通释语义的原则解释词义,它又有什么办法呢?另一方面,词典释义不能没有例证,然而它找不到当说的"联绵字—双音单纯词",又有什么办法呢?换个角度看,它这样近乎机械地反映广泛流行的"联绵字—双音单纯词"说,本身就是一个值得研究的现象。比如,它是在心悦诚服地宣传现代联绵字观念呢,还是在启发读者对现代联绵字观念进行认真反思?如果是后者,作为一部历时词典,在解释"联绵字"时理应将传统语文学家的联绵字观念反映出来,应该明确指出传统语文学家笔下的"联绵字"一般相当于现代词汇学里的"双音词",明确指出没有哪位古人用"联绵字"或"连绵字"等术语指称双音单纯词。但是它没有这样做,原因是什么呢?

误。如"仿佛"古今字形并没有发生变化①,而且"仿"字的基本含义妇孺皆知,且至今仍常单用,只是"佛"字不怎么单用了,其本义可能不为一般人所熟悉了,于是"仿佛"也被举以证明其成见"联绵字—双音单纯词"说。这便更说不过去了。对此,读者不禁要问:《汉语大词典》追随现代联绵字观念解释"联绵字",其所有例词均来自《现代汉语词典》,却无一当其说,是两部权威词典在"联绵字"解释上犯了同样的错误,然而其根本原因到底在哪里?被现代联绵字观念所左右的表述,其作用究竟是积极的还是消极的?

顺便一提,《汉语大词典》沿袭《现代汉语词典》解释"联绵字",给联绵字分类及例证都是照抄《现代汉语词典》,但却没有抄《现代汉语词典》的"妯娌",也让人怀疑久已盛行的"联绵字—双音单纯词"说。《现代汉语词典》解释"联绵字",自1965年试用本始,数版均以"仿佛""伶俐""阑干""逍遥""妯娌""玛瑙"为例,《汉语大词典》遵循现代联绵字观念解释"联绵字"抄了它五个例词,独不抄"妯娌",理由不言而喻。但一般读者如果不是现代联绵字观念先入为主,都可能因此受到启发,不禁要问:《汉语大词典》所抄用的五个例词中会不会还有合成词?同时,为什么双声的和叠韵的各举两例,而非双声非叠韵的只有一例?如果汉语里真有"由两个音节联缀而成的单纯词",《汉语大词典》为什么甘冒孤证之嫌而不能给它所谓"非双声非叠韵的"补出一个例词?汉语中如果有两个音节联缀构成单纯词的特殊构词法,不会只创造了它所抄的一个非双声非叠韵的联绵字"玛瑙"吧。这么说,那已经盛传数十年的"汉语的双音词有一种特殊的构词法"之说也就值得怀疑了;与此相关的,信守派著作中那些在联绵字上下字间是否有语音联系问题上做文章的表述也许没有什么说服力了。然则现代联绵字观念中这样两个看似有力的"支柱"倒下了,它还有什么可信的呢?看来,不管什么样的理论,最终还是要靠事实说话的。

三、结语

汉语里本来没有联缀两个音节构成的"联绵字—双音单纯词"。可是,信守派先行者在特定历史背景下想象上古汉语有一种联缀两个音节构成单纯词的构词法,并且说用这种构词法创造的词就是前人所说的"联绵字",同时没有真正弄明白传统语文学家如张有、郑樵、朱郁仪、方以智、顾炎武、黄生、王念孙、王筠、王国维、章太炎等人的相关话语的情况下,引以证明其想

---

① 这只是就《现代汉语词典》《汉语大词典》所用它的常体"仿佛"说的,并不否认"仿佛"有多种书写形式。

象,自觉不自觉地混淆了传统语文学与现代语言学的区别;另一方面,他们还在复音词语素判断这一难题尚未得到解决的情况下,拿一些自己不明其语素构成情况的复合词充当"联绵字—双音单纯词"说的例词,在传统语文学被否定而现代语言学还处在初级阶段的历史时期写进教科书和词典,"联绵字—双音单纯词"说由此得到广泛流传。由于没有科学的理论方法对"联绵字—双音单纯词"说进行有效的检验,再加上趋从者们先入为主而穿凿附会,于是"联绵字—双音单纯词"说日渐成了"定论",广泛影响着汉语言文字研究的方方面面,影响着汉语教学,影响着字典词典的复音词释义。这种"大一统"的局面谁也不想破坏,甚至不得质疑。如《汉语大词典》解释"联绵字"而抄《现代汉语词典》,就是一个典型的例证。但是,汉语言文字学健康发展的需要提醒我们注意这个问题,语言研究必须为社会发展服务的历史使命要求我们解决这个问题,所以我们不能不对这个"大一统"提出质疑。于是前面各章节多角度考察了"联绵字—双音单纯词"说及其相关理论存在的问题,揭示了它们脱离现实、证据靠不住的基本特点,并在前面实践的基础上明确提出用历史考证法判断联绵字语素的观点。

参考文献

白　平　2002　《汉语史研究新论》,太原:书海出版社。
胡正武　2005　《训诂阐微集》,北京:中国社会科学出版社。
沈怀兴　1993　《试论研究现代汉语也需要有历史观点——从"蝴蝶"、"凤凰"二词的结构说起》,《河南师范大学学报》(哲社版)第1期。
——　2002　《〈"蝴蝶"考〉献疑》,《中国语文》第2期。
——　2005　《〈汉语大词典〉"连语"释义补正》,《辞书研究》第3期。
——　2007　《〈联绵字典〉的收词及相关问题》,《辞书研究》第4期。
——　2008　《"联绵词不可分训说"辨疑》,《汉字文化》第5期。
严修鸿　2002　《也谈"蝴蝶"命名的理据》,《中国语文》第2期。

第八章 汉语词汇复音化发展问题探索

遍观信守派学人著作,"联绵字—双音单纯词"说的理论依据主要有八:古人之说(实则现代联绵字观念之成见在胸而误解或曲解古人之说)、汉语的双音词有一种特殊的构词法之说(实则想象)、一个音节缓读成两个音节之说(实则臆断)、联绵字不可分训之说(实则比附与曲解)、联绵字语素融合之说(实则附会)、上下字有语音联系之说(实则偏执)、索绪尔语言符号音义结合任意说(实则语言符号音义结合任意说本来就靠不住,却又被教条化)以及汉语词汇复音化发展之必然说①等。前七个方面的依据在前面各章节中都考察讨论过了,结论概括在紧随每种依据之后的圆括号内。它们都是在前面各章节考察讨论的基础上概括出来的。也就是说,事实证明前七种依据都不能证明"联绵字—双音单纯词"说。另外,信守派著作中还为"联绵字—双音单纯词"说寻得一些次要的依据,如增字构词说、羡余成分说、复辅音声母分立说、结构凝固说、过度说等等,也在前面各章节考察讨论过了,也没有发现有可证明"联绵字—双音单纯词"说者。因此,只要认真读过前面各章节的内容,一般人也许不认为它们可以支持"联绵字—双音单纯词"说了。本章简单考察讨论信守派著作为"联绵字—双音单纯词"说寻找的最后一个依据——汉语词汇复音化发展问题。这个问题在前面各章节中也有涉及,如第四章第一节在考察所谓"一分为二"法时就不得不提一提。其他如第五章第四节、第六章第四节等,讲到有关内容时也不能不提一提,但都未能展开。

信守派学人最爱讲"语言内部发展规律",并且多借汉语词汇复音化发展来讲语言内部发展规律,于是语言内部发展规律、"联绵字—双音单纯词"、汉语词汇复音化发展这样三个事实与非事实的东西被搅和在一起,玄而又玄,谁也说不明白,谁也不容易提出质疑,于是"联绵字—双音单纯词"

---

① 读过本章各节,读者会发现汉语词汇复音化发展是事实,但其原因不像信守派学人推测的那样,故不支持"联绵字—双音单纯词"说。

说也便乘了这个机缘,在一般人眼里就是不刊之论了。所以要考察现代联绵字观念问题,必得考察其核心理论"联绵字—双音单纯词"说;而要考察"联绵字—双音单纯词"说,必得考察汉语词汇复音化发展问题,同时还不得不在必要的时候对信守派所谓"语言内部发展规律"说做点考察讨论。另外,汉语词汇复音化发展规律的探讨曾经是笔者较感兴趣的研究课题,也曾发表过一得之愚①,但十多年过去了,今天看来那时对某些问题的讨论还比较肤浅,有的地方还没有说到点子上,甚至说错了,或需补证,或需删改,现在也该借这个机会稍做完善,毕竟词汇复音化是汉语发展的一个核心性问题,也是汉语研究的重点课题。

汉语词汇复音化是汉语词汇发展的基本规律。就现有文献资料看,汉语词汇复音化发展至迟从殷商时期就开始了。信守派学人多认为汉语词汇复音化始自汉代以后②,那是出于其理论建构的需要,故不足为训。许伟建《上古汉语词典·前言》(吉林文史出版社,1998)说"本书共选收甲骨文、金文词汇单字条目八百九十三个;多字条目七百一十个③。应该说,这些都是甲骨文、金文的常用词汇。"这一事实已经粗可说明问题了。而再进一步考察,可知该词典中选收的殷商甲骨文里复合词很不少,表明殷商时代汉语中复合式构词法已较完备,且没有信守派说的用一种特殊的构词法创造的"联绵字—双音单纯词"。这就更表明信守派学人说的"联绵字—双音单纯词"与汉语词汇复音化发展无关。《荀子·正名篇》中有"单足以喻则单,单不足以喻则兼"之说,这"兼"指双音词,所以可以说荀子这话是从发生学角度讲汉语词汇复音化问题,只是一笔带过,语焉不详,还称不上理论上的自觉探讨罢了。不过,信守派著作中也举荀况这话为证。他们把这个"兼"理解为"联绵字"。如果他们理解的这个"联绵字"与传统语文学家笔下的"联绵字"同,是指双音词或复音词,那是对的;但如果指他们说的双音单纯词,由于在语言中找不到可靠的词例,就不对了。

---

① 如《汉语偏正式构词探微》(《中国语文》1998年第3期)、《汉语词汇复音化新探》(《中国语文通讯》2000年第4期)、《汉语词汇复音化发展续探》(《汉字文化》2001年第1期)等。后面各节的论述主要参考了后面两篇。第一篇写作时语言观大致还停留在"语言是一种符号系统"说层面,现在看来问题较多,下面只在必要时用到它局部的观点和某些材料。

② 汉语词汇复音化发展始自什么时代?大致说来见仁见智。第一个发现汉语词汇复音化发展的是高本汉,但他认为是古代汉语发展到近代汉语的事,不过猜测而已。也有人(如潘允中等)认为汉语词汇复音化早从上古时期就十分显著了(参看潘允中《汉语词汇史概要》第37~40页),但缺乏必要的证明。我们为此做了必要的证明(详见本章第一节)。

③ 这个数字不够确切,实际上该词典中收了741个复音词。该词典中所收常用复音词占了总量的45%以上,可知汉语词汇复音化早在先秦就开始了。

研究汉语词汇复音化的工作至迟从西汉时期就开始了。无名氏的《尔雅》和扬雄的《方言》中都收了一些复音词,大致可以说明这一点。并且后世雅类著作中都收了不少复音词,表明研究汉语词汇复音化的工作一直没有停止过。

广义地说,从理论上研究汉语词汇复音化问题也有近千年的历史了。如前面曾提到宋代沈括、郑樵等人的一些认识,表明他们已经在对某些双音词进行理论思考。并且古人对汉语词汇复音化的认识越来越深刻,理论越来越严谨,乃至站在语文理解角度提出了独到而实用的见解。如前面曾经提到的明代朱郁仪《骈雅序》中有"联二为一,骈异而同,析之则秦越,合之则肝胆"之说、明代方以智《通雅》里有"謰语者,双声相转而语謰謱也"之说、清代王念孙有连语不可分训说、其同门段玉裁有绵联字不可分释说等等,都从双音词的理解角度做出了精辟的概括,可以看作语文学角度的词汇复音化问题研究。他们不仅认识了双音词,而且正确地解决了双音词的理解问题,其求真务实的学术精神是很值得今天的语言研究者借鉴的。

现代语言学工作者研究汉语词汇复音化发展问题只有七八十年,主要是探讨汉语词汇复音化发展的原因。大致可分四种意见:第一种是语音系统简化说;第二种是语言内部矛盾说;第三种是词义准确说;第四种是汉语社会人与生活世界互动作用说。第一种观点认为汉语语音系统简化,同音词增多,为避免同音混淆必须产生双音词。这种观点至今仍占主流,是持"联绵字—双音单纯词"说者最拥护的观点。第二种观点是对第一种观点的纠偏,认为持第一种观点者是倒果为因,但与第一种观点一样,都是站在语言本体角度说的。第三种观点换了个角度,也可看作对前面两种观点的纠偏。它的特点是不只限于语言本体看问题。第四种观点又换了个角度,是本书作者提出的,详见267页脚注①所列出的几篇文章。

本章第一节综述了此前汉语词汇复音化研究的情况,具体考察了上面所言前三种观点,简单评价了它们的得失。第二节提出汉语词汇复音化发展的根本原因在于汉语社会人与生活世界互动作用的观点,并在这个观点的统摄下,从人的认知角度、造词角度,以历时社会语言学的观点、方法考察了汉语复合词成因问题。第三节本着上述思路对其他类词的产生机制做了初步探讨。本章的研究对现代语言学工作者立足语言符号系统说研究汉语词汇复音化问题所得出的各种观点进行了分析批评,在此基础上提出了不同的观点。本章的考察研究证明,汉语词汇复音化发展原因不是信守派学人想象的那样,汉语词汇复音化规律不支持广泛流行的"联绵字—双音单纯词"说。

全书考察研究结果证明,盛行数十年的现代联绵字观念没有坚实的语言基础。

第一节　20世纪汉语词汇复音化研究及其局限性

数十年以来,主流派学者一直认为,随着汉语语音系统的简化,单音词必须发展为双音词。在他们看来,汉语语音系统简化了,同音词就会增多,不加长词形势必造成同音混淆,致令言语交际无法进行,于是语言社会开始联缀两个音节创造出"联绵字"——双音单纯词,于是汉语词汇向双音化发展。这个观点曾来自多个方面的批评,但由于它对"联绵字—双音单纯词"说看上去具有一定的支持力,广大信守派学人力挺此说,甚至认为"联绵字—双音单纯词"的产生是汉语词汇复音化发展史上的第一站,认为"联绵字的'2'是形成双音字的中介和桥梁"。就连高校中文专业"古代汉语"课、"现代汉语"课和"汉语史"课上都在讲授汉语语音系统简化促进了词汇复音化的观点,因此它至少在形式上还给人以"多数人意见"的表象。其中有些重要的观念,在上面有关章节中已经略有考察讨论,但当时考察讨论的重点不在这里,无法展开。要想彻底弄清汉语语音系统简化促进双音词产生的观点是否可靠,需要连同一些与它相关的学说一起进行考察讨论,现在一并叙述如下。只要能够大致说明问题,稍稍帮助读者正确地理解汉语词汇复音化发展问题即可,暂不进行详细考察讨论。

一、20世纪汉语词汇复音化成因问题的研究

大家知道,从中国现代语言学史的角度说,最早发现汉语词汇复音化发展倾向并自觉进行考察讨论者是瑞典学者高本汉。他1923年出版的Sound and Symbol in Chinese 一书,被张世禄译作《中国语与中国文》(商务印书馆1931年版)。书中说,古代汉语发展到近代汉语,因为语音系统简化,而使同音词大量增加,为了避免同音混淆,不得不变更语词组织,于是汉语词汇向复音化发展。此可谓"语音系统简化"说。

国内最早阐发高氏观点的是张世禄。他在1930年发表的《中国语的演化和文言白话的分叉点·语言原料实际的改造》中详细阐述了高氏之说,又在1939年发表的《因文法问题谈到文言白话的分界》一文中做了一些修正,

指出:"在实际语言当中,并非仅因音读系统的简单化,为了避免同音的语词,才把单词改成复词的。"

20年以后,王力(1958:342)既接受高氏"语音系统简化"说,认为:"单音词的情况如果不改变,同音词大量增加,势必大大妨碍语言作为交际工具的作用。汉语的词逐步复音化,成为语音简化的平衡锤。"同时还补充外语的吸收作为汉语词汇复音化的主要原因之一。又受张氏之说影响,进一步指出:"即使语音不简化,也不吸收外来语,汉语也会逐渐走上复音化的道路的,因为这是汉语发展的内部规律之一。不过,由于有了这两个重要因素,汉语复音化的发展速度更快了。"(见王力1958:343)高氏"语音系统简化"说到了王力那里已经发挥得淋漓尽致,所以影响很大。此后20多年无异议。

"语音系统简化"说一统语言学界数十年。到了1982年,程湘清发表了相反的意见,认为不是语音系统简化导致了词语复音化,而是词语的复音化导致了语音系统的简化。至于汉语词汇复音化发展,他认为"是语言内部矛盾——交际任务同交际手段之间的矛盾推动的结果"。他说,汉语词汇复音化发展,"(1)从'消极'方面说,是为了更准确、周密地表达思想,进行交际","汉语词语的双音化不但避免了音系繁杂、同音词过多等弊病,而且能够更准确、周密地反映客观,交流思想";"(2)从'积极'方面说,是为了更形象、生动地反映客观,进行交际"。此可谓"语言内部矛盾"说。不过,"消极""积极"虽含义相反,但这里"从'消极'方面说"的内容与"从'积极'方面说"的内容似乎没有本质性区别,不知其划分"消极"与"积极"的标准是什么。

潘允中(1989:37~40)也认为汉语词汇复音化的根本原因在语言内部矛盾运动,但与程氏之说不尽相同。他认为,"在上古典籍中,词汇向复音化发展的趋势已极为显著",其原因之一是"同音的单音词太多",这一点与"语音系统简化"说没有多大区别;其原因之二是"同义的单音词过于纷繁",这一点是潘先生的发明。

较早从词义角度解释汉语词汇复音化成因的有杨欣安。他在《西南师院学报》1985年增刊上发表文章说:"现代汉语双音词占优势,是汉语的词义逐渐准确、语法也更加严密的结果。"只是讨论不够充分。此后几年从词义角度探讨汉语词汇复音化成因问题的学者不少,但直到苏新春(1995:185~195)才有较全面的交代。他说:"概括起来说,单音词在日益发展的词汇面前表现出三个弱点。这就是具体词义满足不了人们的认识日益概括、抽象的需要;宽泛的词义满足不了语言交际日益精密、准确的需要;有限的词形结构满足不了与时俱增的词汇增长的需要。单音词的三个弱点成为汉语词汇走向复合词化的内在动因。"这里,苏氏虽然在论汉语词汇复合词化的内在动因,但由于汉语复合词是复音词的主要部分,所以很大程度上也就是在谈汉语词汇复音化发展的动因,并且所谈重心亦在词义准确性问题,故暂将这派学者意见谓之"词义准确"说。

在20世纪90年代,探讨汉语词汇复音化成因的学者,多把"语音系统简化"说、"语言内部矛盾"说和"词义准确"说结合起来讨论问题。如黄志强、杨剑桥(1990)的文章就曾对过去六七十年的研究做了进一步阐发和补充。文章说:"语音的简化只是词汇复音化的最重要的外部原因","汉语词汇复音化的重要的内在原因是词汇系统本身的急剧发展,首先是词汇量的迅猛增长。""其次,词汇系统本身的急剧发展,还表现在词义的发展变化上。""汉语词汇复音化的第三个原因是语言交际功能要求不断提高词汇表义的精确性、明晰性,尽量避免负荷过大的多义单音词可能产生的歧义。""除了上面三项基本原因外,汉语词汇复音化也与上古汉语中特别是诗歌韵文中多用叠音词、联绵词有关。""另有两个造成汉语词汇复音化的因素:其一,上古具有复辅音声母的单音词通过增加元音的方式而成为具有单辅音声母的双音节词。……其二,外来词的音译。"

继黄志强等文章之后,不时有探讨汉语词汇复音化成因问题的文章继续发表出来,但大多只是对黄志强等文章某一点的深入,所以真正能够集过去70余年研究之大成的文章只有许威汉(1998)一篇。许氏从汉语孤立语特点出发,认为"复音词的产生主要是应词汇内部调节需要",于是补充、深化已有研究,加以综合利用,使各家之说在其总论点的统摄下各得其所,和睦相处。具体点说,许氏文分四部分:(一)突破语音(音节内部)构词的局限。认为:"语音系统复杂化激发词汇复音化,词汇复音化引致语音简化,语音简化再反过来促进词汇复音化。"这就把高本汉、张世禄和王力等学者主张的"语音系统简化"说同程湘清力主的"语言内部矛盾"说之(1)(其(2)的情况,后面还要说到)统一起来了。(二)制约单音词语义模糊性。认为:"单音词具有多义性和灵活性,信息负荷量一般都比较大,相应地模糊性也比较大","复音词大量产生相应地制约了单音词语义的模糊性,大有利于语言交际职能的发挥"。这就使原有的由"语言内部矛盾"说发展而来的"词义准确"说显得严密一些了。(三)使词义互补、语法功能专一。这是"词义准确"说的延伸,此前同类文章中有的已经提到,只是不及许氏文章明确简要罢了。(四)使语词明确、精炼、生动。这里的"明确",是指变单音词为复音词可避免同音混淆。至于"精炼、生动"说,分明是受程湘清"语言内部矛盾"说之(2)和文化语言学有关理论影响,结合修辞美学和传统音韵学提出的,看似理由充分,实则缺乏口语基础,不具普遍性。总之,许氏不仅发展了"语音系统简化"说、"语言内部矛盾"说、"词义准确"说,而且将诸说放在较高的理论层次上进行综合利用,把立足语言符号系统探讨词汇复音化之成因的研究又向前推进了一步。

进入21世纪以来,研究汉语词汇复音化问题的文章不多,主要是笔者的一些论述。与上述各家相比,笔者探讨汉语词汇复音化问题又换了个角度,是在更新语言观前提下的思考,是在否定此前所谓语言发展内因在语言内部之说基础上的探讨,是把视野扩大到人与生活世界的考察与分析。其主要观点保留在本章各节中了,无须特予评述。

二、立足语言符号系统探讨词汇复音化成因的局限

回顾20世纪对汉语词汇复音化成因的研究,尽管论者多角度进行了有益的探索,并且已经取得了一些成绩,但由于主要是立足语言符号系统猜谜,如同就影子论影子,画地为牢,胶柱鼓瑟,所以问题并没有得到真正解决。所以至此,也许是由于认识上的局限。何以见得?试简言如下。

首先,立足语言符号系统探讨汉语词汇复音化的成因,就认识论而言是不彻底的,就方法论而言是欠科学的。试问:语言存在于哪里?存在于言语。语词何来?来自社会实践。没有社会,没有社会发展,没有人们的实践活动,没有人们的认识与反映,是不会有语词的。因此,探讨汉语词汇复音化成因,就是要结合社会发展和人们在社会实践中对相应事物的认知过程及其反映考察复音词的创造情况,借以求得发生学意义上的有力证据。这样说来,此前那种立足语言符号系统探讨词汇复音化成因的研究,就有点儿像南京某人本不知长江源头,但由于发现江中漂来武汉之某物,而误认为长江发源于武汉了。

换言之,语言不是自给自足的,而是依赖社会和人类而存在与发展的,这便决定它不能同时也不会是独行其是的管家婆,而只能是对社会与人类百依百顺的贤妇人。考察管家婆的行为变化是要着眼于其自身,而考察一位百依百顺贤妇人的行为变化则不可忽视其主人。然而此前立足语言符号系统考察词汇复音化的成因,就是误把一个百依百顺的贤妇人当作独行其是的管家婆来看了。所以其结论不甚可靠是可想而知的。

其次,研究者提出的"语音系统简化"说、"语言内部矛盾"说、"词义准确"说等,多带片面性,有的甚至纯属想当然。例如:"语音系统简化"说者认为,语音系统简化了,为了避免同音混淆,就把单音词改为复音词。其实,这在某种程度上是一种误解。第一,治汉语史的人如果对语言事实做过考察,

而且没有偏见,也许不会否认:汉语词汇复音化发展早从上古就开始了,而汉语语音系统的简化却不是从上古开始的。持"语音系统简化"说者对此视而不见,硬说汉语词汇复音化是从汉代以后开始的。持"语言内部矛盾"说者坚决反对"语音系统简化"说的原因就在于他们看到了汉语词汇复音化早从上古就开始了。如上文已经提到潘允中(1989)的话:"在上古典籍中,词汇向复音化发展的趋势已极为显著。"第二,语词用于交际,总是在特定的语言环境中进行的,受语境的制约,同音未必相混。赵元任《施氏食狮史》通篇91字均音 shi,并未造成"同音混淆"。持"语音系统简化"说者对此不知做何解释?不过,说到底这是语言观问题,是过分地迷信索绪尔"语言是一种符号系统"说以致思想僵化的必然结果。第三,有些常用词,如"五"和"午"、"忠"和"盅"等等,他们读音两两相同,《现代汉语词典》所释义项数目亦两两相同,而由它们构成的复音词数目却两两悬殊,这是怎么回事呢?对此,即使连"语言内部矛盾"说和"词义准确"说都考虑在内,仍不能解释其悬殊,又该怎么办呢?这又一次告诉我们,语言研究只是立足语言符号系统说话,不管怎样穿凿,都不可能真正解决问题;包括汉语词汇复音化成因问题研究在内的方方面面的研究都必须另辟蹊径。

又如"词义准确"说,由于它也主要局限于语言符号系统说话,所以它的论述显得有点浮泛,其结论也是不很可靠的。这个问题归根结底还是语言观问题,比较复杂,且对讨论"联绵字—双音单纯词"说问题关系不大,暂不展开讨论。这里只举几个"词义准确"说不能解释的例子。如"是"和"视"同音,《现代汉语词典》第1版为"是"列了三个字头,共释16个义项,但由它参与构成的双音节合成词只收了30条;"视"只有3个义项,但由它参与构成的双音节合成词却收了66条;义项不及"是"的五分之一,构词却超过"是"的二倍!《汉语大词典》中"是"的义项比"视"多四个。而据《多功能汉语大词典索引》统计,其收由"是"构成的双音词只有116条,收由"视"构成的双音词则多达292条,超过"是"的二点五倍。这样的例子举不胜举,又哪里是立足语言符号系统的"词义准确"说解释得清楚?又如,据调查,河南平顶山方言中有个"万能动词"[tuei^{35}],有音无字,至少要有80多种含义,在当地口语中几乎一般人的所有动作都可以用[tuei^{35}]来表达,越是随便的场合其出现频率越高,但由于有具体语境的帮助,调查中没有听说谁什么时候因[tuei^{35}]的多义而发生误解。古汉语中也有个万能动词"为",现代汉语其他不少方言地区也有这样的单音节万能动词,人们在言语交际中一般不会因为它们的多义多用而发生误解。尤其像"又"字之类,古今都是多用多义词,但古今都没有能产性,有谁为了词义准确造些复音词来分化它们的某种含义了?另外,现代北京人口头上的量词"个"也用得很"滥",牛、鸡、船、桥等都说"个",也不曾使人误解。这类现象很值得研究。

至于"语言内部矛盾"说,它肯定词语复音化避免了音系复杂、同音词过多等弊病,只是与"语音系统简化"说的认识过程不同罢了。因此,"语音系统简化"说的片面性,它也未能避免。它认为词汇发展、词语复音化可以准确反映客观、交流思想,却没有充分联系社会及其发展与人的认知规律,而主要是立足语言符号系统讨论问题,这与由它发展而来的"词义准确"说是一致的,所以"词义准确"说的问题它也是有的。尤其此说分论点(2)所谓"从'积极'方面说,是为了更形象、生动地反映客观,进行交际"似难成立。论者说:"汉族人民自古以来形成这样一种审美观点,就是讲究对称","这一心理素质和审美观点反映到语言上,就是讲究成双成对的语言片断和节奏,单音节要变成双音节"。又说:"说话行文,讲究对偶,说起来上口,听起来悦耳,看起来整齐,确实增强了语言的表达力","由于对偶的要求,就会导致一种可能:本来用单音词的地方,因连锁反应而改用双音词语。这就在一定程度上促进了双音节词的产生和应用"。我们认为,如果说汉语中少数书面语词的产生有这方面的因素,也许没有多少人反对;但如果把它看作汉语词汇双音化两大成因之一,就让人不敢苟同了。试问:研究语言的发展,是否应当立足自然语言?然则考察古今文献资料,可知越是接近自然语言者便越是与论者的观点相反,即越自由、越不讲究对偶,这又该做何解释?大家知道,骈偶于文,六朝最盛。而刘勰于《丽辞》中却说:"若气无奇类,文乏异采,碌碌丽辞,则昏睡耳目;必使理圆事密,联璧其章,迭用奇偶,节以杂佩,乃其贵耳。"(见《文心雕龙》卷七)看来,今论者之见,即使放到六朝,也未必真能服人呢。再者,若像论者所言,因讲究对偶而使单音词变成双音词,则有悖语言经济原则,那么,由此而来的双音词又怎么能够被语言社会所接受呢?语言社会不予接受,汉语词汇怎么能够因此而走向复音化道路?至于汉族人民"心理素质""审美观点"云云,这些至今尚未弄清楚的东西,竟于数十年前就拿来证明某种学术观点,就更显得有点轻率了。

再次,研究者对语言材料的取舍大多具有较大的片面性。汉语复音词古今都以复合词为主,这一点可能没有多大疑问。可是,复合词中以哪种结构方式构成的为最多?意见就不够统一了。而这个问题得不到正确的解答,将会影响词汇复音化成因的探讨。以前,学者多以为联合式复合词为最多,但这是不符合客观实际的。向熹(1989)考察《诗经》,发现共有复合词706个,其中偏正式复合词484个(约占68.56%);向氏又联系现代汉语里复合词的情况,断言汉语复合词发展史上始终以偏正式复合词为最多。笔者(1998)系统考察的结果是,从上古到近代,汉语复合词中偏正式结构者占58.56%以上,现代汉语中占47.78%。然而,近30年以来,研究汉语词汇复音化的学者大多以联合式复合词为考察重点和立论依据,很大程度上忽视了偏正式复合词的考察,然则即使认识论上没有问题,即使可以立足"语言符号系统"研究词汇复音化成因,而具体研究中对材料取舍如此偏颇,其结论的可靠性也难免要大打折扣了。

并且,即使如此取材偏颇,也主要是从共时角度仅就所谓语言本体说话,一般并不怎么考察"酱是怎么咸的,醋是怎么酸的"。这样的研究不知道对社会发展有没有积极意义。这是20世纪包括汉语词汇复音化发展规律研究在内的现代语言学研究的基本特点,而且至今还在某种程度上保留着这种特征,所以有人一再强调语言研究不能只满足于"画牛皮"。牛皮画得再像仍拉不得犁,犁不了田,就不用说此前的语言本体研究一心与国际接轨而至今只是大致画了"半张标着外文字母的牛皮"了。现在这样说或许不被语言学界多数人认可,弄不好还会发生意想不到的遭遇。人们听惯了"成绩大大的",听惯了"语言学是一门领先的科学",谁还听得进上面那些不讨人喜欢的话?但事实如此,也就只能这么说了。这么说绝对没有抹杀现代语言学之功绩的意思。因为我们知道,只要它有贡献,谁想抹杀也没有用。我们坚信过了不多久,上述观点会被越来越多的人认可的。因为社会发展要求语言研究必须提供能够有助于拉动社会发展这张犁的牛,而汉语本体研究长期因循守旧,至今只画给社会"标着外文字母的半张牛皮",不管这"半张牛皮"是否真的与国际接轨了,都不可能对我们的社会发展有多少积极意义,所以最终都只能被社会淘汰掉,尽管它目前还在教科书之类的"画廊"中作为经典展出。

总之,此前立足汉语言符号系统研究汉语词汇复音化成因,乃画地为牢,胶柱鼓瑟。因此,虽然就某种意义上说取得了一定的成绩,但同时也存在着严重的问题。事实证明,这种研究既不能有益于汉语语言学的健康发展,也不能支持目前广泛流行的"联绵字—双音单纯词"说。回顾此前立足汉语言符号系统研究汉语词汇复音化的历程,则不难发现,要想真正弄清汉语词汇复音化成因,需另辟蹊径,即最好能从更新语言观做起。

参考文献

程湘清　1982/1992　《先秦双音词研究》,载《先秦汉语研究》,济南:山东教育出版社。
黄志强、杨剑桥　1990　《论汉语词汇双音节化的原因》,《复旦学报》(社科版)第1期。
潘允中　1989　《汉语词汇史概要》,上海:上海古籍出版社。

沈怀兴　1998　《汉语偏正式构词探微》,《中国语文》第3期。
———　2011　《与衍音说相关的几个问题》,《语言研究》第3期。已收作前面第四章附录一。
苏新春　1995　《当代中国词汇学》,广州:广东教育出版社。
王　力　1958　《汉语史稿》,北京:科学出版社。
向　熹　1989　《〈诗经〉里的复音词》,载《词汇学论文汇编》,北京:商务印书馆。
许威汉　1998　《复音词的产生主要是应词汇内部调节需要》,《中国语文通讯》总第48期。

第二节　汉语复合词产生原因新探

汉语复合词是复音词的大户。此前研究汉语词汇复音化发展原因的经验表明,要想正确地研究汉语词汇复音化发展之规律,必须更新语言观,首先弄清语言究竟是什么。

中外学者站在不同的角度,处于不同的研究目的,曾经给语言下过不少定义,这里没有可能同时也没有必要一一介绍和讨论。但出于本课题研究的需要,我们必须提出自己对语言的认识。从本根论角度上说,**语言是人与生活世界互动作用的力的镜像的素描**。这个定义较拗口,为了避免误解,需要先做点解释。首先,人,包括人的活动与认识。力,大致指人与生活世界互动作用的产物。这个"大致",是从这里的"力"和"产物"相比较而言的。"产物"之所指多具体而少变化,这个"力"却不可避免地因人与生活世界互动作用的变化而不断变化。由于人与生活世界互动作用的存在,世界上不断产生新事物,即使已有的事物也会发生变化。其次,人的生活世界分人类社会和自然界,并且二者都是发展变化的,所以研究汉语词汇复音化发展规律不可忽视人的生活世界的变化和发展。①同时,生活世界的一切发展变化要反映到语言中,都必须通过人在社会实践中获得的认识,因此,研究汉语词汇复音化发展规律必须充分考虑到人的认识及其发展变化的关键性作用②。这个定义大致是改造部分学者所谓"语言是社会的镜像"的说法而来,因为直接说"语言是社会的镜像"不免绝对化之嫌。第一,(1)语言不纯属社会现象;③(2)语言首先是人的;(3)人不是抽象的;(4)并且首先是个体

---

①② 其实,要使语言研究成为名副其实的科学研究,从而为促进社会发展做出应有的贡献,研究语言其他现象也必须这么做。

③ 从前有人说语言是一种特殊的社会现象,并且这个说法至今写在语言学概论书里。它强调语言与一般社会现象不同是对的,但没有说出语言特殊在哪里。这里说语言不纯属社会现象,也是注意到了语言的特殊性,并且随后用(2)(3)(4)说明语言的特殊,接下来又做了必要的阐释。

人。因此,语言还有非社会性的因素。只要承认语言来自言语、存在于言语,就必须承认这一点。如果研究语言只强调其社会性,有些现象是说不清楚的。这只要看一看网络语世界的一些情况就不难理解了。甚至会重蹈规定主义之覆辙,这在世界近代史上不乏其例,我们自己也有过这方面的教训①,固然那也是历史发展的必然。第二,人类社会以外的事物,比如自然界的事物及其变化也会通过人对语言产生这样那样的影响。因此,确切地说,语言与人的生活世界的互动作用的力有密切的关系。第三,语言不是简单地照镜子之所见,所以不能笼统地称其为"镜像"。一方面,人们反映人与生活世界互动作用的产物总是大致的,有所选择的,另一方面,成为语言事实之后还可能发生变化,所以这里姑且谓之"素描",用的是比喻义,大致是指认知-表述-传播的过程。综上所述,这个定义的意思是说,人与生活世界互动作用的力推动了社会、自然与人自身的变化,种种变化反映到人的意识中成为种种相应的意象—镜像,这"意象—镜像"被人的表述—传播粗笔勾勒出来②,就是语言。

一、社会发展促进复合词产生,推动词汇复音化形成和发展

尽管语言是人与生活世界互动作用的力的镜像的素描,但上述错综复杂的因素使我们不得不分别考察。现在先考察社会方面的因素。语言与社会密不可分。社会产生,语言产生;社会发展变化,语言发展变化。并且,受社会影响最快最明显的是词汇。据此推测,至迟到父系氏族社会早期,汉语里就应该有一定数量的复合词了。按照人类历史发展的一般规律,父权制一旦形成,表明社会已经相当发展。此时农业已经比较发达,就可能出现反映各类谷物之特点的复合词。专偶婚制基本形成(大汶口文化中有男女合葬的墓葬),就可能出现"男女、夫妇、合葬"等复合词。国家初步形成③,就可能出现"司农、司徒、司寇"等专有名词。文字已经产生,甚至已经发展出高级

---

① 沈怀兴《汉语商论》(河南人民出版社,2002年)中近三分之一的篇幅考察讨论了这方面的问题,可参看。

② "这'意象—镜像'被人的表述-传播粗笔勾勒出来"可能会被人简单地理解为言语,不纯是,因为这个"人"既包括个体人,也包括社会人。在个体人那里是认知-表述,是言语,进入社会人的语言生活是表述-传播,就是语言了。这里对言语与语言的两分不同于现代语言学中一般人的理解,是欲避免简单两分之弊的一种尝试。这里的"意象—镜像",指事物反映在人脑中之印象聚焦的过程及其结果。

③ 1986年7月25日《光明日报》报道:考古发现辽宁西部山区早在五千多年前就已存在着一个具有国家雏形的原始文明社会,而当时那里还是母系氏族社会。在华夏大地上,国家的形成很可能更早一些。

文字体系,即已经出现形声字的文字体系(沈怀兴 1999)。复合词的产生,不会落在会意字出现之后,更不用说形声字出现时代。这样的社会,人的思维已经比较缜密,认识已经比较全面、深刻,照理说,给事物命名中一定会时常出现"单不足以喻"的情况,于是语言中复合词便应运而生了,尽管目前考古学研究还不能证明这一点。学界研究上古汉语,总是强调文献佐证,这在一般情况下是必要的,但不能太机械,不能绝对化。只要承认语言是人的,人是社会的,就该承认证据是多方面的。一定要求文献佐证,人类语言有文字记载者仅千余种,还有大多数没有文字记载,该怎么办呢？再比如藏语,到 7 世纪才有文字记载,民族语文学家研究古汉藏语怎么办？

稍后,即到了有夏时代,口语中复合词应该比较常见了。史载,夏后帝启之长子名太康,次子名中(仲)康,曾孙名少康。从此祖孙三代的三个名字看,当时偏正式构词法已经相当能产了,口语中偏正式复合词应当不会太少了。

稍后,社会发展加快,一些日常活动需要记清楚日子,于是殷高祖亥发明干支记日法,(一说用干支记日在此前已经出现。)于是语言里一下子产生出"甲子""乙丑"等 60 个联合式复合词,并且一直沿用了下来。

现有资料中,能够使我们大致窥见较早时代汉语复合词之一斑的是殷墟卜辞,其中大吉、亡尤、今日、翌日、正月等复合词很不少,而且使用频繁。它们的大量出现和频频使用,其重要原因之一就是社会发展的需要。

越往后,社会越发展,复合词也越多。许伟建《上古汉语词典》共收上古汉语常用词 1634 条,其中复音词 741 条,约占 45%。早从上古汉语中,词汇复音化的程度就比较高了①。在这 741 条复音词中,除去叠音词和重叠词共 21 条,以及拟声而来的单纯词与个别结构暂时不够明确的词共 32 条之外,剩下 688 条。其中偏正式复合词 411 条,约占 60%；联合式复合词 191 条,约占 28%。剩下不多的复合词是其他结构方式的。这与笔者(1998)考察其他材料所得的结果基本一致。出现这样的结果,我们基本上可以从社会发展角度与汉人认知规律找到原因,也只能从社会发展角度与汉人认知规律寻找原因,而不能从汉语符号系统上找原因,这就像不能从瓶装的酒中考察酒是怎么酿成的一样。

如果说本节上面所涉及的材料部分人不感兴趣,现在来看一个与人们社会生活较为贴近的例子。随着父权制社会的发展,宗法制产生了。宗法

---

① 上一节提到潘允中(1989)"在上古典籍中,词汇向复音化发展的趋势已极为显著"之说可与此互证。

制至西周初发展完备。由于贵族阶层的全面推行,一般社会成员也深受影响,所以汉语社会的亲属称谓很有特色。如父亲以上三代依次称祖父、曾祖父、高祖父,儿子以下七代称孙、曾孙、玄孙、来孙、昆孙、仍孙、云孙。这些称谓反映到语言中多是复合词,并且多是偏正式复合词。这是男性的"主"的一方。至于"从"的一方,以及女性的一方则更多(参看《尔雅·释亲》),反映到语言中自然也多是偏正式复合词,这里就不一一列举了。

如果再肯做点跨文化比较,问题就更清楚了。如汉语社会有叔父、伯父、舅父、姑父、姨父之分,英语、日语等社会中都没有这种分别。这就更需要到社会历史文化中去找原因。如果只是从语言符号系统内部找原因,那就无异于缘木求鱼了。

社会发展之最突出最明显的标志是新事物的不断出现。任何新事物出现的同时总需要有一个新名字来指称它。然而,大多数新事物都不是凭空产生的,它们总是要和某些原有的事物有着这样那样的联系,这种联系一旦被人们认识并希望表达出来的时候,语言中就很可能相应地出现复合词,并且多数情况下是偏正式复合词。后世的例子可能更容易为人们所接受,故试举一例。如原来搞单一经济时,提到"农民",人们马上就知道是指种庄稼的人。后来经济搞活了,农民分工了,于是汉语中就产生出"粮农""棉农""菜农""果农""瓜农""蚕农""茶农""烟农""蔗农""药农""花农""林农"等偏正式复合词。

社会发展过程中有时也会出现一些人民大众不希望有的东西,反映到汉语中同样会出现一批批的合成词。例如,《新乡日报》1996 年 4 月 12 日刊登《想当年物资供应紧,忆往昔票证知多少》一文,就吃、穿、用三个方面列举了曾经使用过的种种票证。其中仅吃的方面就先有粮票、油票等,继而又有盐票、肉票、鸡蛋票、咸鱼票、糖票、黄豆票、绿豆票、玉米票、红薯票、白菜票、萝卜票、土豆票、咸菜票等等,共有 40 种之多,反映到汉语中便产生出 40 个偏正式复合词。

上述情况无疑受到一种规律——人与生活世界互动作用的力的镜像素描之规律——的制约,所以至今亦然。如《新词:囧时代》(中国法制出版社,2011)一书中共考察了 2008 年以来产生和流行的新词 363 个,除了三个英文转写词以外,无一例外都是顺着这股道儿来的,且绝大多数是偏正式合成词。因此还可以推知,不管到多么遥远的将来,只要人类社会存在,新词的产生都不会违背这条规律。

总之,由社会发展变化而产生大量复合词,导致词汇复音化;社会继续发展变化,则促进词汇复音化继续发展。我们探讨汉语词汇复音化发展问题,绝不可忽视社会发展这一重要因素。这些现象,绝不是站在语言是一种符号系统说角度,采用已有汉语语音系统简化说、语言内部矛盾说或词义准确说等观点可以说清楚的,其间更找不到信守派学人说的那种联缀两个音节创造"联绵字—双音单纯词"的证据。

至于自然界的情况,亦是如此,不妨顺便一提。要之,只要有实物在,或者原实物发生变化,都可能被反映到语言中,从而产生一些复音词。如一场强烈的地震不知让语言中产生多少复音词,一门地震学里复音词数以千计,并且其中绝大多数是合成词(少量的单纯词也只能是拟声而来或音译而来),就是最有力的证明。其他如台风的情况、暴风雨的情况,乃至细微的气象变化等,都会促使语言中产生一些复音词,并且其中同样绝大多数是合成词,同样不是站在语言是一种符号系统说角度可以说清楚的,同样找不到信守派学人所说的那种联缀两个音节创造出"联绵字—双音单纯词"的证据。

二、人的认识及其发展决定复合词产生,主导词汇复音化发展

一般说来,人类认识及其发展与社会发展、自然界变化分不开。浑言之,汉语词汇复音化是此二者共同作用的结果。析言之,社会、宇宙万物的发展变化是词汇复音化发展的客观基础,是水;人类认识的发展变化是词汇复音化发展的径流式水力发电站,汉语词汇复音化就是水流通过水力发电站发出来的电。因此,社会、宇宙万物发展变化越快,也就是水流越大,水力发电站的发电量就越高,也就是词汇复音化发展变化越快。至此,不妨再次强调,上面从社会及自然界发展变化角度考察讨论汉语词汇复音化成因,只是为了叙述的方便,并没有否定人的认识及其发展变化在汉语词汇复音化发展中的作用。现在站在人的认识及其发展变化角度探讨汉语词汇复音化成因,同样是在肯定社会发展变化之作用的同时展开讨论的。

上古汉语里为什么以单音词为主?先民社会实践活动范围不广,层次不高,这便限制了其抽象思维能力的发展,因而认识能力不强,观察事物多限于表面化,对事物的变化与联系常缺乏明确的认识,比较习惯于孤立地看问题,所以给事物命名也多是直接的、笼统的、简单的,这些事物名称反映到语言里便是一个一个的单音词。因此,直到殷墟卜辞之时代,汉语仍以单音词为主。不过,凭借殷墟卜辞,我们已经满可以看到人之认识的发展变化对汉语词汇复音化发展的决定性作用了。例如,卜辞中"吉"十分常见,"大吉"也比较常见。这"大吉"一词的出现,就是先民认识发展的结果。因为,"大吉"是造词者在联系思维的主导下,完全掌握了比较法的基础上创造出来

的；比较是认识的工具，比较法的掌握，是先民认识发展的重要标志。其他如"水"和"大水"，"子"和"小子"，"彘"和"白彘"，"马"和"赤马"，"畾"和"东畾""西畾"，等等，两两相较，也可以看出"大水"等偏正式复合词的产生都与先民认识发展变化分不开。推而广之，汉语词汇发展中，所有为指称下位概念而改变原来指称上位概念的单音词形式创造的复合词，都首先是人的认识发展变化的结果。为了较好地说明这个问题，这里再举一个例子。起初人们认识到自然界里具有生长、发育、繁殖等能力的"物"中实有两类，飞禽走兽等是一类，花草树木等是一类，于是分别于"物"之上加"动"或"植"，就造出了"动物"和"植物"这样两个合成词。

随着抽象概括能力的增强，人们发现"动物""植物"都是有生命力的，于是概括这种发展了的认识又造出了"生物"一词。推而广之，所有为指称由概括下位概念而成的上位概念创造出的复合词，都首先是人的认识发展的结果。

顺便说一句，后来人们又发现了病菌、真菌、病毒等微小的生物，遂统称"微生物"。"微生物"一词的产生，分明也是人的认识发展的结果。

比较离不开联想。人们常说，联想是认识的翅膀。联想能力与认识能力成正比。随着人们社会实践活动范围的不断增广，层次不断提高，人们的联想能力也不断增强，于是汉语中复合词日渐增多，词汇复音化程度不断提高。明显由此而来的复合词中，偏正式结构的词十分多。为了便于理解，现在只举现代汉语词汇中的部分例子：如人熊、板鸭、板油、鸡胸、鳞伤、藕煤、木耳、虾米、瀑布、石棉、石笋、木马、水塔、笔直、笔挺、冰冷、雪亮、火热、瓜分、林立、笼罩、鼠窜、云集、响应、瓦解、狐疑、吻合、蜂窝煤、火烧云、牛皮纸、金丝猴、狮子狗、鹅卵石、鸭舌帽、马蹄表、金字塔、笑面虎、糊涂虫、苹果绿、鸭蛋青等等，这类词一看即明，就不做具体分析了。

人们联想的丰富在一物多名问题上体现得最为充分，由此而来的偏正式复合词不可胜计。这里只举"月亮"为例。月亮异名很多，仅河南一省就有月公、月婆、月娘、月光、月亮爷、月婆婆、月老娘、月娘娘、月姥姥、明奶奶、明月亮、月亮头、月亮月、月明奶奶、月母奶奶、月亮菩萨等一大串，不知整个汉语社会有多少。这只是现代汉语口语中的情况。如果再肯做点历史的考察，包括书面语中的使用情况，就会发现还有月娥、月魄、月桂、月兔、月姊、月华、月球、大明、太阴、玉兔、玉壶、玉蜍、玉魄、玉蟾、白兔、玄兔、玄明、玄烛、西兔、西蟾、地魄、冰兔、阴宗、阴兔、阴魄、阴精、阴蟾、冷月、灵曜、明舒、明蟾、金兔、金魄、金精、宝月、宝蟾、孤蟾、亮月、桂月、桂花、素月、素面、素娥、素魄、素蟾、彩蟾、凉蟾、宵魄、娥轮、娥影、晚魄、银兔、银蟾、清晖、皓兔、皓魄、寒蟾、霜兔、霜娥、蟾界、千里烛、太阴星、太阴精、玉蟾蜍等六七十个名字。没有千差万别的语言环境,没有人们丰富的联想,月亮何以有这么多名字?语言里又何以有这么多偏正式复合词?看来,现在许多语言研究者以为以复代单、古今异名,是为表义明确而分化多义词义项的结果,其说值得怀疑。否则,遇到月球之古今如此多的异名,便不容易解释。

主要由联想而造出的联合式词也不少。如巨、微、道、语、惧、戮等都是书面语词,后世口语中一般不单说,人们语言使用中联想到与其相应的口语同义词,于是分别加个口语词,造出巨大、微小、道路、话语、惧怕、杀戮等联合式词。

除了通过同义联想造出的联合式合成词以外,还有通过相关义联想和反义联想造出的两种联合式词。前者如耳目、骨肉、手足、口舌、喉舌、血汗、心胸、刀枪、分寸、笔墨、江湖、禽兽、人马、山河、岁月、学问等等,后者如大小、长短、动静、天地、出入、举止、老小、收发、表里、来往、褒贬、得失、生死、起伏、取舍、进退、多少、贵贱、荣辱、轻重、优劣、早晚、先后等等。

动宾式复合词动、宾之间关系比较复杂,种种关系充分反映出造词者对客观存在及其相互之间内在联系的认识。没有客观存在,没有人们对客观存在及其相互之间内在联系的认识,汉语里也不会有动宾式复合词。这是不言而喻的。这里需要强调指出的是,动宾式复合词在汉语词汇发展史上递增速度最快。笔者(1998)考察的结果是,先秦汉语复合词中动宾式结构者只占4.57%,《辞源》第1册所收复合词中动宾式结构者占16.45%,《现代汉语词典补编》所收复合词中动宾式结构者占19.43%,由此可知动宾式复合词发展之快!而正是因为这类词动、宾之间关系复杂,它的快速发展才充分印证了汉人思维认识之发展对汉语词汇复音化发展的关键性作用。

主谓式复合词和补充式复合词在古今汉语中都是极少数。具体说来,补充式复合词在先秦汉语里还没有出现,主谓式复合词也很少(详见沈怀兴1998)。汉魏以后,这两类复合词共占全部复合词的5%左右。所以如此,原因是多方面的,这里不能同时也不必展开讨论。但有一点是可以肯定的,即这两种复合词尽管所占比例很小,尽管看上去它们对汉语词汇复音化进程影响甚微,但它们的发展毕竟是和社会、自然界的发展变化及人们认识的发展变化相一致。换一句话说,没有社会及自然界的发展变化,没有人们认识的发展变化,这两类复合词也不会出现在汉语中。

总之,人的认识的发展变化及其表达的需要必然会促使复合词产生,从而促进了汉语词汇复音化发展；人的认识由于社会原因及自身原因而继续发展变化，必然促进汉语词汇复音化不断发展。探讨汉语词汇复音化发展问题，绝不可忽视人的认识发展变化及其表达的需要这一最根本的因素。换一个角度说，所有复合词的产生都不是站在语言是一种符号系统说角度，采用已有汉语语音系统简化说、语言内部矛盾说或词义准确说等观点可以说清楚的。任何复合词的产生都源于人与生活世界互动作用，因而都有其造词理据，因而都有可验证性，而不像信守派学人所说的那种联缀两个音节而成的"联绵字—双音单纯词"，既没有造词理据及可验证性，又根本找不到人类认识的印迹。

参考文献

潘允中　1989　《汉语词汇史概要》，上海：上海古籍出版社。
沈怀兴　1998　《汉语偏正式构词探微》，《中国语文》第3期。
────　1999　《汉字起源四题》，《汉字文化》第2期。
────　2000　《汉语词汇复音化新探》，《中国语文通讯》第4期。
许伟建　1998　《上古汉语词典》，长春：吉林文史出版社。

第三节　其他复音词的产生和发展

从普通语言学角度讲，人类语言复音词中除了复合词之外，一般还有派生词、重叠词、叠音词、复音节拟声词、复音节叹词和复音节音译词。这几类词的产生和发展也和复合词一样，都可以从人与生活世界互动作用史上找到生成依据，都有其造词理据，都有可验证性。而人类其他语言中没有信守派说的联缀两个音节而成的单纯词[①]，所以不仅普通语言学著作中看不到"联绵字—双音单纯词"之造词理据的论述，历史语言学、语言哲学等学科的著作中也看不到"联绵字—双音单纯词"之造词理据的论述。下面仍立足汉语考察讨论问题。

从严格意义上说，一般语言中叠音词多由拟声而来，少量的叠音词由音

[①] 信守派先行者著作中称"汉语的双音词有一种特殊的构词法"，《汉语大词典》释"联绵字"曰"由两个音节联缀而成的单纯词"，一般信守派著作称"联绵字"是汉语里一种特有的语言现象，等等，都说明人类其他语言中没有信守派学人说的联缀两个音节而成的单纯词。就我们较熟悉的外语看的确是这样。广泛地考察现有文献资料，也不见有关于人类其他语言中存在联缀两个音节而成的单纯词的报道及论述。追溯"联绵字—双音单纯词"说来源（详见第三章各节考察情况），也只能得出这一结论。

译而来,①汉语也不例外。另外,有些语言中还有切音词,即通常说的切脚语,汉语里也有切音词。现在总说一句:与上一节讲复合词的情况一样,汉语中派生词、重叠词、叠音词、双音节拟声词、双音节叹词、双音节音译词以及切脚语的产生与发展同样是人的生活世界之发展变化与汉人认识发展变化相互作用造成的。现试把它们分为复音单纯词的产生和发展、重叠词的产生和发展、派生词的产生和发展三部分,逐次进行考察。至于信守派学人坚称汉语里一种特有的语言现象"联绵字—双音单纯词",本书前面各章节的考察证明,那是靠不住的。现在流行的"联绵字—双音单纯词"是汉语中特有的一种语言现象的观点本起自臆断,又因三人成虎而成"定论",但它毕竟没有造词理据,没有可验证性,缺乏坚实的语言基础,所以即使笔者仍然是十多年前那样虔诚的信守派人,也无法论及所谓"联绵字—双音单纯词"的产生和发展,无法把无作有论。有些人讲汉语特色喜欢举"联绵字—双音单纯词",但需要首先弄清楚汉语里是否真有由两个音节联缀而成的单纯词——"联绵字"。

一、复音单纯词的产生和发展

判断复音单纯词有三个条件,一是必须有两个或两个以上的音节,二是必须含一个语素,三是与所有合成词一样必须有造词理据,具有可验证性,一定能够在人与生活世界互动作用史上找到其生成依据。在汉语里,符合以上三个条件的复音单纯词只有拟声而来的复音词、音译而来的复音词、双音节叹词和切音词四类,此外再也没有复音单纯词。在这四类复音单纯词中,双音节叹词很少,且与联绵字理论问题研究没有关系,暂不考察讨论。

拟声而来的复音词和音译而来的复音词中又可分为叠音词和非叠音词两类。

叠音词,仅从共时角度就形式上看,都是联缀两个相同的音节构成的。但从发生学角度看,最早的叠音词都是由模拟自然界的声音或人类自身动作之声创造出来的。与其他非叠音拟声词一样,都是语言中产生最早的复音词。一般认为,远古的人们在社会实践活动中听到自然界或人类社会常

---

① 信守派学人多以为"肖声""肖形"都可以创造出叠音词。但是,如果严格区分叠音词(单纯词)与重叠词(合成词)的话,只有"肖声"才能创造出叠音词。"肖形"可以创造出重叠词,不能创造出叠音词。这是因为有声语言肖声可直接模拟,故可创造出叠音单纯词;物形无声可肖,至多只能描绘,进行描绘而得复音词,必定是合成词。也就是说,他们所说的"肖声"的"肖"是模拟,"肖形"的"肖"只能是描绘,这两个"肖"应该有所区别才讲得通。同理,那些"肖"出来的其他复音词也都是这样,即凡由肖声而来的都可能是单纯词,而由肖形而来的都一定是合成词,绝不会是什么"联绵字—双音单纯词"。至于叠音词与重叠词的区别,前面第三章附录一相关脚注中又简单交代,可参看。

有的各种声音,如雷鸣、风啸、水泻、鸟叫、猿啼以及人呼喊、欢笑、呻吟等,处于表达的需要,加以模拟,便产生了拟声词。而不少声音是重复发出或连续发出的,于是"单不足以喻则兼",一个个拟声叠音词就这样产生了。如《诗经》中"伐木丁丁""鼓钟将将""鸡鸣喈喈""营营青蝇""关关雎鸠"等句中带点的词便是。

　　叠音词音节叠连,给人听觉上带来美感;含义朦胧,适于描绘事物声音态貌,是可谓音义兼长。因此,古今语言艺术家于口语表达或文学创作中自觉模拟自然之声或人物之声创造和使用叠音词,从而为汉语积累了大量叠音词,有张拱贵等编写(1997)的《汉语叠音词词典》为证。该词典自谓"以常见、实用为主,共收叠音词5000余条",虽然书中条目收得过于宽泛,但即使扣除五分之四,仍可看出汉语叠音词之丰富,仍可看出叠音词对促进汉语词汇复音化发展所起的作用。如果包括非叠音的拟声复音词,就更多了,对促进汉语词汇复音化的作用就更可观了。索绪尔总爱说任何语言中拟声词都是少数,这大概是其所倡共时论的眼光影响了他,使他见流而不见源(参看第五章第四节)。

　　至于非叠音拟声复音词,也都是由模拟自然界有变化的声音或人类自身动作之有变化的声音创造出来的,也有反映事物声音态貌的作用。总的说来情况与叠音拟声词差不多,一般读者都可以列举诸如喀嚓、扑通、哗啦之类的一些例子。这类词虽然是两个音节联缀而成的单纯词,但正统的信守派学人并不把它们归入"联绵字—双音单纯词",因为拟声词非汉语所独有,不合他们"联绵字是汉语里特有的一种语言现象"的认定。但是在笔者看来,拟声词以及下文即将考察的音译词等与正统的信守派学人所谓联缀两个音节而成的单纯词"联绵字"的根本区别不是别的,而是拟声词、音译词等可以在人与生活世界互动作用史上找到依据,有明确的造词理据,可验证,所以具备进入交际领域的通行证;而信守派著作中所谓联缀两个音节而成的单纯词"联绵字"不具备这样的条件,根本没有进入交际领域的通行证。

　　还有一些音译叠音词,与拟声叠音词一样,都是社会发展变化和民众认识反映的结果。社会发展变化了,族际或国际交流频繁了,民众视野开阔了,生活丰富了,所认知的外来新事物需要通过音译的方式反映到语言中来,就出现了音译词,自然包括音译叠音词。如梵语音译词"迦迦"至迟到汉代就有了,匈奴语音译词"生生"更早,至迟战国文献中就有了①。还有狒

---

① 如"生生",后写作"狌狌",又写作"猩猩"。《逸周书·王会》:"生生若黄狗,人面能言。"晋孔晁注:"生生,兽名。"《荀子·非相》:"今夫狌狌,形笑,亦二足而毛也,然而君子啜其羹,食其胾。"《尔雅·释兽》里也收释了这个词:"猩猩小而好啼。"

狒,产于非洲,但《尔雅·释兽》里已收有"狒狒",很可能也是一个音译叠音词。至于非叠音的音译复音词就更多了。其生成原因同音译叠音词,无须举例。

汉语词汇音译外来成分中复音词占绝大多数。刘正埮等《汉语外来词词典》收外来词万余条,其中音译复音词和半音译半意译复音词约占90%,多达九千余条,并且都是"生活用语和常见的专科词语"。仅此一项,就足以看出外来词在汉语词汇复音化发展过程中所发挥的作用。如果进而联系外来词进入汉语社会的历史背景,尤其看到汉魏以来佛教引入、佛教用语涌入(丁福保《佛学大辞典》收词三万余条,复音词约占98%,比较常用的词约占15%)和鸦片战争以后中国社会巨变、西洋借词涌入(上举《汉语外来词词典》中,这类词近70%)之事实,则更可以说,外来词的借入,同样是社会发展变化的结果,是人们思想认识发展变化的结果。换句话说,是社会发展变化与人的思想认识发展变化的互动作用导致了复音节音译词的涌入,从而促进了汉语词汇复音化发展。

至此,还有一种现象需要略做说明。有的叠音词声母发生了变化,就变成了叠韵词;有的叠音词韵母发生了变化,就变成了双声词。这种现象比较少,但是需要有个说法。怎么看这种现象呢?信守派著作中讲到"联绵字—双音单纯词"的来源,有人就直接把它们归为双声联绵词或叠韵联绵词;至多交代一声,说它们是由叠音词发展来的。其实,贴什么标签并不重要,关键是要看它们能不能支持广泛流行的"联绵字—双音单纯词"说。其实这个问题很简单,因为叠音词不管怎么变,都改变不了它们由拟声或音译而来的本质特点。拟声、音译不是汉语独有的造词法,它们都不是由"一种特殊的构词法"创造的,归根结底都不是正统的信守派学人说的汉语里一种特殊的语言现象。因此,在无现代联绵字观念之成见者看来,它们虽然都是单纯词,但仍不能支持"联绵字—双音单纯词"说。考辨现代联绵字观念问题,不可忘记正统的信守派学人一些本质论观点,如"联绵字—双音单纯词""一种特殊的构词法""联缀两个音节而成的单纯词""汉语里一种特殊的语言现象"等等,他们的"联绵字—双音单纯词"有其特定的含义,不是一般双音单纯词可以充数的。杨剑桥《实用古汉语知识宝典》"联绵词"条下明确指出:信守派著作中的"联绵字/词"是指"除叠音词、象声词和叹词以外的汉语固有的双音节的单纯词"。这个解释客观地反映了正统的信守派学人的联绵字观念。至于一些跟风之作讲"联绵字"而包括叹词、拟声词、音译词之类[①],那是

---

① 这种现象甚至已经反映到词典编纂中去了,如《新编联绵词典》(河南人民出版社,2001年)。

与正统的信守派观点不相容的,是对现代联绵字观念的实指缺乏研究造成的,因此讨论中只要点到就可以了。

还有切音词问题。切音词又叫切脚语、切脚字、切字、反切语、反语等。就现有文献资料看,《左传》里已经记载了一些切音词。宋洪迈《容斋三笔》十六《切脚语》列举了部分切音词(他叫"切脚语"),至清代俞正燮《癸四类稿》卷七《反切证义》更加注意搜集研究切音词,向后黄侃、刘盼遂、赵元任、李维琦等都对切音词研究做出了贡献。而至傅定淼《反切起源考》一书则集各家之大成,且又有发明。本书前面第四章第三节及附录一中也对切音词的性质做了简单说明。总的说来,切音词具有明显的地域性、游戏性、隐秘性和有限性,是一种较为特殊的语言现象①,是特殊场合进行特殊的社会交际的产物。只是切音词在汉语词汇复音化发展过程中起作用甚微,而且非汉语所独有,同时与本书研究的中心问题关系不大,就不详予考察讨论了。

二、重叠词的产生和发展

从发生学角度说,重叠词是言语交际中人们出于特殊表达需要而重叠使用固有词以取得特定表达效果而创造的一类词。如:漫漫、匆匆、惴惴、悄悄、纷纷、隐隐约约、糊糊涂涂、熙熙攘攘、婆婆妈妈、洋洋洒洒等。这样说,人们就会把注意力集中在言语交际、特殊表达需要、特定表达效果上面进行观察研究,从而较好地实现语言研究为现实服务的目的。同时,也可以顺藤摸瓜地看到一个语词、一种语言现象产生发展的原因,从而得出与客观实际相一致的结论。

特别四字格重叠词,先秦两汉文献中已经大量使用,如专收先秦两汉典籍中联绵字的王国维《联绵字谱》中就收有"纯纯常常""浑浑沌沌""洞洞漏漏""媒媒晦晦""芒芒昧昧""昧昧芒芒""振振殷殷"等,可知重叠词在汉语词汇复音化发展中的重要作用。至于这类词是如"纯纯常常"先由 A→AA、B→BB 然后 AA＋BB→AABB 呢,还是如"浑浑沌沌"由 AB 直接重叠为 AABB,或者如"婆婆妈妈"之 AA＋BB→AABB,各种方式生成机制何在,表达效果有什么不同等,也需要从发生学角度进行深入考察。只是这种工

---

① 说切音词是一种比较特殊的语言现象,乃是立足汉语自身说的,是说它造词理据比较特殊,不是从普通语言学角度说的。切音词不是汉语中特有的语言现象,汉藏语系中部分语言里有切音词现象,所以汉语里虽有切音词,但不能证明正统的信守派学人所持的"联绵字—双音单纯词"说。切音词与信守派所谓"联绵字—双音单纯词"的本质性区别在于前者是语言使用者为满足特殊的表达需要而创造的,有明显的造词理据,可验证,后者没有造词理据,不可验证,并且至今没有人拿出服人的证据证明联缀两个音节而成的"联绵字"有其产生的必然性(参看前面各章节的论述)。

作不是本研究考察讨论现代联绵字观念问题必须做的，这里只好点到为止。

重叠词，汉语中古今都以形容词为最多，如"皑皑、绵绵、草草、昂昂、寥寥、勃勃、凛凛、茫茫、惨惨、苍苍、巍巍、悠悠、惶惶、匆匆、荡荡、端端、菲菲、沉沉"等，举不胜举。上言张拱贵等《汉语叠音词词典》收词5000余条，其中重叠词约占4/5，而大半是形容词类重叠词，大致可以说明这一点。

一般语法著作中称重叠词是两个相同的词根相叠而构成的一种合成词，举的例子多是"哥哥、姐姐、仅仅、偏偏"之类。其实，这不过是站在现代汉语共时角度给历史上形成的重叠词下的定义。它的问题是见流不见源，见现象而不知其本质，使语言研究流于肤浅，游离于常人生活之外，于民众社会生活没有多大意义①。事实上，重叠词都是言语交际中由词的重叠使用而来的。比如一个单音词（暂只讨论单音词），所反映的客观存在本来就有被语言群体重叠使用该词的特殊因素（说详见下文），而且又被语言群体重叠使用久了，定型了，一个重叠词也就在语言中落下"户口"了。这一点，三千年以前问世的《周易》古经中就已经有很好的例证。如《谦·初六》中"谦谦君子"、《蹇·六二》中"王臣蹇蹇"、《夬·九三》中"君子夬夬"等，爻辞中重叠卦名而得"谦谦、蹇蹇、夬夬"等，在当时是单音词重叠使用，在后来便是重叠词了。后世的例子，张拱贵等《汉语叠音词词典》及《现代汉语词典》《汉语大词典》等书里都收了不少，这里从略。然则当初爻辞作者为什么要将"谦"等重叠使用呢？单不足以喻也。"谦"即谦虚、"蹇"即蹇难（从王弼说）、"夬"即果决，而爻辞作者要表达"十分谦虚""十分蹇难""十分果决"等意思，只单用"谦"等是不够的，便只好将它们分别重叠使用了。这倒是与后世形容词重叠表示程度加深是一致的。程度深浅是人类比较认知规律与客观存在互动作用的结果，这在词根语的汉语里常常通过形容词的是否重叠表达出来，所以古今汉语中均以形容词的重叠形式定型而成的重叠词为最多。顺便提一句，《周易》古经中也有"俗成"了的重叠词。如"履道坦坦""束帛戋戋""旅琐琐"等句中带点的词就都是定型了的重叠词。这样说来，汉语里至迟在三千多年以前就有重叠词产生了。

与形容词相比，名词中重叠词则较少。又可分为两类。一类是人伦称谓，如"伯伯、叔叔、哥哥、姐姐、弟弟、妹妹"等。汉语中人伦称谓以重叠词形式出现不知起于何时，至迟到6世纪已较普遍。《北齐书·南阳王绰传》："绰

---

① 其实这不只是重叠词研究的问题，也是现代语言学各项研究共同存在的问题，致使人称"现代语言学是现代科学中最没用的科学"，说"现代汉语研究是把人们明明白白的问题说得让人不明白"。所以至此，原因在于现代语言学研究所遵循的语言观与方法论出了问题。

兄弟皆呼父为兄兄,嫡母为家家,乳母为姊姊,妇为妹妹。"以"姊姊"称乳母尤为普遍。如《北齐书·琅琊王俨传》中载高俨亦称其乳母陆令萱为"姊姊"。当时亦有称生母为"姊姊"者,如《北齐书·文宣李后传》中载,太原王高绍德呼其生母李祖娥为"姊姊"。上举诸例多是晚辈称呼长辈,由此不难看出呼者对被呼者的依恋尊敬之情,这可以看作是对被呼者长期关爱呵护的回报。这一现象的产生,离开了中国古代社会亲亲之教的伦理道德观念,是找不到正确的答案的。至于当时称妻子为"妹妹",不仅体现了和乐融融的家庭气氛,而且展现出男女渐趋平等的时代新貌,就更是社会文明发展的结果了。此后一千四五百年,即直到今天,越是和睦的家庭,越是亲昵的场合,重叠式称呼使用频率越高,就更说明社会文明的发展,人际关系的改善和亲亲之情表达的需要决定着人伦称谓类重叠词的产生和发展了。

另一类是事物名称,如"条条、块块、毛毛、头头"等。事物名称为重叠形式,现存文献中最早的例子见于《诗经·邶风·燕燕》"燕燕于飞",但仅凭此例,还不能说为事物命名而创重叠词的现象早在春秋时期就产生了。以重叠词的形式给事物命名,大概是宋元以后的事,且北方话里较少。最初不知是受重叠式人伦称呼语影响而产生的呢,还是受其他方言影响或模仿儿童语言而产生的。但是,不管怎样,它们的产生都离不开人们特殊情感与认识,它们的存在都有其必要性。尤其"条条、块块、毛毛、头头"等在口语中一经儿化,其特殊的感情色彩就更明显了。所以尽管它们为数不多,但与其他复音词一样,都是人们表达特定思想感情的产物,而与立足语言符号系统持什么语音系统简化说之类没有关系。

汉语动词情况较特殊,六朝以前重叠使用的较少,定型为重叠词的更少,常见的只有"行行(①出游。②行走)、死死(即使死了)、去去(①出游。②行走。③抛弃)"等几个①。隋唐以后动词重叠使用的例子渐多,但能够定型为重叠词的仍然很少,常见的只有"吵吵(也写作"吵吵儿"。许多人乱说话)、拘拘(拘泥)、拉拉(跛拉)"等几个。在现代汉语普通话里,大多数动词都可以重叠使用,尤其单音节动词更是被经常重叠使用,但能够定型为重叠词的仍然极少,常见的只有"痒痒、嚷嚷"等。

这是一个很有意思的问题:为什么部分形容词或名词重叠使用久了可以定型为重叠词,动词即使被经常叠用,一般也不能定型为重叠词呢? 简单地说,一般动词所反映的客观存在是语言群体认知的动作行为和变化,不像

---

① 对"行行、死死、去去"等三词的解释均从王云路等《中古汉语语词例释》(吉林教育出版社,1992年),与一般词典解释稍异。

部分形容词那样所反映的客观存在在语言使用者认知里具有程度深浅之别,也不像部分名词所反映的客观存在那样被语用者赋予了某种建立在传统文化观念基础上的持续稳定的思想感情。动作行为和变化大多具有一过性,所以单音节动词的重叠使用一般含有"稍微……一下"的意思,表示时间短暂或尝试义。如现代汉语普通话里"坐坐、歇歇、修修、整整、锄锄、浇浇、尝尝、说说、读读、考考"等,叠用形式常见,定型为重叠词却难,就是由于这一原因。至于上举"痒痒、嚷嚷"等,原是由于痒、嚷等都表示了动作行为或变化的连续性,才使它们的叠用形式定型为重叠词。这些情况,不从人与生活世界两个方面考察,只立足信守派所拘泥的"汉语内部发展的原因"是怎么也说不清的。

汉语中重叠式副词也不很多。常见的重叠式副词中,有的也是因含(事件、时间等)连续义而定型的,如"常常、每每、往往、屡屡、时时、渐渐"等;有的则是因含通同义而定型的,如"处处、通通"等;有的是因许许多多的场合都需要加强肯定或否定而定型的,如"恰恰、偏偏、明明"等;还有的是因经常强调某个时点、某种程度等而定型的,如"刚刚、稍稍"等。它们的产生,离开了人们认识的发展与表达的需要,同样找不到正确的原因。

综上所述,重叠词的产生与发展也是跟人与生活世界互动作用分不开的,因此也都有其造词理据,也都有可验证性。与其他类词的产生与发展一样,重叠词的产生与发展也不是立足信守派所谓"汉语内部发展的原因"能够说清楚的,因为它们都跟教科书上所谓汉语语音系统的简化或所谓语言内部矛盾运动之类无关。

三、派生词的产生和发展

派生词,一般认为就是在词根的前面或后面附加词缀而创造的词,如"瞳子、花儿、阿婆、猛然"等。就现代情况看的确是这样。但如果从发生学角度说,有些后缀是词根虚化而成的(如"一子""老一")。如"舟子"在2700多年前产生时,虽然大致可看作派生词,但其"一子"还没有完全虚化,"老一"至唐代中叶才成为典型的前缀。也有的一开始就是词缀(如"一如、阿一"),这一类派生词就大致符合现代通行的语法书里给"派生词"下的定义了。进一步考察可知,不同派生词的产生与发展多有不同的原因,但也都不出人的生活世界的原因和语言主体认识方面的原因两个方面。它们也都有明确的造词理据,因而也都有可验证性,也不是立足通常所谓"汉语内部发展的原因"能够说清楚的,更不像联缀两个音节而成的单纯词。

汉语中派生词发展进程与词汇复音化发展基本一致。汉语派生词最早产生于什么时代,现在已经无法确考,只知道至迟到周初就已经较为常见。例如,仅《周易》古经中,只算"一如"类派生词就有"屯如、邅如、班如、涟如、挛如、交如、威如、贲如、濡如、幡如、翰如、突如、来如、焚如、死如、弃如、晋如、催如、愁如、萃如、嗟如"等20多个,①并且都是形容词。这是为什么呢?合理的解释也许是,商、周之际,社会急剧变动,语言迅速融合,被融合的少数民族语言中的派生构词法保留了下来,或汉语受有派生构词法的外民族语言的影响,而创造出派生词;同时,人们广泛的社会实践推动认识全面发展,人们不仅认识了许多事物,而且还认识了不少事物的性质、状态和发展规律,这便需要大量的形容词来表述,语言中原有的形容词很不够用,只好随时应急创造。从上面列出的20多个派生词也不难看出,几乎不管动词或形容词,只要附加后缀"如",就造出一个新的形容词,可知当时人们认识发展之快及其反映之迫切。

  浑言之,复合词与派生词的产生都基于人的认识。析言之,生成这两类词的认知基础(包括认知心理与认知方式)却有所不同。复合词总是在人们认识两事物之联系的基础上产生的,如所有的双音节联合式复合词(如:山河、学习、危险等)、动宾式复合词(如:贺喜、帮忙、押韵等)和部分偏正式复合词(如:雪白、瓦解、烧饼等)的产生就都与此密切相关;或在人们认识某一事物之焦点折射的两个项的基础上产生的,如所有的主谓式复合词(如:体验、国营、地震等)、所有的补充式复合词(如:提高、说明、房间等)和部分偏正式复合词(如:大人、清晨、长叹等)的产生就都与此密切相关。而派生词则是在人们对某事物焦点反应的同时体现出类推心理或连带产生了某一特殊的心理反应的基础上创造出来的。也就是说,复合词和派生词的产生虽然都基于人的认识,但比较而言,前者偏重客观性,后者则对人的认知模式或主观感受反应充分一些。下面重点讨论派生词的生成机制。

  首先,人们的认知模式很大程度上决定了大量派生词的产生。在对世界的认知过程中,人们基于隐喻思维的类推心理经常左右着派生词的产生和发展。例如:人们发现认知对象如同已知的某事物或某动作行为等,就于表示该事物或该动作行为的词根上相应地加个后缀"如",每每如此,就创造出大量的派生词"一如"来,像上文所举的《周易》古经中的一些"一如"类例词那样;人们发现认知对象有已知的某事物之情态或性质等,就于表示该事

---

① 也许有人对《周易》古经的产生时代有不同的看法,民国时期就有疑古派学者不认为《周易》古经是周初的作品,但即使如彼所言,也不影响汉语早在周初就有派生构词法的看法,因为那时已有由"有一"前缀构成的方国名称可以为证,只是"有一"类派生词的造词理据、语义特征、表义功能不同于"一如"类派生词罢了。其实,用哪种派生词证明汉语派生法构词产生的时代都一样。

物的词根上相应地加个"然"或"性"之类的后缀,每每如此,就创造出大量的"一然"或"一性"等类派生词,如"昂然、傲然、勃然、怅然、愤然、悍然、哗然、漠然、木然、飘然、悄然、巍然、哑然……惰性、恶性、烈性、慢性、母性、耐性、牛性、兽性、弹性、血性、野性、硬性"等;人们发现或推动认知对象朝已知的或特定的方向变化,就在相应的词根上加个后缀"化",每每如此,就创造出大量的"一化"来,如"丑化、美化、淡化、淳化、毒化、恶化、泛化、绿化、净化、老化、奴化、欧化、强化、软化、深化、优化"等。其他如"一尔""一若""一头"等等各类派生词的产生和发展,大致都是遵循了这样一条路子。

其次,受特定社会观念的影响,人们对某类人或事物产生了比较强烈的思想感受,出于表达的需要,也可能有派生词被创造出来。例如,父尊子卑,大概进入父系社会不久就成了一条"定理"。因此,至迟到了春秋时期,汉语社会就已经创造出含"卑下"义的派生词"一子"来指称下层人了。如《诗经·邶风·匏有苦叶》:"招招舟子,人涉卬否。"《毛传》:"舟子,舟人主济渡者。"这是春秋初期的例子。又,《左传·僖公十五年(公元前645年)》:"若晋君朝以入,则婢子夕以死。"句中"婢子"是穆姬自称。穆姬者,秦之"国母"也。此时自称"婢子",以柔相胁穆公,其"卑下"义更有特色了。至于《孟子》中所见"瞳子",秦汉之际又造出"女子子"、六朝又造出"松树子",以及后世又造出无数的"一子",泛化越来越迅速,其"卑下"义也越来越模糊,那便是隐喻思维之类推的结果了。

与"一子"类派生词一样,"一儿"类派生词也是循着这条路子产生和发展起来的,只是"儿"成为后缀的时间晚得多,并且其附属义有些不同罢了。儿(兒),《说文》:"孺子也。"孺子幼小可爱,所以"一儿"类派生词多有"小而可爱"的附属义。试比较:孩儿-孩子、棍儿-棍子。不过,从汉语词汇复音化发展角度讲,"一儿"类派生词还有个历史音变问题需要简单交代一下,即宋代以前,后缀"儿"仍是一个音节,唐诗里不乏其例证,所以宋代以前的"儿化"对汉语词汇复音化也起促进作用。宋、元数百年是过渡时期,到了明代以后后缀"儿"才只表卷舌动作。而宋元以后汉语自然语言中复音词已占多数,所以后缀"儿"的这种历史音变对汉语词汇复音化发展影响不大。

再次,受不同语体风格的影响,也可能产生一些特殊类型的派生词。如"阿一""老一"等类派生词主要是在口语里产生和发展的,而"软一""一族"等类派生词则主要是在书面语中产生和发展的。现在只简单讨论"阿一""软一"两类。前缀"阿"加在人名和称谓之上,当然是口语中的事。从发生学角度说,人们见了面,打个招呼,"阿"一声,于是就有了"阿一"。这样说来,"阿一"类派生词应产生得很早才是,但受资料限制,现在还不能证明这一点。现有资料较早的有战国时期的用例。《史记·范雎蔡泽列传》："足下……居深宫之中,不离阿保之手,终身迷惑,无与昭奸。"这是秦昭王三十七年(公元前 270 年)范雎对秦昭王说的话。句中"阿保"即保姆,是个派生词①。

现存文献中,汉代文献中的"阿一"类派生词就颇多了。如《史记·扁鹊仓公列传》："故济北王阿母,自言足热而懑。""阿母"这里指奶妈,"阿"是前缀。又,顾炎武《日知录·三二·阿》:"隶释·汉殽阮碑阴云:'其间四十人,皆字其名,而系以阿字,如"刘兴－阿兴"、"潘京－阿京"之类。'"可见,汉代"阿一"已广泛用于称呼了。"阿一"类派生词后世亦有发展变化,但对汉语词汇复音化发展影响甚微,这里就不讨论了。

"软一"类派生词多是最近二三十年间随着现代科学的迅速发展而产生的。现代科学的传播离不开知识阶层书面语,因而"软一"类派生词都是书面语词。如:软盘、软件、软片、软唱、软武器、软着陆、软处理、软雕塑、软挂钩、软环境、软技术、软开业、软科学、软课题、软毛病、软起飞、软任务、软商品、软条件、软学科、软新闻、软医学、软原则、软约束、软专家等。②

上面为了行文方便,分别从三个方面探讨了各类派生词的生成和发展。其实,任何一个派生词的产生都可能同时牵涉到这三个方面的原因,或者说都是这三个方面的原因共同作用的结果。因为,人们的认知模式虽然在创造派生词的过程中作用重大,但却不是一成不变的,也不是不受任何语境制约的。所以上举"－如、－然、－性、－化"等类派生词的产生也大多受着其他两个方面因素的促动。而上举"－子""－儿"等两大类派生词的产生和发展,也并非仅仅由于受了特定社会观念的影响。没有人们隐喻思维的类推心理在起作用,"－子""－儿"两大家族绝难形成。并且,"－儿"类派生词明显较"－子"类口语词多或口语色彩重一些,"－子"类派生词则明显较"－儿"类书面语词多或书面语色彩重一些,同样显示出语体因素在这两类派生词的产生和发展过程中的促进作用。至于"－子""－儿"两大类派生词的产生和发展的物质基础,亦即人的生活世界所提供的反映对象,就更是显而易见的了,姑不赘言。至于"阿－、老－、软－、－族"等类派生词的产生和发展,文中虽然只讲了语体因素的重要作用,但其他两个方面的作用也是不难

---

① 也有人说"阿保"是个联合式合成词,是近义词连用构成的合成词,"阿"不是前缀。这不是本研究必须讨论的问题,可以留待日后考察。即使"阿保"不是派生词,汉武帝的表姐阿娇的"阿"可是一个典型的前缀了,只是这"阿娇"较那"阿保"晚了百来年罢了。

② 所引"软一"类词例,均见《现代汉语词典》第 5 版和《现代汉语新词词典》(于根元主编,北京语言学院出版社,1994 年)。

理解的,这里也不说了。

正是由于上述种种原因的共同作用,当某个词缀产生之后,由它构成的派生词才会陆续创造出来,以致形成一个个庞大的家族,如上古汉语中的"－如、－若、－尔"等,由中古汉语发展而来的"－儿、－头",近代汉语产生并发展起来的"－巴"等,现当代汉语中产生并发展起来的"－性、－化、－软、－族"等,贯穿古今汉语的"－子、－然、阿－"等,均无例外。它们的产生和发展,对汉语词汇复音化发展越来越起着不可忽视的作用,但都不是立足语言是一种符号系统说而着眼于"汉语内部发展的原因"可以解释清楚的。如果有人一定要立足语言是一种符号系统说而着眼于"汉语内部发展的原因"强予解释,也只能隔靴搔痒,像20世纪主流派的研究那样。

通过本章各节的考察,多数读者或许已经看到汉语词汇复音化发展完全是人与生活世界互动作用的结果。事实证明,各类构词法都产生于人与生活世界的互动作用,一般词都可以从人与生活世界互动作用中找到生成依据。只有人与生活世界的互动作用,才为各类构词法创造复音词提供了必要条件。然而,其间却找不到主流派所谓"汉语内部发展的原因",更找不到那种联缀两个音节而成的单纯词"联绵字"的证据,找不到汉语里产生"特殊的构词法"的可能,所以"联绵字是汉语里一种特殊的语言现象"的流行说法只能是一种想象。这个结论想必不能让人满意,那就请多多批评指正吧。学术研究应当提倡争鸣和批评,只要拿出证据来,让靠得住的语言事实说话,只要有利于汉语语言学的健康发展,没有什么不可以的。

四、结语

读过本章上面各节,可能仍有人说,语言发展变化的根本原因是其内因,此前主流派学者立足汉语符号系统研究词汇复音化发展问题正是着眼于其内因。本书立足社会、自然界发展变化与人的认识及其发展变化探讨汉语词汇复音化发展问题,只是着眼于其外因。外因是事物发展变化的条件,只有通过内因才能起作用。看来,是本书作者在认识论与方法论上有问题。窃谓不然。正像本章第一节考察所见,主流派立足语言符号系统的研究,其功不过示人以"此路不通"而已。故笔者悟出,语言不是一般事物,而是人与生活世界互动作用的力的镜像的素描。语言完全依附于人与生活世界。打个比方来说,人对社会、宇宙万物及其发展变化的认识和反映(确切点儿说是"人的认识和生活世界相互作用的力")如果是个孩子,语言就是这个孩子之身影的素描;人的生活世界、人的认识越发展,语言就越发展,如同孩子长得越高身影越大,素描其长大成人的身影之所得也不同于素描孩子小时身影之所得。身影的素描不能决定其身影变化,更不影响人体的变化,所以语言也不能决定其自身发展变化。再具体点说,语言自身没有促进词汇复音化发展的动力,不是词汇复音化发展内因之所在。

语言是人的语言,身影是人的身影;离开了人类社会及自然界的发展变化和人的认识及其发展变化去研究语言的发展变化,就是离开了人的成长变化去研究身影之素描的变化。这样的研究是与辩证法之内、外因关系说沾不上边儿的。所以,一定要套用内、外因关系说的话,只能说,人的认识及其发展变化是推动语言发展变化的内部原因,人的生活世界的发展变化是语言发展变化的外部原因。① 只有认识到这一点,我们的语言研究才可能是现实的,也才可能服务现实,为社会的发展做出应有的贡献。

汉语词汇复音化发展问题是汉语史研究的重大课题之一。它所联系的问题也不少,三五篇文章很难说清楚,所以本章的考察可能在部分读者看来有点粗线条。但这粗线条是由本书研究的中心任务决定的。只因为信守派学人多借词汇复音化发展规律解释"联绵字—双音单纯词"说,认为联缀两个音节而成单纯词"联绵字"是汉语词汇复音化发展的必然,认为"联绵字的'2'是形成双音字的中介和桥梁",特别他们强调"汉语内部发展的原因",也就是以语言是一种符号系统观主导下的汉语语音系统简化说或语言内部矛盾运动说等促进了汉语词汇复音化发展来支持"联绵字—双音单纯词"说,为广泛流行的现代联绵字观念增补立论依据,所以本书不得不对汉语词汇复音化发展情况进行简要的考察。现在就解决上述问题看,这种粗线条的考察已经差不多了。考察中使我们对"汉语内部发展的原因"产生了新的认识,又在新的认识引领下将汉语中所有的复音词构词法产生原因都考察过之后,没有发现汉语里有产生联缀两个音节构成单纯词"联绵字"的可能。可以肯定地说,汉语词汇复音化成因不似主流派学者说的那样,绝不支持他们的"联绵字—双音单纯词"说,科学地考察汉语发展的内部原因,其所见绝不支持广泛流行的现代联绵字观念。换言之,所谓联缀两个音节而成的单纯词"联绵字"不管在人的认识及其发展变化中,还是在人的生活世界的发展变化中,都不像人类语言共有的各种构词法那样可以找到生成依据,信守派说的"联绵字"乃无源之水,没有可说的造词理据,没有可验证性,没有可能进入交际领域的基本条件,因此只能永远作为特定历史时期的虚构保留在文献中。这也许是广大信守派学人没有想到的。但是,他们从现代联绵

---

① 至于目前主流派学者所谓"语言发展的内部原因"云云,很明显是把语言作为一般事物看待,而且机械地套用一般事物发展的内外因关系说了。

字观念出发做研究,始终举不出当其说的例词;他们列举的"联绵字"都是他们不明其语素构成情况的双音词,实际上已经证明了这一点。

至此,本书对信守派学人用来支持现代联绵字观念的主要依据全部考察完毕,没有发现任何一条可以支持"联绵字—双音单纯词"说。但是对现代联绵字观念及相关理论全部内容及其影响来说,本书的考察研究仅是一期工程初步完成。一些相关问题,如现代联绵字观念对汉语语言学各分支学科的研究、对字典词典收词释义、对人才培养等各项工作产生了怎样的影响,对学人继续成长产生了怎样的作用,等等,都需要进行更为具体的考察研究。所以还有许多工作要做,同时也需要不畏劳苦、耐得住寂寞、顶得住压力、真心谋求汉语语言学健康发展的学者参与这项研究。常言道:虚假的知识比一个人的无知更具危险性。对现代联绵字观念及相关理论问题研究,已经到了同人携手攻关的时候了!

参考文献

丁福保　1991　《佛学大辞典》,上海:上海书店出版社。
傅定淼　2003　《反切起源考》,上海:上海古籍出版社。
刘正埮等　1984　《汉语外来词词典》,上海:上海辞书出版社。
沈怀兴　2006　《"语言是一种符号系统"说疑议》,《宁波大学学报》(人文科学版)第5期。
王　力　1958　《汉语史稿》,北京:科学出版社。
徐通锵　1997　《语言论——语义型语言的结构原理和研究方法》,长春:东北师范大学出版社。
杨剑桥　2003　《实用古汉语知识宝典》,上海:复旦大学出版社。
张拱贵等　1997　《汉语叠音词词典》,南京:南京大学出版社。

后　　记

　　回顾笔者30多年以来的历程,仅就与现代联绵字理论的关系而言,前23年是学习和宣传现代联绵字理论,从没怀疑过它,但那只是画了个逗号,无法继续的逗号。近11年致力于联绵字理论问题研究,发表了不少讨论性文章,并在此基础上整理出这部书稿①,大致画了个分号。这两个"分句"间是转折关系,是无奈的转折,痛苦的转折。

　　在这期间,先是父亲病床上躺了三年,于2005年8月19日走了。是胞妹华芳带领家中众人服侍父亲走完了三年病榻路,我没有能够负起本该由我来负的责任。父亲含辛茹苦,背着一家人趔趔趄趄地走在苦难的人生路上;可以安享晚年了,却遭不幸。我常想着写一本反映父亲一生苦难的书,却不知道这联绵字理论问题研究何日画个句号……

　　父亲走后,母亲健康状况一天不如一天,六年里数次住院抢救。2009年8月25日夜胃大出血,当时只有妹夫文京在家,担心老人久病随时可能出事,不敢安睡,故能及时送老人入院抢救。匆忙间文京脚踝扭伤。2010年1月10日夜再次胃大出血,好在有华敏等人能与文京一起,急救老人入院。2010年10月28日的一次最严重。医院下了病危通知,但家人极力央求,医生尽力,华芳与家人陪母亲住了一个多月的院,总算无碍。但刚回家45天,又得住院。住到春节,医院劝回家过年,我们不敢。在医院过年,与娘在一起,大家也安心。

　　春节后一个月里,母亲病情像是稳住些了。我们幻想着天气转暖后母亲会好起来,但到3月13日,母亲还是走了,永远地摆脱了吊瓶、氧气瓶了。儿女们还想得开,最难过的是九岁的外孙女晨阳。一直与爸爸、妈妈、姥姥住在一起,耳濡目染于爸爸、妈妈的孝行,从三岁就给姥姥数药丸,看着姥姥服药,为姥姥做了一些本该舅舅做的事。姥姥走了,她想不到！她跪在灵前

---

① 有些文章未能整合到本书中,与部分未发表的文章整合成《现代联绵字观念的负面影响》出版。还有几篇,条件允许的话将整合到《语言究竟是什么》中去。

哭个不止,老舅不免负疚深心:外孙女如此,儿子做了什么?

　　过去十年服侍老人,华芳、文京尽心了!他们影响下的孩子晨阳纯真至孝,老舅又能做点什么?天佑纯真!

　　而今父亲走了六年七个月了,母亲也走了一年了,地隔两千里,我不能常去坟前,也不敢企望父母在天之灵宽恕我的不孝,唯愿那边安和!我还有很多事情要做,特别是现代联绵字观念对汉语词汇、训诂、构词法、方言、汉语史、中国语言学史等研究与教学的负面影响,对字典词典收词释义的误导,对学子成长及学者继续成长的负面影响,以及对汉语言文字学古今融通的阻碍,等等,都需要进行深入调查研究。这是一个浩大的工程,何日画个句号? 路漫漫其修远兮!

　　本课题研究期间,先是学校给予大力支持,向后省教育厅、省社科联给予重点资助,最后国家社会科学基金后期资助项目又给予立项资助,学院给我创造了良好的环境,同事们给了许多帮助,朋友们给予热情鼓励,谨在此一并致谢!

　　本书中主要内容曾经分别在《语言研究》《汉字文化》《语言教学与研究》《辞书研究》《古汉语研究》《汉语史学报》《宁波大学学报》和香港的《语文建设通讯》《中国语文通讯》以及日本的《中国语研究》《中国语学研究开篇》等杂志公开发表。现代联绵字理论盛行数十年了,学界越来越呈现出一边倒的局面。在这种情况下,上述各家杂志敢于支持"另类",破除迷信,多年来刊发了笔者批评现代联绵字理论的大量文章,在此,谨向各位尊敬的主编先生及编辑先生致以崇高的敬意!

　　从事联绵字理论问题研究11年了,而今看看这本文稿,平心而论,里面讲现代联绵字观念问题颇像安徒生童话《皇帝的新装》里那个小孩儿说的那句话。因此,即使这项考辨工作微不足道,而不折不扣的真话也许可资借鉴。这便是作者送给读者特别是后辈读者的礼物了。

　　这项研究难度比较大,耗时特别多。常常碰上疑难词,甚至几天弄不清一个。以至于11年了,为了破除现代联绵字观念之迷信,至今家中没有电视机。没有参加过单位组织的旅游活动,即使学术会议安排的"实地考察",也很少参加。甚至顾不上年老多病的父母,没有能够让他们在世时少几分挂牵。熬夜多了,眼睛往往吃不消,有时甚至被眼医告知血管破裂;如果一只眼睛出了问题,就用灭菌纱布蒙住,只用一只眼睛并不耽误查材料、上电脑,但另一只眼睛有时也会充血严重。久坐电脑前,颈椎吃不消,疼厉害了,三伏天里也得压上个热水袋。家里人说是"好好的皮儿找膏药贴",也有朋友说是"自讨苦吃",就连我自己也觉得累,并且时常有如履薄冰之感。现代联绵字观念已经盛行数十年，信守派拥万千之众，大家都跟着这么说，又有什么必要激犯众怒？所以几度想抽身，研究点别的，特别语言究竟是什么的问题，汉语言文字学的古今融通问题等，都十分重要，都亟待研究。① 然而，语言究竟是什么的问题，又哪里不是是非之地？研究汉语言文字学的古今融通问题，麻烦就更多了。况且迷途既入，更兼多年惯性，思返亦难，就这么一路战战兢兢地走了过来。

2011年2月接到"联绵字理论问题研究"《立项通知书》，里面有六条规定，第2条规定说："项目负责人要遵照评审专家意见（附后）对成果做出修改、完善，力求出精品。结项时须提交修改说明。"并附有评审专家四条修改意见，第1条意见说："建议将古代联绵词进行历时分段考察，如'先秦'划一段，'两汉魏晋'划一段，'唐宋'一段，'元明清'一段，'现代'一段，分别作出阐述，因为不同时代'联绵词'的状况是不同的。"当时看了这条"建议"，蒙了。不得已，再次广泛考察信守派著作，希望能够找到他们靠得住的论述，但一无所获，却又发现了他们著文习惯从观念出发而不顾事实的一些例子，于是在文章中写道：

> 笔者研究现代联绵字观念近10年，先后于国内外学术期刊发表质疑现代联绵字观念的文章20余篇，20余万字的一部书稿大致是从这些文章里提炼出来的，集中说明了现代联绵字观念的错误，说明它怎么错的，并探讨了这一错误产生的历史原因，考察了它的负面影响，不止一次指出：古人的"联绵字"多指双音词，一个指双音单纯词的也没有；

---

① 笔者《语言观更新是21世纪汉语学发展的必由之路》（第二届中国社会语言学国际学术研讨会（澳门，2003年12月）会议论文）认为，现在较为流行的两大语言观都曾代表历史上的先进认识，但近百年过去了，已经暴露出它们的片面性、浮泛性，已经对语言研究及人才培养起着一定的误导作用，根本不能满足社会发展的需要了；如果21世纪不把更新语言观放在首要位置，不弄清楚语言究竟是什么的问题，语言研究严重滞后于社会发展的局面将无法打破。语言观更新也是全世界语言研究者的大事，所以从事语言研究不能只满足于"与国际接轨"。现在语言研究上的"与国际接轨"某种程度上说是在数他家之"典"。由于长期数人之典、忘己之祖，汉语言文字研究没有对社会发展做出应有的贡献，负面影响却不少。近年来语文教育工作者中不断有人大喊："害尽苍生是语文教育！"其实，这里面汉语言文字教学的问题是不容忽视的。上述认识至今未变，有的地方甚至认识更清晰了。现在看来，要想使汉语言文字研究更好地为教育同时也为社会发展服务，必须在更新语言观的同时，正确解决联绵字理论问题和汉语言文字学古今融通问题。这是因为，联绵字理论问题广泛联系着汉语言学各分支学科，早已成为汉语言文字学健康发展的瓶颈；更新语言观，实现汉语言文字学古今融通，对于正确解决联绵字理论问题具有重要的指导意义和一定的保障作用；反之，正确地解决联绵字理论问题，对促进语言观更新和实现汉语言文字学古今融通也有重要的现实意义。就当前的汉语言文字学研究而言，更新语言观、正确地解决联绵字理论问题、实现汉语言文字学古今融通，是三位一体的，缺一不可。本书的研究初步证明了这一点。

指出"联绵字—双音单纯词"说是特定历史时期的产物,汉语里实际上并没有持论者所说的用一种特殊构词法创造的"联绵词"这种怪东西。而今专家不仅认为汉语里有所谓联绵词,而且还要求"进行历时分段考察",并认定"不同时代'联绵词'的状况是不同的",笔者虽然大开眼界,但却不知如何是好。如果一定要照这条建议修改书稿,必先证明自己此前10年的研究全部错误,已发表的20余篇批评现代联绵字观念的文章也需要全部推翻,我没有那样的能力……但专家的意见代表了信守派学人的观点,正常的学术研究应该允许不同的观点发表。为此,数月来我全力考察信守派学人的著作,希望能帮助我兼顾专家意见与自己研究两个方面,完成该课题研究,但至今未能如愿,却在考察中形成了这样的思想:让我继续对现代联绵字观念写批评性文章的确还可以写一些……我在《现代联绵字观念贻误学子例说》中认为:"现代联绵字观念在汉语研究中牵一发而动全身,'联绵字—双音单纯词'说的附庸理论与相关理论广泛涉及汉语研究的方方面面。要对它们进行较为全面的研究,大约需要十六七篇优秀博士论文的工作量。这最好由国家设为重大课题,组织一流学者进行重点攻关。"现在这一认识更坚定了。(见《现代联绵字观念贻误学人例说》,《汉字文化》2011年第4期)

既然评审专家的第一条"建议"就无法遵照执行,以后怎么结项呢?一连数月的确很困惑。朋友们建议"走中间道路"。我不是不想息事宁人,无奈这现代联绵字观念让人找不出一点可靠的立论依据,连信守派著作所举"联绵字/词"例词也多是他们不明其语素构成情况的双音词,一个用"一种特殊的构词法"构成的也找不到,致令这"中间道路"想走也走不成。

还有评审专家的第3条意见批评书稿"对社会背景强调过多,而对于汉语内部发展的原因有时阐述还不够充分",实际上很大程度上代表了当前主流派学者的学术观念。不过,我很清楚自己的书稿,里面探讨主流派学人说的"汉语内部发展的原因"的话一句也没有。评审专家说书稿"对于汉语内部发展的原因有时阐述还不够充分",乃是与人为善的轻描淡写。这的确令人感动不已。无奈笔者与这位评审专家对语言的认识不同。这位评审专家大概是把语言看作一般事物,并且机械地套用一般事物发展变化的内外因关系说了。而我从来不认为语言是一般事物,更不认为语言是一种有机体,而认为语言大致像孩子之身影的素描,是一种特殊事物。就像孩子的身影随着孩子身体的成长变化而变化，语言则随着人与生活世界互动作用的力的变化而变化。语言自身没有决定语言发展变化的动因，就像身影自身没有决定身影变化的动因一样。这个观点提出10年了，至今未变。然则要较好地解决评审专家所提出的问题，必须更加全面地阐述自己的观点，同时还要说明现在流行的语言观错在哪里，说明主流派学人通常所谓"语言内部发展的原因"存在那些问题，它让语言研究与语言研究者落到了哪步田地，社会发展是否允许这样做，而且还需要在适当的地方申明本研究为什么必须反复强调现代联绵字观念产生、发展的社会背景。那样的话或许不是万儿八千字能够解决问题的。否则，就可能引起不必要的论战，论战则必然影响正事处理。

还有评审专家第4条意见认为"有的地方顾忌过多，如未点出被批评者的名字，甚至未点出被批评者的著作"。的确是这样。但是，这一事实的存在既是本书的特殊性决定的，也是当前语境决定的。也就是说，在当前中国语言学界，要对现代联绵字观念进行考察辨正，只能"对事不对人"——不对人者，不针对一般人也。窃以为批评者最需要考察批评的是本书所批评的是否果有其事，且其事是否典型。点出被批评者的名字等也许更合乎一般的章法，但本书却不能处处遵循这个章法。①

基于上述原因，我曾经很犹豫，不知道该不该放弃这个项目。但是，放弃也不是个简单的事情。学校、学院多年大力支持，学校2004年曾拨给"联绵字问题研究"启动经费，2008年校人文社科处又拨给"联绵字理论及实践问题研究"继续研究经费，如果放弃，至少自己无法交代。后来学系主任赵树功先生希望我照原计划做下去。他认为最后还是要靠事实解决问题，我也希望是这样。于是在别无选择的情况下只好集中精力，再为冯妇。今天算来又过230余日，完成了原计划之内的工作，又针对评审专家第3条意见增加了一章，亦即现在的第八章，反复修改了原稿，并且为了尽可能避免再次出现上述情况，又撰写了"概述""说明"，置于正文前。

现在终于可以为破除现代联绵字观念之迷信献上本著作了，还要特别感谢本课题立项前的评审专家！这不只是因为他们最后对本研究投了赞成票，使"联绵字理论问题研究"得以立项，更重要的是，不管他们的意见怎样，都从不同的侧面促进了本研究的完善，同时也从不同侧面印证了本书前面各章节有关认识的客观现实性。即使不能遵照执行的意见，也对联绵字理

---

① 这次修改采取了补救的办法，即特别增加《凡例》第11条，列出了率由旧章的三个理由。

论问题研究有着特殊的意义。如上录评审专家第1条意见无法执行，但却可以证明本书指出信守派学人习惯从观念出发做研究不为无据，也反映出现代联绵字观念之迷信影响至深的现实，从而提醒我们做好各方面的思想准备，更谨慎地进行联绵字问题研究和讨论。甚至还可以由此得到启发，让关心语言学事业的同行注意考察一下现代语言学研究中究竟还有哪些是从观念出发而渐成定论的，从而引以为戒，力求拿出点真东西来奉献给社会。

  同时还要感谢评审专家的诚恳和与人为善。如上录评审专家第3条意见说本研究"对于汉语内部发展的原因有时阐述还不够充分"，就很令人感动。所以我们对其"汉语内部发展的原因"有不同的认识，只好另外增加一章，阐明我们的观点，让事实证明一切。具体做法是，通过探讨与本课题研究密切相关的汉语词汇复音化问题，使人们看到，主流派所谓"汉语内部发展的原因"云云，其实是个误会。这样一来，不仅对本课题研究起到了深化作用，而且对汉语言文字学其他方面的研究乃至人类其他语言的研究也可能有些借鉴作用。我们对其"社会背景强调过多"的批评也有解释，说明继续坚持这么做的原因，其积极意义也不仅限于本课题研究。其实，学术研究有不同的观点是正常的。我们坚信，只要没有成见，坚持一切从事实出发，平心静气地讨论问题，大家会慢慢达成共识，现代联绵字观念之迷信迟早会破除的。只是笔者水平有限，11年来虽能尽力，但对着联绵字理论问题研究这样一个涉及面极其广泛的高难度课题，有些地方甚至超出了作者的知识范围，需要一边学习一边考察讨论问题，所以文中纰缪肯定不少，恳请读者与方家批评指正！

沈怀兴
2012年3月13日

  补记 上面的《后记》是申请结项之前写的，按规定当时不能出现相关信息。5月通过专家匿名评审，6月由国家社科规划办调研处将书稿寄达商务印书馆出版。现有一事补记在此，那就是要特别感谢周志锋教授，感谢他多年来对本研究的大力支持！周先生笃信好学，古道可风。曾在宁波大学文学院院长位上连任三届，积极为本课题研究创造条件。后离开文学院，仍然继续关心本课题研究。本书如有可取之处，那是与周老师长期支持帮助分不开的。

连月来，责编王丽艳老师为本书的出版付出了艰辛的劳动，深表感谢。

感谢商务印书馆慨允本书出版！

感谢所有支持本课题研究和本书出版的朋友！

沈怀兴

2012 年 8 月 8 日